시베리아/북극총서 시리즈 ③

러시아 북극권의 이해

배재대학교 한국-시베리아센터

신아사

배재대학교 한국-시베리아센터

시베리아/북극총서 시리즈

① 러시아 극동·동시베리아 지역연구: 지역주의와 지역통합, 2007년

② 러시아 우랄·시베리아·극동지역의 이해, 2008년

③ 러시아 북극권의 이해, 2010년

러시아 북극권의 이해

서문

2007년 이후 지구온난화와 관련하여 매스미디어에서 북극이 화제에 오르고 있습니다. 과거에는 북극양 해수면의 80-90%는 두꺼운 빙하 층을 형성하고 있었지만 지구온난화현상으로 인해 북극 빙하는 급속하게 녹고 있습니다. 세계기후위원회는 현재 북극양의 빙하는 지난 50년 전보다 2분의 1이나 축소된 상태라고 전하고 있습니다. 북극해 빙하면적이 10년 단위로 10%씩 줄어들 경우 2050년경(혹자는 2030년경) 북극양의 빙하는 완전히 사라질 것으로 예측하고 있습니다. 2007년 여름에 캐나다 북극해의 빙하가 녹으면서 태평양과 대서양을 연결하는 북서항로의 해운로가 처음으로 열리게 됐습니다. 시베리아의 북극해(카라 해, 랍테프 해, 동시베리아 해, 추코트카 해)와 아태지역과 유럽의 연결 해운로인 북동항로의 가능성도 언론에 빈번히 언급되고 있습니다.

북극양의 해운운송뿐만 아니라 19세기 중반 이후부터 계획했던 러시아 추코트카 반도와 알래스카를 연결하는 베링해협 육로운송 프로젝트의 재개여부에 대한 관심이 증폭되고 있고 있습니다.

북극권에는 세계 화석연료의 4분의 1이 매장된 것으로 추정하고 있습니다. 화석연료 이외에도 북극권에 풍부한 한류성 수산자원과 고부가가치의 광물, 예를 들면 납, 다이아몬드, 금, 구리, 은, 아연도 상당량 매장되어 있는 것으로 추정하고 있습니다. 빙하 층이 녹으면서 지하자원의 채굴도 용이한 상태로 변모하고 있습니다. 가시에 찔려 100년 동안 잠자고 있던 동화속의 장미공주처럼 북극은 소생하고 있습니다.

과연 북극은 누구에게 속해 있는가? 이 문제와 관련해서 북극해가 공해인지 아닌지 혹은 일정 해저 면에 대한 특정 국가의 주권 및 독자적 자원채굴권 행사가 가능한지에 대한 사항 등이 국제사회의 중요 이슈로 대두되고 있습니다. 또한 이용과 개발과정에서 발생할 수 있는 북극권 생태환경의 훼손 방지를 위한 시스템 기반을 어떻게 구축할 수 있는가 하는 문제 역시 주요 글로벌 이슈로 부각되고 있습니다. 빙하 용해라는 기후변화 이외에도 지금까지 거의 접촉되지 않았던 북극 생태계와 해양 동물 먹이사슬 체계가 외부로부터의 위험에 직면하고 있습니다. 북극권 영토 문제, 특히 대륙붕 외연 확대 문제로 북극해 인접국들은 북극에서 군사 활동(잠수함, 전투기, 탄두미사일, 군사기지 등)을 강화하고 있습니다.

한국의 북극권에 대한 구체적 이해관계는 지구온난화와 기후변화 문제 이외에도 한국 항구(부산, 울산 등)들과 선적회사들이 북극해운루트의 집약적이며 경제적 이용을 위한 연계작업입니다. 또한 북동항로와 북서항로가 국제해운로로 이용될 경우 시베리아 북극양과 북태평양의 주요항구 개발과 쇄빙선 기능을 갖춘 여러 형태의 선박 수요를 대비해 우리의 진출 대응책이 필요하다고 생각됩니다. 러시아 추코트카와 미국 알래스카를 연결하는 베링해협 터널 건설의 참여는 물론 한국의 물류산업 발전에 대한 청사진을 북극권과 연계하는 작업이 필요하다고 생각됩니다. 또한 한국의 시베리아 북극권 개발, 특히 북극권 항구 개발과정의 참여는 물론 자원협력이 필요한 시기가 도래했습니다.

잠에서 깨어난 '장미공주(북극)'가 한국, 북극권 인접국 더 나아가 인류사회에 분쟁과 갈등을 안겨줄지 또는 행복과 축복의 통로가 될지 국제사회의 관심이 집중되고 있습니다. 장미공주의 운명은 북극 이용과 개발과정에서 환경생태 문제, 북극원주민을 포함한 생물종 다양성의 보호 문제, 세계평화에 달려 있다고 생각됩니다.

이러한 맥락에서 2010년 7월 발간한 『시베리아의 창』(배재대학교 한국-시베리아센터 분기별 전자잡지) 제2호에서 러시아 북극권의 집중 탐구를 발간했으며, 2010년 10월 제3호에서는 2010년 9월 17일에 대전 배재대학교 21세기관 대회의실, 소회의실에서 배재대학교 사회과학연구소와 한국-시베리아센터가 공동으로 주최한 학술회의에서 제2-2세션 "시베리아, 북극의 환경변화와 동북아 국제공제"에서 발표된 4개의 논문(해양수산개발연구원 황진회 박사님의 「러시아의 북극해 항로의 가능성과 과제」, 배재대 한종만 박사님의 「북극권 베링해협 터널 프로젝트의 현황과 이슈」, 배재대 김정훈 박사님의 '러시아 북극권 소수민족에 대한 고찰', 경북대 배규성 박사님의 「북극해 거버넌스」)의 내용을 게재

했습니다.

『시베리아의 창』 2호와 3호를 바탕으로 경희대학교 지리학과 공우석 교수님의 「러시아 북극지역의 자연지리와 생태계」, 배재대학교 건설환경/철도공학과 손호웅 교수님의 「남극과 북극에서의 우리의 활동」, 에너지경제연구원 이성규 박사님의 「북극해 연안국의 자원개발 전략」 등의 논문과 부록 등을 추가하여 이 책을 출판하게 되었습니다.

아직까지 국내에 북극 관련 책들이 거의 발간되지 않은 상황을 고려해서 한국-시베리아센터는 용기를 가지고 시베리아/북극총서③을 출간하게 되었습니다. 부족한 부분은 향후 발간되는 『시베리아의 창』 전자잡지와 '시베리아/북극총서' 시리즈를 통해 보완 및 심화할 계획을 가지고 있습니다. 러시아 시베리아와 북극권에 관심을 갖고 공부하는 모든 이들에게 이 책이 자그마한 도움이 될 수 있기를 기대해 봅니다.

한종만_한국-시베리아센터 소장

I부

러시아 북극권의 지리개관과 역사탐험

가시에 찔려 100년 동안 잠잔 동화 속의 장미공주처럼

북극권의 소생

한종만_한국-시베리아센터 소장

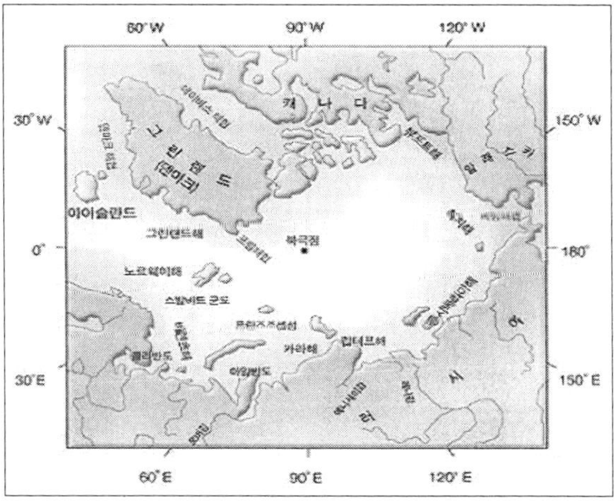

북극권은 북위 66°33′에서부터 북극점까지 펼쳐진 지역으로 그 면적은 약 2,000만 ㎢에 이르고 있다. 이 면적은 지구 육지 면적의 약 2분의 1에 해당되며, 육지 면적은 북극양섬을 포함해서 2분이 1이며, 나머지 반은 북극양으로 구성되어 있다. 북극양 인접국으로는 러시아, 노르웨이, 미국(알래스카), 캐나다, 덴마크(그린란드) 5개국이며, 아이슬란드는 아북극권이며, 북극양을 갖지 못한 스웨덴과 핀란드도 북극권에 속해 있다.

2007년부터 지구온난화와 관련하여 매스미디어에서 북극이 화제에 오르고 있다. 2007년 여름에 캐나다 북극해의 빙하가 녹으면서 태평양과 대서양을 연결하는 북서항로의 해운로가 처음으로 열리게 됐다. 시베리아의 북극해(카라 해, 랍테프 해, 동시베리아 해, 추코트카 해)도 아태시역과 유럽의 연결 해운로인 북동항로의 가능성도 언론에 빈번히 언급되고 있다. 특히 여름철에 북극 해운로의 가능이 예상된다. 북서항로를 통한 화물 운송량은 2007년 기준으로 300만 톤에서 2015년에 1,400만 톤으로 증가될 것으로 추정하고 있다. 파나마 운하 경우 함부르크-상하이

해운로의 길이는 2만 5,200㎞인 반면에 북서항로 경유 시 그 길이는 1만 7,000㎞로서 거의 3분의 1이나 거리 단축을 가능케 하고 있다. 북서항로는 22일에서 15일로 시간을 단축시킬 수 있다.

부산에서 시베리아 북극해를 지나 네덜란드 로테르담으로 향하는 북동항로의 길이는 1만 2,700㎞로서 수에즈 운하 경우 해운로(2만 1,000㎞)보다 8,300㎞ 단축되며, 기존 수에즈 운하(24일) 경유보다 10일이나 단축된 14일에 불과하다.

북동항로와 북서항로는 한중일과 북유럽 국가들의 선주와 항구에 직접적인 경제적 효과를 유발시킬 수 있을 것이다. 북극항로의 국제적 이용과 관련해서 기술적 장애요인(선박의 크기, 선박건설방식, 보험료 등)이 존재하고 있다. 또한 캐나다 북극권 바다와 시베리아 북극해의 통과권에 대한 법적 문제도 해결되어야할 과제이다.

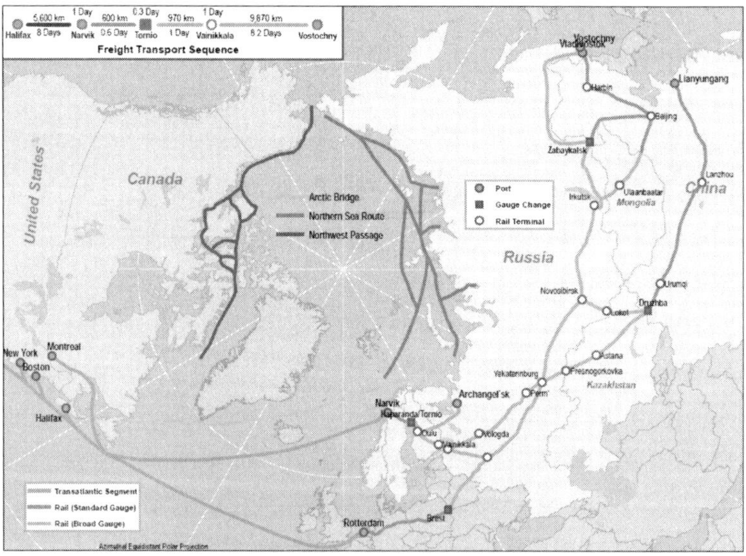

[그림 1] 북동항로와 북서항로 북극권 철도 전도
출처: Http://www.people.hofstra.edu/geotrans/eng/ch5en/conc5en/NEW_Corridor_Freight.html
(검색일: 2010년 5월 3일)

북극양의 해운운송뿐만 아니라 19세기 중반 이후부터 계획했던 러시아 추코트카 반도와 알래스카를 연결하는 베링해협 육로운송 프로젝트가 다시금 활기를 띄고 있다.[1] 2007년 봄 모스크바에서 개최된 국제컨퍼런스에서 참석자들은 러시아 극동 동북부 추코트카와 알래스카와의 대륙 연결의 지지를 표명됐다. 미국 측 전 내무부장관은 이 사업이 미국과 러시아의 전쟁 방지를 위한 세기적 사업이라고 밝혔다. 또한 철도, 도로, 전력선, 파이프라인, 광케이블 건설을 통해 세계 물동량의 3%를 담당할 수 있을 것으로 전망했다. 전력선이 연결될 경우 러시아는 북미지역에 연간 200억 달러의 전력을 공급할 것으로 예상했다. 러시아철도 야쿠닌 회장은 야쿠츠크에서부터 베링해까지 3,000km 연결 사업에 우선순위를 세우고 있다고 밝혔다. 베링해 터널 100~105km, 즉 2개의 50km 터널로 베링해의 국경지역인 디오메데 제도(러시아령은 큰 섬, 미국령은 비교적 작은 섬)를 통해 연결될 것으로 예상하고 있다. 기술적으로는 50km의 해저 터널을 완공한 일본의 경험이 있으며, 러시아정부는 적극적으로 여러 곳에서 동시에 건설을 착수할 계획을 수립할 수 있다고 밝혔다. 이 타당성 조사에 1억 2,000만 달러가 소요될 것이며, 총공사비는 650억 달러로 추정되고 있다. 이 사업을 통해 사하공화국(미국 본토 48개 주 면적의 2분의 1, 시간대 3시간)의 발전이 가속화될 것으로 예상되며, 알래스카 주와 캐나다 북부지역도 이 사업을 적극적으로 지지하고 있다. 북극해운로(북동항로와 북서항로)와 베링해 터널 건설은 시베리아의 북쪽 지역과 북극양의 개발의 주춧돌이 될 것으로 예상된다.

러시아 본토와 알래스카는 85km에 달하는 베링해협으로 분리되고 있다. 18세기 중반까지 알래스카는 러시아의 영토였지만 1867년에 러시아는 알래스카와 부속도서를 720만 달러에 미국에 팔아넘겼다. 베링해 연

1 베링해터널에 대해서는 다음의 글을 참조. 2010년 5월 26일 서울 은행회관국제회의실(2층 컨벤션홀)에서 개최된 제1회 베링해협평화포럼 세미나 "베링해협프로젝트 –공생과 국제평화의 길"에서 필자가 발표한 「중국, 일본의 시베리아 진출동향과 한국의 대응과제」, 1-27쪽.

결 프로젝트 사업은 1905년 러시아의 마지막 짜르 니콜라이 2세에 의해 지지를 받았지만 1917년 10월 혁명 이후 무산됐다가 소련의 붕괴 이후 다시금 이 프로젝트의 가능성이 부상됐다. 공식적으로 2007년 푸틴에 의해 탄력을 받고 있다. 베링해 철도는 야쿠츠크부터 마가단을 경유하여 추코트카 자치구의 주도 아나디르를 거쳐 알래스카까지 6,000㎞에 이르고 있다.

러시아 경제발전부는 베링해 프로젝트에 500~600억 달러(순수 터널 공사에만 100~120억 달러)가 소요되며 연간 화물운송량도 7,000만 톤에 이를 것으로 추정하고 있다. 정상 운행 시 13~15년 후 자본회수가 가능할 것으로 예측했다. 또한 이 철로는 기존의 해운로보다 2주간의 시간 단축은 물론 비용도 10%나 절약될 것으로 예상하고 있다.[2] 공사기간은 10~15년이 소요될 것으로 예상하고 있다.

러시아는 베링해 프로젝트를 통해 동시베리아와 극동지역의 자원, 특히 석유, 가스, 수력, 조력, 희귀금속의 개발은 물론 물류강국으로 부상하겠다는 목표로 삼고 있다.

가시에 찔려 100년 동안 잠잔 동화 속의 장미공주처럼 북극은 소생하고 있다. 과거에 북극양 해수면의 80-90%는 두꺼운 빙하 층을 형성하고 있었다. 기후 온난화가 북극 빙하를 녹게 하고 있다. 세계기후위원회는 북극양의 빙하는 지난 50년 전보다 2분의 1이나 줄어들었다고 전하고 있다. 북극양 빙하면적이 10년 단위로 10%(연간 7만 2,000㎢)씩 줄어들 경우 2050년경(혹자는 2030년경) 북극양의 빙하는 완전히 사라질 것으로 예측되고 있다. 이로 인해 북극해의 항로 가능성이 점증적으로 높아져 가고 있다. 동시에 북극권은 냉전 시대에 존재했던 군사적 요소보다 더 강력하게 지정 및 지경학적 가치가 상승하고 있다.

2 "Tunnel unter Beringstraße aus Russland nach Alaska Moskau", mig/.rufo/Moskau, Apr. 4, 2007, http://www.aktuell.ru/russland/news/tunnel_unter_beringstrasse_aus_russland_nach_alaska_17963.html (검색일: 2010년 5월1일).

2000년 미국지질조사국은 북극권에 세계 화석연료의 4분의 1이 매장된 것으로 추정하고 있다. 주요 매장지로는 바렌츠 해, 러시아에 속해 있는 북극해, 그린란드 동쪽 해안지역이다. 천연가스 매장량도 2조㎥로 추정되고 있다. 노르웨이 슈타트오일(Statoil)사는 2007년부터 바렌츠 해에서 천연가스를 생산하고 있으며, 러시아 슈토크만 천연가스 프로젝트도 진행되고 있다. 캐나다 북극권은 고가치의 광물, 예를 들면 납, 다이아몬드, 금, 구리, 은, 아연 등이 매장되어 있는 것으로 추정하고 있다. 빙하층이 녹으면서 지하자원의 채굴도 용이한 상태로 변모하고 있다.

현실적으로 과거보다 북극양의 진입과 북극양 자원 획득이 상대적으로 용이해졌으며, 중기적으로 볼 때 자원채굴과 이용이 가능할 것으로

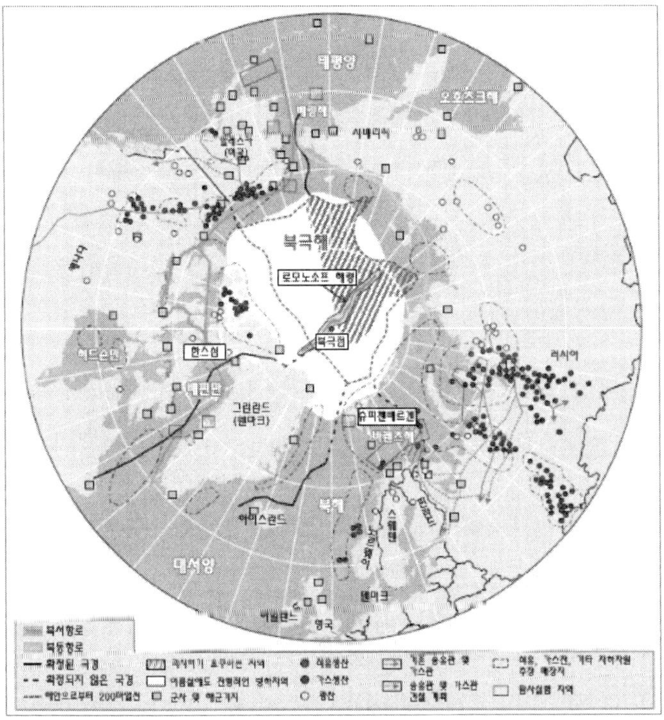

[그림 2] 북극권의 영토, 자원, 항로, 출처: Heinz Brill, "Die Arktis und die Interessen der Anrainerstaaten", Österreichische Militärische Zeitschrift, Vol.LXXXVIII, Heft 3, 2008, p.276.

예측되고 있다. 북극양 인접국들은 대륙붕의 외연적 확대를 통한 영토 요구를 주장하고 있다.

과연 북극은 누구에게 속해 있는가? 이 문제와 관련해서 북극양이 공해인지 아닌지 혹은 일정 해저 면에 대한 특정 국가의 주권 및 독자적 자원채굴권 행사가 가능한지에 대한 사항 등이 중요한 국제문제로 급부상하고 있다. 또한 이용과 개발과정에서 발생할 수 있는 북극권 생태환경의 훼손 방지를 위한 시스템적 틀을 어떻게 만들 수 있는가하는 문제 역시 주요 글로벌 이슈로 부각되고 있다. 빙하 용해라는 기후변화 이외에도 지금까지 거의 접촉되지 않았던 북극 생태계와 해양 동물 먹이사슬 체계가 외부로부터의 위험에 직면하고 있다. 그 이외에도 북극 하천의 오염, 선박사고 혹은 향후 지하자원 채굴과정에서 환경훼손 가능성이 높아지고 있다. 북극에서 일련의 환경훼손을 방지할 수 있는지에 대한 설명이 절대적으로 부족한 상황이다. '북극위원회'는 1991년에 환경 모니터링과 방지를 위해 북극환경보호전략(AEPS: Arctic Environmental Protection Strategy)을 조성했다. 그 후 북극위원회는 5개의 작업팀, 북극 발전의 평가와 감독, 북극 동식물계의 보전, 사고방지, 북극양 환경보호팀을 구성했다. 그러나 북극위원회의 법적 규정들은 구속력을 갖고 있지는 않은 상황이다.

북극권에서 육지 국경문제는 상당부분 해결됐다. 일련의 영토 문제, 예를 들면 한스(Hans) 제도, 얀 마이엔(Jan Mayen), 브랑겔(Wrangel) 섬 문제는 아직 해결되지 않은 상황이다. 북극해의 해수면과 관련한 법적 지위는 여전히 불분명한 상황이다. 북극해도 UN해양법조약 기준에 근거하고 있다.

북극해의 특별 및 지역 규정은 국제해양법협정 안팎으로 존재하지 않는 상태이다. 그 이유는 첫째, 국제해양법과 관련된 협상에 대한 북극권 관심대상국의 수가 적었기 때문이다. 둘째, 미국과 당시 소련은 군사적 요충지(전함, 잠수함, 핵탄두)를 위한 다자간 조약시스템에 종속되는 사항에 대해 낮은 관심을 표명했기 때문이다. 최근 북극 인접국들은 일련의 북극탐사와 대륙붕 확장의 조사 등을 행하고 있으며, 캐나다는 레절류트 만(Resolute Bay)에 북극 심해 항의 구축을 고려하고 있다. 2007년 여름에 러시아의 북극 해저탐사 팀이 러시아 잠수정 미르-1을 통해 북극 심해 바닥인 로모노소프(Lomonosov) 해령에 티타늄으로 만든 국기를 설치했고, 2008년 이후 북극해와 연결된 가장 광활한 해안선을 갖고 있는 러시아는 북극해의 일부와 북극점에서 800㎞ 떨어진 자국 영토 프란츠-이오시프 군도와 빅토리아 섬을 묶어 국립공원으로 만드는 계획을 추진하고 있다.

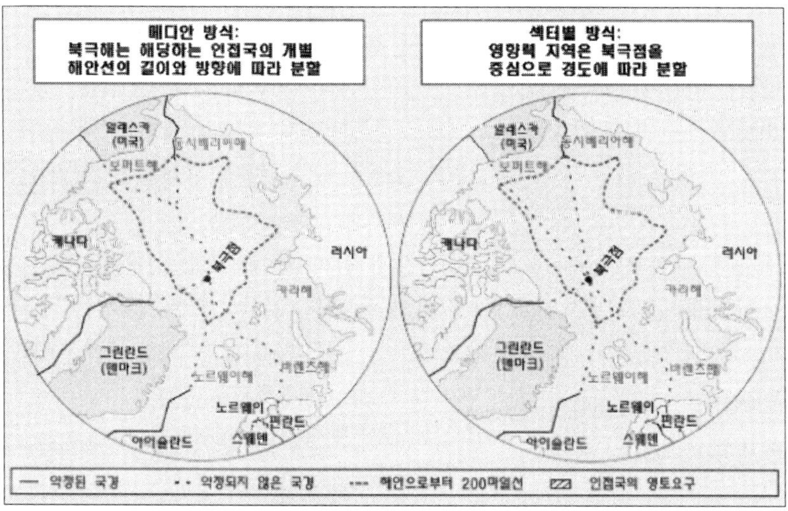

[그림 3] 북극해 분할(메디안과 섹터별) 방법, 출처: Welt am Sonntag, Nr.147, Nov. 20, 2005, p.30.

2007년 7월에 실행된 북극양 해저면의 러시아 국기게양 사건은 국제법적으로 중요성을 담고 있지는 않다. 오히려 2001년 12월에 러시아정부는 46만 6,000㎢ 상당(북극점에 인접한 바렌츠 해와 베링해)의 확장 대륙붕의 요구를 2001년 12월에 '대륙붕한계위원회(CLCS: Commission on the Limits of the Continental Shelf)'[3]에 제출한 것이 법적으로 더 큰 의미

3 CLCS는 1997년부터 UN해양법에 근거한 국제기구이며, 소재지는 뉴욕이다. 이

를 지니고 있다. 러시아의 확장 대륙붕 지역에는 최대 100억 톤 상당의 화석연료가 매장된 것으로 추정하고 있다. 국제해양법은 대륙붕 확정은 '대륙붕한계위원회'의 추천의 근거 하에서만 이루어질 수 있다고 규정하고 있다. 최근 러시아 탐사 팀의 결과는 2001년 제출안 요구를 더욱더 확실한 논거 구축의 근거를 마련하는데 초점을 맞추고 있다. 2006년에 노르웨이도 '대륙붕한계위원회'에 대륙붕 확장 제안서를 제출했다. 제안서들에서 북극 대륙붕의 확장의 증명을 위해 로모노소프, 알파(Alpha), 멘델레예프 해령을 제시하고 있다. 이와 같은 지질학적 형태는 대륙붕이 계속적으로 북극양의 일부까지 이어진다는 것을 증명해야만 한다. 러시아와 노르웨이의 대륙붕 확장 요구 제안서에 대해 제3국(일본, 덴마크, 미국, 노르웨이, 스페인)들은 항의와 법적 타당성의 문제를 제기했다. 2013년까지 법적으로 유효화 될 수 있는 소지가 많기 때문에 캐나다도 자국의 영토 요구를 위해 서(西)북극의 해저 면을 탐사하고 있다.

북극 관련 모든 당사국들은 시간적 압박 하에 처해 있다. 그 이유는 국제해양법(부록 II, 제4조)에 의거하여 확장 대륙붕 요구 제안서는 각국의 해양법 비준이 통과된 이후 10년 내에 제출되어야 하기 때문이다. 노르웨이는 2008년, 러시아연방은 2009년, 캐나다는 2013년, 덴마크는 2014년까지 시간적으로 촉박한 상태이다. 아이슬란드는 2005년으로 기간이 경과된 상황이다. 미국은 마음에 들지 않는 해양법의 비준을 위해 2007년에 상원 청문회가 시작되었지만 비준은 이루어지 않은 상황이다. 미국 국무성은 안보, 주권, 지속성의 장점을 위해 비준을 기대하고 있다. 미국은 청문회에서 북서항로와 북극에서 대륙붕의 확장 문제, 특히 러시

위원회의 구성원은 21개국에서 파견된 전문가로서 임기제 위원으로 새롭게 선출된다. 이 위원 중에는 노르웨이와 러시아 전문가들도 있다. 독일 후보는 2007년 선거에서 재당선되지 못했다. 또한 이 위원회에는 미국 전문가도 없는 상황이다. 이 위원회의 의사결정은 3분의 2 찬성을 통해 대륙붕 확장에 관한 문제에 대해 추천서를 배부할 수 있다. 이 위원회의 추천에 근거하지 않는 대륙붕 확장의 확정은 UN해양법 규정을 위반하는 것을 의미한다. 이 위원회는 지금까지 제출된 대륙붕 확장 요구에 대한 결정적 추천서를 제출하지는 않고 있다.

아의 적극적 공세에 대한 대비 문제 등을 논의하고 있다. 하여튼 미국이 해양법 조약에 비준하면 향후 10년간 시간적 여유를 가질 수 있을 것이다.

북극 빙하의 수량이 지구 온난화의 결정적으로 영향력을 행사하는 북극은 한국과도 무관할 수 없는 상황이다. 북극에 직접적 관계가 없는 한국도 북극양을 '인류의 공동유산(common heritage of mankind)'[4]이라고 강력하게 주장하는 독일의 주장을 지지해야 하며, 가능한 한 다자간 결정이 필요하다는 점을 강조해야만 한다. 한국의 북극권에 대한 구체적 이해관계는 한국 항구(부산, 울산 등)들과 선적회사들이 북극해운루트의 집약적이며 경제적 이용을 위한 연계작업이다. 또한 북동항로와 북서항로가 국제해운로로 이용될 경우 시베리아 북극양과 북태평양의 주요항구 개발과 쇄빙선 기능을 갖춘 여러 형태의 선박 수요를 대비해 우리의 진출 대응책이 필요하다고 본다.

잠에서 깨어난 '장미공주(북극)'가 한국, 북극권 인접국 더 나아가 인

4 인류공동의 유산은 19세기에 이미 알려졌으며, 현재 인류의 공동유산이라는 국제관습법의 근본조항은 1967년에 몰타 UN 대사 아르비드 파르도(Arvid Pardo)가 제기했다. 파르도는 인류의 공동유산을 개별 국가주권이 미치지 않는 우주와 해저면도 관련되어 있으며, 그곳에 존재하는 자원은 매각할 수 없다면서 이 자원은 전 인류에 귀속되어야 한다고 주장했다. 인류의 공동유산은 국제해양법 전문과 136조와 137조에 명백하게 명시되어 있다. 북극양 해저면의 상당부분의 분할과 북극양 인접국의 소영역 식으로의 분할은 기후 정책적으로 약정될 수 없는 상황이라고 볼 수 있다.

류사회에 분쟁과 갈등을 안겨 줄 지 또는 행복과 축복의 통로가 될 지 국제사회의 관심이 집중되고 있다. 장미공주의 운명은 북극 이용과 개발 과정에서 환경생태 문제, 북극원주민을 포함한 생물종 다양성의 보호 문제, 세계평화에 달려 있다고 생각된다.

북극 개관

김정훈_배재대학교 한국-시베리아센터

I. 북극 개관

북극(北極)은 지구 북극점 근처의 지역이다. 북극점을 '북극'으로 부르기도 한다. 북극은 북극해뿐만 아니라 러시아, 시베리아(러시아), 알래스카(미국), 캐나다, 그린란드(덴마크령), 아이슬란드, 스칸디나비아(노르웨이, 스웨덴, 핀란드)를 포함한다. 남극과 마찬가지로 북극에도 대한민국을 포함한 여러 나라가 연구 기지를 설치하여 유영하고 있다. 북극지방에 대한 정의는 다양하다. 여름에 해가 지지 않고 겨울에 해가 뜨지 않는 북위 66º 33′의 북극권 북쪽 지방으로 정의하거나 기후와 시생을 기준으로 여름철 기온이 10℃를 넘지 않는 선을 기준으로 하기도 한다. 이 기준은 대략 수목한계선과 일치한다.

지구의 최북지역으로 북극권의 북위 66°30′ 이북지역. 북극권 이북에서는 겨울철에는 24시간 계속하여 태양이 지평선 아래에 있고, 한여름에는 24시간 계속하여 태양이 지평선 위에 있는 것이 특색이다. 생태학적인 북극의 범위는 수목의 생장북한계보다도 이북의 지역을 가리킨다. 북극은 남극과는 달리 중앙부에 광대한 육괴(陸塊)가 없고, 극점의 주변은 해양을 뒤덮는 영구의 빙모(氷帽)가 차지하고 있다. 북위 83°이북에는 약간의 작은 섬과 대규모의 그린란드섬의 일부가 있을 뿐이다. 알래스카 · 캐나다 · 노르웨이 · 스웨덴 · 핀란드 및 러시아연방 육지이 일부가 북극권의 북부를 차지하고 있다. 면적 약 2,700만 ㎢ 중에서 육지면적은 약 1,000만 ㎢이며, 해양면적에 비해 두드러지게 좁은 것이 특징이다.

1. 지형 · 지질

북극해 주변의 육지는 대부분 오래된 순상지(楯狀地)나 탁상지(卓狀地)가 많고, 주로 선캄브리아대의 편마암 · 화강암 · 결정편암 등 결정질 암지역이 넓게 분포한다. 산맥으로는 그린란드 동부(북극의 최고점 군뵈른, 3,700m), 배핀 섬(2,591m), 엘즈미어 섬(2,916m), 타이미르 반도의 비르랑가 산(1,146m) 등이 있다. 대부분은 해발고도 400~700m의 구릉지를 이룬다. 북극지역은 광산자원이 풍부하며, 풍부한 금광맥이 1897년 알래스카의 클론다이크에서 발견되었는데, 그 지역은 수목의 북한계 북쪽에 있다. 캐나다의 북극권인 그레이트베어 호의 호안(湖岸)에 우라늄광이 있는데, 제2차 세계대전 중에 원자폭탄의 원료가 되었다. 그레이트베어 호의 북부에는 광범위하게 구리가 매장되어 있다. 또 북극에는 석탄 · 석유 · 은 · 백금 · 주석 · 철 등 갖가지 광물자원이 매장되어 있다.

2. 극과 지구자기

북위 90°는 지구의 자전축이 지표와 교차하는 곳으로 지리학적 극점으로서의 북극점인데 그 밖에 지구의 자기장에 관련된 극이 있다. 즉 지구자기의 분포로 보아 복각(伏角)이 90°가 되는 지점을 자북극이라 한다. 또 지구의 자기장을 지구중심에 있는 자기쌍극자로 근사시킨 경우의 극점은 지구자기북극이라 한다. 오로라는 지구 밖에서 쏟아지는 전자와 양성자의 입자가 초고층대기에 충돌하여 발광하는 현상인데, 입자는 자기력선에 따라 입사하기 때문에 극지역에서 나타나는 경우가 많다. 지구자기 위도에서 67° 부근이 오로라를 가장 잘 볼 수 있는 곳이므로 이 부근을 오로라대라 한다. 북극에서 이것은 스칸디나비아 반도 북부, 아이슬란드, 그린란드 남부, 래브라도 반도 북부, 알래스카의 페어뱅크스, 시베리아 북부의 노바야젬랴 등을 이은 지대에 해당한다. 극지는 이처럼 지상에서 오로라 관측을 하는 데 필요한 장소이며 관련된 초고층 대기현상을 해명하는 데도 중요한 역할을 하고 있다.

3. 기후

북극지역의 기후는 뚜렷하고 변화가 많은데, 2개의 큰 기후형으로 나눌 수 있다. 하나는 월평균기온이 0℃를 넘지 않는 빙설기후지역이고, 다른 하나는 0℃를 넘는 달이 1개월뿐이고 10℃를 넘는 달은 존재하지 않는 툰드라기후의 지역이다. 또 다른 기후구분으로, 하나는 대서양과 태평양 연안에 탁월한 극지해양성기후의 지역으로 겨울의 기온이 낮고 강설이 많다. 다른 하나는 북부알래스카 · 캐나다 · 시베리아에서 탁월한 극지대륙성기후 지역으로, 겨울에 특히 한랭하고 강설은 비교적 적다. 이러한 2개 기후형과 함께, 범위는 좁지만 그것들의 점이지역이 있는데, 빙설기후와 한대 및 아한대의 지역이 있다.

북반구에서 최저기온은 북동시베리아의 오이먀콘으로, -79℃를 기록하여 베르호얀스크(-67.8℃)와 함께 남극을 제외한 세계의 한극(寒極)이다. 겨울은 8월부터 시작되는데, 수목북한계 부근에서는 1개월 늦게 겨울이 시작된다. 기온은 12월까지 계속 낮아져서, 1월부터 3월 초의 중앙시베리아 월평균기온은 -2℃ 정도이고, 북아메리카에서는 6~-2℃ 사이를 유지한다. 겨울 최한월의 월평균기온은 -10~-18℃이다.

여름의 기온은 북극지역 전체가 거의 일정하며, 그 남한(南限)에서는 월평균기온이 10℃에 이르고 일부에서는 월평균기온이 25℃를 넘는 경우도 있다. 일반적으로 여름에는 태양도 빛나고 바람도 적은 고요하고 평온한 날이 많은 것이 특색이다.

북극지역에서 동결이 풀리는 성장기는 짧다. 대부분 지역은 영구 동토지역으로 1년 내내 동결·강설을 기록하는 곳이 많다. 북극은 20세기 초부터 기온과 해수온이 상승하기 시작하였고, 기온의 상승은 슈발바르 제도를 중심으로 한 북대서양 연안에서 겨울철에 최대가 되었다. 1930년대에 기온의 상승은 최대가 되었는데, 1940년대 초부터 낮아지기 시작한 후 다시 상승하고 있다. 그 원인은 확실하지 않지만 남풍이 북극지역으로 침입하여 세력이 증가한 것으로 보고 있다.

4. 빙하작용

일반적으로 북극은 일부분만 얼음으로 덮여 있다고 생각되는데, 실제로는 육지의 2/5 이하의 면적이 얼음에 덮여 있고 나머지는 상대적으로 따뜻한 기후이거나 눈이 부족하기 때문에 얼음에 덮여 있지 않다.

북서 그린란드에는 얼음 속에 깊이 420㎞의 구멍이 있어서 800년에 걸친 층의 단면을 볼 수 있는데, 그 두껍고 얇은 상태에 따라 최근 8세기에 걸친 강수량의 변화를 확실하게 알 수 있다. 설선은 위도에 따라 뚜렷하게 다른데 배핀 섬에서는 해발고도 600m를 겨우 넘고, 그린란드 남부에서는 1,800m로 북쪽으로 갈수록 낮아져, 북부의 끝부분에서는 900m로 낮아진다.

북극지역의 빙하는 눈의 기원에 따라 큰 것과 작은 것의 2개 그룹으로 나뉜다. 큰 그룹은 대서양 주변에 분포하고 작은 그룹은 태평양 주변에 분포한다. 최대의 빙괴(氷塊)는 그린란드의 내륙빙으로 북반구 최대의 빙원이다. 그 길이는 2,500㎞가 넘고 최대폭 960㎞, 면적 약 27만 3,500㎡이다.

북부에서는 최고점이 해발고도 3,000m에 이르고, 바닥부분은 해면 밑으로 약 1,600m나 된다. 캐나다의 북극권에서는 빙하의 분포는 제한되었고 최남단의 빙하는 래브라도의 토가트 산 부근에 작은 카르를 많이 이루고 있다. 최북단의 해발고도 750m 이하인 젬랴프란차요시파에서는 90%가 얼음으로 덮여 있어 바다로 유출되고 있다. 알래스카에서는 고지를 덮는 빙상과 작은 곡빙하 및 저지에 산록빙하가 많다.

최대의 빙하는 페어웨더 산지의 세인트일라이어스 및 추가치 산지 주변에 있다. 북극의 빙하는 10~14세기에는 이동이 뚜렷하지 않았으나 1750년 무렵에는 최대에 이르렀다. 두 번째의 전진은 1850년 무렵에 최대가 되었고, 그 후 1890년 무렵부터 후퇴하기 시작하였다. 처음에는 서서히 후퇴하였으나 1930년 무렵까지 후퇴의 속도가 증가하여 현재도 그 경향이 계속되고 있다.

5. 식생

침엽교목림의 한계로부터 북쪽으로는 버드나무 · 자작나무 등의 관목

군락이 넓은 면적을 차지하고, 침엽수가 조금씩 혼생하는 지역이 넓어져서 타이가와 극지의 이행대를 이룬다. 극지의 중심부에서는 담자리꽃나무류 등의 왜성관목 외에 벼과·사초과·골풀과 등의 초본에 선태류·지의류가 많이 혼합된 식생을 이룬다.

북극권은 고산과 달라서 지형이 평탄하고 적설이 적기 때문에 눈사태가 난 비탈진 면이나 붕괴지 등의 식물군락은 발달하지 않고, 약간 들쭉날쭉한 구조토가 넓은 면적을 차지하고 있다. 식물군락은 볼록한 지형에서 자라는 건조형과 오목한 지형에서 자라는 습윤형이 모자이크 상태로 뒤섞여 있는 것이 많다.

북극권에 사는 식물에는 북반구 온대의 고산과 공통되는 종류가 많지만, 고유의 속(Arcophila)과 고유의 종(Colpodium latifolium, Dupontia fischeri, Phippsia algida) 등도 있어 북극식물구계구로 된다. 북극권 식물의 대부분은 신생대 제4기의 한랭한 빙기에는 빙상 밑에 있었지만, 적설량이 적은 알래스카 내륙부와 빙상에서 돌출하는 누나탁(nunatak ; 岩峰이나 岩稜)의 남사면 등에서는 계속 생존하였다고 생각된다.

6. 동물

바다에는 태양광을 이용하여 식물플랑크톤과 해빙 밑 부분에 규조가 번식한다. 이러한 것들을 따라 식물식성인 요각류와 크릴 등의 동물플랑크톤이 증가한다. 대구 등의 어류와 수염고래가 동물플랑크톤을 잡아먹는다. 흰줄박이돌고래·북극곰 등은 어류·물범·수염고래 등을 먹는다. 또 동물플랑크톤은 바다오리나 바다쇠오리 등의 먹이이기도 하며, 이러한 바다새는 개수면(開水面)이 생기는 여름철에 남쪽해역에서 찾아온다.

육상의 툰드라대에는 식물에 의존하여 생활하는 곤충류·진드기류가 여름철에 활동하고, 곤충류를 잡아먹는 거미류도 나타난다. 못과 늪에서는 모기류와 파리매류가 발생하고 개체수가 많다. 이러한 작은 동물들을 먹이로 하는 조류도 남쪽 지역에서 날아온다.

순록도 여름철에는 남쪽에서 이동하여 오는 초식 포유류이다. 초식 포유류 중에서 사향소는 겨울철이 되어도 남쪽으로 이동하지 않고 약간 높은 산에서 생활하고, 레밍은 생활 장소를 땅속으로 바꾸어 툰드라대에 계속 머문다. 북극여우 · 북극승냥이 등의 육식 포유류, 흰올빼미와 같은 육식성 조류는 초식 포유류를 잡아먹는다. 이러한 동물의 분포나 개체수는 초식포유류의 분포나 개체수에 따라 변동한다.

7. 주민

북극의 북아메리카는 에스키모인이 차지하고 있다. 알래스카의 남쪽에서 그린란드 · 래브라도의 동부 연안에 이르는 9,600㎞에 걸쳐서 약 5만의 에스키모인이 거주하고 있으며 에스키모인이 분포하고 있는 남부 지역에는 2종류의 인디언이 거주하고 있다.

캐나다 중앙부와 동부에는 알곤키안족과 나스카피족이 거주하고 알래스카와 캐나다 내륙에는 아사파스칸족이 여기저기 흩어져서 거주하고 있다. 최근 에스키모인의 생활은 백인의 영향을 강하게 받아서 근대화되고 있다.

유라시아 북부, 즉 베링해협에서 시베리아 연안을 지나 스칸디나비아에 이르는 북극해 연안에는 에스키모인 · 라프 · 야프 · 퉁구스 등의 고(古)시베리아계 · 알타이계 · 켈트계 · 우랄계 및 인도유럽계 언어를 쓰는 민족이 분포하고 있다. 이것은 북아메리카 북극권에 사는 에스키모의 단일성에 비해 유라시아의 북극권은 여러 차례 각종 민족의 침입이 반복되었음을 의미한다. 이러한 민족들은 생활양식에서 뚜렷하게 옛 소련의 영향을 받았다.

8. 경제개발

북극의 자원이용은 고립된 토착민에 의한 원시적 수렵과 어로에서부터 가장 근대적인 광업에 이르기까지 큰 차이를 보이고 있다.

상업적 어업은 그린란드 서쪽 연안에서 행해지고, 그 이외에는 바렌츠해 · 백해 · 북동알래스카나 그 밖의 알래스카 연안에서 행해진다. 광산자원의 개발은 비교적 소규모이나 북극에는 많은 광물자원이 매장되어 있다. 1920년 이후 캐나다 북부에서 지질조사가 이루어졌으며, 그 뒤 그린란드의 지질조사가 조직적으로 시행되었다. 최초의 광산개발로 그린란드 남서부의 이비그투트에서 빙정석이 생산되었다. 석탄개발은 처음에 디스코 만에서 시작되어 슈발바르 제도에서는 대규모 개발이 이루어졌다. 제2차 세계대전 직후에 그린란드 동부의 메스테르스비크에서 납과 아연광이 개발되었다. 계속해서 그린란드 남서부에서는 우라늄광의 조사·개발이 이루어졌고, 캐나다 북부의 매켄지 하곡에서는 1920년대에 이미 최초의 석유개발이 이루어졌다. 그레이트베어 호 안에서는 우라늄·라듐채광이 시작되었고, 옐로나이프에서는 금광 채굴이 시행되었다. 유콘 북부의 마요에서는 양질의 납·아연이 개발되었고 많은 지점에서 금광이 개발되었다.

19세기 말에는 알래스카에서 금이 대량으로 개발되어 골드러시시대를 이루었기 때문에 오랫동안 알래스카는 금의 채굴지로 알려졌다. 최근에는 알래스카 북부 해안에서의 석유개발이 각광을 받는 등 앞으로의 발전이 기대되고 있다. 캐나다의 웅가바 만 북부에서는 철광, 북극 서부의 섬들에서는 석유개발이 기대되고 있다. 소련은 제1차 세계대전 이후 북극의 광산개발에 적극적인 노력을 기울여 금·다이아몬드·석유·소금·석탄 등을 개발하였다.

9. 전략상의 지위

북극의 군사적 중요성에 대해서는 제2차 세계대전 중에 각국이 주목하게 되었다. 3세기에 걸쳐서, 특히 소련과 서유럽 나라들이 북극해 항행을 시도하였지만 기후적 특징 때문에 어려움에 부딪혔다. 1930년대에 오스트레일리아의 극지탐험가 G.H. 윌킨스가 북극해 얼음 밑으로의 항행 가능성을 개발하기 시작하여 소련의 북극해 항행함선이 주목을 받게 되었다.

1947년 이후 미·소 냉전과 1949년의 NATO군 창설로 북아메리카의 방위문제가 크게 대두되었다. 이러한 국면에 대응하기 위해 미국은 그린란드의 툴레에 군사기지를 건설하였다. 이로써 북극은 미·소를 중심으로 한 군사기지의 건설, 보급기지의 건설과 전개, 원거리 초기경계선 확립과 레이더에 의한 탐지시스템의 건설, 원자력잠수함의 항행계획 등의 실시가 이루어져서 미·소의 군사적 긴장의 각축장(角逐場)이 되었다.

II. 북극의 지역구분

1. 북아메리카지역

그린란드, 북극의 캐나다 및 알래스카의 수목북한계 이북을 포함한 지역이다. 그린란드의 대부분은 얼음으로 덮여 있고, 북부 캐나다의 산지는 광대한 지역에 걸쳐 영구동토 지역으로 되어 있다. 지형은 낮은 대지에서 광대한 저지로 되어 있는데, 일반적으로 배수가 나쁜 저지가 넓게 퍼져 있다. 중앙부의 대부분은 나암(裸岩)으로 되어 있고, 춥고 긴 겨울 때문에 영구동토로 되었으며, 여름철에 땅은 지표 밑 수 센티미터부터 수 미터까지 녹는다. 연강수량은 120~490㎜에 지나지 않는다.

주요 목축동물은 순록·사향노루이고, 육식동물은 흰곰·승냥이·여우 등이며 해산동물로는 고래·물범·바다코끼리 등이 있다. 인구밀도가 낮아 그린란드 내륙, 캐나다의 퀸엘리자베스 제도의 대부분에는 사람이 전혀 살지 않는다. 그린란드에 약 2만 6,000명, 북극 알래스카에 약 1만 2,000명, 북극 캐나다에 약 9,000명이 거주하고 있다. 대부분은 해안지역에 거주하며, 생활양식은 백인의 영향을 받아 빠르게 근대화되고 있다.

2. 북대서양지역

북극점에서 북극권에 이르는 범위로, 그린란드의 동서 해안 및 동경 40°에 이르는 범위를 포함하며, 육지는 1/5밖에 되지 않는다. 북위 80° 이남에는 비교적 동물이 많고 경제적으로도 중요하다. 청어·대구의 어획이 많고 아이슬란드에서 노르웨이·러시아연방에 이르는 해역에는 특히 많으며 이 두 나라의 선단은 해빙의 연변에서 물범을 어획하고 있다.

3. 유라시아지역

노르웨이·스웨덴·핀란드 및 러시아연방의 북부지역이며, 북극의 슈발바르·젬랴프란차요시파·노바야젬랴·세베르나야젬랴와 그 밖의 섬들로 이루어진다. 슈발바르 제도는 노르웨이령이지만 나머지는 러시아연방령이다. 스칸디나비아의 북부는 북대서양 해류의 영향을 강하게 받아 북위 70°를 넘는 부근의 함메르페스트 항 등은 부동항으로 유명하다. 식생은 아한대성이며 자작나무·가문비나무가 주류를 이루고, 산지에는 스코틀랜드소나무가 자라고 있다. 농산물은 조생종이며 다산성인 것이 재배된다. 러시아연방의 북쪽은 전형적인 극지형으로 식생이 거의 없고, 서시베리아에는 전나무·소나무 등이 있지만 대부분은 식생이 없는 툰드라이다. 북부 스칸디나비아의 주민은 노르웨이인·스웨덴인·핀인·라프인이 대부분인데 유럽에서 인구밀도가 가장 낮은 지역이다. 주요 경제활동은 임업·광업·어업이고, 최근 수력발전이 급속히 개발되고 있다. 전체 인구는 약 200만으로 추정된다.

4. 북극해

북위 80° 이북을 가리키는데, 그린란드 해·노르웨이 해·바렌츠 해·카라 해·랍테프 해·동시베리아 해·보퍼트 해 등의 부속해를 포함하며 배핀 만 및 북극해 제도의 해역도 포함한다. 부속해를 포함하면 총면적 1,409만 ㎢이고, 평균수심은 북극해가 1,205m이고 부속해를 포함하면 1,117m이다.

많은 섬과 만이 있지만 북극점의 주변에는 내륙이 없고, 겨울에는 두께 1~15m의 빙원으로 갇혀 있으며 여름에는 부빙(浮氷) 또는 빙산이 되어 베링해협을 거쳐 북태평양으로 유출되거나 그린란드 해와 데이비스 해협을 거쳐 북대서양으로 유출된다. 가장 깊은 부분은 베링해협의 북부인데 5,440m나 된다. 해저지형은 로모노소프 해저산맥에 의해 태평양 쪽의 아벨라시아 해분(海盆)과 대서양 쪽의 유라시아 해분으로 나뉜다.

중요한 포유동물은 고래와 물범이며, 고래는 배핀만 및 베링해협 북부에 많다. 어족의 종류는 125종으로 어장은 슈발바르 제도에서 노바야젬랴에 걸친 수역이다. 북극해에는 미국 및 러시아연방의 얼음표류관측소가 빙도(氷島)나 해빙에 설치되어, 기상 · 해양 · 지구자기 · 오로라 등을 관측하고 있다.

러시아 북극지역의 자연지리와 생태계

공우석_경희대학교 이과대학 지리학과

I. 도입

러시아 북극지역은 유라시아 대륙의 고위도를 넓게 차지하며, 북극해와 유라시아대륙에 접하고 태평양과도 연결되는 지정학적으로 중요한 위치에 있고, 육지와 바다에 풍부한 천연자원을 보유하고 있는 전략적인 요충지이다.

20세기 후반부터 지구적인 문제로 등장한 기후변화에 따라 북극지역에서는 빙하 면적이 감소하고, 2년 이상 계속해서 0℃ 이하의 온도를 유지하는 영구적으로 얼어 있는 땅인 영구동토(永久凍土, permafrost)가 녹아내리고 있다. 영구동토가 녹으면서 지구온난화를 증가를 부추기는 온실기체의 하나로 땅 속에 묻혀있던 메탄가스가 대기 중으로 방출되면서 기후변화 측면에서도 국제적으로 관심이 높아지고 있다. 북극지역이 온난해지면서 북극권의 자연생태계가 교란되고 있다.

러시아 북극지역은 여름과 겨울 기온의 차이가 크고, 고지는 만년설로 덮여있고, 낮은 곳에는 툰드라·초원·관목림이 발달한다. 낮은 기온 때문에 일 년 중 대부분 기간 동안 지표가 얼어 있는 영구동토층(永久凍土層, permafrost layer)이 널리 발달하지만, 여름에는 일시적으로 영구동토층의 표토가 녹으면서 저평한 곳에서는 물이 빠지지 않아 침수되면서 통행이 곤란하고 모기가 번성하여 인간 활동에도 많은 어려움을 준다.

20세기 중반 이래 북극지역은 내권항공로, 북극항해로, 지하자원, 삼림자원, 군사전략기지, 과학연구기지, 무신통신의 중계기지 등으로 국제적 관심이 높으며 때로는 국가 간 이해관계가 상충되어 분쟁의 가능성도 있다.

여기에서는 북극해에 인접한 러시아 북극지역의 자연환경과 생태계를 자연지리, 환경, 생태계를 중심으로 소개한다. 내용은 기본적으로 (구)소련의 자연환경 특성과 문제점(공우석, 1994), 러시아 지리(원학희 · 한종만 · 공우석, 2002)와 이를 위해 참조한 문헌들을 참고하였고, 식생과 토양에 대한 내용은 공우석(2007)에 기초하였다. 아울러 중앙선데이(2007)와 여러 웹페이지에 제공되고 있는 정보를 인용하였다.

II. 본론

1. 북극 관련 개념

러시아는 북극해와 인접하고 있으며, 해안선의 절반 이상이 북위 70° 이북에 위치하고, 전체 영토의 5분의 4 정도가 북위 60° 북쪽에 위치한 고위도 국가이다. 러시아 영토 가운데 가장 북쪽에 위치한 땅은 북위 82°에 위치한 제믈랴 프란차 요시파 제도(Zemlya Frantsa Josifa Island)에 있는 루돌프 섬(Rudolf Island)이다. 러시아 본토에서 가장 북쪽 육지 끝은 북위 77° 41′ 타이미르(Taimyr) 반도의 체류스킨(Chelyuskin)이다.

북극권(北極圈, Arctic Circle)은 북위 약 66° 30'에 위치한 북극(北極, Arctic)의 남쪽 한계선으로 하지에는 낮이 24시간, 동지에는 밤이 24시간 계속되는 권역이다. 이 연구에서는 지구에서 가장 북쪽으로 자전축의 북쪽 꼭짓점인 북위 90° 지점의 깊이 4,087미터에 위치한 북극해(北極海, Arctic Ocean)의 북극점(北極點, North Pole)으로부터 북극권까지를 북극지역(北極地域, Arctic Region)으로 규정하였다.

북극지역 전체 면적 약 3,000만 ㎢ 가운데 북극해는 약 1,400만 ㎢를 차지한다. 북극지역의 경계는 냉대침엽수림 또는 타이가(Taiga) 삼림의 북한계선(北限界線, northern limit)과 거의 일치하는데, 이는 가장 따뜻한 달의 평균기온 또는 최난월평균기온 10℃의 등온선을 기준으로 나눈다.

2. 북극지역의 자연지리

1) 지질

북극의 육지는 선캄브리아기 암석으로 이루어진 안정된 땅덩어리인 캐나다 순상지(楯狀地, shield) · 발틱 순상지 · 앙가라 순상지 · 알단 지괴 등 4개의 고기 순상지 주변에서 발달한다. 러시아의 영토는 서쪽의 러시아대지와 동쪽의 시베리아대지 등 2개의 아주 오래된 대륙 대지로 이루어져 있다. 대지(臺地, Terrain)는 주위보다 고도가 높고 넓은 면적의 평탄한 표면을 가지고 있는 지형이다. 러시아에는 북서부를 포함하는 발틱순상지, 시베리아 중북부의 앙가라순상지, 시베리아 동부의 알단지괴가 나타난다.

북극의 세부적인 지형은 주로 빙하작용으로 형성되었는데 발트순상지와 캐나다순상지의 지형은 매우 비슷하다. 높이가 1,000~1,500m인 슈발바르(Svalvard) · 노바야젬랴(Novaya Zemlya) · 세베르나야젬랴 제도에 있는 산들은 고기 조산대지역으로 고생대 · 중생대의 습곡산맥이다. 신생내 습곡산맥인 높이 3,000~4,000m의 알래스카나 캄차카 반도의 산들은 신기 조산대로 고도가 높다.

러시아는 북극지역의 중심 해저를 지나는 바다에 있는 산맥인 해령(海嶺, oceanic ridge)으로 길이 1,995㎞의 로모노소프 해령(Lomonosov Ridge)이 시베리아와 대륙붕으로 연결된다고 주장한다. 그 경우 러시아는 유엔해양법협약에 따라 영유권을 행사할 수 있다. 러시아는 이 지역 석유와 천연가스 매장량을 700억 배럴 정도로 본다. 반면 덴마크와 캐나다는 로모노소프 해령이 러시아가 아니라 북아메리카와 연결됐다고 본다. 미국 지질조사국은 개발되지 않은 석유 · 천연가스 매장량의 25%가 북극권에 매장된 것으로 추정한다. 북극지역에는 은 · 구리 · 다이아몬드 · 아연 등 광물자원이 풍부하고, 석탄 · 석유 · 천연가스 등과 같은 에너지 자원의 부존량도 많아 상업적 가치가 높은 지역이다.

2) 지형

러시아에는 콜라-카렐리야지역 · 러시아평원 · 카프카스 지역 · 우랄산맥 · 서시베리아저지 · 중앙시베리아고원 · 남부산악지대 · 동부산악지대 등의 지형구가 있으며, 북극권에는 콜라-카렐리야지역 · 서시베리아저지 · 중앙시베리아고원 · 동부산악지대가 포함된다.

콜라-카렐리야지역(Kola-Karelia)은 핀란드 국경을 접한 유럽 쪽 러시아의 북서부지역으로 카렐리야는 고원지형을 이루나 해발고도는 낮다. 대부분 200m 이하의 구릉이 반복적으로 나타나며, 곳곳이 빙하호와 늪지이다. 서시베리아저지는 우랄산맥에서 동쪽의 예니세이 강까지, 북극해에서 남쪽 알타이 산맥까지의 광활한 지역이다. 대부분 해발고도 100m를 넘지 않는 이곳은 오브 강과 이르티슈 강이 형성한 거대한 범람원으로 늪지가 많다. 중앙시베리아고원은 예니세이 강과 동쪽의 레나 강 사이에 발달한 고원지대로 대부분 해발고도 400~700m의 구릉으로 예니세이 강과 레나 강의 지류가 고원 사이로 흐르면서 골짜기를 이룬다. 동부산악지대는 동쪽의 바이칼 호부터 야블로노비 산맥 · 스타노보이 산맥 · 주그주르 산맥 · 콜리마 산맥 · 추코트 산맥으로 이어져 베링해까지 연결된다.

러시아의 큰 하천은 주로 중앙아시아지역의 남단에 발달한 산악지역에서 발원하고 있으며, 그 중 카스피 해로 유입되는 볼가 강을 제외하고는 대부분 북쪽으로 흐른다. 급경사를 이루는 상류지역은 짧고 유로의 대부분이 평원 위로 흐르고 있다. 유량의 계절적 변화는 매우 커서 5~6월에는 연간 유량의 약 절반이 흐르고, 나머지 기간은 배가 거의 다닐 수 없을 정도로 유량이 적다. 북극해와 태평양 북단의 연안과 많은 큰 강은 일 년 중 오랫동안 얼어있다.

시베리아와 북유럽 측 러시아의 북쪽으로 흐르는 강들은 남쪽에 있는 강의 상류지역은 봄에 해빙(解氷) 되었으나 북극해 쪽 하류는 추위로 녹지 않아 상류로부터 유입되는 얼음이나 눈 녹은 물들이 하류에서 배수되지 못하고 막히면서 봄철 홍수가 발생한다.

3) 빙하와 영구동토

빙하(氷河, glacier)는 눈이 다시 굳어져 육지에 만들어진 거대한 얼음덩어리인 빙하빙(氷河氷, glacial ice)이 밀도가 커지면서 생긴 것으로 무게 때문에 낮은 곳으로 이동한다. 빙하는 겨울의 강설량이 여름에 미처 녹지 못할 때 생긴다. 빙상(氷床, ice sheet)은 비교적 평탄한 넓은 지역을 뒤덮고 그 중심에서 외곽으로 흐르는 빙하이다.

빙하는 눈의 공급원에 따라 규모가 다른데, 서쪽에서 부는 바람에 실려 습기가 많이 공급되는 대서양 쪽에서는 크기가 크고, 태평양 쪽에서는 작다. 러시아의 노바야젬랴, 카라 해 동쪽의 스베르나야젬랴 등 섬에 빙하가 발달하지만, 러시아 북부의 대부분 지역은 빙하로 덮이지 않고 암석이 노출되어 있다.

지금으로부터 약 200만 년 전인 플라이오세(Pliocene) 말에는 지금보다 온난하여, 그린란드는 빙상으로 덮여 있었으나 삼림한계선(森林限界線, forest limit)은 현재보다 1,600km 북쪽에 있었다. 약 100만 년 전부터 기후가 한랭해지기 시작하여 제4기 플라이스토세(Pleistocene) 또는 홍적세(洪積世)의 빙상이 형성되었다. 약 7만 년 전의 마지막 빙기에는 북극빙상이 북아메리카의 로렌타이드빙상 그리고 스칸디니비아 반도·러시아 평원·독일 북부·덴마크·잉글랜드 북부에 이르는 스칸디나비아 빙상과 연결되었다. 플라이스토세 빙기(氷期, ice age) 동안에 스칸디나비아·북부 카렐리아·노바야젬랴섬·우랄산맥 북부·알타이 산맥·사얀 산맥·파미르 고원·카프카즈 등지에 중심을 둔 강력한 빙하가 외곽지역으로 퍼져 나갔다. 기온이 매우 낮아지고 강수량이 증가하면서 빙하는 점차 확장하였다.

약 1만 년 전 홀로세(Holocene) 또는 충적세(沖積世)에 들어서 빙하가 후퇴하여 현재의 크기로 축소되자, 식생이 없는 나지가 노출되고 많은 빙하가 만든 빙식호(氷蝕湖, glacial lake)가 남게 되었으며, 넓은 빙하퇴적평야가 형성되었다. 해안에는 빙하에 의해 만들어진 U자곡에 바닷물이 들어와 피오르드 해안을 이루는데, 북극해의 섬들, 알래스카의 남부해안, 캐나다의 동부해안, 그린란드 해안, 노르웨이 해안 등의 특색 있는 경관 등이 그 예이다. 두꺼운 빙하·빙상이 녹으면서 누르던 압력이 감소함에 따라 융기해안을 이루었다.

러시아에서는 빙하 주변에 지표가 계속 얼어있는 영구동토층이 넓은 면적을 차지한다. 시베리아 북동쪽 끝에서는 영구동토층이 연속적으로 나타나지만, 시베리아 남쪽이나 서쪽에서는 영구동토층이 해빙되어 있는 지역 사이에 섬과 같이 나타난다. 영구동토층의 두께는 보통 10m 미만이지만 야쿠츠크(Yakutsk)에서는 1,000m 이상에 이른다(그림 1).

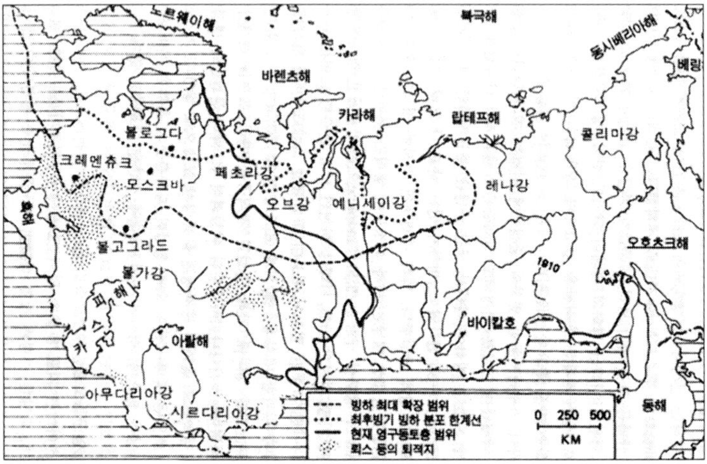

[그림 1] 러시아의 빙하와 영구동토층
출처: 러시아 지리 (원학희 · 한종만 · 공우석, 2002)

러시아 북극지역에서는 해안의 일부를 제외하고는 겨울철의 기온이 매우 낮아서 지표 상층부에서는 여름에 녹는 활동층(活動層, active layer)이 나타나지만 땅속 깊은 곳은 여름에도 얼어 있는 영구동토층이 나타난다. 북극지역 영구동토층의 깊이는 약 90~456m에 이르는데, 그 두께가 알라스카 북부나 캐나다에서 240~450m, 시베리아 북부에서는 600m에 달하기도 한다. 러시아 국토 가운데 900만 ㎢는 일 년 내내 얼어 있는 영구동토층으로 인간의 정착이 거의 불가능하다.

러시아 북극지역은 영구동토대가 연속적으로 나타나며, 남쪽으로 갈수록 두께가 60~120m로 얇아지면서 비연속적으로 분포한다. 세립질 퇴적물로 된 영구동토층은 강도가 높지만 온도가 상승하여 녹으면 지반이 약해지므로 토목공사에 주의가 필요하다.

영구동토층의 상층부에 나타나는 활동층은 계절적으로 여름마다 녹으며,

녹는 깊이는 위도, 식생, 태양의 방향 등에 의해 차이가 난다. 토탄(土炭, peat) 습지는 약 50cm 정도 깊이까지, 늪지대는 1m 가량, 침엽수림 밑은 2m까지 영구동토층이 녹는다. 그러나 여름에 녹는 해동층(解凍層, thawing layer) 아래의 영구동토층은 녹은 물이 땅속 깊은 곳으로 스며드는 것을 막는다.

활동층에는 뿌리가 얕은 초본, 관목, 키 작은 교목 등이 잘 자라지만, 활동층의 깊이가 30cm 이상이고 배수가 양호한 곳에서는 가문비나무 · 이깔나무 · 자작나무가 자라며, 뿌리가 깊게 자라는 소나무들은 배수가 좋은 사질토양에서만 생육한다.

북극권 영구동토지대에서는 초여름에 녹은 물이 땅속으로 스며들지 않아 지표가 습지처럼 변하는 불투수층이 흔하며 얕은 호수가 많다. 여름에는 땅 속 깊은 곳의 영구동토 위 토양이 중력의 영향으로 완경사의 사면을 따라 움직이기도 한다. 또한 지표가 얼고 녹는 과정을 되풀이하면서 크기 비슷한 자갈이나 모래가 모여 다각형 모양의 구조토(構造土, patterned ground)를 만들기도 한다.

북극권의 토양은 층위가 발달하지 않으며, 배수가 잘 안 되며 무기질 성분 위에 분해되지 않은 유기질 성분이 있어 강산성을 나타낸다. 대표적인 토양은 극지갈색토이며, 표토는 암갈색이며 심토는 회색 · 황갈색이다.

4) 기후

북극의 기후는 가장 따뜻한 달의 평균기온이 0℃ 이하인 빙설기후(氷雪氣候, cryoclimate 또는 nival climate)와 가장 따뜻한 달의 평균기온이 0~10℃인 툰드라(Tundra) 기후로 나뉜다. 빙설기후는 기온이 일 년 내내 영하로 지표까지 언다. 툰드라 기후는 2~3개월의 여름 동안 기온이 영상으로 올라가고 지표가 녹아 습지를 이루지만 월평균기온이 10℃ 이하여서 나무는 자라지 못하며, 하등식물인 지의류 · 선태류 등이 자란다.

북극지역의 기온은 여름에는 바다에 떠 있는 빙상에서 0℃ 이상이지만, 가장 추운 달의 북극해 바다 빙상과 연안지방의 평균기온은 -30~-40℃, 그린란드 내륙에서는 -45℃까지 내려간다. 강수량은 적어서 북극지역 중심부는 100㎜ 이하, 북극해 연안지대는 400㎜ 이하이다. 구름과 안개가 많고 아이슬란드 · 알류샨열도 부근의 저압대와 북극전선대는 강풍이 부는 악천후가 거의 연중 계속된다.

여름에 북극해는 인접 해안지역에 큰 영향을 미치지만, 북극해의 대기는 따뜻한 공기층이 발달하는 내륙으로 상륙하면서 크게 변질되기 때문에 내륙의 기후에 좋지 않은 영향을 준다. 여름에는 북극권의 기온은 비슷하여 남부 지역의 월평균기온은 거의 10℃에 이르며, 내륙에서는 한낮의 기온이 28℃까지 오르기도 한다.

겨울은 북극점 부근에서는 8월 말부터 삼림한계선 부근에서는 9월 말부터 시작된다. 그 후 3월까지 시베리아 북극지방의 기온은 -37℃, 북아메리카 북극지방에서는 -34℃를 유지한다. 겨울에 북극해는 서쪽의 콜라반도에서 동쪽의 베링해까지 완전히 동결되며, 눈으로 덮인 북극해는 기후적으로 육지와 같은 역할을 한다. 바다가 얼기 전 북극해 상공의 대기는 남쪽에 있는 눈으로 덮인 육지에 비해 기온이 높은데, 이것은 북극해 상공의 대기가 얼지 않은 바다로부터 열을 끌어들이기 때문이다. 이처럼 바다와 육지 사이에 지표 온도가 다르기 때문에 남쪽에서 북쪽으로 해안선을 지나 육풍이 불어오며 그 때문에 바다에 의해 내륙의 기온이 오르기 어렵다.

20세기에 들어서 북극지역의 기후는 온난화해지고 있으며, 그 결과 빙하가 쇠퇴하거나 축소되고, 아이슬란드 · 슈발바르 제도 · 그린란드 남서해안에서 유빙이 축소되어 조류 · 어류 · 육상동물들이 점차 북상하고 있다.

5) 토양

인셉티솔(Inceptisols)은 러시아 가장 북쪽의 토양으로 북방의 침엽수림대와 북극해 연안지대에 주로 발달한다. 겨울이 길고 추워 토양 수분이 일년중 오랫동안 얼어 있기 때문에 토양 내 광물질의 화학적 변환이 느리고, 박테리아의 활동도 제한받으며, 토양의 모재(母材)는 기계적 풍화에 의해 생긴 물질들이다. 산성 토양과 영구동토층이 발달하여 지렁이와 같은 토양동물들이 활동하지 못하며 식물 잔해물의 분해 속도가 느리기 때문에 부패되지 않은 부식토나 토탄이 흔하다. 인셉티솔은 복잡하고 다양한 토양 단면을 보이며 약간 푸른색을 띠고 비옥도는 낮은 토양이다.

인셉티솔 지대에는 툰드라, 나무가 있는 툰드라 식생이 흔하다. 아극지대인 이곳에는 나무가 없고 습지가 많고 드문드문 나무가 있는 섬에 지의류 · 이끼류 · 키가 작은 초본성 관목들이 혼생한다. 인셉티솔이 분포하는 툰드라 지역에서는 농업 활동이 불가능하며, 원주민들은 순록을 유목하며 여름에는 낚시질, 겨울에는 사냥을 주로 한다.

아쿠엡스(Aquepts)는 배수가 좋지 않고 영구적으로 습윤한 러시아 인셉티솔 토양의 하나이다. 인셉티솔 지대는 대부분 영구동토층이므로 짧은 여름동안 해빙되는 지표 근처 몇 센티미터 두께의 활동층을 제외하고는 아래로 물이 스며들지 못한다. 또한 강수량은 적지만 여름 기온이 매우 낮기 때문에 증발량도 아주 적어 침수되는 곳이 많다.

스포도솔(Spodosols)은 고위도 매우 추운 기후의 침엽수림 · 황무지 · 툰드라 지대의 전형적인 토양인 포드졸(podzol)이나 변형된 포드졸 토양으로 회백색을 띤다. 스포도솔은 용탈이 매우 심하게 진행된 토양으로 이는 이곳의 연강수량이 500mm를 넘지 못하므로 봄에 눈 · 얼음 녹은 물에 의해 갑작스레 용탈이 이루어졌다.

스포도솔의 일종인 아쿠오드(Aquods)는 장기간 동안 습윤 상태에 있는 토양이다. 스포도솔 토양의 산도는 높으며 삼림 부산물의 분해에 의해 생긴 유기 성분들이 철분과 산화알루미늄을 제거한다. 그러므로 A층의 부분적으로 분해된 침엽수 부산물 층 아래에는 석영 모래로 구성된 용탈된 층이 남는다. 산화물들은 씻겨 내려 B층으로 이동하며 종종 적갈색의 경질 지층을 만든다. 잘 발달된 경질 지층이 있는 곳이나 함몰 지층이 있는 곳에서는 토양이 침수된다.

스포도솔 지대와 타이가는 밀접한 관계가 있다. 타이가 혹은 북방 삼림은 침엽수가 주종을 이룬다. 연한 목재와 목재 제품을 위한 상업적 임업이 타이가의 주된 경제활동이다. 침엽수는 다른 식물들이 필요로 하는 칼슘, 마그네슘, 갈륨과 불소를 덜 필요로 한다. 가문비나무와 유럽소나무는 사질토양으로 된 타이가 서쪽 지역에 널리 분포하는 수종이다. 타이가 동쪽에는 시베리아 이깔나무·시베리아 전나무·시베리아 소나무·가문비나무·유럽 소나무가 같이 자란다. 서시베리아 저지와 같은 러시아 저지대는 경사가 거의 없기 때문에 봄에 홍수가 나면 넓은 지역이 침수되며 유기질 성분이 많은 토탄 습지와 늪지가 많다.

6) 북극해

북극해는 북극점을 중심으로 유라시아 대륙과 북아메리카 대륙에 둘러싸인 해역으로 북빙양(北氷洋)으로도 불리며, 오대양 가운데 면적이 가장 작은 바다로 평균수심은 972m이고, 가장 깊은 곳은 5,502m이다. 북극해의 면적(1,225만 7,000㎢)은 남극대륙의 면적(1,300만 ㎢)과 비슷하다.

북극해의 바다 빙하 또는 해빙(海氷, sea ice)은 1년 내내 얼어 있는 영구빙(永久氷, permanent ice)과 계절적인 유빙(流氷, floating ice)으로 구분된다. 북위 75° 이북지역 대부분은 영구빙 지역이며, 북극해의 떠다니는 유빙은 북위 75~60° 지역에서 흔하다. 극지의 영구빙은 1년 이상 되면 염분이 없는 해빙이 되는데, 염분이 빠져나가면서 더욱 단단해져서 항해에 큰 위협이 된다.

깊은 바다에도 육지와 같이 산, 분지, 산맥이 발달하는데, 바다 속 분지는 해분(海盆, ocean basin), 바다 속 산맥은 해령, 바다 속 산줄기를 해저산계(海底山系, ocean floor mountain chain)라고 한다. 북극해는 나란히 발달하는 3개의 해저산맥에 의해 난센 해분, 프람 해분, 마카로프 해분, 캐나다해분 등 4개의 해분으로 나뉜다. 시베리아 본토의 바로 북쪽에 위치한 난센해분은 난센해저산계와 유라시아의 대륙 가장자리 사이에 있다. 프람 해분은 훨씬 북쪽에 위치하는데 난센해저산계와 로모노소프 해령 사이에 있다. 마카로프해분은 건너편의 로모노소프 해령과 알파 해저산계 사이에 있고, 캐나다해분은 북아메리카 보퍼트 해의 대륙붕에서 알파 해저산계까지 뻗어 가장 넓게 발달한다. 북극해는 유라시아·북아메리카·그린란드 등의 육괴로 둘러싸여 있다. 해저지형은 로모노소프해저산맥에 의하여 태평양 쪽의 아메라시아 해분과 대서양 쪽의 유라시아해분으로 갈라진다.

북극해는 전체 면적의 3분의 1이 대륙붕(大陸棚, continental shelf)으로 이루어졌다. 북극해로의 바닷물은 그린란드·슈피츠베르겐 제도 사이의 수로와 캐나다 북극권 군도 사이의 여러 해협을 통해서 대서양과 만나고, 베링해협을 통해 태평양으로 이어진다.

북극해로 흘러드는 큰 하천은 러시아의 오브 강·예니세이 강·레나 강과 캐나다의 메켄지 강 등이 있다. 북극해에는 바렌츠 해·백해·카라 해·랍테프 해·동시베리아 해·추코트카 해 등 많은 부속해가 있다.

북극해는 얼음 때문에 햇빛이 덜 투과되어 식물성 플랑크톤의 생산량이 다른 대양의 10분의 1 정도로 적다. 특히 북극해의 중심부에서는 식물성 플랑크톤과 동물성 플랑크톤이 적어 이들을 먹고사는 물고기도 적다. 그러나 태평양과 대서양의 따뜻한 물이 북극의 찬물과 섞이는 곳에는 물고기가 많다. 물고기는 125종을 넘는데 가장 중요한 어종이 북극연어와 북극대구이다. 주요 어장은 슈발바르 제도에서 노바야젬랴에 걸친 수역이다.

북극해와 연안의 포유류로는 고래류·해표류·북극곰·북극여우 등이 있다. 고래류에는 수염고래·이빨고래가 많으며, 보리고래·혹등고래·대왕고래·말향고래·범고래·돌고래·일각고래 등이 있다. 해표류로는 물개·병해표·수염해표·하프해표·월러스가 있는데, 물개는 남쪽에만 나타난다. 고래와 해표는 에스키모에게는 주요한 식품과 생활용품이 된다. 북극곰과 북극여우는 북극해가 얼면 해안에서도 상당히 떨어진 해빙에서도 목격된다.

겨울의 북극해는 얼음으로 덮여 있지만 여름에는 떠다니는 얼음이 녹아서 선박이 다닐 수 있다. 온난화의 영향에 따라 북극해 해빙은 매년 7만 ㎢씩 녹아 지난 50년 동안 북극해 얼음의 3분의 1이 사라지면서 북극해를 가로 지르는 북서항로와 자원개발 가능성도 높아졌다.

3. 북극지역의 생태계

1) 세계의 식생대와 러시아

세계의 식생대는 위도와 고도가 달라지며, 해안에서 내륙으로 가면서 기후, 토양 등 달라지는 환경의 영향을 받아 띠 모양으로 나타난다. 특히 기온과 강수량은 식물의 분포와 생장에 크게 영향을 미쳐서 위도와 고도가 높아지면서 변화하는 기온과 강수량의 차이에 따라 위도에 따라서는 적도에서 극지까지, 해발고도에 따라서는 산록에서 설선(雪線, snowline)까지 다양한 식생대가 발달한다.

고위도로 갈수록 태양의 복사량이 적기 때문에 기온이 낮아지며, 산지에서는 고도가 높아지면서 상승대기의 단열팽창으로 해발고도가 100m 올라갈 때마다 기온이 0.6℃ 정도씩 내려가고 강수량이 증가한다. 위도와 해발고도에 따라 온도가 차이나면서 지구상에는 띠 모양의 수평적 식생대와 수직적 식생대가 나타난다. 러시아 북극지역인 아한대지역에는 상록침엽수림이 자라고, 극지에 가까워지면 교목이 자라지 못하고 관목이나 초본류가 자라는 툰드라가 나타난다(공우석, 2007).

북극지역에서는 가장 따뜻한 달의 평균기온 10℃선을 기준으로 북쪽 툰드라와 남쪽 아북극(亞北極, subarctic)의 냉대침엽수림대로 구분된다. 북극의 식물은 저온, 척박한 토양, 영구동토, 강한 바람 등에 적응되어온 것으로서 키가 작고, 서로 모여 자라며, 생육기인 여름이 짧기 때문에 이에 적응하여 개화에서 결실이 6주에 이루어지는 종류도 있다. 여름에 일시에 꽃들이 피는 툰드라는 아름답다. 8월 말이면 생장이 끝나고 긴 겨울을 난다. 암석노출지역에는 초기 탐험가들의 구황식물이었던 지의류 · 선태류가 자란다. 북부 유럽, 시베리아 북극권에서 나무가 더 이상 자라지 못하는 수목한계선은 북극해에서 80~240㎞ 남쪽에 위치하며 대표적인 수종은 낙엽송 · 소나무 · 전나무 등이다.

2) 툰드라의 자연환경과 식생

툰드라(Tundra)는 나무가 없고 평평하거나 기복이 완만한 땅으로 고위도인 북극과 남극 주변 등 고위도에 나타나는 위도적 툰드라와 고산에 나타나는 수직적 툰드라로 구분된다. 툰드라는 북아메리카 북부 · 그린란드 · 유라시아 북부 등에 나타난다. 러시아의 툰드라는 북극해의 도서지방과 러시아 본토 타이미르 반도의 북쪽지대 만을 포함한다. 툰드라 지대는 북극해 연안을 따라 핀란드 국경에서 베링 해까지 동서로 펼쳐져 있으며, 러시아 전체 면적의 약 5%에 해당한다.

툰드라의 겨울 최고기온은 -40~-7℃, 최저기온은 -57~-18℃이고, 여름 최고기온은 2~16℃, 최저기온은 -1~7℃이다. 여름 평균기온이 0~10℃로 기후가 한랭하고 여름이 짧아 대부분의 나무는 자라지 못한다. 월평균기온이 0℃ 이상인 달이 3~4개월에 불과하고 그것도 10℃를 넘지 않는다. 고위도 툰드라에서는 매우 긴 여름을 이용하여 단기간에 꽃이 피고 열매를 맺는다. 강수량은 250~750㎜이고 적설량은 많지 않다.

툰드라는 극히 한랭하여 영구동토층이 약 90~456m에 이르며, 추위 때문에 빙하 주변지역에 나타나는 주빙하성(周氷河性, peri-glacial) 지형인 구조토가 발달한다. 계절에 따른 기온의 변화로 토양층이 얼기와 녹기를 반복한다. 토양은 암석과 습한 토양이 많고 갈색토양이 발달하며, 여름에는 곳곳에 습지가 나타난다. 혹독한 기후, 짧은 성장기간, 영구동토층 때문에 농업은 불가능하며, 다만 선태류 · 지의류 · 양치류 외에 일부 관목이 자란다(표 1).

러시아의 식생대는 지역의 환경특성에 따라 저지 및 산악툰드라, 숲이 있는 스텝, 사막, 산악초원, 저지 및 산악 북방림(타이가), 스텝, 크림과 카프카즈 산악림, 침엽수와 활엽수 혼합림, 반건조 사막, 습윤한 아열대림 등 10개로 구분된다, 그러나 러시아의 지역적인 환경을 반영하여 지역마다 식생의 종류는 다르다. 특히 러시아의 고위도 지역인 북극지역에는 툰드라와 타이가 식생이 주로 발달한다(그림 2).

북극 툰드라는 러시아 본토의 북단과 북극해의 남방 도서지방을 포함하는 지역으로 추위 때문에 나무는 자라지 못하고 선류(鮮類, mosses) · 태류(苔類, Hepaticae) · 지의류(地衣類, lichens) 식물 등이 흔하다. 바위나 자갈이 쌓여 있는 곳에는 식생이 전혀 자라지 못하거나 매우 느린 속도로

[표 1] 툰드라와 타이가의 자연지리

명칭	지역	기온(℃)	강수량(㎜)	토양
고위도 툰드라	북아메리카 북부· 그린란드· 유라시아 북부 등	겨울: 최고기온 -40~-7 최저기온 -57~-18 여름 : 최고기온 2~16 최저기온 -1~7	250~750	암석, 습한 토양, 갈색토양, 영구동토층, 구조토
타이가 (북방 침엽수림)	북아메리카 북부· 유럽 북부· 아시아 북부의 북방림	겨울 최고기온 -37~-1 최저기온 -56~-9 여름 최고기온 10~21 최저기온 -7~13	350~1,000	전형적 포드졸, 늪지토양, 영구동토층

출처: 공우석, 2007에서 발췌

[그림 2] 러시아의 식생대

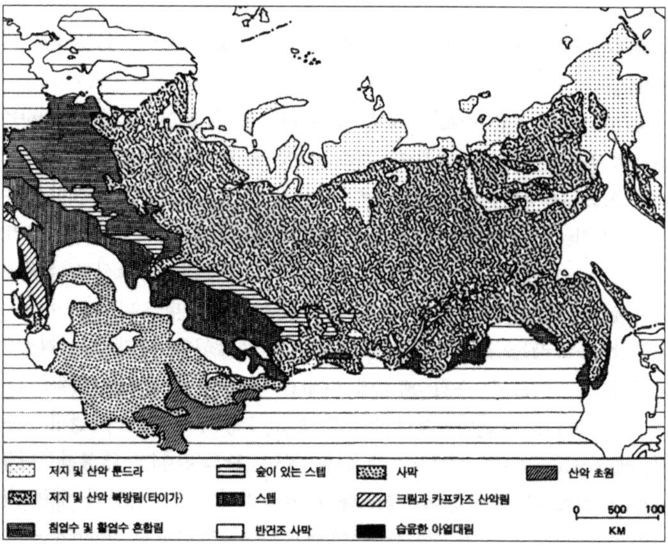

[자료]: 러시아 지리 (원학희·한종만·공우석, 2002)

자라며, 입자가 고운 토양층에는 지의류나 이끼 그리고 조류(藻類, algae)가 20~30% 정도를 덮는다. 눈이 쌓이는 바위틈이나 함몰된 곳 등 환경이 좋은 곳에는 꽃피는 작은 초본류 식물 · 키 작은 관목 등이 자란다. 북극지역 툰드라에는 툰드라 지역에 사는 식물은 푸르스름한 갈색을 띠며 종(種)의 자연적인 천이속도는 매우 느리다.

해안 툰드라 지대에는 이끼 · 사초 · 황새풀 등이 자라며, 보다 건조하고 배수가 양호한 곳은 철쭉과의 관목인 히스 종류(*Erica cinerea* 또는 *Calluna vulgaris*)가 자란다. 습한 곳에는 선태류와 키 작은 버드나무 · 자작나무 등이 자란다. 식물의 상당수는 눈이 녹기 시작한 뒤 며칠 뒤부터 생장을 시작하여 짧은 시간에 씨앗을 맺는다. 툰드라는 기온이 낮고, 습기가 많고, 미생물의 분해 활동이 더뎌 식물이 땅위에 쌓여서 이탄층(泥炭層, peat deposit)을 이룬다. 툰드라의 식생은 유목하는 순록이 먹지만, 인간이 먹지는 못한다.

지구 전체의 약 10분의 1을 차지하는 북극지대 툰드라의 남부경계선은 많은 하천과 호수가 소택지를 따라 자리한 삼림한계선 북쪽과 만난다. 툰드라의 남쪽에는 왜성 자작나무(*Betula nana*)가 번성한다. 툰드라의 외곽지대 또는 나무가 있는 툰드라의 최남단에는 드문드문 시베리아 가문비나무(*Picea obovata*) · 이깔나무(*Larix dahurica,* L. *sibirica*) 등과 같은 타이가 식생이 나타난다.

3) 툰드라의 자연환경과 동물

툰드라에 사는 북극 동물들은 한랭하고 바람이 세고 햇빛이 적은 기나긴 겨울과 짧고 서늘한 여름이 교차하며 두꺼운 영구동토층이 발달하는 쉼터가 적고 먹을 것도 부족한 열악한 조건에서 살아간다. 반면에 여름 내내 지속되는 태양 광선과 다양한 상록성 식물의 열매인 장과류(漿果類, berry)가 풍부하고, 인간의 간섭이 적고 유해한 미생물이 상대적으로 적어 동물의 생육에 유리한 측면도 있다.

툰드라 지역은 북극툰드라 · 북방툰드라 · 남방툰드라로 구분되며 각 툰드라는 특이한 동물군이 나타난다. 툰드라는 동서로 동물 분포의 차이가 커서 6~7개의 지대로 구분된다. 스칸디나비아-콜라툰드라는 전형적인 북극은 아니지만 노르웨이나그네쥐(*Lemmus lemmus*)가 살며, 다른 툰드라지역에 흔한 북극줄무늬나그네쥐(*Dicrostonyx torquatus*)는 없다. 유럽과 시베리아측툰드라는 백해에서 레나 강 하구까지로 시베리아나그네쥐(*Lemmus obensis*)의 고향이며, 특산종인 붉은목무늬거위(*Rufibrenta ruficollis*)와 같은 세계적인 희귀조도 산다. 레나 강 하류에서 추코트카 반도에 이르는 동시베리아툰드라는 다른 툰드라에 비해 특산종이 많으며, 희귀조인 로스갈매기(*Rhodostethia rosea*)·주걱부리 깜짝도요(*Eurynorhynchus pygmeus*)와 몇몇의 섭금류가 번식한다.

현재 이곳에 사는 동물들은 과거 빙하기를 넘긴 것으로 생각되며 몇몇의 특산 툰드라 종들은 지금으로부터 6,500~200만 년 전의 지질시대를 의미하는 신생대 제3기(第3紀, Tertiary) 중기에 출현한 것으로 본다. 빙하가 후퇴한 뒤에는 많은 새로운 동물들이 들어왔다. 툰드라에 사는 동물 중 일부는 남쪽의 고산 툰드라에도 잔존하고 있는데, 이들은 빙하가 후퇴한 뒤 평지의 온난한 기후를 피해 고산에 격리되어 사는 것으로 본다.

북극권의 동물은 온난한 기후대의 동물들에 비해 종수는 적지만 개체수는 많은 경우도 있다. 북극권의 동물에는 육상에서 주로 활동하는 북극곰·순록·북극여우 등이 있다. 북극의 포유류·조류는 지금으로부터 200만 년에서 1만 년 전 사이의 지질시대를 이르는 제4기(第4紀) 플라이스토세 빙하기 때 빙상의 북쪽이나 남쪽으로 이동했다가 되돌아 온 것들이다. 대표적인 동물은 북극곰·순록·북극늑대·북극토끼·레밍·뇌조·눈올빼미 등이다.

툰드라에 사는 동물은 종류는 많지 않으나 툰드라 특산종이 많고, 북극점을 중심으로 동물들이 밀집되는 주극분포(周極分布, circumpolar distribution) 양상을 보인다. 툰드라의 동물이 드문드문 나타나는 특징적인 이유는 기후변화에 따라 오랫동안 서로 격리되었기 때문이다. 툰드라에 분포하는 특산종은 북극여우(*Alopex lagopus*)·북극나그네쥐(*Dicrostonyx torquatus*) 등 포유류와 흰올빼미(*Nyctea scandica*)·흰멧개(*Plectraphenax nivalis*)와 같은 조류가 있다. 또한 몇몇의 참새류, 섭금류, 기러기 그리고 오리와 같이 물과 습지에서 번식하는 새들이 툰드라에 산다.

순록은 툰드라 식생과 관련이 깊은 동물로 북쪽의 툰드라 지대와 남쪽의 냉대침엽수림지대를 이동하며 산다. 기러기 · 청둥오리 · 뇌조 · 도요새 등 북극권 새들은 대부분 철새로 남쪽에서 겨울을 나고 여름에 찾아온다. 툰드라의 철새나 순록은 여름철에 옮겨 다니며, 툰드라에는 모기 따위의 곤충도 발생한다. 북극지역의 동물에는 몸집이 큰 바다 포유동물들이 많으며, 바다를 활동무대로 삼는 종류는 바다표범 · 바다코끼리 · 물개 · 해달 · 고래 등이다.

4) 타이가의 자연환경과 식생

타이가(Taiga)는 바늘잎을 가진 구과식물(毬果植物, coniferales)로 이루어진 침엽수림(針葉樹林, coniferous forest)으로 유라시아와 북아메리카의 북위 45~60도 사이의 북방에 발달하지만 북반구 중위도 산악지에는 산악 침엽수림이 자란다. 북방의 침엽수림의 분포지는 북아메리카 북부 · 유럽 북부 · 아시아 북부이다(그림 2).

타이가는 툰드라 지대 남쪽에 위치하는데 러시아의 약 30%를 차지한다. 주로 전나무 · 낙엽송 · 가문비나무 등 침엽수림이 주종을 이루지만, 남쪽에는 자작나무 · 떡갈나무 등 활엽수림도 자란다. 타이가는 툰드라와는 달리 여름에는 온난하지만, 봄과 가을에는 서리가 자주 내리고, 습지, 척박한 토양 때문에 농업에는 매우 불리하다. 타이가의 대표적인 토양인 포드졸은 표층의 부식질이 쉽게 용탈되기 때문에 매우 척박하다.

한대성 기후가 나타나는 북방지역(北方地域, boreal region)의 침엽수림은 겨울 최고기온이 -37 ~ -1℃, 최저기온이 -56 ~ -9℃이고, 여름 최고기온이 10 ~ 21℃, 최저기온이 -7~ 13℃인 곳에 분포한다. 연강수량은 북방에서는 350~1,000㎜이고, 연중 고르게 내리며 적설량은 매우 많다. 고위도나 산악지대에서는 겨울에 눈이 많아 오랫동안 쌓여 있다. 토양은 북방에서는 전형적인 포드졸이 나타나고, 국지적으로 늪지 토양이 발달하며, 일부 지역에서는 영구동토층이 두껍다(표 1).

타이가의 침엽수림의 바늘잎은 3~10년에 걸쳐 떨어지나 이깔나무처럼 같은 해에 떨어지는 낙엽침엽수 또는 잎지는바늘잎나무도 있다. 주로 상록침엽수인 소나무·솔송나무·가문비나무·전나무·주목 등이 우점하며, 지역에 따라 자작나무·사시나무·단풍나무 등의 낙엽활엽수도 나타난다. 낙엽침엽수림은 기후적으로 아한대의 일부에 나타나는 낙엽송류의 삼림으로 동부 시베리아의 아주 추운 지역의 낙엽송은 유명하고, 일 년 내내 얼어있는 영구동토의 표토가 녹는 짧은 여름철에 얼음이 녹은 물로 살아간다.

북방 침엽수림은 북쪽 가장자리에서는 나무가 없는 북극 툰드라와 만난다. 타이가는 기온이 낮고 매우 습하기 때문에 떨어진 바늘잎과 물이끼가 쌓여 만들어진 토탄이 흔하다. 습하고 추운 지역에는 하천과 습지가 많고 빙하가 만든 호수와 늪지대가 많다. 따라서 물이 고이는 곳에는 모기와 흡혈파리가 많아 여름철에는 야생조수뿐만 아니라 인간도 괴롭혀 개발에 결정적인 장애요인이다.

북부 유럽측 러시아와 시베리아의 타이가 지대는 발트 해로부터 태평양에 이르는 넓은 지역에 걸쳐 분포한다. 이곳에는 방대한 침엽수림대가 발달하는데, 주요 수종은 소나무(*Pinus*)·가문비나무(*Picea*)·전나무(*Abies*)·이깔나무(*Larix*) 등이며 기타 수종도 나타난다. 서시베리아평원과 같은 넓은 지역은 물이끼와 이끼가 널리 분포한다. 북유럽측 러시아와 서시베리아의 삼림은 가문비나무·전나무·시베리아 소나무 등으로 구성되며 예니세이 강 동쪽에는 이깔나무가 우점한다. 아무르 강 중류에 이르는 극동과 사할린섬 그리고 쿠릴열도의 최남단을 포함하는 곳에는 가문비나무·전나무들이 번성한다. 타이가 산지의 저·중간 고도에는 침엽수가 발달하며, 고지대에는 왜성자작나무·시베리아 소나무가 자란다. 극동측에서는 사스래나무가 고지대에 흔하다.

타이가의 각지에는 서로 다른 수종이 우점을 하는데 카렐리아의 전역과 콜라반도 남단에는 다양한 소나무들이 우점을 하며 전나무와 자작나무가 섞여 자란다. 아르한겔스크와 코미의 평원과 페름의 우랄산맥 서사면에는 전나무가 우세하지만 소나무도 흔하며, 지역에 따라서 자작나무가 우점하기도 한다. 유럽 측 러시아와 서부 시베리아의 남쪽의 타이가

지대에는 자작나무가 번성한다.

서시베리아저지의 대부분은 여러 종류의 소나무로 덮여져 있으나 유럽 측에 자라는 종들과는 서로 다르다. 이리티슈와 오브 강 남쪽에는 자작나무가 주로 자라며 예니세이 강을 따라 서시베리아저지와 중앙시베리아고지가 만나는 곳에도 자작나무는 나타난다. 중앙 시베리아 고지와 아무르에 이르는 극동측 저지에는 낙엽성침엽수인 이깔나무가 우점한다. 이깔나무는 얕게 발달하는 뿌리를 가지므로 여름 동안에 녹는 활동층에 뿌리를 내리고 번성하여 영구동토층에 성공적으로 적응한 대표 수종이다.

타이가 지대 내 많은 토지는 물이 잘 빠지지 않아 나무가 자라지 못하고 습지에 적응한 초본과 관목들이 번성한다. 이러한 경향은 서시베리아의 저지대와 북동 유럽측 러시아에서 더욱 그러하다. 타이가 지대 내에는 드문드문 자라는 숲이 나타나는데 나무의 직경이 보통 30cm를 넘지 않는다.

북쪽과 극동측 산지의 중간사면은 타이가와 툰드라의 접경지대로 이곳에는 드문드문 침엽수가 있는 삼림 툰드라가 발달하며 이곳에서 보다 북쪽으로 가거나 고도가 높아질수록 나무가 전혀 자라지 않는 툰드라로 변하게 된다. 타이가 남쪽 경계지대인 유럽측 러시아와 러시아 극동의 저지와 남부지방에는 혼합림 지대가 나타난다. 그러나 시베리아의 대부분의 지역에서는 혼합림대가 나타나지 않고 타이가는 스텝 초본류, 자작나무, 좁은 잎을 가진 나무들이 자라는 삼림 스텝을 거쳐 바로 스텝으로 바뀐다.

타이가는 방대한 양의 목재를 생산할 뿐만 아니라 야생 열매와 버섯들이 많이 산출되어 러시아의 지역 경제에 큰 도움이 된다. 극동측 타이가에 생육하는 수목은 침엽수가 85%, 활엽수가 10% 그리고 기타 잡목이 5%이며 식물의 생육환경이 좋지 않기 때문에 수종은 매우 단순하다.

키가 큰 초본류와 잎이 작은 나무들로 구성된 삼림이 발달하는 북태평양 저지대는 캄차카반도 · 북부 쿠릴 · 코만도섬들을 포함하며 차갑고 습한 기후를 나타낸다. 사스래나무(*Betula ermanii*)가 널리 분포하며 중간에 키가 큰 초본류 등이 자란다. 산악지대에는 눈잣나무(*Pinus pumila*)와 캄차카오리나무(*Alnus kamtschatica*)가 번성한다. 침엽수림은 가문비나무(*Picea jezoensis*)와 이깔나무(*Larix dahurica*)로 구성되지만, 이들은 주로 캄차카강 유역과 같이 추위로부터 보호되는 곳에만 자란다.

5) 타이가의 자연환경과 동물

타이가는 툰드라보다 많은 동물상이 분포하지만 방대한 넓이에 비해 종다양성은 낮다. 북서유럽에서 태평양까지의 타이가에는 큰사슴(*Alces alces*)·붉은다람쥐(*Sciurus vulgaris*)·시베리아얼룩다람쥐(*Eutamias sibiricus*)·북극토끼(*Lepus timidus*)·스라소니(*Felis lynx*)·붉은여우(*Vulpes vulpes*)·시베리아족제비(*Mustela sibirica*)·산족제비(*M. erminea*)·검은담비(*Martes zibellinus*)·오소리(*Gulo gulo*)·갈색곰(*Ursus arctos*) 등이 서식한다. 그 가운데 산족제비·오소리·검은담비 등이 타이가 특산종이며, 산족제비·오소리는 스칸디나비아로부터 알래스카, 캐나다에 이르는 광활한 타이가에 분포한다.

러시아 타이가의 새는 담갈색뇌조(*Tetrastes bonasia*)·유럽산뇌조(*Tetrao urogallus*)·검은부리뇌조(*Tetrao parvirostris*)·큰회색올빼미(*Strix nebulosa*)·매올빼미(*Surnia ulula*)·북방올빼미(*Aegolius funereus*)·북방세발딱다구리(*Picoides tridactylus*)·흑딱다구리(*Dryocopus martius*)·시베리아어치(*Perisoreus infaustus*)·산갈가마귀(*Nucifraga caryoctaactes*) 등이다.

타이가는 전형적인 대륙성 기후를 보여 겨울은 매우 춥다. 식생은 가늘고 강한 바늘잎과 열매가 많은 침엽수가 풍부하며 동물의 좋은 먹이가 된다. 타이가의 새들은 대부분이 텃새이고 철새는 매우 드물다. 시베리아소나무 씨앗을 먹고사는 동물인 잣새(*Loxia*)·딱다구리(*Picoides*)·붉은다람쥐(*Sciurus vulgaris*)·시베리아날다람쥐(*Eutamias sibirica*) 등은 시베리아소나무 분포와 관련이 깊다. 시베리아소나무의 결실이 좋은 해에는 곰도 소나무 씨를 많이 먹는다. 타이가에서 동물의 먹이가 되는 것은 장과·버섯 등이며 뇌조는 소나무 잎을 먹기도 한다.

타이가의 동물상은 전체 지역에 걸쳐 비슷한 형태를 보이지만 동쪽과 서쪽의 동물상은 차이가 난다. 이는 유럽측 러시아에서 오브 강을 거쳐 예니세이 강 까지의 서쪽지역과 예니세이 강 동쪽의 동시베리아지역은 자라는 삼림의 종류, 토양의 습윤 정도, 기후가 서로 다르기 때문이다. 동시베리아는 매우 춥고 눈이 적은 극단적인 대륙성 기후를 보이는 반면, 서시베리아와 북유럽은 겨울이 비교적 온난하고 눈이 많다.

캄차카는 길이가 1,000km를 넘고 타이가로 덮여져 먹이가 풍부함에도 불구하고 동물이 많지 않다. 캄차카 반도에는 큰사슴 · 사향사슴 · 시베리아날다람쥐 · 스라소니 · 시베리아족제비 등과 같은 대륙 타이가의 동물들은 없다. 이들이 유라시아 대륙으로부터 캄차카로 유입되는 데에는 두 지역 사이에 분포하는 툰드라가 장애요인이었다. 타이가의 개활지에 적응된 동물에게는 툰드라가 장애요인이 되지 않기 때문에 눈양 · 야생양(*Ovis nivicola*) · 북극땅다람쥐(*Spermophilus undulatus*) · 캄차카마모트(*Marmot camtschatica*) 등은 캄차카에서도 발견된다. 캄차카에 사는 갈색곰(*Ursus arctos*)은 유라시아 북부에 사는 가장 큰 동물이다.

사할린섬의 동물상은 캄차카보다 풍부하지는 않지만 섬이 격리되면서 진화한 종들이 출현한다. 사할린에는 스라소니(*Felis lynx*) · 사향사슴(*Moschus moschiferus*) · 시베리아날다람쥐(*Eutamias sibirica*)와 같은 타이가 종들이 나타난다. 사할린섬에 타이가 지대와의 공통종이 다수 출현하는 것은 사할린과 유라시아 본토를 갈라놓은 타타르 해협이 8km 정도로 동결하기 때문에 비교적 쉽게 왕래할 수 있기 때문이다.

200백만 년 이전의 제3기 동안에 타이가 지역은 온난한 온대 기후 지역으로 활엽수가 주종을 이루었던 것으로 본다. 그러나 제4기 빙기가 도래하면서 따뜻한 지역을 선호하는 동물들은 멸종되거나 남쪽으로 이동을 했다. 그러나 동물의 동서 이동은 중간에 남북으로 발달하는 산맥과 태평양과 같은 바다가 있어 왕래가 자유롭지 못했다. 그러므로 소수의 동물들이 현재의 타이가 동물상을 이룰 정도로 살아남았다. 일부 생물학자들은 타이가 동물들이 진화할 수 있는 중심지로 시베리아를 보고 있다.

III. 결어

러시아는 북극지역은 영토가 넓고 석유, 천연가스, 삼림자원, 생물다양성이 풍부하고 정치경제적으로 중요한 공간이다. 이 연구는 러시아 북극지역의 자연지리와 생태계 현황을 소개한 것이다. 우선 북극지역과 관련된 개념을 살핀 뒤, 지질, 지형, 빙하와 영구동토, 기후, 토양, 북극해 등 북극지역의 자연지리를 다루었다. 아울러 세계의 식생대와 러시아, 툰드라의 자연환경과 식생, 자연환경과 동물, 타이가의 자연환경과 식생, 자연환경과 동물 등 북극지역의 생태계를 분석하였다.

러시아 북극지역에서는 기후변화에 따른 지구온난화로 북극해의 바다 빙하가 녹고 북극권 육지의 영구동토층 표층이 녹는 등 환경변화가 계속되면서 혜택과 피해가 교차하고 있다. 지구온난화에 따라 바다에서는 북극해를 가로 질러 유럽과 아시아 그리고 북아메리카를 연결하는 새로운 항로인 서북항로가 여름에 열렸다. 북극지역 육상에서는 기후가 온난해지면서 지금까지 경작하지 못하던 불모지가 농경지로 전환되고 천연자원의 개발이 가능해지는 등 사회경제적으로 긍정적인 혜택이 발생하고 있다.

반면 지구온난화에 따른 자연생태계의 부작용이 적지 않다. 북극해의 빙산이 녹으면서 해수면이 상승하고 해안 가까운 저지가 침수된다는 우려의 목소리가 크다. 북극지역 영구동토층이 녹으면서 땅 속에 매장되어 있던 메탄가스가 대기 중으로 흡수되면서 지구온난화가 가속화된다는 주장이 설득력을 얻고 있다. 영구동토층이 녹으면서 송유관, 천연가스 수송관, 도로 등 사회간접자본뿐만 아니라 건축물 등에 구조적인 피해가 발생하고 있다.

북극지역 남부의 산악빙하와 영구동토가 봄에 녹으면서 유출된 강물이 하구를 통해 북극해로 빠져 나가야 하지만 북쪽에 위치한 하구가 미처 녹지 않아 배수가 되지 않으면서 침수 등 사회경제적인 피해가 발생하게 된다. 배수가 잘되지 않아 습지 면적이 넓어지면서 모기가 번성하면서 생활이 불편해지고 질병이 확산되는 등 보건적 문제가 발생한다. 아울러 지구온난화에 따라 한랭한 기후환경에 적응한 동·식물들이 온난한 환경에 적응하지 못하고 분포역이 축소되거나 심한 경우 멸종할 위험성도 커지고 있다.

참고문헌

공우석, 「(구)소련의 자연환경 특성과 문제점」, 『지리학총』, 21, 22 합본호, 1994, 89-103쪽.

공우석, 『생물지리학으로 본 우리식물의 지리와 생태』, 지오북, 2007.

원학희·한종만·공우석, 『러시아의 지리』, 아카넷, 2002.

『중앙선데이』, 2007. 8. 19.

http://enc.daum.net/dic100

http://opentory.joins.com

남극과 북극에서의 우리의 활동

손호웅_배재대학교 건설환경·철도공학과

1. 머리말

극지(極地)는 지구 환경변화의 관찰, 미개발 자원의 보고 및 우주연구를 위한 전초기지로서 과학연구를 통해 국가 이익을 보장받을 수 있는 지구상의 유일한 지역이다. 21세기에 들어서면서 환경 및 자원의 중요성이 그 어느 때보다 강조되고 있는 시기에 극지는 전 지구적 관심의 중심이 되고 있다. 우리나라는 남·북극 과학기지를 연구 거점으로 미래지향적이고 거시적인 국가 차원의 활동영역으로 극지연구를 수행하고 있다. 본 연구에서는 남, 북극 극지환경을 소개하고 우리나라의 활동현황 및 앞으로의 극지연구 방향을 제시하고자 한다.

지구의 온난화가 전 지구적인 화두가 되면서 환경과 관련된 남극의 중요성이 근래 들어 급격히 대두되고 있다. 이는 지구온난화와 관련된 미래의 기후, 환경변화에 대한 관심이 그 어느 때보다 높아지고 있기 때문이며, 지구의 기온변화에 가장 민감한 지역으로 부상하는 남·북극 지역에서 일어나는 지구의 환경변화 원인구명 및 과거의 고기후 변동의 역사를 밝히고자 하는 노력이 활발히 진행 중이기 때문이다. 한편, 온난화가 진행됨에 따라 남, 북극 지역에서의 급격한 해빙이 진행됨에 따라 자원개발이 가시화되면서 치열한 국제적인 영토문제가 제기되고 있기도 하다.

극지는 전 지구적 환경변화에 가장 민감하게 반응하는 지역으로 지구환경변화 연구의 최적지이다. 따라서 극지에서 육지-대기-빙하-해양 순환계를 연구하여 미래 지구환경 변화의 시나리오를 구성, 예측하는 기술은 21세기 과학의 최대 핵심 분야이며, 국제적인 관계 및 극지환경인 관계로 인해 국가의 전폭적인 지원을 통해서만 달성될 수 있다.

환경 및 기후변화 연구는 거대복합 기술로서, 세부적으로는 극지의 기후변화, 빙하 및 퇴적물 분석을 통한 과거기록 추적, 지구조 운동과 관련한 지구환경의 변화, 극지 해양에서의 물리·화학적 특성 및 생태환경 변동 특성 등에 관한 연구 분야를 포함하고 있다. 남극 환경변화의 중요성을 인식한 세계 각국은 남극조약의정서에 환경관련 연구의 철학과 고려사항을 제시하고 자연환경 변화를 이해하기 위한 연구를 필수적으로 수행할 것을 권고하고 있다.

"국제 지구물리의 해'(혹은 '국제 지구 관측년', International Geophysical Year, IGY)의 50주년이 되는 2007/08년부터는 '국제 극지의 해'(International Polar Year, IPY)"의 본격적인 프로그램이 전 세계적으로 가동되었다. 국제 극지의 해에서는 극지를 대상으로 한 6대 연구주제(극지 현 상태의 이해, 극지의 변화와 미래 예측, 극지·전 지구 상호연관성과 조절 과정 이해, 과학의 미개척지로서의 극지, 지구·우주현상 관측의 최적지로서 활용, 인류사회에 미치는 극지의 영향)를 제시하고 있으며 (http://www.i-py.org/), 극지 연구국가들은 이 정신에 입각하여 자국의 연구주제를 재조정하여 범세계적인 다수의 대형 연구 프로그램을 제시하고 있다. 우리나라도 선도적 극지연구 국가로 도약하기 위해서 '남극조약의정서'와 '국제 극지의 해'에서 제시하는 기본철학에 입각해서 수행할 연구주제의 발굴, 조직 정비, 첨단 인프라 구축을 포함한 국가 주도형 프로그램이 개발하고 있다.

2. 극지환경

남극점은 지축의 남단인 남위 90° 지점으로서 지구의 최남단에 위치하며, 남극조약에 의거 남위 60° 이남의 섬과 남극해를 포함하는 남극점 주위 지역을 남극대륙(Antartica)이라고 한다. 남극대륙은 남극권 이남의 거의 전부를 차지하고 있으며, 남극해에 의해 둘러싸여 있다(그림 1). 면적은 약 1,440만 ㎢로서 아시아, 아프리카, 북아메리카, 남아메리카에 이어 다섯 번째로 큰 대륙이며, 한반도의 약 60배에 달하는 면적이다. 대륙의 중심부는 해발고도 4,000m에 달하는 고원을 이루고 있으며, 대륙의 평균고도는 약 2,300m이다.

남극의 약 98%는 얼음으로 덮여 있으며, 얼음의 평균 두께는 약 1.6㎞에 이른다. 지구상의 전체 빙하면적의 86%, 체적의 90%를 남극의 얼음이 차지하고 있다. 이러한 얼음의 양은 지구 담수(fresh water)의 70%를 차지한다. 남극대륙에서 얼음으로 덮이지 않은 면적은 약 28만 ㎢에 불과하다 (Lorius, *et al*, 1985, 표기원, 2008).

[그림 1] 남극대륙의 (a) 위성영상 및 (b) 지도

(a) (b)

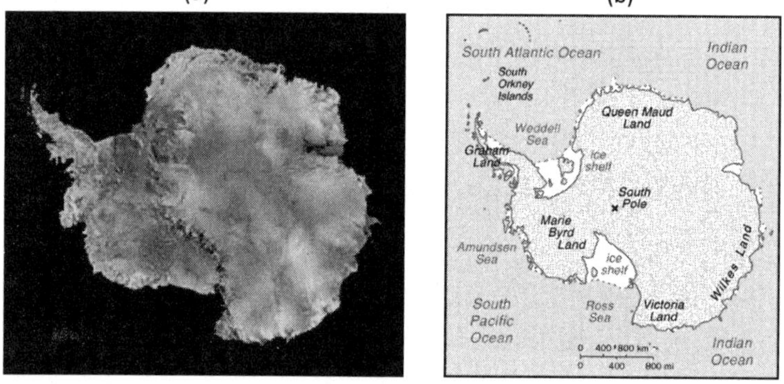

자료: (a) Antarctica - A new age of exploration, 2002, National Geographic, (b) Maps worldwide Ltd., http://www.mapsworldwide.com.

대체로 남극은 지구상에서 가장 춥고 건조하며, 바람 또한 가장 많이 부는 대륙이다. 또한 모든 대륙 가운데서 해발고도가 가장 높다. 해안지역을 제외하고는 강수량이 워낙 적기 때문에, 남극대륙의 내륙은 세계에서 가장 큰 사막이라고 할 수 있다. 이러한 이유로 인간의 영구 정착지가 없으며, 선사시대에 원주민이 살았던 흔적도 없다. 과학기지에서 연구활동을 수행하는 비상주 연구원들이 있을 뿐이다. 추위에 적응한 동식물들만이 남극에 사는데 여기에는 펭귄, 물개, 지의류(地衣類)의 식물, 그리고 여러 종류의 조류(藻類)가 포함된다.

남극의 영어 명칭인 Antarctica는 '북극의 반대쪽'을 뜻하는 그리스어 합성어 "Antarktiké(Ανταρκτική)"에서 비롯되었다. Terra Australis(남쪽 땅)에 대한 신화와 추측은 고대까지 거슬러 올라가지만, 인간이 남극을 처음 본 것은 1820년 라자레프(Mikhail Lazarev)와 벨링스하우젠(Fabian Gottlieb von Bellingshausen)의 러시아 탐험대에 의해서라고 여겨진다. 그러나 발견 이후 19세기의 나머지 기간은 추운 환경, 정보 부재, 고립된 위치 등으로 인해 남극은 인간들에게 관심의 대상이 아니었다(McGonigal, 2008, Robinson, 1999, McGhee, 2007, Byers, 2010, Sale, 2008)

남극해(南極海)는 남극대륙을 둘러싸고 있는 바다로 남빙양(南氷洋) 또는 남대양(南大洋)이라고도 한다. 다른 대양과 달리 육지로 둘러싸여 있지 않아 지리적 경계가 명확하지 않으나, 남위 60°인근을 순환하는 남극순환해류(Antarctic Circumpolar Current, ACC)를 경계로 하여 생태계가 북쪽의 바다와 크게 다른 특징이 있다. 국제수로기구에서 이러한 특성을 감안하여 2000년, 남위 65°남쪽의 바다를 남극해로 지정했다. 참고로 극권(極圈)은 하루 이상 백야현상이 나타나는 경계선이다. 현재는 66°33′39″에 있지만 41,000년 주기로 65.5°와 67.5°사이를 움직인다. 북반구에는 북극권과 남반구에는 남극권이 있다 (McGonigal, 2008, Robinson, 1999, McGhee, 2007, Byers, 2010, Sale, 2008)

[그림 2]와 같이 남극순환해류(ACC)는 남위 60°인근을 서쪽에서 동쪽으로 흐른다. 남극해의 주요 순환 특성으로서, 따뜻한 바닷물이 남극해에 접근하지 못하게 하여 남극 대륙이 거대한 얼음을 유지할 수 있게 한다 (Klinck and Nowland, 2001)

남극순환해류는 남극해, 태평양과 인도양 분지를 연결하며 이들 분지 간의 해수 교환의 주요 통로로 작용한다. 해류는 지형과 수심에 크게 영향을 받는다. 남아메리카에서 시작하여, 남아메리카와 남극 반도 사이의 드레이크 해협(Drake Passage)을 통과하여 흐른다. 그 후 스코티아 아크(Scotia Arc)에 의해 나뉘어져 얕고 따뜻한 지류는 포클랜드 해류내의 북쪽으로 흐르며 깊은 지류는 아크를 지나 북쪽으로 흐른다. 인도양을 지나면서 해류는 케르구엘렌(Kerguelen) 고원에 의해 나누이지며 대부분은 북쪽으로 흐른다. 뉴질랜드의 남쪽에서 캠벨 고원(Campbell Plateau)을 따라 흐르며, 남쪽으로 휘었다가 다시 북쪽으로 움직인다(Gordon et al., 1977, Hofmann, 1985, Klinck and Nowland, 2001, Knauss, 1996, Munk and Palmen, 1951).

[그림 2] 남극순환해류

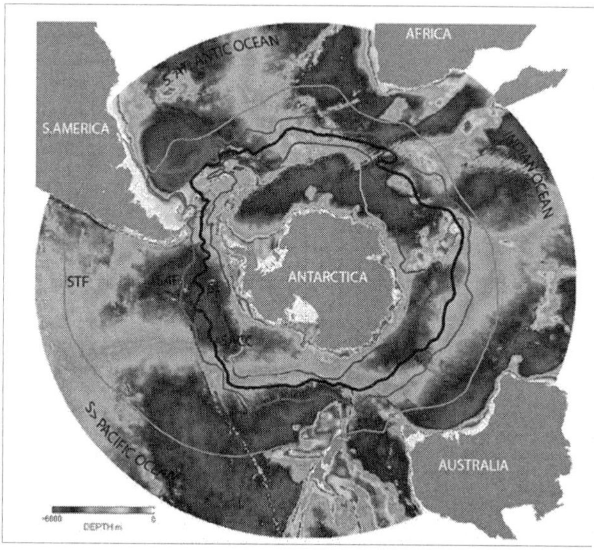

출처: Klinck, J. M., Nowland Jr, W. D., 2001, Antarctic Circumpolar Current. Encyclopedia of Ocean Science, Academic Press, 1st Edition, 151-159.

남극내륙 중심부의 연평균기온은 -55℃에 달하며, 최난월에 -30℃, 최한월에 -70℃가 된다. 최저기온으로는 1968년 8월 24일, 러시아 보스토크 기지(남위 78°, 동경 107°, 해발고도 3,488m)에서 -88.3℃가 기록되었다.

연안기지의 기후는 비교적 온화하여 프린스올라프 해안에서는 최난월 −0.9℃, 최한월 −20℃를 보이고 있다. 이와 같이 남극은 같은 극지인데도 북극에 비해 훨씬 더 추운 이유는 남극지역은 얼음이 덮인 고지성의 대륙이고, 또 겨울의 암흑기에는 대륙 표면은 일방적으로 열을 방출하여 차가워지고, 낮이 긴 여름에는 흰 설빙면이 일사량의 대부분을 반사하기 때문이다. 연안부에서는 사면하 강풍(Katabatic winds)이라고 하는 대륙 사면에서 내리 부는 바람이 때로는 초속 50m를 넘는 일도 있다.

강수량은 거의 눈이지만 연안부에서는 여름에 비가 오는 일도 있다. 중심부의 강수량은 100㎜ 이내, 연안부에서는 200~500㎜ 정도이다.

대륙 내부는 눈과 얼음에 덮여 있으므로 고등 동식물은 찾아볼 수 없다. 남극지역에 서식하는 동물로는 펭귄류, 고래류 외에 바다표범, 물개, 조류 등을 들 수 있는데, 남극해와 연안의 노두지역을 서식처로 삼고 있다. 식물은 남극반도 북부에 2종의 현화식물 외에 약 70종의 이끼류, 400여 종의 지의류가 있으며, 식물군락에는 작은 진드기, 박테리아 등이 기생하고 있다.

남극은 앞서 언급한 바와 같이 지구환경변화에 매우 민감한 지역으로서 남극빙하가 전부 녹으면 해수면이 70m 상승하게 된다. 현재 20개국이 45개 월동기지(over-winter station)를 운영 중에 있다(그림 3a).

북극(Arctic)은 북위 66.5° 이북의 북극권 또는 산림성장 한계선, 빙하 남하 한계선 이북의 영역으로서 북극권의 면적은 약 1,400만 ㎢에 이른다. 일반적으로 7월 평균기온 10℃ 이하인 지역이다. 북극은 북반구 대륙 연안으로 둘러싸인 해양으로서 기상, 기후, 해류의 순환 등 지구 환경변화에 커다란 역할을 담당하고 있다(그림 3b). 현재 북극권 8개국을 비롯한 18개국이 북극연구에 참여하고 있다.

[그림 3] 남극(a)과 북극(b)의 위성영상

(a) (b)

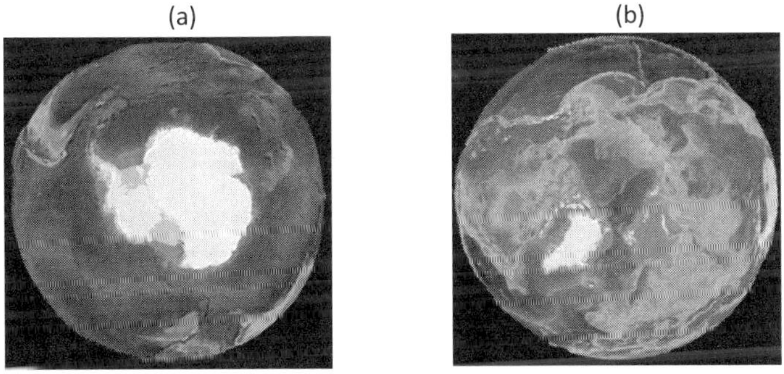

출처 : Arctic Report Card - Update for 2010 : Tracking recent environmental changes, http://www.arctic.noaa.gov/reportcard/index.html

3. 우리나라의 극지연구 현황

남극대륙은 독특한 자연환경으로 인해 천문학 · 기상학 · 해양학 · 지질학 · 지구물리학 및 생물학 등 모든 기초과학 분야의 거대한 실험장으로 활용되고 있으며, 대륙과 주변해역 및 대륙붕에 막대한 양의 천연자원이 부존되어 있는 지구의 미개척 자원보고이다.

미국 · 영국 · 일본 · 러시아 등 세계의 선진국들은 남극의 풍부한 부존자원과 자연환경의 실험장으로서의 중요성을 인식하고 1959년에 '남극조약'을 체결하였으며, 2010년 현재까지 20개국이 남극에 45개의 상설 과학기지를 설치 · 운영 중에 있다. 우리나라는 1978년 제 1차 크릴 시험어업 조사선을 남극해에 파견한 이래 1988년까지 8차례의 수산자원 개발을 위한 시험 조업을 수행한 바 있고, 1985년 3월에는 '남극 해양생물자원 보호조약'에 가입하였으며, 1986년 11월에 세계 33번째로 '남극조약'에 가입하였다.

남극 '세종과학기지'는 남빙양 및 남극대륙의 주변 자연환경과 부존자원을 조사, 연구, 개발하기 위한 우리 나라의 과학기지로서, 1988년 2월 서남극 남쉐틀랜드군도 킹조지 섬 (남위 62°13′ 23′′, 서경 58°47′ 21′′)에 설치되었다. 2010년 현재까지 23차에 걸친 남극과학연구단을 현지에 파견하여 활발히 연구를 수행해 오고 있다. 남극 연구는 '세종과학기지'가 위치한 킹조지 섬 육상과 주변해역에서 주로 수행되고 있으며, 극지연구소(Korea Polar Research Institute: KOPRI) 주관의 연구 활동에는 해양학 · 생물학 · 고기후학 · 대기과학 · 지질학 · 지구물리학 · 빙하학 등 연구 가능한 기초과학 대부분의 분야가 포함되어 있다.

남극 과학기지 건설과 성공적인 운영 및 활발한 연구 활동으로 1989년 10월에 '남극조약협의당사국(ATCP)' 지위획득(세계 23번째)과 1990년 7월에 '남극연구 과학위원회(SCAR)' 정회원국 승격(세계 22번째)이라는 국제적인 성과 획득과 이를 통한 국가적 위상 제고에 기여하였다. 우리나라의 남극 진출은 세계화 시대를 맞아 국민들에게 국제적 감각과 자긍심을 갖게 해주었고, 국민들에게는 과학의식 고취, 진취적인 미래도전과 개척정신을 심어주고 있다.

2004년 4월 한국해양연구원의 부설기관으로 새로 발족한 극지연구소에서는 남극조약의정서와 국제극지의 해에서 제시하는 기본철학에 입각한 연구를 수행하고자 조직을 정비하고 새로운 국제공동 연구주제를 개발하고 있으며, 2009년 쇄빙연구선 '아라온'호 건조와 2014년 남극대륙 제2기지인 장보고기지 건설과 같은 여건 변화를 기회로 극지연구 선진국으로 도약할 새로운 기회를 맞고 있다.

한편, 북극해와 그 주변 지역 연안의 육지로 이루어진 북극권은 혹독한 극지환경에도 불구하고 개발 가능한 부존자원 및 이의 운송과 관련된 항로의 개발과 운송 서비스, 해상 운송체제, 선박의 건조기술 등의 제반 사항에 대해 북극해 주요 연안국간의 이해 대립이 상존하고 있는 지역이다. 북극해 인접 국가 간의 협력 증진은 1987년 10월 고르바쵸프의 무르만스크 연설이 계기가 되었으며, 1990년 8월에는 국제북극과학위원회(IASC)가 설립되어 북극연구의 주제 발굴 및 국제 공동연구 프로그램을 주도하고 있다.

우리나라의 북극진출을 위한 기초연구는 1992년부터 간헐적으로 이루어졌고, 수산청 주관으로 북태평양 자원생태학적 연구가 베링해에 국한되어 수행된 바 있으며, 1998년부터 현재까지 오호츠크 해 및 북극해를 대상 지역으로 중국과 러시아와의 국제 공동 연구를 수행해 오고 있다. 이러한 북극권 연구탐사의 적극성과 경험축적으로 우리나라는 2002. 4. 25 네델란드 그로닝엔에서 개최된 국제북극과학위원회(IASC) 회의에서 정회원국으로 가입(세계 18번째)하였으며, 스발바드 군도 슈피츠베르겐섬 니알슨에 '다산과학기지'를 개소(2002. 4. 29)하여 본격적인 북극권 연구(고층대기, 지질/지구물리, 해양생물, 기상학 분야)에 돌입하였다. 그러나 북극은 남극과는 달리 북극해 중앙부를 제외하고는 대부분이 배타적 경제지역이기 때문에 우리나라 단독으로 연구, 개발이 불가능하므로 북극권 국가들과의 다양한 국제공동연구를 개발해 연구거점을 확보할 필요가 있다.

4. 우리나라의 남·북극 연구기지

남극대륙에는 각국에서 관측기지 건설하여 남극에 관한 조사와 연구 활동을 하고 있다. 미국의 맥머도 기지, 러시아의 벨링즈하우즌 기지, 중국의 장성기지 등 45개 기지가 건설되어 있는데, 1988년 2월 한국은 남셰틀랜드 제도(South Shetland Islands)의 킹조지 섬(그림 4)에 '세종과학기지'를 건설하여 극지 연구는 물론, 남극대륙 진출의 전진기지를 구축하였다(그림 5).

남셰틀란드 제도는 남극 대륙 인근의 군도로, 남극 반도로부터 북쪽으로 120㎞ 가량 떨어져 있다. 킹조지 섬을 비롯해서 여러 섬으로 이루어져 있다. 1961년 이전까지 이 제도는 영국(1908년부터), 칠레(1940년부터), 아르헨티나(1943년부터) 등이 영유권을 주장했다. 1959년 남극조약이 조인된 이후 영유권 분쟁은 중지되었고, 조약 가입국에게 비군사적 이용이 자유롭게 허용되었다.

한국은 1986년 남극조약에 33번째로 가입하였고, 1989년 10월에는 남극조약협의당사국의 지위를 획득하였으며, 남극의 대기, 기상, 지질, 생물 등 기초과학 분야뿐만 아니라 응용분야의 연구에 기여하고 있다.

[그림 4] 남극 세종과학기지가 위치한 남극대륙 주변부의 킹조지 섬의 위치

출처 : 구글 어스, http://earth.google.com/

[그림 5] (a) 남극 남셰틀란드 제도 킹조지 섬의 바톤반도에 위치한 세종과학기지의 위치 및 (b) 전경사진

(a) (b)

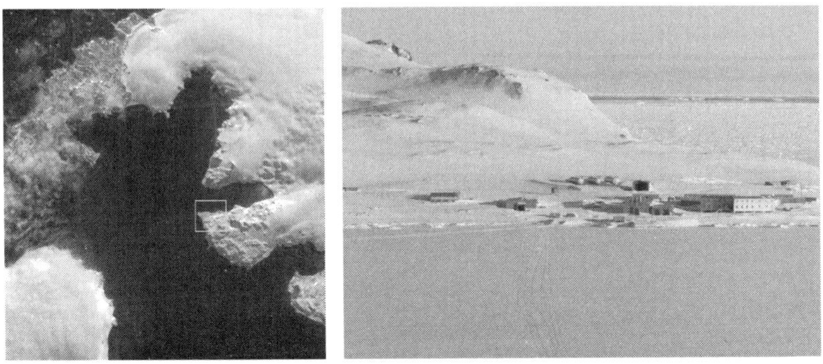

출처: (a) 구글어스 http://earth.google.com/, (b) 극지연구소

북극연구를 위한 '다산과학기지'는 노르웨이의 스발바드제도 슈피츠베르겐이라는 섬에 자리 잡고 있다(그림 6). 슈피츠베르겐 피오르드만 해안가에 자리 잡은 '다산과학기지' 주변은 걸프 난류가 유입되는 최고위도 지역으로 같은 위도의 다른 지역에 비해 상대적으로 따뜻하다. '다산과학기지' 주변에는 세계 각국의 극지연구소가 자리 잡고 있다. 현재 '다산과학기지'가 들어선 니알슨 기지에는 우리나라를 제외하고도 노르웨이, 폴란드, 프랑스, 노르웨이, 중국, 일본 등 7개국이 극지연구소를 운영 중이다(그림 7). 특정 국가의 영토라는 개념이 전혀 없는 남극과 달리 북극은 북극해와 러시아, 미국, 캐나다, 핀란드, 노르웨이, 스웨덴, 덴마크, 아이슬란드 등 8개 주변국의 북방 영토 일부로 구성돼 있기 때문에 이들 나라의 협조 없이는 북극으로의 접근이나 개발이 불가능해 북극해 인접국을 제외한 극지연구에 관심을 가진 대부분의 국가들은 노르웨이 니알슨 기지를 임대해 사용하고 있다.

우리나라의 북극 연구는 1999년 북극해 탐사 국제공동연구 참여를 시작으로 2000년 러시아 극지연구팀과의 북극해 공동연구 등 북극권 국가들과 관계를 맺는 기회를 가지며 북극 연구에 계속적인 관심을 보였왔

[그림 6] 북극 '다산과학기지'가 위치한 슈피츠베르겐의 위치

출처 : 구글어스 http://earth.google.com/

[그림 7] 북극 다산과학기지가 위치한 (a) 슈피츠베르겐 전경 및 (b) 건물사진

출처: 극지연구소

다. 우리나라는 2002년 4월 25일, 북극 관련 국제기구인 국제북극과학위원회(IASC: International Arctic Science Committee)에 가입해 세계 18번째 정회원국이 됐고, 이어 4월 29일에 노르웨이령 스발바드 군도, 슈피츠베르겐 섬의 니알슨 국제과학기지촌에 북극 '다산과학기지'를 개설했다.

북극은 지구의 기상, 기후, 해류 순환 등 지구 전체의 환경에 중대한 영향을 미치는 곳으로, 전 지구 환경 변화를 감시하고 한반도 미래 환경 변화를 예측할 수 있는 기상학적 자료를 얻을 수 있다. 한편, 러시아를 비롯한 북극 인접한 국가들은 북극해 연안의 석유, 천연가스, 원목 등의 자원 개발 및 새로운 항로를 개발하고 있다. 북극해의 빙하가 온난화로 감소하면서 북극해 항로가 유럽과 아시아, 북미 서해안을 연결하는 최단 해운 항로로 활용될 수 있게 된 것이다.

북극에 방대한 양의 석유 및 광물자원, 수산 및 생물자원이 존재한다는 점에서 세계 각국이 북극 연구에 적극적으로 참여하고 있다. 북극해를 비롯한 주변 해역(베링해, 북태평양)은 세계 주요 수산어장의 하나로 전 세계 수산물 생산량의 37%를 점유하며 전체 면적의 70% 이상에 대륙붕이 발달해 있어 엄청난 석유 및 가스 자원이 매장돼 있다.

5. 극지의 국제정세

1772~1775년에 영국의 제임스 쿡(James Cook) 선장은 오늘날의 프린스올라프 해안 앞바다에 이르러, 처음으로 남극권을 돌파하였다. 쿡의 보고를 계기로 해서 남극해에서의 바다표범, 고래잡이가 시작되었다.

1819~1821, 러시아의 벨링즈하우즌(Von Bellingshausen)은 남극을 탐험하였으며, 이때 사용된 보스도크(Vostok), 미르니(Mirnyi) 두 배의 이름은 현재 러시아의 관측기지 이름으로 쓰이고, 그 자신의 이름도 1968년 2월에 남극반도 킹조지 섬에 건설된 기지 이름으로 명명되었다.

1820~1822년 미국의 팔머(Nathaniel Palmer), 1821~1822년 영국의 웨들(Weddle)은 각각 그 이름을 따서 붙인 지역을 탐험하였고, 1830~1832

년 영국의 비스코(Bisco)의 엔더비랜드(Enderby Land), 1837~1840년 프랑스의 뒤르빌(d'Urville)의 아델리랜드(AdAlie land), 1838~1842년 미국의 윌크스(Wilkes)의 윌크스랜드(Wilkes land) 탐험이 뒤를 이었다.

1841년 영국의 로스(James Clark Ross)는 1839~1843년의 항해로 로스해(Ross Sea)에 도달했고, 1895년 노르웨이의 크리스텐센(Kristensen)은 로스해 서안 아데어(Cape Adare)에 최초로 대륙을 상륙하였다.

1910~1912년 아문센(Roald Engelbregt Gravning Amundsen)과 스콧(Robert Scott) 두 사람의 남극점(Geographic South Pole) 도달 경쟁은 매우 유명한 역사로서, 아문센은 1911년 12월 14일에, 스콧은 다음 해 1월 17일에 남극점에 도달하였으나, 스콧은 귀로에 대원들과 함께 사망하였다.

1911~1914년 오스트레일리아의 모슨(Douglas Mawson)은 아델리랜드를 조사하였고, 섀클턴은 웨들 해에서 로스 해에 이르는 남극 횡단을 시도하였으나 배가 파선하여 1916년에 귀국하였다. 1925년부터 제2차 세계대전 기간에 걸친 영국의 디스커버리호에 의한 남극해의 해양생물조사에서는 주목할 만한 성과를 얻었다. 1928년 11월 26일 오스트레일리아의 윌킨즈(Wilkins)는 최초의 남극비행을 시도하였다.

제2차 세계대전 후 본격적인 남극대륙에 대한 조사가 시작되었다. 1946~1947년 미국은 '하이점프' 작전으로 해군이 공중정찰, 군사훈련을 실시하였고, 다음 해에 '윈드밀' 작전 하에 헬리콥터로 탐사하였다. 1948~1952년 노르웨이, 영국, 스웨덴 등 3국이 합동으로 퀸모드랜드를 탐험하고, 프랑스의 빅토르(Victor)는 탐사대를 이끌고 아델리랜드에 기지를 설치하였다.

이와 같은 탐사활동은 1957~1958년의 국제지구관측년에 국제협력에 의한 남극관측으로 발전하였다. 남극조약은 1957-1958년의 국제지구관측의 해를 맞아 남극에서 활동 중인 12개국(남아프리카 공화국, 노르웨이, 뉴질랜드, 미국, 벨기에, 소련, 아르헨티나, 영국, 오스트레일리아, 일본, 칠레, 프랑스)을 미국이 초청한 회의에서 논의되었다. 1959년 12월 1일, 12개국이 처음 서명하였으며, 1961년 6월 23일부터 그 효력을 발휘했다. 지금까지 서명한 국가는 45개국에 이른다.

이 조약은 군사 행동과 광물 자원 개발을 금지하는 반면, 과학적 연구 및 대륙의 생태환경을 보존을 지지하고 있다. 현재 국적이 다양한 수많은 과학자들이 다방면의 연구를 수행하고 있다.

남극의 운영과 관리는 "남극조약협의당사국" 회의를 통해 논의하고 있으며 27개국이 참여하고 있다. 처음 조약을 가입한 12개국 이외에 남극에서 과학활동을 벌이고 있는 15개국(네덜란드, 대한민국, 독일, 불가리아, 브라질, 스웨덴, 에스파냐, 에콰도르, 우루과이, 이탈리아, 인도, 중국, 페루, 폴란드, 핀란드)을 포함한다.

우리나라는 1986년 11월 28일 33번째로 남극조약에 가입하였고, 1989년 10월 9일 남극조약협의당사국이 되었다. 북한은 1987년 1월 21일 35번째로 남극조약에 가입했다.

북극지역은 오래 전부터 경제적인 목적, 항로개발 및 극점탐험 등의 다양한 목적으로 갖고 인간활동이 이루어져 왔다. 북극은 북위 66.5° 이북의 북극권 또는 산림성장 한계선, 빙하 남하 한계선 이북의 영역으로서 북극권의 면적은 약 1,400만 ㎢에 이른다. 북극은 북반구 대륙 연안으로 둘러싸인 해양으로서 기상, 기후, 해류의 순환 등 지구 환경변화에 커다란 역할을 담당하고 있으며, 빙하의 평균두께가 3m인 관계로 지구온난화에 직접적인 영향을 받아 해빙이 빠르게 진행되고 있다. 북극의 얼음은 약 50여년 뒤에는 완전히 사라질지 모른다는 전망과 관측이 나오고 있다. 미국 설빙자료센터(National Snow and Ice Data Center, http://nsidc.org)는 [그림 8]과 같이 북극의 빙하면적이 계속 감소하여 과거 700여만 ㎢에서 현재 약 530여만 ㎢으로 4년 연속 감소하여 약 20% 줄어들었다고 밝혔다(BBC뉴스, http://news.bbc.co.uk/2/hi/science /nature/4315968.stm).

[그림 8]에서 볼 수 있듯이 아시아 북쪽 베링해와 알래스카 인근 빙하가 눈에 띄게 줄어든 것을 확인할 수 있다. 10년에 평균 8%의 속도로 빙하가 붙어드는 추세로 나간다면 50년 후인 2060년에는 빙하가 완전히 사라진다는 계산이 나온다. 빙하의 감소로 에스키모인들의 생활에도 큰 영향을 수게 되었지만 북극곰, 바다표범 등의 생물들은 생존의 위기에 직면하게 되었다.

[그림 8] 북극의 빙하감소

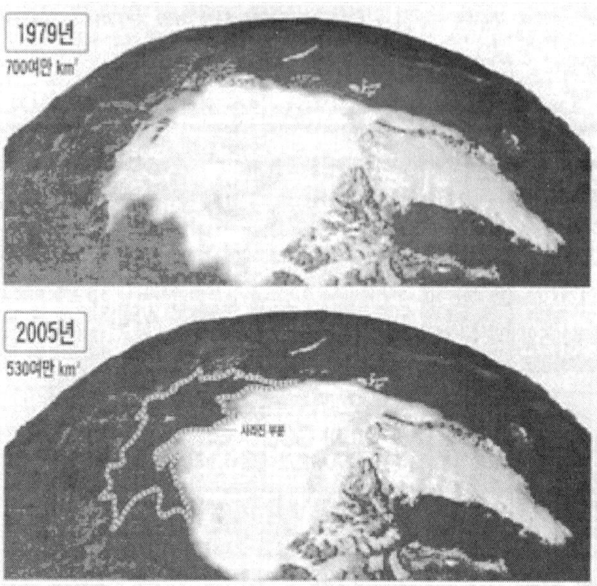

출처: BBC뉴스, http://news.bbc.co.uk/2/hi/science/nature/4315968.stm

한편, 온난화로 북극 빙하가 급격히 감소하면서 자원개발의 가능성이 높아지자 러시아, 미국, 캐나다 등 북극해 인접국들은 사활을 건 경쟁을 벌이고 있다. 북극해에는 100억 톤이 넘는 석유가 가스가 매장되어 있는 것으로 알려져 있다. 1982년에 제정된 유엔 해양법의하면 이 해역에 대한 각 국가의 주권은 인접되지 않으며 200해리(370㎞)의 경제수역만 허용되고 있다.

고티어(Donald L. Gautier)가 이끈 미국지질조사국(USGS) 연구팀은 [그림 9]와 같이 북극해에 1,600억 배럴의 석유가 매장되어 있는 것으로 보고하였는데(Gautier et. al, 2009), 이는 USGS의 기존 900억 배럴의 석유 매장량 추정에 비해 2배에 달하는 양이다. 연구팀은 북극해에 천연가스 양도 약 44조m^3에 달하는 것으로 보고하였는데 전 세계가 석유의 경우 5년, 천연가스는 약 10년 이상을 쓸 수 있는 엄청난 양이다. 심해나 내륙 오지에 매장되어 아직 발견되지 않은 미발견양을 미국 에너지업계에서는 석유와 천연가스를 각각 1조 2,300억 배럴과 146조m^3로 추정하고 있으므로, 북극해의 미발견양은 석유는 전 세계 미발견양의 13%, 천연가스는 30%에 이르는 양이다.

북극해에서의 석유, 천연가스의 매장량이 새로 규정됨에 따라 러시아, 미국, 캐나다, 덴마크 및 노르웨이 등 북극해 인접국들은 자원개발 및 영토 확보에 보다 치열한 경쟁을 벌일 것이다. 주목할 것은 석유, 천연가스의 상당량이 러시아 영토내륙과 러시아에서 북극으로 뻗어나간 바다에 매장되어 있다는 것이다. 이에 따라 러시아는 북극권 자원 선점에 다른 북극해 인접국들에 비해 한발 앞선 전략을 진행하고 있다.

[그림 9] 북극지방의 석유, 가스 매장지역 분포도.

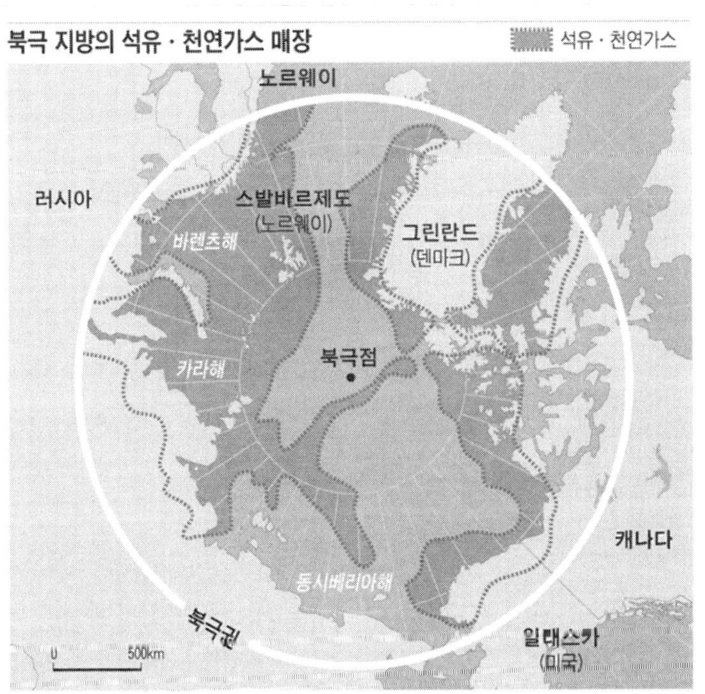

출처: Gautier, D. L, Bird, K.J., Charpentier,R.R., Grantz, A., Houseknecht, D. W., Klett, T. R., Moore, T. E., Pitman, J. K., Schenk, C. J., Schuenemeyer, J. H., Sørensen, K.,Tennyson, M. E.,Valin, J. C., Wandrey, C. J., "Assessment of Undiscovered Oil and Gas in the Arctic", *Science*, 29 May 2009, Vol. 324. no. 5931, 2009, pp. 1175~1791.

러시아는 북극해 관측 및 감시를 위해 인공위성 7기를 발사할 계획이며 과학연구를 위한 전용함대의 창설계획도 검토하고 있다. 한편 러시아는 2007년 8월 북극해의 영유권 을 상징적으로 주장하기 위해 북극점에 러시아기를 잠수정을 이용하여 4,200m(14,000ft) 바다 밑에 러시아기를 꽂았으며 ([그림 10], http://www.telegraph.co.uk/news/worldnews/europe/russia/2111507/Russia-plans-Arctic-military-build-up.html), 북극해에서의 군사력을 증강할 계획이다.

이에 미국은 부극해와 인접한 알래스카에서 대규모 군사훈련을 수시로 진행하고 있으며, 미국, 러시아, 캐나다 등은 향후 북극해 해역의 영유권 주장을 위해 해저지형도 작성을 위한 해저측량을 잠수함을 이용하여 수행하고 있다.

[그림 10] 러시아의 영유권 주장지역

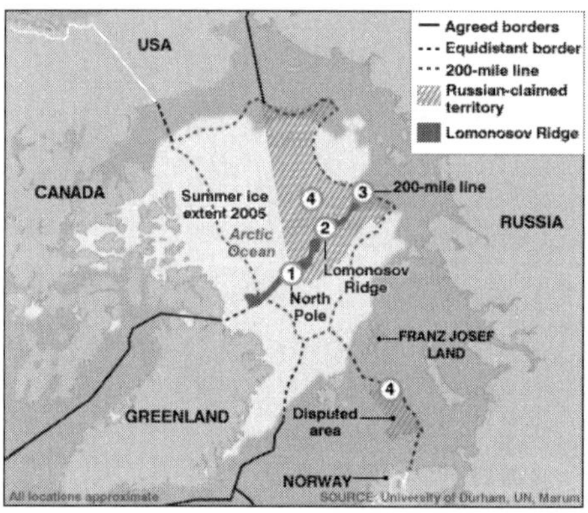

① 북극점 : 러시아는 북극점인 수심 4,000m (13,100ft) 바다 밑에 자국기를 꽂았다. ② 로모노소프(Lomonosov) 해령(海嶺, oceanic ridge) : 러시아는 로노모수프 해령이 자국영토의 연장선이라고 주장하고 있으며, 탐사를 통해 증거를 확보하고 있다. ③ 200해리(370 ㎞) 선. ④ 러시아 영유권 주장지역으로서 분쟁가능지역이다.

출처: BBC뉴스, http://news.bbc.co.uk/2/hi/europe/6927395.stm)

6. 우리나라의 활동영역의 확대

남극은 앞서 언급한 바와 같이 지구의 시급한 문제인 지구온난화에 대한 실마리를 찾을 수 있는 지역이며, 우리의 과학기술이 국제사회에 이바지할 수 있는 우리의 활동영역이다. 따라서 남극은 대한민국 활동영역의 확장지역으로서 우리의 미래에 대한 꿈을 펼칠 수 있는 지역이다. 현재 운영 중인 '세종과학기지'는 남극대륙의 주변부에 위치한 섬에 위치하여 남극연구에 한계가 있었다. 이에 2010년 3월 남극에서의 본격적인 연구를 위하여 남극대륙의 서남부에 위치한 테라노바 만(Terra Nova Bay: 남위 74° 37′ 동경 164° 13′)에 제2기지인 '장보고과학기지' 건설을 결정하였으며, 2014년 초까지 기지를 건설할 계획이다. 이로써 우리나라는 남극에 2개 이상의 기지를 가진 아홉 번째 국가가 되게 되었으며, 국제사회에 우리의 과학기술과 연구성과로 기여할 수 있는 또 다른 길이 열리게 되었다는데 그 의미가 크다고 할 수 있다.

우리나라는 2010년부터 '세종과학기지'를 시작으로 정밀한 지도제작 및 우리나라 이름의 지명을 남극에 붙여 나갈 예정이고, 이를 국내 및 국제적으로 지명등록을 진행하여 나갈 계획으로 있다. 이 또한 우리나라의 활동영역을 확대하여 나가기 위한 노력이라 할 수 있다.

극지에서의 다양한 연구사업을 추진하고 있는데 그 목적은 다음과 같이 정리할 수 있다. 첫째, 인류복지에 기여할 극지연구의 수행으로서, 21세기 극지 연구를 미래지향적이고 거시적인 국가 차원으로 승격시키기 위하여 IPY의 6대 주제와 연계하고 남극조약 의정서의 환경보호 기본정신을 계승하여 남·북극 과학기지를 연구거점으로 한 극지연구 활성화 방안에 대한 공감대를 확산해야 한다.

둘째, 첨단기초과학연구의 장으로서의 극지 활용이다. 극지연구를 통하여 세계적 수준의 독자적인 지식창출의 능력을 확보하고 선진국 수준의 연구인력을 양성하여 두뇌강국의 실현, 지속적 재창출 메커니즘의 구축, 국가안보와 삶의 질 향상을 위한 과학기술의 기반을 확보하여야 한다. 극지기초과학은 물리, 화학, 생물, 지구과학을 중심으로 통합적으로 이루어지고 있으며, 공학과 의학 등으로 확대되어야 하며, 보다 범위를 넓혀 지구환경문제 분석과 산업 기술의 최첨단 분야 기술개발로 확대해야 한다.

셋째, 국익차원의 연구와 자원개발의 교두보 확보이다. 우리나라는 이미 남극 ‘세종과학기지’ 및 북극 ‘다산과학기지’를 운용하고 있어 국제 공동연구 추진, 자원에 대한 기득권 공유의 교두보를 확보하고 있으며 나아가 국제 남·북극과학위원회 회원국으로서 세계적인 극지과학 연구의 경쟁력 확보와 극지자원 활용을 위한 국익차원의 전략 수립이 절실한 시점이다. 앞으로 해양생물 자원의 탐사 및 어획 기법의 활용 방안, 항로 개발을 위한 기초조사와 탐사 기술 개발을 유도하고 극지의 풍부한 생물자원과 지하자원 확보를 위한 장기적인 국익을 도모하여야 한다.

넷째, 극지의 한국, 미래의 도전을 위한 국가 활동 영역 확장으로서 오랜 세월 동안 농경문화를 바탕으로 한 안정된 정착문화에서 벗어나 진취적인 탐험 정신을 고취할 수 있으며, 세계화, 정보화 시대를 맞이하여 과학문화, 국제교류, 산업발전 등에서 활성화를 기할 수 있다.

다섯째, 극지 국가로서의 국제적 위상 확립이다. 선진국과 극지의 지구환경연구에 동참하여 국제적인 발언권을 확대하고 정치적, 경제적 국가위상을 제고하며, 남·북극 연구기지를 동시에 보유한 세계 6번째 국가로써, 극지과학연구를 통하여 과학 선진국으로서의 리더십을 확보하고 행사해야할 것이다. 특히 영국, 아르헨티나, 칠레, 뉴질랜드, 호주, 프랑스, 노르웨이 등 7개국이 영토권을 주장하고 있고, 미국과 러시아가 주장을 보류하고 있는 상황인 현재의 남극체제에서는 국가 간의 복잡한 갈등이 잠재되어 있는 상황이므로 실질적인 극지연구 및 정책수립은 매우 중요하다.

7. 결론

지난 50여 년간의 극지의 연구여건이 변화되면서 21세기의 극지연구는 전 세계적으로 새로운 패러다임에 입각해 추진되고 있는 실정이다. 즉, 극지연구를 통한 세계 공헌이 국익을 확보하는 기본 요소로 변화하고 있으며, 지구환경변화의 척도로서 극지의 중요성 부각되고 있다. 또한 에너지와 식량문제 해결을 위한 극지자원을 이용하여야 할 필요성이 증가되고 있으며, 극지에 대한 선진국들의 기득권 확보를 위한 노력이 한층 강화되고 있다.

우리나라는 과학기술의 집중 육성을 통해 새로운 부가가치를 창출하고 국민소득 2만불 시대를 앞당기기 위한 원천기술의 확보를 위하여 국가 차원의 진흥 프로그램 개발을 모색 중에 있다. 남·북극과학위원회의 정회원국인 우리나라도 관련 국제조약에 의거해 극지에 접근해야하고, 국가의 이익을 보장 받을 수 있는 지역으로 새롭게 인식할 필요성이 있다. 2004년 3월 남극활동 및 환경보호에 관한 법률이 제정되어 극지연구를 지원할 법적체계를 마련하였으며, 극지에서의 과학연구를 통해 국가 이익과 국제적 위상을 증대시키기 위한 극지연구 전담기관으로서 2004년 4월 한국해양연구원 부설 극지연구소(KOPRI)가 새롭게 발족하였다. 남극의 '세종과학기지' 및 북극의 '다산과학기지'에 이어 2010년에 건조된 쇄빙선 '아라온'호와 2014년에 완공될 남극 제2 대륙기지인 '장보고과학기지' 등이 계획되어 본격적인 극지연구개발이 진행되면서 연구 저변확대를 위한 인프라를 첨단화할 국가적인 프로그램이 요구되는 시점이다.

참고문헌

표기원, 「남극 킹조지 섬 세종과학기지의 기준점 측량 및 바톤반도의 수치지형모형 구축」, 배재대학교 석사학위논문, 2008, 110쪽.

"Antarctica - A new age of exploration", *National Geographic*, 2002.

"Arctic Report Card - Update for 2010 : Tracking recent environmental changes", http://www.arctic.noaa.gov/reportcard/index.html

BBC News, http://news.bbc.co.uk/2/hi/science/nature/4315968.stm

BBC News, http://www.telegraph.co.uk/news/worldnews/europe/russia/2111507/Russia-plans-Arctic-military-build-up.html

Byers, M., *Who Owns the Arctic?: Understanding Sovereignty Disputes in the North*, Douglas & McIntyre, 2010, p. 192.

Gautier, D. L, Bird, K.J., Charpentier, R.R., Grantz, A., Houseknecht, D.W., Klett,

T. R., Moore, T. E., Pitman, J.K., Schenk, C. J., Schuenemeyer, J. H., Sørensen, K., Tennyson, M. E.,Valin, J. C., Wandrey, C. J., "Assessment of Undiscovered Oil and Gas in the Arctic", *Science*, 29 May 2009, Vol. 324. no. 5931, pp. 1175-11791

Google Earth, http://earth.google.com/

Gordon, A. L., H. W. Taylor, and D. T. Georgi, "Antarctic oceanographic zonation. Polar Oceans, Proceedings of the Polar Oceans Conference", *Arctic Institute of North America*. 1977, pp. 44-76.

Hofmann, EE., *The large-scale horizontal structure of the Antarctic Circumpolar Current from FGGE drifters.* J. Geophys. Res., 90, 1985. pp. 7080-7097.

Klinck, J. M., W. D. Nowland Jr., *Antarctic Circumpolar Current. Encyclopedia of Ocean Science*, Academic Press, 1st Edition, 2001, pp. 151~59.

Knauss, J. A., *Introduction to Physical Oceanography*. Prentice-Hall, Inc., 2nd Edition, 1996. pp. 152-56.

Lorius, C., Ritz, C., Jouzel, J., Merlivat, L., Barkov, N. I., "A 150,000-year climatic record from Antarctic ice", *Nature*, vol. 316, 1985, p. 591-596.

McGhee, R., *The Last Imaginary Place: A Human History of the Arctic World*, University Of Chicago Press, 2007, p. 296.

McGonigal, D., *Antarctica: Secrets of the Southern Continent,* Firefly Books, 2008, p. 400.

Munk, W. H., and E. Palmen, *Note on the dynamics of the Antarctic Circumpolar Current*. Tellus, 3, 1951, pp. 53-55.

National Snow and Ice Data Center(NSIDC), http://nsidc.org/

Robinson, K. S., *Antarctica*, Bantam, 1999, p. 672.

Sale, R., 2008, *The Arctic*: *The Complete Story*, Frances Lincoln, p. 640.

북극 탐험과 개발사

서승현_배재대학교 한국-시베리아센터

1. 머리말

인류사적으로 북극은 인간에게 다가갈 수 없는 미지의 땅이었으며 인간의 정복과 탐험의 욕망을 불러일으키는 거대한 도전 대상 중 하나였다. 최근의 산업화와 무분별한 에너지 낭비로 인한 지구 온난화 현상이 인류의 생활방식과 더 나아가 생존까지에도 영향을 끼치는 현실에서 볼 수 있듯, 지구대기 온도의 상당부분을 책임지고 있는 북극의 생태학적, 경제적 가치는 국제 사회의 주요 이슈로 부각되고 있다. 따라서 필자는 이 글을 통하여 인류사회의 핵심과제로 부각되고 있는 북극에 대한 이해를 넓히고자 하는 목적 하에 인류의 북극 탐험 과정과 북극 개발의 역사를 알아보고 그 인류학적 가치를 조명해보고자 한다.

북극은 일반적으로 북극점을 중심으로 펼쳐지는 고위도지방을 의미하며 이 지역의 면적은 2,500만~3,000만 ㎢ 내외이다. 북극지방을 정의하는데 있어서 여러 가지 방법이 있지만 수목북한계선으로 북극권으로 정의하는 것이 일반적이다. 즉 북극점을 중심으로 하는 면적 약 1,400만 ㎢의 북극해가 대부분을 이루며, 여기에 유라시아·북아메리카 대륙의 북위 70°내외, 캐나다 동부의 북위 60°및 그린란드 지역과 아이슬란드의 일부를 포함하는 고위도지방이 포함되는 광대한 지역을 말한다. 또한 북위 66° 33'선 이북을 북극권(北極圈)이라고 한다. 아래 [그림 1]에 있는 지도의 굵은 선은 7월의 기온이 10°C인 등온선을 나타낸다.

즉, 북극권(北極圈, Arctic Circle)은 북위 66° 33'의 위권(緯圈)을 나타내고 북반구의 지리학상의 한대와 온대를 구분하는 경계선이며, 동지(冬至)와 하지(夏至)에서의 명암의 경계선이기도 하다. 하지 때에는 이 위도 선상에서 태양이 지평선 밑으로 지지 않는다. 즉, 북극권 내에 깊이 들어

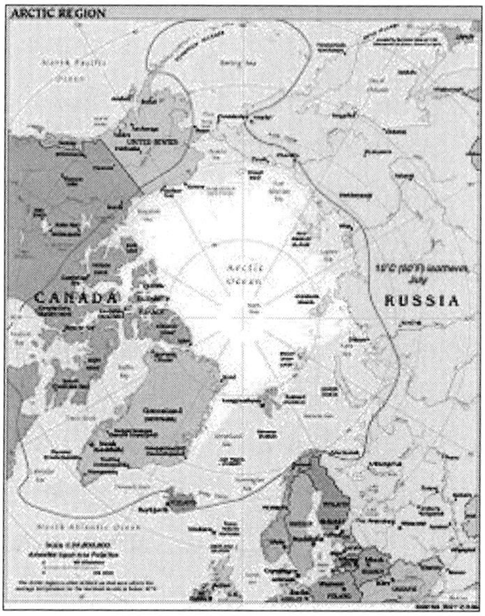

[그림 1] 북극권의 기온선
출처: http://ko.wikipedia.org/wiki/%EB%B6%81%EA%B7%B9%EC%A0%90

갈수록 밤이 없는 날이 하지를 중심으로 그 전후에 점점 길게 계속된다.

북극해(北極海, The Arctic Ocean)는 또한 북극을 중심으로 유라시아 대륙과 북아메리카 대륙에 둘러싸인 해역을 나타내며 북빙양(北氷洋)이라고도 한다. 면적은 1,257만 7000㎢이고 가장 깊은 곳은 5,502m이다. 평균수심은 좁은 의미의 북극해가 1,205m이고, 부속해를 포함한 경우에는 1,117m이다.

2. 북극 탐험사

2.1. 북극 탐험

북극지역의 주변에서는 오랜 옛날부터 인간의 활동이 이루어져 그린란드, 아이슬란드, 슈피츠베르겐 등은 9~12세기경에 발견되었고 유럽에서 동양의 부(富)를 찾아 북동 또는 북서항로에 대한 탐험은 지속되었다. 바렌츠, 배핀, 허드슨, 프랭클린 등과 같은 현재까지 통용되고 있는 북극의 지명은 15세기 무렵부터 계속되어 온 유럽의 북극 탐험과정에서 형성된 것이다. 북동항로는 스웨덴의 탐험가 노르덴시욀드가 베가 호를 타고 1878~79년에 걸쳐 탐험되었고, 다시 베링해협을 거쳐서 일본의 요코하마에 입항했다. 1932년에는 러시아의 쇄빙선(碎氷船) 시빌랴코프 호가 한여름에 서쪽에서 동쪽에 이르는 항해에 성공했다. 한편, 북서항로는 줄기찬 도전 끝에 1903~06년 노르웨이의 탐험가 아문센이 이외아 호로 항해에 성공했다. 이들 탐험가들의 목적은 항로개발과 극점도달이었다. 이러한 탐험가들의 경쟁들을 살펴보면 다음과 같다:

- 1893~96년 탐험가 난센의 프람 호 표류(漂流): (프람 호는 북쪽으로 계속 표류하여 북위 86도 14분 지점에 도달했는데, 이것은 배로 도달한 최북단 기록이다).
- 1908년 4월 21일 미국인 쿡은 북극점에 이미 도달했다고 발표하여 분쟁이 일어남 (두 사람 사이에 분쟁이 일어났으나, 오늘날에는 대다수가 피어리의 극점 도달을 믿는다)
- 1909년 4월 6일 미국인 피어리는 그린란드 북부에서 개썰매로 북극점에 도달
- 1926년 5월 9일 미국인 버드는 공중으로 슈피츠베르겐에서 왕복비행을 성공
- 1926년 5월 11일 아문센과 이탈리아의 노빌레 등은 똑같이 슈피츠베르겐에서 비행선으로 알래스카까지의 북극횡단에 성공 (자세한 항로는 아래의 [그림 2]와 같다)

2.2. 북극 관측기관의 설치

1882~83년에 설정된 제1회 극년(極年)의 국제공동관측을 위해서 유럽 각국과 미국 등 11개국은 북극 주변에 기지 등을 설치하였다. 50년 후인 1932~33년의 제2회 극년에는 규모가 더욱 커졌고, 1957~58년의 국제지구관측년에는 북극해의 해빙이나 빙도 위에 미국과 소련의 4개 관측소가 개소됐다.

북극해 빙하 위에서의 관측은 1937년 소련이 극점 부근에 설치한 '북극 1호 표류관측소'가 처음으로, 항공기에 의해서 설치되었으며, 1950년 북극 2호, 1954년 3·4호가 설치되었다. 러시아 연방은 항상 두 곳의 관측소를 보유하고 있다. 미국은 제2차 세계대전 후 알래스카에서 북극점까지의 기상관측 항공기를 띄웠고, 1952년에는 빙도 T-3(미국 공군이 발견하여 'Target'의 T를 따서 명명)에 관측소를 설치했다. 그 밖에도 미국은 그린란드에서 설빙(雪氷)과 동토의 연구를 하고 있으며, 1958년에는 원자력 잠수함 노틸러스 호와 스케이트 호가 빙하 밑으로 북극점에 도달했다. 캐나다도 1950년 무렵부터 조사·개발에 주력하여 미국·캐나다 공동기상관측소를 운영하고 있다. 이 밖에도 핀란드, 노르웨이, 스웨덴 등

도 관측소를 개소했다[5]는 사실은 항로개발과 극점도달에 붐이 일었다는 것을 알 수 있다.

[그림 2] 북극 탐험사

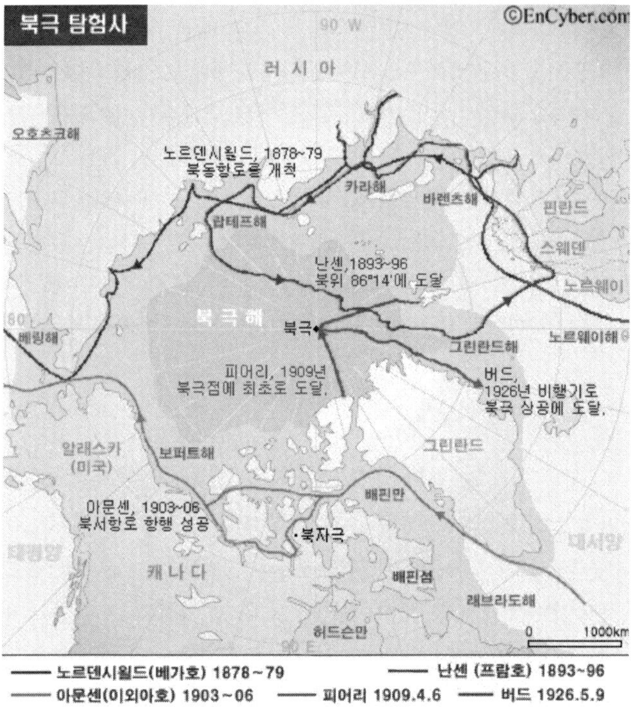

출처: http://www.encyber.com/search_w/ctdetail.php?gs=ws&gd=&cd=&q=&p=&masterno=78952&contentno=726435

2.3. 북극점 탐험

북극점 탐험사에 관하여 살펴보자면, 지리적 북극점, 즉 북위 90도를 정복했다고 주장하는 사람들은 여러 명이 된다. 먼저 벨기에 남극탐험대로 참여해 남극해에서 1898년을 보낸 미국인 의사 프레데릭 쿡(Frederick

5 http://www.encyber.com/search_w/ctdetail.php?gs=ws&gd=&cd=&q=&p=&masterno=78952&contentno=726435

Cook, 1884~1940)이 북극점을 1908년 4월 21일 정복했다고 주장했다. 그러나 그가 항해기록을 제시하지 못했고 그와 동행했다고 주장한 에스키모들이 땅이 보이지 않는 곳으로 갔다는 것을 부정해 거짓임이 드러났다. 그가 북아메리카 최고봉을 올라갔다고 주장했으나 그 역시 거짓임이 밝혀졌다. 그가 봉우리를 올라갔다고 제시한 사진과 똑같은 지형을 다른 사람이 발견했기 때문이다. 여러 가지 정황으로 볼 때, 쿡이 극지를 처음 정복했다는 명예를 얻으려는 사욕에 의한 무책임한 주장을 펼쳤다고 생각된다.

우리는 일반적으로 미국 해군장교 로버트 피어리(Robert E. Peary 1856~1920)가 북극점을 정복한 것으로 알고 있다. 그가 흑인 매슈 헨슨과 네 사람의 에스키모와 함께 1909년 4월 6일 북극점을 정복했다고 주장했다. 그러나 피어리의 일행이 북위 88도 보다 북쪽으로 갔으나 북극점에 닿았다는 것을 인정할 수 있는 결정할만한 증거는 존재하지 않는다. 그의 위치 측정방법과 기록이 너무 불충분했기 때문이다. 그러나 보통 피어리가 북극점을 처음으로 정복했다는 사실은 인정되고 있다.

남극점을 1929년 11월 29일 비행기로 정복한 미국 해군장교 리차드 버드(Richard E. Byrd 1888~1957)가 1926년 5월 9일 비행기로 북극점을 정복했다는 것도 믿기 힘들다.

북극점을 확실히 본 사람이 아문젠(Roald Amundsen 1872~1928) 일행이다. 아문젠은 미국 사업가 링컨 엘스워드(Lincoln Ellsworth 1880~1951)의 도움을 받아 비행선 노르즈(Norge)호로 1926년 5월 12일 북극점을 처음 보았다. 그러므로 아문젠이 인류 최초로 양극점을 본 사람이다. 아문젠이 1928년 북극에서 조난당한 노빌레를 구조하러 갔다가 죽음을 당했다. 그러나 노빌레는 살아 돌아왔다.

남극점과 북극점을 처음으로 밟은 사람이 미국 지구물리학자이자 빙하학자인 알버트 크레리(Albert Crary, 1911~1997) 박사이다. 그는 1961년 2월 12일 설상차로 남극점을 밟았으며, 그 이후 북극점을 밟았나. 그를 기념하는 연구실이 1991년 11월 남극 최대기지인 미국 맥머도 (McMurdo) 기지에 준공되었다. 그 기지의 시설이 아주 좋아 다른 남극기지처럼 자료를 단순히 모으는 단계를 넘어 처리·분석할 수 있다.

북극을 탐험한 탐험가들의 경력 사항과 연표는 아래와 같다[6]:

1. 아돌푸스 워싱턴 그릴리(Adolphus Washington Greely, 1844~1935)는 미국의 군인이자 북극 탐험가이다.
2. 프리드쇼프 난센(Fridtjof Nansen 1861년 10월 10일)은 노르웨이의 탐험가·과학자·외교관이다. 국제연맹의 고등판무관으로서의 활동으로 1922년 노벨 평화상을 받았다. 크리스티아니아(Kristiania; 지금의 오슬로) 근교의 스토레 프뢰엔(Store Frøen)에서 태어났다. 오슬로 근교의 뤼사케르(Lysaker)에서 삶을 마쳤다. 국제연합 난민 고등판무관사무소에서는 그를 기리기 위해 난센상을 제정했다. 난센은 1882년 그린란드 근해로 처음 항해한 뒤 1888년에는 그린란드의 빙원을 오토 스베르드루프, 올라프 디트릭손, 크리스티안 크리스티안센 트라나, 사무엘 발토, 올레 닐센 라브나 등과 함께 스키로 동에서 서로 횡단했다. 1893년에는 자신이 설계·건조한 탐험선 프람 호를 타고 얼음 사이로 북극해 횡단을 시도했다. 1년이 넘으면서 북극점 도달이 프람 호로는 불가능하다는 것을 깨닫고 난센은 얄마르 요한센과 함께 걸어서 북쪽으로 향했다. 1895년 4월 이들은 북위 86° 14′지점에 도달했는데 그때까지 사람의 발길이 닿은 최북단의 위치였다. 난센과 요한센은 프란츠요제프 제도에서 바다코끼리의 지방과 북극곰 고기로 연명하며 겨울을 나야만 했다. 1896년 여름에야 프레더릭 조지 잭슨이 이끄는 영국 탐험대를 만나 돌아갈 수 있었다.
   외교·정치 활동으로서 그는 1905년 6월 7일 노르웨이가 스웨덴과의 연합에서 분리되기 전까지 공화파였다. 그러나 시구르 입센 등이 왕정을 설득력 있게 주장하자 입장을 바꾸어 덴마크의 칼 왕자가 노르웨이 왕좌를 수락하도록 설득하는데 큰 역할을 했다. 노르웨이의 정치 형태를 공화국으로 할 것인지 왕국으로 할 것인지를 국민투표에 붙였을 때 만약 국민들이 공화정을 선택한다면 난센이 대통령이 될 것이라는 생각이 지배적이었지만 난센은 왕정을 지지했다. 국민들은 왕정을 선택해 칼 왕자는 노르웨이의 왕 호콘 7세가 됐다. 노르웨이의 독립 후 난센은 주 런던 노르웨이 대사로 임명되어(1906년~1908년) 영국의 에드워드 7세와 친한 사이가 됐다. 이는 국제적으로 노르웨이의 영토 보전을 약속받는 데에 대한 영국의 지지를 얻는 데에 힘이 됐다.

6 http://premium.britannica.co.kr/bol/topic.asp?article_id=b09b1144b&ref=4#ID4

양 세계대전 사이의 기간에는 노르웨이의 노동당(Arbeiderpartiet)의 성장을 견제하기 위해 비사회주의 정당의 힘을 모아 정부를 수립하고 난센 자신은 그 총리가 되려고 노력하였으나 실패했다. 1925년에는 반사회주의 정치조직인 조국회(Fedrelandslaget)를 공동창건 했다. 이 조직은 제2차 세계 대전이 일어나자 와해됐다.

제1차 세계 대전 이후 난센은 국제 연맹의 고등판무관으로 활동하여 전쟁포로 송환과 러시아 난민 구제에 착수하였으며, 난민들을 위해 난센 여권을 발행했다. 이런 인도주의적 활동으로 1922년 노벨 평화상을 받았다.

3. **로알 엥엘브렉트 그라브닝 아문센(Roald Engelbregt Gravning Amundsen, 1872년 7월 16일~1928년 6월 18일?)**은 인류 최초로 남극점과 북극점을 탐험한 노르웨이의 탐험가이다. 1910년~1912년 아문센이 이끈 원정대는 1911년 12월 19일 인류 최초로 남극점에 도달하였다. 이는 식량이 부족해도 살 수 있고 몸이 가벼운 개를 이용해서 썰매를 운행시키는 치밀한 준비 덕분이었다. 아문센은 오슬로 근교 보르게(Borge)에서 세 형제 중 막내로 태어났다. 뱃사람으로 3년을 보낸 뒤 탐험선 벨지카 호를 타고 네덜란드 헤이그 항구를 떠났다. 하지만 북극해로 떠나던 벨지카 호는 거대한 빙산에 갇혀 2년 동안 아문센과 프레드릭 쿡은 굶주림으로부터 바다표범과 펭귄을 잡았다. 아문센은 선장을 대신해 벨지카 호를 지휘하여 빙산을 깨뜨려 탈출했고 이러한 공로로 1899년 선장이 됐다. 그 해 봄에 이외아호의 선장이 되어 북서항로를 탐험하기로 했으나 암초 사이에 걸리는 등 여러 시련 끝에 베링해협을 지나 킹윌리암스 섬에 도착했다. 그리고 섬을 떠나 알래스카 놈에 도착함으로써 북서항로를 개척했다. 프람 호로 북극점을 정복하려했던 아문센은 미국의 피어리가 먼저 북극점을 정복하자 남극점 정복을 결심하고 그 후 로버트 스콧과의 경쟁 끝에 1911년 12월 19일 인류 최초로 남극점을 정복했다. 남극 탐험 몇 년 후 아문센은 북극 탐험을 결심해 모드 호를 타고 북극으로 갔으나 모드 호는 긴 시간 동안 표류했고 북극점에 도착하진 못했으나 북동항로 발견에 큰 기여를 했다. 아문센은 다시 비행선을 타고 북극으로 갔으나 다시 실패했다. 1926년 비행선 노르게 호를 타고 다시 북극으로 갔고 드디어 북극점을 가로질러 비행에 성공을 했다. 아문센은 노르웨이 국왕으로부터 최고 훈장을 받았다. 그 후 1928년 아문센은 자신의 친구이자 이탈리아인 탐험가였던 노빌레가 이탈리아 호라는 비행선을 타고 탐험을 갔다가 행방불명되자 노빌레를 찾으러 떠났다가 자신도 행방불명됐다. 그 후 비행기 충돌 사고로 사망한 것으로 밝혀졌다.

4. 로버트 에드윈 피어리(Robert Edwin Peary, 1856년~1920년)는 미국의 해군·북극 탐험가이다. 북극 탐험에 뜻을 품고 여러 번 그린란드를 조사했다. 1898년 이후에는 북극 탐험을 행하였고, 1909년 북극의 극지에 성조기를 꽂음으로써, 인류 최초의 발자국을 남겼다. 이 탐험으로 북극이 깊은 바다라는 것과 북극에 대한 여러 가지 사실이 밝혀졌다. 저서로 『북극』, 『북쪽의 빙하』 등이 있다.
5. 헨리 허드슨 (Henry Hudson, 1550년~1611년)은 영국의 항해가이자 탐험가이다. 1609년 네덜란드 동인도 회사의 명령으로 서북 항로를 개척하는 임무를 띠고 북위 80°까지 갔다. 후에 동북 항로 개척을 계획하여 러시아의 노바야제믈랴와 아메리카의 동해안에까지 도달하여 강을 발견하여 허드슨 강이라 부르게 됐다.

<탐험연표[7]>

연도	내용
BC 320	피아티스(그리스), 브리튼 섬에서 그린란드 북서부 툴레에 도달
AD 1497	J. 카보트(이탈리아), 래브라도 항해
1585	J. 데이비스(영국), 배핀 만 항해, 데이비스 해협 발견(~87)
1596	W. 바렌츠(네덜란드), 슈피츠베르겐 앞바다에서 노바야젬랴를 돔
1609	H. 허드슨(영국), 북극점 도달을 최초로 시도, 허드슨만 발견
1616	W. 배핀(영국), 배핀 만 발견
1725	V.J. 베링(러시아), 캄차카반도를 북상하여 베링해협 발견(~41)
1818	J. 로스(영국), 랭커스터 해협 도달
1827	W. 패리(영국), 썰매로 북위 82°45′까지 도달
1831	로스(영국), 자북극 발견
1845	J. 프랭클린(영국), 빅토리아 해협 탐험 중 조난(~46)
1850	R. 머클루어(영국), 프린스오브웨일스 섬·멜빌 섬 근해를 거쳐 북서항로 입증(~54)

7 출처 : http;//www.britannica.co.kr/

1871	C.F. 홀(미국), 북위 82°11'까지 범선으로 도달
1878	N.A.E. 노르덴시욀드(스웨덴), 베링해협에서 79년 요코하마에 기항
1882	제 1회 극년(~83)
1893	F. 난센(노르웨이), O. 스베르드루프(노르웨이), 프람 호로 탐험. 난센, 썰매로 북위 86°14'까지 도달
1897	S.A. 안드레이(스웨덴), 슈피츠베르겐에서 기구로 북극점 통과 시도에 실패
1899	스베르드루프, 엘즈미어 섬 남부와 캐나다 북부의 대빙하 발견
1903	R. 아문센(노르웨이), 범선 요아 호로 북극해의 북서항로 입증(~1906)
1908	F.A. 쿡(미국), 북극점 도달 보고
1909	R.E. 피어리(미국), 4월 6일 인류 최초로 북극점 도달
1923	K.J.V. 라스무센(덴마크), 썰매로 리펄스 만-베링해협 동쪽 연안 도달(~24)
1926	R.E. 버드(미국), 슈피츠베르겐에서 비행기로 북극점 통과. 아문센, U. 노빌레(이탈리아), L. 엘즈워스(미국), 비행선으로 슈발바르 제도에서 북극점 통과
1928	윌킨스(오스트레일리아), 북극 횡단비행
1932	제 2 회 극년(~33)
1957	국제지구관측년(~58)
1958	미국의 원자력 잠수함 노틸러스 호 북극점 통과
1968	R. 플레이스테드(미국), 빙상을 지나 북극점에 도달
1969	4인조 탐험대(영국), 북극해 빙원 5800km 도보횡단. 유조선 맨해턴 호(미국), 북서항로 개발
1978	덴마크, 서경 30° 35' 북위 83° 40.5' 지점서 세계 최북단섬 발견. 한국 탐험대, 그린란드 북부 빙원 700여 km 설상 행군
1979	소련 탐험대, 사상 최초로 스키에 의한 극점 도달
1991	고정남(한국), 한국인 최초로 북극점 도달
1995	허영호(한국), 북극 도보횡단

3. 북극 개발

3.1. 북극 자원 개발

북극의 자원이용은 고립된 토착민에 의한 원시적 수렵과 어로에서부터 근대적인 광업 그리고 원유와 석탄 개발에 이르기까지 다양하다. 상업적 어업은 그린란드 서쪽 연안에서 행해지고, 그 이외에는 바렌츠 해·백해·북동알래스카나 그 밖의 알래스카 연안에서 행해진다. 광산자원의 개발은 초기에는 비교적 소규모로 이루어졌으나, 사실 북극에는 많은 광물자원이 매장되어 있다. 20세기에 들어와 행해진 광물자원과 화석연료의 개발은 개략적으로 다음과 같다.

1920년 이후 캐나다 북부에서 지질조사가 이루어졌으며, 그 뒤 그린란드의 지질조사가 조직적으로 시행되었다. 최초의 광산개발로 그린란드 남서부의 이비그투트에서 빙정석이 생산되었다. 석탄개발은 처음에 디스코만에서 시작되어 슈발바르 제도에서는 대규모 개발이 이루어졌다. 제2차 세계대전 직후에 그린란드 동부의 메스테르스비크에서 납과 아연광이 개발되었다. 계속해서 그린란드 남서부에서는 우라늄광의 조사·개발이 이루어졌고, 캐나다 북부의 매켄지 하곡에서는 1920년대에 이미 최초의 석유개발이 이루어졌다. 그레이트베어 호 안에서는 우라늄·라듐 채광이 시작되었고, 옐로나이프에서는 금광 채굴이 시행되었다. 유콘 북부의 마요에서는 양질의 납·아연이 개발되었고 많은 지점에서 금광이 개발되었다. 19세기 말에는 알래스카에서 금이 대량으로 개발되어 골드러시시대를 이루었기 때문에 오랫동안 알래스카는 금의 채굴지로 알려졌다. 최근에는 알래스카 북부 해안에서의 석유개발이 각광을 받는 등 앞으로의 발전이 기대되고 있다. 캐나다의 웅가바 만 북부에서는 철광, 북극 서부의 섬들에서는 석유개발이 기대되고 있다. 소련은 제1차 세계대전 이후 북극의 광산개발에 적극적인 노력을 기울여 금·다이아몬드·석유·소금·석탄 등을 개발하였다.

3.2. 북극의 원유 · 가스 개발

북극지방의 토착민은 미국 쪽의 에스키모, 유라시아 쪽의 랩 · 야쿠트 · 퉁구스 등으로 수렵과 순록의 유목생활을 하고 있다. 그러나 에스키모의 생활은 점차 변화하여 거의 백인들의 생활양식에 동화되고 있다. 그 밖의 주민들도 극지개발에 의해서 정주생활을 하며, 다른 산업에 종사하고 있다. 북극의 개발은 이미 러시아에서 일찍부터 이루어졌으며, 주로 지하자원 개발에 주력하고 있다. 즉 콜라반도의 인회석, 페초라의 석탄, 시베리아 노릴스크의 구리 · 납의 채굴을 들 수 있으며, 천연가스 · 석유의 개발도 활발하다. 한편, 북방항로의 개설은 러시아 북부의 물자수송에 중요한 역할을 하고 있으며, 무르만스크 · 노릴스크 · 살레하르트 · 이가르카 등이 그 주요 항구이다. 북아메리카의 극지에서는 알래스카 프라드호만(灣)의 석유개발 외에 카바마인 강 유역의 금, 구리, 배핀 섬의 철광석 개발이 주목되고 있다. 또 캐나다의 북극 해저에서도 석유의 시추가 이루어지고 있다. 주요 취락으로는 알래스카의 배로, 캐나다의 이누빅 · 레조류트 등이 발달하였다. 그리고 그린란드에서도 수산업 외에 수정석(水晶石)이 채굴되고 있으며 툴레에 미국의 군사기지가 설치되어 있고, 슈피츠베르겐 제도에서도 오래 전부터 석탄이 채굴되고 있다.[8]

북극이 녹으면 기후변화로 인한 북극 해빙이 지하자원 개발을 용이하게 해 이를 둘러싼 유럽연합(EU)과 러시아간 갈등을 촉발할 수 있다는 전망이 나왔다. 영국 일간지 『가디언』은 2008년 벨기에 브뤼셀에서 열리는 EU 정상회의에 앞서 발표된 보고서를 인용, EU가 "지구 온난화로 북극이 녹으면서 드러나게 될 광물 자원 개발을 두고 EU와 러시아간 경쟁이 치열해질 것"이라고 경고했다고 2008년 3월 10일 보도했다.[9] 하비에르 솔라나 EU 외교정책 대표와 베니타 페레로 발트너 외교담당 집

8 http://www.encyber.com/search_w/ctdetail.php?gs=ws&gd=&cd=&q=&p=&masterno=78952&contentno=726435

9 http://yesu.net/board.html?aid=36710000000000&bid=board4&gid=board&page=7&step=read&sub=board4

행위원이 작성한 보고서에 따르면, 지구 온난화는 전 세계적인 대량 이주와 국가 파탄, 정치적 급진화 등을 촉진할 뿐만 아니라 국가 간 부익부 빈익빈 현상을 고착화할 것이라고 내다봤다. 특히 보고서는 블라디미르 푸틴 러시아 대통령이 2007년에 북극 해저에 자국 국기를 꽂은 과학자들을 환대하면서 북극을 선점하겠다는 야심을 내비친 사례를 제시, 북극이 향후 이해당사국간 에너지 개발 전쟁을 촉발시키는 도화선이 될 것으로 분석했다. 이번 보고서는 최근 서방 정책 결정자들 사이에서 에너지 안보가 주요 의제로 부각하고 있는 사실을 반영한 것이다.

사실, 북극 해빙으로 인한 자원개발 갈등은 이미 감지되고 있다. 러시아와 노르웨이는 슈피츠베르겐 군도에서의 해상 조업권을 둘러싸고 긴장관계를 형성하고 있다. 이 지역의 대륙붕에 엄청난 양의 천연가스와 석유가 매장된 것으로 알려졌기 때문이다. 만약 지구 온난화가 이 지역의 자원개발을 용이하게 만들 경우, 양국 간 갈등이 첨예해지는 것은 물론, 미국과 캐나다, 덴마크까지 개발 경쟁에 가세해 전면적인 자원 전쟁으로 번질 수 있다는 관측도 나온다.

3.3. 북극 원유와 천연가스 매장량

북극권은 원유 세계 추정매장량의 13%, 천연가스 세계 추정매장량의 30%를 갖고 있다.[10] 이 중 석유 추정매장량의 70% 이상이 북극권 알래스카, 그린란드 동부 리프트(Rift)해, 동부 바렌츠 해, 그린란드 서부-캐나다 동부에 분포되어 있다. 그리고 천연가스의 경우는 추정 매장량의 70% 이상이 서시베리아 해, 러시아 북서부 바렌츠 해 및 알래스카에 집중적으로 분포되어 있다.([그림 3] 참조). 그리고 북극권내 매장량의 약 84%가 해수면에서 수심 500m 이내의 근해(offshore)에 분포되어 있어서 개발 여건도 나쁘지 않은 편이다.[11]

10 Gautier D. L. *et al.*, "Assessment of Undiscovered Oil and Gas in the Arctic", *Science Magazine*, 29 May 2009, pp. 1175-1179.

11 김보영, 유시호, 박연희, 「기후변화와 북극 유·가스전 개발에 관한 연구」, 『자원·환경경제연구』, 제18권, 제4호, 2009, pp. 787-813.

[그림 3] 북극권내 미 발견 원유 및 천연가스 추정 매장량

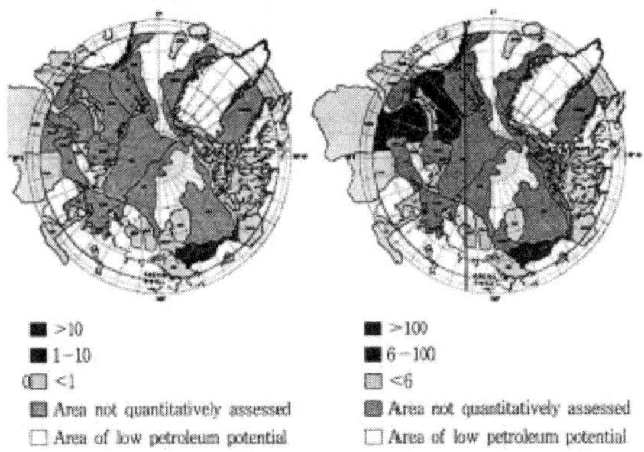

자료 : USGS, Circum-Arctic Resource Appraisal, 2008. 5.

그러나 북극에 대한 에너지 자원 추정량은 아직 정확치 않다. 컨설팅업체인 우드매킨지는 지난 2006년 북극 분지지역에서 아직 발견되지 않은 1,660억 배럴을 포함, 총 2,330억 배럴의 원유 및 천연가스가 묻혀 있을 것이라고 추산했다. 한편, 캐나다 통신은 북극 지역의 원유 추정 매장량은 4천 120억 배럴로, 대부분 러시아 연해에 묻혀 있다고 2008년 7월 23일 미지질조사국(USGS) 보고서를 인용, 보도했다. 이는 현재 개발이 진행 중인 캐나다 앨버타의 오일샌드 매장량 1천 730억 배럴의 2배가 훨씬 넘는 규모이다. 참고로, 세계 최대 산유국 사우디아라비아의 원유 추정 매장량은 2천 600억 배럴이다. 2008년 연구를 총지휘한 앨런 머레이 USGS 연구원은 "북극지역은 막대한 원유 매장량을 보유하고 있지만 단기간 내 원유 가격 및 공급에 영향을 미치지는 못할 것"이라면서도 "북극지역에는 아직 발견되지 않은 막대한 많은 천연자원들이 묻혀 있다"고 밝혔다. USGS 보고서는 또 고유가 시대를 맞아 북극 지역의 원유에 대한 관심이 높아지고 있으나, 자원개발 회사들이 실제로 이를 개발해 시장에 공급한다는 것은 매우 힘든 도전을 의미한다고 전했다.

또한, 북극 지역에는 막대한 천연가스가 묻혀 있을 것으로 추산된다는

미국 정부의 공식 보고서가 나왔다고 파이낸셜타임스(FT)가 2008년 7월 23일 보도했다. FT의 이 같은 보고서는 북극 지역을 공유하고 있는 러시아, 미국, 덴마크, 노르웨이, 캐나다 간에 유전 개발 경쟁을 불러일으킬 수 있다고 예상했다. 한편 미국 지질조사국(USGS)은 미발견 매장량의 30%에 해당하는 1,669조 입방피트 규모의 천연가스가 묻혀있을 것이라고 추정했다.[12]

세계 각국은 이러한 어마한 양의 원유와 가스를 자국이 선점하여 개발하기위하여 '총성(銃聲)없는 전쟁'을 벌이고 있다. 러시아는 이미 2007년 8월 북극점에서 4㎞ 떨어진 자국 영토 지역에 영역을 표시하는 깃발을 세우면서 북극 지역의 자원 개발 경쟁이 본격적으로 시작됐다는 서막을 알렸다. 상황이 급박하게 돌아가자 덴마크 역시 2008년 5월 북극지역 5개국 정상회담에서 자원 개발 경쟁을 제한하고 유엔 해양법협약을 준수해야 한다고 주장하며 독자적인 개발에 나섰다.

북극 자원개발에 대한 석유개발사들의 관심도 커지고 있다. 네덜란드와 영국계 석유회사인 로열더치셸은 러시아 정부에 야말 지역의 석유탐사를 돕겠다고 제안했다. 프랑스 토탈 역시 러시아 슈토크만 가스 유전 개발에 대한 권리를 획득했다. 미국 업체들도 알래스카 지역을 중심으로 자원개발에 나서는데 큰 관심을 표명하고 있다.

이처럼 각 나라와 기업들이 북극 자원 개발에 열을 올리는 것은 지구온난화로 빙하가 녹으면서 바닷길이 점차 넓어졌기 때문이다. 블룸버그통신은 미국과 캐나다, 러시아 등이 엑손 모빌, 셸, 가즈프롬 등 주요 에너지 대기업들을 통해 지난 몇 십 년간 북극에 2400억 배럴의 원유가 북극에 매장돼 있다는 것을 확인했지만 수송의 어려움 때문에 대부분 선뜻 개발에 나서지 못했다고 전했다.

이 같은 북극 개발의 과열 경쟁으로 인하여 이익 당사국 간의 영토분쟁도 첨예화되고 있다. 캐나다 연방정부는 뷰포트 해에 위치한 5개 구역과 에너지 회사인 허스키 등이 탐사활동을 활발하게 벌이고 있는 매캔지 밸리의

12 http://news.nate.com/view/20080724n03694

1개 구역에 대한 개발권 입찰을 지난달 2일에 마감했다. 정부와 기업들이 손을 잡고 북극에 매장된 자원을 얻기 위해 팔을 걷어붙인 것이다. AP통신 등에 따르면 지난 2000년에는 캐나다 국방장관이 북극해의 작은 한스 섬을 헬기를 타고 전격 방문해 문제가 되기도 했다. 캐나다의 엘즈버러섬과 덴마크의 그린란드섬 사이의 1.3㎢ 크기의 이 무인도에 대한 영유권을 주장하기 위해서였다. 이 지역 영유권을 주장하는 덴마크가 당장 반발하고 나섰고, 양국은 현재까지 감정싸움을 계속해오고 있다. 캐나다는 북극 전초기지인 레졸루트 베이와 버핀 섬에 기지를 세울 예정이고 북극해 해저 지도 제작도 서두르고 있다. 미국도 북극해와 접한 알래스카에서 대규모 군사훈련을 실시하는 한편 2010년 현재 6년째 북극 해저탐사를 벌이고 있다.

또한 북극의 무분별한 개발로 인한 심각한 환경 파괴의 우려를 자아내고 있다. 영국 일간지 『인디펜던트지』는 2007년 7월 25일 "얼음이 녹으면서 북극권을 지나는 새 항로가 개통돼 북극에서 개발한 자원의 수송이 용이하겠지만 이는 전지구적 재앙의 전조나 다름없다고 환경론자들이 주장한다"고 전했다. 최근 미항공우주국(NASA)의 고다드 우주비행센터 기후학자들은 "북극해 얼음이 2013년 여름이 끝날 무렵엔 모두 사라질 것"이라고 경고했다. 당초 기후학자들은 2040년 여름에는 북극에서 얼음이 자취를 감출 것이라고 전망했지만 이제까지 예측했던 것보다 빠른 속도로 빙하가 사라지고 있는 것이다. 인디펜던트는 USGS측의 말을 인용해 "원유와 가스 개발에 나서기 전에 우리는 전 지구적 차원에서 먼저 지구의 건강을 생각해야만 한다"고 지적했다. [13]

4. 맺음말

기후변화에 따른 지구온난화로 새로운 미개척시로 떠오르는 북극권은 앞에서 살펴본 바와 같이 선결해야 할 과제들이 아직 많이 남아 있다.

13 http://news.nate.com/view/20080726n02743

첫째는 영유권 분쟁이 아직 끝나지 않은 상황이기 때문에, 북극권의 자원개발에 참여하려면 국가 주도적인 정부 지원책이 필요하다고 하겠다. 한국과 같이 북극에 대한 영유권을 갖고 있지 않은 중국이나 일본의 움직임처럼, 비북극권 국가의 경우 국가 주도적인 정부지원이 얼마나 중요한지도 인식할 필요가 있다.

둘째는 북극지방 자원개발을 위한 기술력 확보와 대단위 자원개발을 위한 자본력이 뒷받침되어야 할 것이다.[14] 쇄빙선 건조 기술뿐만 아니라 극지방 자원개발에 필요한 독자적이고 다양한 분야의 기술이나 풍부한 자본력 등이 북극 개발의 성공에 중요한 요인이 될 것이다.

이렇듯 각국이 지구의 온난화에 따른 북극 항로의 개발과 북극 자원개발에 뛰어들고 있는 현실에 한국도 국가적 지위와 국익 확보, 더 멀리는 국가의 생존을 위해 북극 개발에 더욱 적극적으로 참여해야 할 것이다. 또한, 한국이 북극의 자원개발에 적극적으로 참여할 수 있도록 하기 위해서는 기존의 개념을 뛰어넘는 '북극자원개발 참여 국가 전략'을 새롭게 수립할 시점이 왔다고 생각한다.

참고문헌

김보영, 유시호, 박연희, 「기후변화와 북극 유·가스전 개발에 관한 연구」, 『자원·환경경제연구』, 제18권, 제4호, 2009, 787-813쪽.

Gautier D. L. et al., "Assessment of Undiscovered Oil and Gas in the Arctic," *Science Magazine*, May 29, 2009. pp. 1175-1179.

http://ko.wikipedia.org/wiki/%EB%B6%81%EA%B7%B9%EC%A0%90 검색일 2010년 5월 10일

http://www.encyber.com/search_w/ctdetail.php?gs=ws&gd=&cd=&q=&p=&masterno=78952&contentno=726435 검색일 2010년 5월 10일

http://premium.britannica.co.kr/bol/topic.asp?article_id=b09b1144b&ref=4#ID4 검

14 김보영, 유시호, 박연희, 「기후변화와 북극 유·가스전 개발에 관한 연구」, 『자원·환경경제연구』, 제18권, 제4호, 2009, 787-813쪽.

색일 2010년 5월 10일
http;//www.britannica.co.kr/ 검색일 2010년 5월 10일
http://yesu.net/board.html?aid=36710000000000&bid=board4&gid=board&page=7&step=read&sub=board4 검색일 2010년 6월 30일
http://news.nate.com/view/20080724n03694 검색일 2010년 6월 30일
http://news.nate.com/view/20080726n02743 검색일 2010년 6월 30일

II부

러시아 북극권의 민족, 언어, 도시 소개

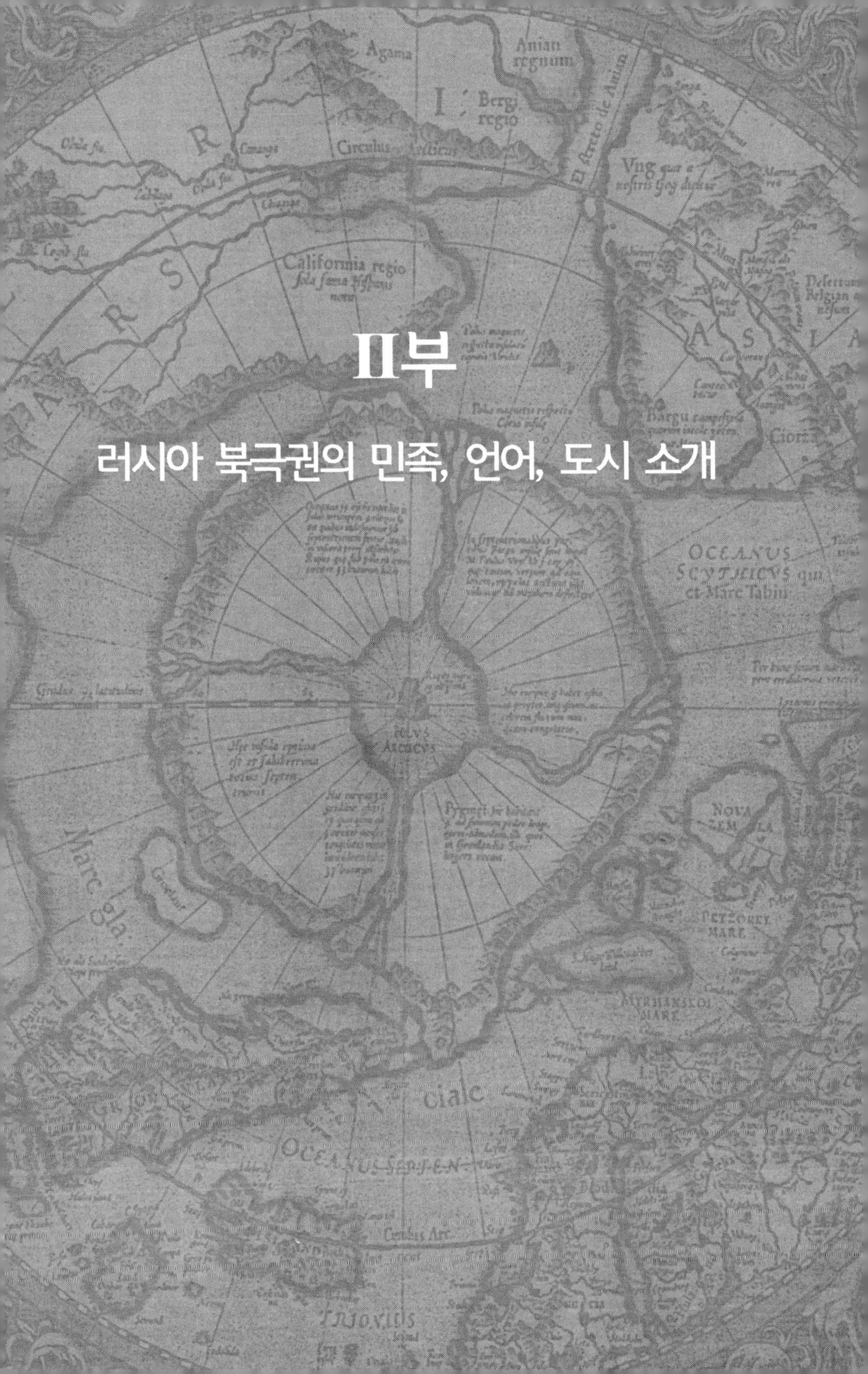

러시아 북극권 소수민족에 대한 고찰*

김정훈_배재대학교 한국-시베리아센터

I. 들어가는 말

러시아 통계청 자료에 의한 자료에 의하면 2009년 현재 러시아 연방 내의 인구는 약 1억 4,190만 명에 이르고 있다[1]. 이 중 약 80% 정도가 러시아인에 해당한다[2]. 러시아인 이외의 주요한 민족으로는 러시아슬라브계(대부분 우크라이나인, 나머지는 벨라루스인, 폴란드인, 불가리아인, 기타)를 포함하여 카프카스종족(대부분 체첸인, 인구시인, 다게스탄인, 아바르인, 그루지야인 기타), 오세티야인, 칼미크인, 타다르인, 바슈키르인, 추바시인, 투바인, 야쿠트인, 에벤키인, 티이미르인, 마리인, 모르도바인, 그리스인, 이누이트인, 독일인, 유대인, 고려인, 카자흐인, 아제르바이잔인, 핀란드인, 집시, 헝가리인, 네네츠인, 아랍인, 이란인, 몽골인, 중국인, 루마니아인과 몰도바인, 터키인, 우드무르트인 등이 있다. 이외에도 마리, 사미, 코미, 베프스인 등과 같은 극소수민족을 포함시켜 보면 러시아연방공화국 내의 민족 수는 약 200여 개 정도[3]에 달할 정도로 많은

---

* 본문의 내용 중 일부(II, III장)는 필자가 배재대학교 한국-시베리아센터에서 발간하는 전자저널 『시베리아의 창』(배재대학교 한국-시베리아센터) 2호(June. 2010)에 게재한 "러시아 북극지방에 거주하고 있는 소수민족"(36-44쪽)의 내용을 재구성한 것임을 밝혀둔다.

1 Федеральная служба государственной статистики. 출처: http://www.gks.ru/(검색일 2010.09.05)

2 러시아연방공화국 통계청이 정확한 자료를 제공하고 있지 않기 때문에 75-83%에 해당하는 영역 내에서 여러 가지 수치가 존재하고 있다.

3 이의 통계치에 대해서도 역시 여러 주장이 존재하고 있다. 러시아계 이스라엘 언어학자인 Шломо Громан은 2002년을 기준으로 하여 러시아 연방 내의 민족 수를 160여개로 산정하고 있으며(http://www.languages-study.com/demography/russia-languages.html), Нерознак는 약 180여 개의 민족이 존재하고 있다고 주장한다(Языки народов России: Красная книга. Энциклопедический

민족이 존재하고 있다. 이러한 사항을 고려해 볼 때 러시아연방공화국은 다민족국가라 할 수 있다.

이들 중 상당부분은 자신의 민족공화국 내지 민족자치주 또는 그 밖의 자치행정단위에 살고 있으며[4], 나머지는 러시아연방공화국 전역으로 퍼져나가 다른 민족의 자치지역 내에서 피지배민족이 된 경우도 있다. 그러나 러시아연방공화국 내의 민족 간 융화는 또 다른 다민족 국가인 미국에 비해 제대로 이루어져 있지 않고 있다. 최근 민족의식이 표출되어, 타타르스탄과 체첸 두 공화국은 다른 독립국가연합 회원국과 동일한 수준으로 독립해줄 것을 요구하고 있으며, 이외 여러 자치주와 자치구도 공화국으로 승격시켜줄 것을 요구하고 있다. 특히 타타르인은 과거에는 상당히 러시아인으로 동화되어 군대 및 행정관료에서 다른 소수민족에 비해 주도적인 역할을 해왔는데도 불구하고 소련 해체 후 민족의식이 고양되고 있다.

1917년 러시아의 10월 공산혁명은 자국 내 민족의 역사를 뒤바꿔게 한 하나의 분수령이 되었다. 소비에트 사회주의 연방공화국은 연방국가 형태를 유지하였는데, 그 구성은 러시아, 우크라이나, 벨로루시, 아르메니아, 그루지아, 아제르바이잔, 카자크스탄, 키르기즈스탄, 타지키스탄, 투르크메니스탄, 우즈베키스탄 등 연방 구성 독립공화국과 더 작은 소수민족들의 자치공화국, 자치지역, 민족 관구 등으로 되어 있는 모두 51개

словарьсправочник(под ред. Нерознак В.П.) с. 372-375). 이에 반해 위키피디아 러시아 버전에 제시된 자료를 보면 195개의 민족이 존재하는 것으로 보인다(http://ru.wikipedia.org; Народы и этногруппы России по данным Всероссийской переписи 2002 г.). 김태진, “러시아 북극권 소수민족의 언어분포”, 『시베리아의 창』(배재대학교 한국-시베리아센터) No. 2, June. 2010, 45쪽. 재인용.

4 체첸공화국, 카렐리야공화국, 사하(야쿠티야)공화국, 유태인자치주, 야말로-네네츠자치구, 타이미르(돌가노-네네츠)자치구, 추코트카자치구, 에벤크자치구 등. 러시아인이 다수인 지역이 아닌 원 거주 민족의 영역에 그 수와 비율에 따라 공화국, 자치 공화국, 자치 주 등을 구성하게 한 것은 레닌을 비롯한 볼셰비키의 민족 해방과 민족 자치에 대한 개념 규정에 따른 것이었다.

의 소수민족들로 형성된 다민족 연방국가체제를 구축했다.

연방의 형태를 위와 같이 규정하였던 스탈린 헌법은 실제로는 지역적인 행정 단위에 대한 정치적 혹은 경제적 독립을 사실상 허용하지 않음으로써 소련은 말로는 연방이었지만, 어떤 의미에서는 가장 고도로 중앙집권화된 국가였다. 제 2차 대전 후 소련의 국제적 지위와 중요성이 크게 신장되고 영향력이 팽창되면서, 그 모든 구성 요소를 확립된 질서 속에 일치시키기 위해 엄격한 강제 수단이 적용되었다. 소비에트 당국은 다양한 민족 집단을 다루기 위해 몇 가지의 기본 정책을 실시하지 않으면 안됐다. 우선 이 민족들에 대해 이데올로기적, 정치적, 경제적, 사회적 문제의 어떠한 독립성도 허락하지 않았으며, 설정된 공식 노선에서의 어떠한 일탈도 허락하지 않았다. 소련은 본질적으로 중앙집권화된 국가였으며, 소련의 단일 공산당이 이러한 통일의 가장 중요한 토대와 밑거름이 되었다. 그러나 소비에트의 통치자는 소련 내부의 모든 민족에 대해 일종의 문화적인 자치권을 최대한 인정해 왔으며, 각 민족의 문화는 '사회주의적 입장에서 민족주의적 형태'이어야 함을 주장하였다. 즉, 형식과 구조에 있어서는 각 민족의 언어와 문화적 전통을 장려해왔으나, 사상적으로는 소비에트-마르크스주의의 틀에 합치되어야만 했다. 이의 결과로 소비에트 체제내의 다양한 민족문화는 주류인 러시아인의 문화를 캐논으로 하여 통제되어 변형, 축소 또는 소멸되어 갔다.

러시아는 1991년 12월 소련이 '공식적으로' 붕괴되면서 국가구조의 재형성이란 큰 과제에 직면했다. 그 과정은 단순한 일국가 내부의 정치경제적 사회변화에 한정되는 페레스트로이카를 넘어 국가 체계의 붕괴와 사회의 근본적 변혁을 수반하는 혁명적 차원으로 전개되었다. 물론 전자는 후자를 전제하지 않았으나 그러한 과정의 결과로서 체제전환을 야기했다는 역사의 아이러니가 존재한다.

그러나 소련 사회의 현재 러시아 연방으로의 체제전환 과정은 그 사회가 갖고 있는 다양성으로 인해 다른 국가의 체제변혁과는 또 다른 양상과 많은 어려움에 놓여있는 게 사실이다. 러시아 연방은 공식적으로 소련을 계승한 국가이나, 여전히 기존의 소비에트 사회주의가 지녔던 사회구성의 유기체적 관계가 역사구성적 장애로 말미암아 체제 전환의 정책적 목적인 사회의 민주화와 시장 경제 체제로의 변혁에 많은 진통을 겪고 있다. 국내적 차원에서 이 어려움은, 러시아가 채택하고 있는 지방분권적 연방 체제가 상호 불균형적으로 결합되어 있으며, 종족중심적 민족분리주의 운동이 여전히 사회 불안정의 진원이 되고 있어서 단일국가로서 국가의 완전성과 통일성이 확립되어야 한다는 문제와 관련된다. 즉 러시아 연방이란 국가가 새롭게 형성, 정립되어 가는 과정은 분명 사회적, 민족적 문제점들이 해결되기 위한 제도 구축의 과정과 그 이후의 안정된 운영 시스템으로의 전환이라는 결과를 낳아야 하는 고통의 과정이라 할 수 있을 것이다.

이러한 러시아의 역사적 전개과정에서 정치, 경제적 측면에서 약세를 보이고 있는 소수민족의 상황, 특히 러시아 북극권에 해당하는 지역에 거주하고 있는 소수민족들은 더욱 큰 고통을 경험하고 있다. 주류문화를 형성하고 있는 러시아인들은 대체로 평화적인 절차로 이들 지역을 통합하였으며, 러시아와의 통합은 '더 높은 문화'와의 접촉으로 원주민들에게 해로움보다는 더 많은 이득을 주었을 뿐 원주민들을 무자비하게 착취했던 다른 식민체제들과는 전혀 유사성이 없다고 주장한다. 실제로 소비에트 시기의 연구물들은 이처럼 사실을 왜곡하고 묵살하며 '레닌주의 민족정책'이 시베리아 원주민들을 포함한 소수민족 세계를 인도주의와 정의로 이끌었다고 주장했다. 그러나 현실에 있어서는 집단화, 유목 생활 반대, 전통문화와 생업의 파괴 등 소비에트 러시아의 사회 및 정치제도로 강제 동화시키는 정책을 펼쳐 거의 오든 원주민들에게 압제와 고통을 가해왔던 것이다. 1980년대 중반 미하일 고르바쵸프가 표방한 글라스토스트(개방정책)에 의해 이 문제점들이 다소 밝혀지기 시작하였지만 아직도 진실의 대부분이 여전히 어둠 속에 묻혀 있다[5].

따라서 본고에서는 영토와 자원, 생태와 기후문제로 인해 21세기 들어 국제사회에서 지대한 관심을 받고 있는 러시아 북극지역의 소수민족에 대한 고찰을 시도해 보고자 한다. 이에 따라 우선 러시아 북극권의 정치주체에 따른 민족구성 분포 현황을 살펴보고 다음으로 네네츠인의 개발에 따른 문제점을 사례로 하여 소수민족의 문제점에 대하여 생각해보고자 한다.

II. 러시아 북극권의 정치주체와 민족구성 분포 현황

일반적으로 우리가 인식하고 있는 북극지방의 토착민으로는 미국 쪽의 에스키모가 있다. 이들은 주로 수렵과 순록의 유목생활을 해 왔다. 그러나 알래스카 에스키모의 생활은 점차 변화하여 거의 백인들의 생활양식에 동화되고 있으며, 근년의 극지개발에 의해서 정주생활을 하거나 이전과는 다른 경제활동을 영위하는 에스키모인들의 수가 점차적으로 증가하고 있는 추세이다.

그러나 이외에도 러시아연방공화국의 서쪽 북단지역에 위치하고 있는 무르만스크주의 사미인과 코미인으로부터 동쪽 북단지역에 해당하는 추코트카공화국의 축치인과 추바시인 등과 같이 우리에게 낯선 수많은 민족들이 러시아의 북극권[6]에 거주하고 있다([표 1] 참조). 이들의 삶의 양식과 방법 역시 타의 혹은 자의적 요인에 의해 상당부분 변화, 소멸되었거나 그 과정 하에 노출되어 있는 상태이다.

5 제임스 포사이스 지, 정재겸 역, 『시베리아 원주민의 역사』(서울: 솔, 2009) 6-7쪽.
6 북극권에 대한 정의는 다양하다. 빙하가 남하할 수 있는 경계선, 식목의 경계상으로 툰드라, 위도상으로 북위 66° 33′ 이북지역. 본문에서는 북극권 또는 북극지역을 소수민족이 거주하는 영역과 경계의 불명확성으로 인해 위도상의 경계와 그 이북 지역에 거주하고 있는 소수민족의 삶의 공간으로 한정하고자 한다.

[표 1] 북극해에 접해있는 러시아 연방의 정치주체의 민족구성 (기준, 2002년)[7]

지역	연방주체	주민	비고
북서 지역	무르만스크주	러시아인 80.6%, 우크라이나인 7.9 %, 벨라루스인 3.4%, 타타르족 1.0 %, 모르도바인 0.4%, 코미인 0.3%, 사미인 0.2%, 마리인 0.1%, 핀란드인 0.1%, 에스토니아인 0.1%, 네네츠인과 베프스인 0.01% 기타	수도: 무르만스크 면적: 144,900㎢ 인구:892,534명
	카렐리야공화국	러시아인 73.6%, 카리알라인 10.0%, 벨라루스인 7.0%, 우크라이나인 3.6%, 핀란드인 2.3%, 라프인, 벱스인0.8% 기타	수도: 페트로자보츠크 면적: 172,400㎢ 인구: 780,000명
	아르항겔스크주	러시아인 94.2%, 우크라이나인 2.1%, 벨라루스인 0.8%, 네네츠인 0.6% 기타	수도:아르항겔스크 면적: 587,400㎢ 인구: 1,336,539명
우랄 지역	야말로-네네츠 자치구	네네츠족 5.2%, 타타르족 5.4%, 우크라이나인 13%, 러시아인 58.8%, 벨라루스인 1.77%, 한티인 1.72%, 아제르바이잔인 1.65%, 바슈키르인 1.56%, 코미인 1.22%, 몰도바인 1.06%, 셀쿠프인과 기타	수도: 살레하르트 면적: 750,300㎢ 인구: 507,006명
시베리아 지역	타이미르(돌가노-네네츠)자치구	러시아인 58.6%, 돌간인 13.86%, 네네츠족 7.67%, 우크라이나인 6.09%, 응가나산인 1.92%, 볼가 독일인 1.47%, 타타르족 1.07%, 에벤키족 0.77%, 벨라루스인 0.74%, 아제르바이잔인 0.6% 기타	수도: 두딘카 면적: 862,100㎢ 인구: 39,786명
극동 지역	사하(야쿠티야) 공화국	야쿠트인 45.54%, 러시아인 41.15%,우크라이나인 7%, 소수의 체첸인, 아제르바이잔인, 조선족, 아르메니아인, 중국인, 에벤인, 에네트인, 나나이인, 돌간인, 축치인, 유카기르인 등	수도: 야쿠츠크 면적: 3,103,200㎢ 인구: 949,280명
	추코트카 자치구	러시아인 51.9%, 축치인 23.5%, 우크라이나인 9.2%, 에스키모 2.85%, 에벤인 2.6%, 추바슈족 1.77%, 벨라루스인 1.9%, 기타	수도: 아나디리 면적: 737,700㎢ 인구: 53,824명

7 한종만 외, 『러시아 우랄 · 시베리아 · 극동지역의 이해』(2008)와 위키백과 자료를 중심으로 편집했음.

[그림 1] 1980년대 러시아 북극지역의 소수민족[8]

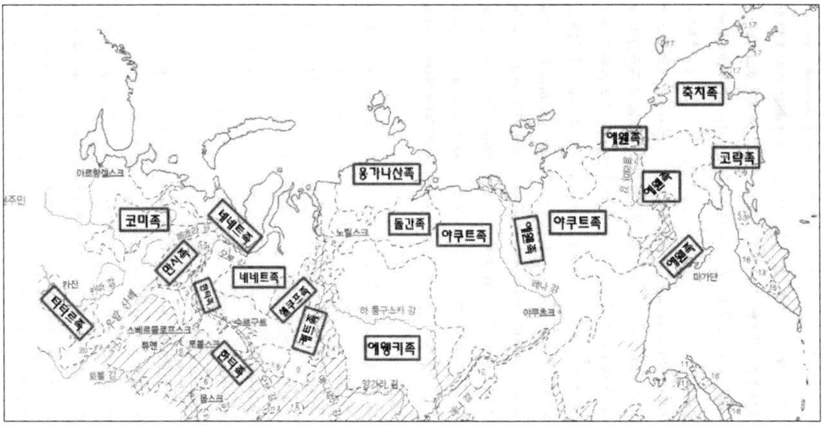

III. 러시아 북극지방의 각 정치주체 내의 특이 소수민족[9]

1 북서지역

1) 무르만스크주

▪ 코미인: 주로 백해 남동쪽의 페초라 강과 비체그다 강 유역에 살고 있는 종족으로 우랄어족의 핀우고르어 계열의 페름어를 사용한다. 코미 공화국에 사는 코미지리안족, 코미페르먀크 자치관구 남쪽에 사는 코미 페르먀크족, 코미페르먀크 자치관구 동쪽과 코미 공화국 남부에 사는

8 제임스 포사이스 저, 정재겸 역, *op. cit.* 385쪽의 그림 재구성.

9 소수민족의 정의는 여러 가지 기준에 의해 다양하게 나타나고 있다. 일례로 러시아 연방 법령의 인구수로 구분되는 소수민족의 정의는 5만 명 이하의 종족이다. 그러나 이 글에서는 소수민족, 특히 특이 소수민족을 해당 정치주체 인구구성비에 있어 내략 5% 이하 수준(야쿠트족과 같은 예외적인 사항도 있음)을 이루며 자신들의 고유한 언어 또는 민속을 유지 또는 보존 하고 있는 민족으로 한정하고자 한다. 물론 그 중에는 고유 언어와 민속이 소멸되거나 그 과정에 놓여 있는 상황도 있을 수 있다. 하지만 이글의 취지는 북극지역에 살고 있는 일반인에게는 다소 생소한 민족의 소개에 있기 때문에 가능한 한 많은 민족을 다루어 보고자 한다. 아울러 이글은 추후 학술적 연구의 기초자료 상태로 백과사전(브리태니커, 위키피디아, 엔사이버 사전 등)의 내용을 일체 가공한 상태임을 밝혀 둔다.

코미인,
출처: http://kcm.kr/mio_image/4562a1e8e4a2e1beb1dbb1fb2cbdbbc1.jpg

코미야주아족 등 3개 집단으로 구성되어 있다. 이들의 경제활동은 북쪽 지역(북극권의 보르쿠타 지역에 있는 탄광촌을 포함)의 순록사육·사냥·어로·제재업에서부터 남쪽 지역의 농업·공업·광업에까지 다양하다. 코미족은 14세기부터 명목상 러시아 정교를 믿고 있다. 극심한 추위, 왕래가 자유롭지 못한 지리적 위치 때문에 제2차 세계대전 때까지 고립되어 있었다. 최근 들어 코미인은 다른 집단과의 결혼을 통해 서로 동화되어가고 있는데, 특히 젊은 세대들이 러시아 문화의 영향을 많이 받고 있다.

■ 사미인: 북유럽의 북극권 지방에서 바이킹 시대 전부터 살아오던 전통 토착민들을 일컫는다. 사미인은 주로 노르웨이, 스웨덴, 핀란드 북부 지역에 거주하고 있으며, 소수의 사미인이 러시아의 콜라(kola) 지역에 거주하고 있다. 사미인은 사미(sami)라는 언어를 사용하고 있다. 사미족 언어는 동부 사미족, 중부 사미족, 남부 사미족 언어로 나누어져 있다. 그들은 옛 부터 주로 낚시와 순록들을 기르며 생활을 해왔다. 사미인은 북유럽 북부에 살면서도 북유럽 사람들과는 다르게 검은 머리에 검은 눈동자를 가지고 있어서 외모가 동양인과 흡사한 것이 특징이기 때문에, 그들이 초기에 동양에서 이동해왔을 거라는 추측이 강하게 제기되고 있다. 현재는 혼혈이 많이 되어 러시아인과 사미인을 외모로 구분하는 것은 매우 어려운 일이다.

사미인
출처:http://photo-media.daum-img.net/200912/19/yonhap/20091219083139045.jpg

마리인,
출처: http://img0.liveinternet.ru/images/attach/b/1/2070/2070715_morko_kundem.jpg

▪ 마리인: 볼가 강 중류의 마리 자치공화국에 주로 사는 유럽인종이다. 마리인(Mari)들은 핀우고르어족에 속한 말을 쓴다. 1980년대에 인구 약 62만 명이었다. 인근 지역과 바슈카리야 공화국에도 11만 명가량이 살고 있다. 마리는 그들 자신이 사용하는 이름이며 서구인들과 구(舊)러시아인들은 체레미스족(Cheremis)이라고 불렀다. 1236년 타타르족과 접촉하면서 마리족과 추바쉬족이 그동안 맺어온 돈독한 관계에 변화가 있었지만, 이들은 700년경부터 준(準)공생관계를 맺어왔다. 타타르의 영향력은 1552년까지 계속되었으며 그 뒤에는 차츰 모스크바의 영향을 받게 되었다. 17세기부터 러시아 문화에 동화되기 시작하여 급격한 사회적 · 경제적 변화의 징후가 나타나자 강력한 마리 민족주의운동이 일어났다. 오늘날 마리족의 지역 집단은 집단농장인 콜호스 형태를 취하고 있다. 농업(곡물과 아마 재배)을 주로 하며 낙농업과 가축사육을 겸하고 있다. 마리 공화국의 수도인 요슈카루올라에는 축산학 · 임학 · 광학 · 제지법 등을 가르치는 학교가 여러 곳 있다. 마리족은 목각, 돌조각, 자수 솜씨가 뛰어나다.

2) 카렐리야 공화국

▪ 카리알라인: 카리알라인은 핀우그리아어파 언어인 카리알라어를 쓰는 민족으로 오늘날 러시아의 카렐리야 공화국과 핀란드 동부에 약 75만 명이 살고 있다. 기원전 4000년 경 같은 계통의 여러 민족과 함께 볼가 중류 지방에서 핀란드 · 카리알라 · 발트지역에 이르고, 7세기 무렵에 현재의 카리알라에 정착하였다. 12세기 핀란드가 스웨덴에, 카리알라가 러시아의 노브고로드 공국에 점령되어, 이후 카리알라는 양국 사이 분쟁의

카리알라인
출처: home.onego.ru/~losk/foto/ok_kig.jpg

땅이 되었다. 1323년 '페헤키네사리 화의'에 따라 카리알라의 땅은 동서로 갈라졌으나, 북방 전쟁 결과 러시아령이 되었다(1721). 그러나 핀란드 대공국 시대에, 핀란드를 러시아가 지배해, 다시 카리알라 서부는 대공국에 속하게 되었다(1811). 러시아 혁명과 핀란드 독립 때의 내전에서 제2차 세계 대전에 이르는 엄청난 유혈을 거쳐 현재 카리알라 땅의 대부분은 러시아 연방의 1개 공화국(카렐리야 공화국)을 형성하고 있다. 카리알라어는 핀란드어와 밀접한 관계를 가지고 있고 핀란드의 언어학자들은 핀란드어의 방언으로 간주한다. 하지만 동카리알라에서 쓰이는 카리알라어는 독립된 언어로 인정된다. 카리알라인의 다수(특히 러시아령 카렐리야에서)는 러시아 정교 신자이며, 카리알라의 문화와 언어는 핀란드의 민족주의 운동인 펜노만 운동에 큰 영향을 끼쳤다.

▪ 라프인: 스칸디나비아 반도 북부에서 핀란드 북부, 러시아연방령 콜라반도에 걸쳐서 주로 거주하고 있다. 이들은 스스로를 사미(Sami)라고 부르기도 한다. 정확한 인구는 알 수 없지만 노르웨이에 약 2만 500명, 스웨덴에 약 1만 7,000명, 핀란드에 약 6,000명, 러시아연방에 약 2,000명 등 전체 5만~7만 명 정도로 추정하고 있다. 그들의 조상은 볼가 강 유역에서 서진(西進)했고, BC 1,000년경 핀인(人)과 에스토니아인으로 나뉘어서 북진하여 스칸디나비아 반도에서 현재의 핀란드 전역에 걸친 지역에 분산되었다고 한다. 그 후 AD 100년경부터 핀인·스웨덴인·노르웨이인 등의 북상(北上)으로 인하여 그들의 지배를 받게 됨과 동시에, 핀란드에서는 19세기까지 북변(北邊)을 제외하고는 전 지역에서 핀인에 동화되거나 아니면 쫓겨나고 말았다. 라프족은 스칸디나비아에 이주해 온 당시부

라프인
출처: www.historyfish.net/.../eu_lapp_family_100.jpg

터 수렵과 어업을 주요 생업으로 삼아왔으나, 거주지역의 차이 때문에 산악라프 · 삼림라프 · 해안라프 등 3개의 그룹으로 크게 나뉜다. 산악라프는 내륙 산악지대에 거주하며, 소수의 순록(토나카이)을 썰매 견인용으로 기르면서 수렵을 주생업으로 하는 사람들이었다. 라프족의 물질문화는 주변 북유럽인들의 영향이 크지만 이동에 적합한 원뿔형 친막, 방한용으로서 벽을 진흙으로 굳힌 주거 등은 시베리아 등 다른 한랭지의 수렵민과도 공통되는 것이다. 또한 빨강 · 파랑 등 원색을 사용하여 두꺼운 모직물로 만든 옷은 라프 특유의 것이다. 기계문명이 침투해 들어온 제2차 세계대전 후 자동차와 설상차(雪上車)의 보급으로 순록썰매가 자취를 감췄으며, 근대적인 마을이나 도시에 거주하는 사람이 크게 늘어나는 등 많이 변모했다.

3). 아르항겔스크주

앞의 [표 1]에서 알 수 있듯이 이 지역의 특이 소수민족으로는 네네츠인 등이 있으며, 네네츠인의 경우 야말로-네네츠 자치구에 상대적으로 더 많은 수가 거주하고 있으므로 해당지역에서 소개하고자 한다.

2. 우랄지역

1) 야밀로-네네츠 자치구

▪ 네네츠인: 네네츠인 (러시아어: Ненцы, 가끔은 사모예드족, 유기기르족으로도 불림)은 네네츠 자치구에 거주한다. 사모예드어파에 속해 있다. 언어는 러시아어와 네네츠어를 병행하여 사용하며, 이들의 종교 역시

네네츠
출처: http://upload.wikimedia.org/wikipedia/commons/thumb/3/32/Nenets_Child.jpg/250px-Nenets_Child.jpg

러시아정교와 샤머니즘이 상존하고 있다. 주로 북극해의 콜라 반도에서 타이미르 반도까지 거주한다. 기원전 1000년에 네네츠족들은 시베리아남쪽에서 이주를 했다. 2002년 조사에 의하면 러시아에 4만1,302명의 네네츠인들이 거주하고, 2만 7,000명의 사람들이 야말로네네츠 자치구에 거주한다. 네네츠어를 사용한다. 때때로 네넷으로 불리기도 하는데 아마도 어미 '츠'가 복수를 뜻하기 때문이다. 사모예드(Samoyeds)라는 말은 여러 사람을 통칭할 때 쓰는데 네네츠, 에네츠족, 셀쿠프족, 응가나산족를 가리키는 말이다. 네네츠는 사모예드 사람의 일부를 말한다.

▪ 타타르인: 타타르인은 서(西)투르크메니스탄을 제외한 중앙아시아의 투르크계 주민의 총칭으로 13세기 몽골 서정군(西征軍)을 따라온 투르크족의 자손과 불가리아 · 핀 · 카자흐인 등의 사이에서 태어난 혼혈인들이다. 인구수는 약 1백만 명, 언어는 투르크어, 종교는 이슬람교이다. 교사 · 선교사 · 상인이 많고, 대부분 도시생활을 하고 있다. 타타르인이라는 명칭은 핀 · 사모예드 · 몽골인 등과 혼혈한 시베리아 원주민 투르크족에게도 확대, 적용되어 북방 투르크계 주민은 모두 타타르인으로 불려지게 되었다. 1917년 러시아혁명 때 일본을 거쳐 터키로 이주한 타타르인도 많다.

▪ 한티인: 한티인(러시아어: Ханты/ ханти, 가끔은 한데인(хандэ), 칸테크인(кантэк), 오스탸크인(остяки))은 서시베리아 북부에 거주하는 민족이다. 인구는 2만 8,678명(2002년의 조사)이다. 한티어는 만시어와 헝가리어와 마찬가지로, 핀우그리아어파에 속한 언어이다.

러시아연방 튜멘주 한티만시 자치구를 중심으로 오브 강 · 이르티슈 강 유역에 주로 분포해 있다. 오스타크족이라는 이름으로 알려져 있기도 하다. 언어는 우랄어족 피노-우그리아어군의 우그리아어에 속하며, 서쪽의 만시족(보굴족)과 함께 오브우그리아라 불린다. 예전에는 우랄산맥 서쪽에도 분포해 있었으나, 러시아인과 핀계 여러 민족의 압박을 받아 지금 장소(야말로-네네츠 자치구)로 옮겨 왔다. 13세기부터 16세기에 걸쳐, 그 남부가 몽골제국과 시비르한국의 지배를 받았는데, 이 시대의 영향이 아직도 관습법 등에 남아 있다. 16세기말 시비르한국의 멸망과 더불어 러시아의 지배를 받게 되었다. 방언에 따라 북부(오브 상 하류지역), 동부(오브 강 중류지역), 남부(이르티강유역)의 3군(群)으로 나뉜다. 생업은 남부는 농경, 북부 툰드라 인접 지역에서는 순록 사육이 행해지며, 대부분 삼림지대에서 수렵·어업활동을 하고 있다. 신앙은 옛 시대의 양상을 잘 유지하고 있으며, 특히 구전문학이 풍부한 것으로 유명하다.

한티인
출처: arcticcircle.uconn.edu/NatResour...ets.html

■ 바슈키르인: 러시아연방에 살고 있는 터키계 민족 중의 하나로, 인구 약 98만(1997)명 정도로 추정된다. 주로 러시아연방의 바슈코르토스탄 공화국을 중심으로 우랄산맥 남동부에서 볼가 강의 초원지대에 걸쳐 살고 있다. 13~15세기 몽골의 킵차크 한국(汗國)의 통치 아래 현재 사는 지역에 정착했다. 그 뒤 1919년 소련 최초의 자치공화국으로 바슈키르 자

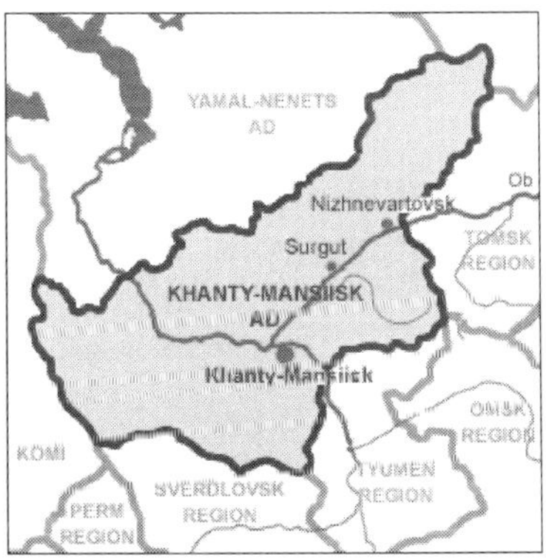

한티-만스크,
출처: www.usrbc.org/russianregions/rus..._list/60

치공화국이 건설되었다. 다른 터키족처럼 이들은 원래 초원유목민이었으며, 펠트로 만든 천막을 주거로 이동 생활을 했다. 그러나 17~19세기 러시아인의 식민지화 압력으로 유목생활을 포기하고 정주, 농업과 목축업을 겸하게 되었고 보조적으로 유목활동을 영위하고 있다. 가축은 말과 양이 중심이다. 바슈키르인이 방목하는 말의 한 품종인 바슈키르(파슈키르)종은 작지만 튼튼하여 초원 생활에 적합하다. 말은 농경·운반·승마에 사용되며, 또한·가죽옷의 재료와 식량 확보를 위해 양을 기르기도 한다. 주요 종교는 수니파 이슬람교와 러시아 정교이며, 언어는 킵차크파의 바슈키르어를 사용한다.

3. 시베리아지역

1) 타이미르(돌가노-네네츠)자치구

▪ 돌간족: 주로 타이미르 자치구와 크라스노야르스크 크라이에 거주하는 투르크계 민족으로 2002년의 조사에서 돌간인은 7,261명인데, 이중 5,517명이 타이미르 자치구에 거주하고 있다. 언어학자들에 의하면 돌간인들의 언어인 돌간어가 야쿠트어 방언의 일종이라 한다. 돌간인들은 19세기~20세기초반에 동일적으로 예벤키인, 야쿠트인, 예네츠인과 일부 툰드라지대와 레나 강, 올레뇨크 강에서 주로 농사로 생계를 이어왔다. 기원적으로 유지해오던 순록 유목이나 목축, 수렵 활동도 지속해 오다 소비에트 시절에 비로소 정주를 완료했다. 현재 돌간인들의 대부분은 러시아 정교회를 믿고 있다.

돌간인, 출처: www.narodsevera.ru/krasn/narod

▪ 응가나산족: 사모예드족의 북방계에 속하는 민족으로 타브기족이라고도 한다. 북서 시베리아의 타

응가나산인, 출처:homehearth.us/mobile.html

이미르 반도에 사는 토나카이 유목민으로, 서부의 아밤과 동부의 바데예프의 2개의 군으로 이루어져 있다. 언어는 우랄어족의 사모예드어파에 속하는 응가나산어를 사용하며, 문자는 키릴 문자를 사용한다. 응가나산어는 주로 크라스노야르스크 크라이에서 사용되고 있다.

4. 극동지역

1) 사하(야쿠티야)공화국

야쿠트인
출처: www.amoeba.com/blog/2008/02/eric...on-.html

■ 야쿠트족: 레나 강 중류, 오레크마강의 하류 등 동시베리아의 타이가와 툰드라 지대에 주로 거주하고 있다. 언어는 알타이어족의 하나인 터키어에 속하며, 야쿠티아 공화국의 주종족이다. 타민족, 특히 몽골계와 아리아계와의 혼교가 현저하다. 일반적으로 중키에 눈은 검고 크며 코는 매부리코가 많다. 모발은 검고 뻣뻣하며 안면에는 수염이 거의 나지 않는다. 17세기까지는 밀 사육민이라 불리는 유목민이었으나, 그 뒤 주요가축이 소로 바뀌었고 점차로 연 2회 여름과 겨울에 축사를 옮기는 정도의 정착하를 시작하였다. 신이 말을 창조하고 말에서 반마반인(半馬半人)이 태어나 그로부터 인간이 탄생하였다고 하는 신화로 인해 말제사를 지내는 등

말과의 관계가 특별하다. 북극지역의 에벤티족과 같이 순록을 사육하며, 목축에 이어 어로와 수렵도 행하고 있다. 19세기 러시아인들에 의해 농경이 널리 퍼지게 되었으며 주요 작물은 보리와 밀이다.

■ 에벤키족: 에벤키 족(러시아어: Эвенки) 또는 어원커 족(중국어: 鄂温克族)은 시베리아와 중국 북부에 사는 민족이다. 러시아에서는 한때 오로첸족과 함께 퉁구스(Tungus)로 불렸는데, 이는 야쿠트족 말로 타타르족을 이르는 말이다. 예전에는 종족 명칭으로서 퉁구스(Tungus) 외에, 어룬춘(Orochon/Oroqen), 비랄(Birar/birachen), 마네길(Manegir/ manjagir), 솔론(solon) 등 여러 부족의 호칭이 있었으나, 현재는 예벤키(Evenki)를 공식 명칭으로 한다. 예벤키(Evenki)는 '어웡키'[əwəŋki]의 러시아어식 발음을 따른 것으로 간주되며, 러시아에서는 러시아어화 된 발음을 따라 종족의 자칭을 하는 경우도 드물지 않다. 본래 바이칼호(Baikal) 인근에서 발원하여 현재 시베리아와 중국 동북지구 북부에 분포하는 소수 민족으로 인종적으로는 북방 몽골로이드 인종으로서 중간 키에 황백색 피부, 흑색 직모가 특징이다. 고유어는 예벤키어로 알타이어족 퉁구스어군 북방계에 속한다.

에벤키족의 분포 지역은 동쪽은 태평양 오호츠크 해(Okhotsk) 연안, 서쪽은 오비 강(Ob)과 이르티슈 강(Irtysh)에 이르는 광범위한 지역으로 시베리아 면적의 약 70%에 해당되며, 예니세이 강(Enisei) 동쪽의 동시베리아(Siberia) 전역과 중국 동북지구 북부, 몽골 북부, 연해주, 사할린 북부 등에 거주하는데 생업 형태와 거주 지역에 따라 크게 남·북 예벤키로 구분한다.

에벤키인
출처:www.ethnomuseum.ru/gallery24/381..._632.htm

남부는 바이칼 호 동쪽, 중국 및 몽골의 북동부 지역에서 소와 말의 목축과 농업에 종사하며 상대적으로 안정되어 있다. 북부는 수렵과 순록 사육을 하며 사육한 순록은 운송 수단으로 이용하며, 식량은 주로 수렵과 어로에 의존한다. 수렵 대상은 주로 야생 순록, 고라니, 노루, 곰 등이며, 모피 교역을 위해 담비와 다람쥐 등을 사냥한다.

전통적으로 부계 씨족 사회로서 동일 씨족의 결혼은 금지되었는데, 17세기 러시아인과 접촉 이후 새로운 사냥터, 유목지를 찾기 위한 이동과 러시아인, 중국인 등의 영향으로 19세기에는 혼인 규정을 제외하고는 씨족 조직은 대부분의 기능이 상실되었다. 샤머니즘(shamanism), 정령숭배, 토테미즘(totemism) 등의 종교관이 있다. 샤먼(shaman)은 여러 개의 가죽끈, 종, 방울, 구슬, 금속판 등으로 장식한 의상을 걸치고 순록 가죽의 북을 쳐서 정령(精靈)과 교신하며 치료와 예언 등을 하였고, 토테미즘으로는 수렵의 성공을 기원하는 곰 축제를 중시하였다.

2) 추코트카 자치구

축치인

출처: www.raipon.org/%25D0%259D%25D0%2...ult.aspx

■ 축지족: 시베리아북동부의 축치 반도에 사는 민족으로 총인구는 대략 1만 6,000명(1989년 기준)이고, 인구의 약 70% 정도가 축치어를 사용하며 문자는 키릴문자를 사용한다. 축치인은 주로 순록을 목축으로 사는 토나카이축치와, 해안에 거주하면서 어로나 바다표범 등의 수렵으로 사는 해안축치로 나눌 수 있다. 토나카이축치는 원래 야랑가로 불리는 텐트에 살았고 순록 유목으로 살고 있었지만, 소비에트 연방 시대에는 정주 정책에 의해 정주 생활을 보내고 있었다. 그러나 현재는 적지 않은 수의 축치인이 유목 생활로 되돌아가고 있다. 축치인의 대부분은 축치 자치구 내에 살지만, 서쪽의 사하 공화국, 남쪽의 마가단 주, 남동의 코랴크 자치구에도 소수가 살고 있다.

추바시인
출처: www.chuvsu.ru/culture/hudmuz/cos...me/1.htm

■ 추바시족 : 추바시 공화국에 거주하는 터키계 민족으로 1989년 소비에트 연방의 조사에서 추바시인은 184만 3,300명을 차지하고 90만 7,000명(70%)이 추바시 공화국에 산다. 추바시인은 3개의 그룹으로 나뉜다. 베르흐니예추바시인(верхние чуваши)은 추바시 공화국의 북쪽과 북동쪽에 거주한다. 루고비예추바시인(луговые чуваши)은 추바시 공화국의 체복사리와 남서쪽에 거주한다. 니즈니예추바시인(нижние чуваши)은 추바시 공화국의 남쪽에 다른 지역에 거주한다. 추바시족의 사용 언어는 추바시어이다. 추바시어는 니조보이 방언과 베르호보이 방언 등 2개의 방언이 있다.

에스키모인, 출처: fiatlux.egloos.com/2786807

■ 에스키모족 : 에스키모는 북극 지방 중에서 스칸디나비아를 제외한 러시아의 동쪽 지방에 사는 민족들을 일컫는 말이다. 크게는 북부 알래스카, 캐나다, 그린란드에 사는 이누이트와 서부 알래스카, 극동부 러시아에 사는 유픽족으로 나눌 수 있다. 에스키모의 혈통은 알류트족과 가깝다. '이누이트'라는 말은 종종 에스키모와 동의어로 잘못 쓰이기도 한다. 미국의 알래스카 주에서는 '에스키모'라는 말을 극지방 사람들을 일반적으로 부르는 말로 쓴다. 예를 들어 알래스카에서 사는 유픽족은 '유픽'으로 불리고 '에스키모'

라고 불리는 것을 거부하지 않지만, '이누이트'라고 불리는 것은 차별로 받아들인다. 동쪽 지방의 에스키모인 이누이트는 이눅티투트를, 서쪽 지방의 유픽족은 유픽어를 쓴다. 하지만 북극 지방 일대에는 방언 연속체가 형성되어 있어서 가운데 지방, 알래스카의 이눅티투트어는 유픽어로도 볼 수도 있다. 이누이트들은 이종, 고종 사촌과 같이 사는 데에 비해 유픽족은 아버지 쪽 위주의 가정을 가진다.

IV. 북극권 개발과 소수민족문제: 네네츠인의 사례를 중심으로

이미 알려진 바와 같이 북극지역에는 세계 화석연료의 약 4분의 1이 매장되어 있을 뿐 아니라 다량의 수산자원과 고부가가치 광물이 내재하고 있다. 동시에 최근 들어 급속도로 진행되고 있는 빙하의 해빙과 유빙 사태는 이들 자원의 개발과 새로운 항로의 개척활동을 더욱 용이하게 만들어 주고 있다[10]. 북극지역의 개발은 이 지역에 거주하고 있는 원주민인 소수민족의 생활공간과 양식에 커다란 변화를 주고 있다.

러시아의 서쪽 북단지역에 위치하고 있으며 냉전시대 동안 전략적 요충지로 각광받던 부동항 무르만스크는 냉전시대의 종말과 체제전환 이후의 여러 해에 걸친 불경기로 인해 중앙정부와 국제사회의 관심으로부터 멀어져 갔다. 그러나 최근 들어 다시 한 번 무르만스크 지역에 대한 관심이 증폭됨과 동시에 급격한 발전이 이루어지고 있다. 무르만스크와 가까운

10. 2010년 8월 12일 연합뉴스는 1962년 이래 최대의 빙붕(길이 30㎞, 너비 10㎞로 뉴욕 맨해튼의 네 배에 해당)이 그린란드 2대 빙하 가운데 하나인 페테르만 빙하에서 떨어져 나왔다는 소식을 전했다. 이 빙붕은 약 2년 동안 북극해를 떠다닐 것으로 예상되고 있다(http://www.yonhapnews.co.kr/). 한편 같은 해 6월 26일자 조선일보 인터넷뉴스는 쇄빙선 아라온 호의 북극항로 개척 시험운항에 대한 기사를 통해 지구 온난화의 결과로 빙하가 녹아내리면서 예상보다 빨리 북극항로가 동아시아와 유럽을 잇는 새로운 뱃길로 떠오르고 있다는 소식을 전하고 있다. 우리나라의 경우 기존 수에즈 항로 대신 북극항로를 이용할 경우 약 40%의 거리와 시간을 단축할 수 있다고 한다(http://news.chosun.com/083.html?Dep1=news&Dep2=headline1&Dep3=h1_11).

지역에 위치한 바렌츠 해의 슈토크만(Shtokman)이라는 엄청난 양의 원유와 가스매장지가 위치하고 있기 때문이다[11]. 이로 인해 무르만스크 시에서는 정기적으로 해마다 석유와 가스관련 국제회의를 개최하고 있다.

[그림 2] 무르만스크 지역 스토크만 필드 유전개발지역[12]

스토크만 가스전은 러시아 국영가스회사인 가즈프롬이 개발을 주관하고 있다.

러시아 유일의 가스 수출사로 대부분의 가스를 북극해로부터 공급을 받고 있는 가즈프롬은 자원 국가주의 성향과 욕구가 강력한 러시아 정치와 경제의 실력자 푸틴총리의 영향을 크게 받고 있다[13]. 러시아 북극지역

11 슈토크만 가스전은 가스 매장량은 러시아 전체 생산량의 5-6년 치에 해당(추정치: 3조 8천억 평방미터)한다. 러시아 북부 해안에서 약 600㎞ 떨어진 이 가스전은 수심 350m의 북극 심해에 위치하고 있을 뿐 아니라 빙산의 위협에도 상시 노출되어 있어 세계에서 개발이 어려운 가스전 중 하나이다. 러시아 2010년 8월 26일에도 스토크만 가스전 개발과 관련된 SDAG(Shtokman Development AG) 회의가 개최되었다(http://www.shtokman.ru/).

12 EBS 다큐프라임(http://home.ebs.co.kr/docuprime/). “북극열전 6부 영토분쟁의 서곡” (2010년 3월 3일 방영)

13 러시아가 자원을 국내에서나 국제적으로 정치, 경제적 목표를 달성하기 위한

에서의 가스와 원유개발로 인한 원주민과 원유회사, 더 나아가 정부와의 싸움은 수년 간 전개되어 오고 있다.

이 지역에 거주([그림 3] 참조)하고 있는 약 5만 명 정도의 네네츠인도 이러한 투쟁과정 속에 놓여있다. 위에서 언급한 바와 같이 네네츠인들은 오랜 세월동안 툰드라 지역에 거주하며 순록유목을 주업으로 하여 살아 왔다.

[그림 3] 네네츠인 거주지역[14]

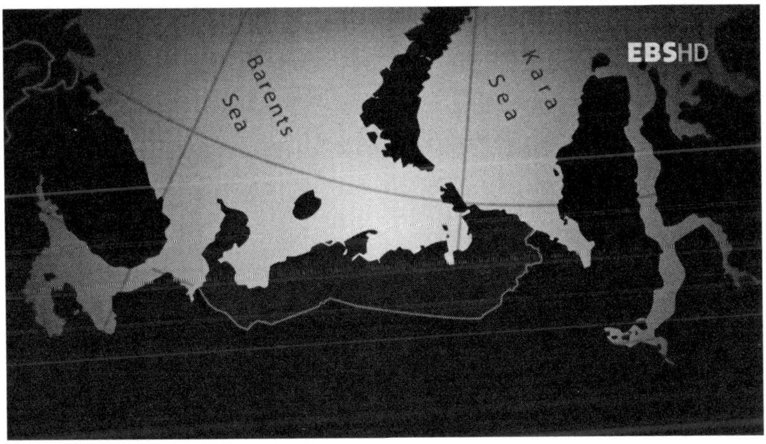

1877년 노바야제물랴섬의 자국 영토 주장을 목적으로 제정러시아는 북극지역에 넓게 산재하며 순록의 먹이를 위해 철을 따라 이동하던 네네츠인을 이 섬에 전략적으로 정착시키기 시작했으며, 결국 소비에트시절 네네츠인들은 소련공산당의 통제 하에 노바야제믈랴섬을 거점으로 하여 순록목축을 영위해 나갔다. 그러나 노바야제물랴섬은 냉전시대의 제물이 되어야만했다. 소비에트연방은 총 224개의 핵폭단을 이 섬에 투하했

도구로 사용하려한 사례는 많다. 유럽의 가스공급에 대한 통제와 2008년 러시아의 그루시야 침입사건 등을 통해 이를 확인할 수 있다.

14 EBS 다큐프라임(http://home.ebs.co.kr/docuprime/). "북극열전 6부 영토분쟁의 서곡"(2010년 3월 3일 방영)

[그림 4] 1955년 이후 네네츠인 거주지역인 나르얀 마르[15]

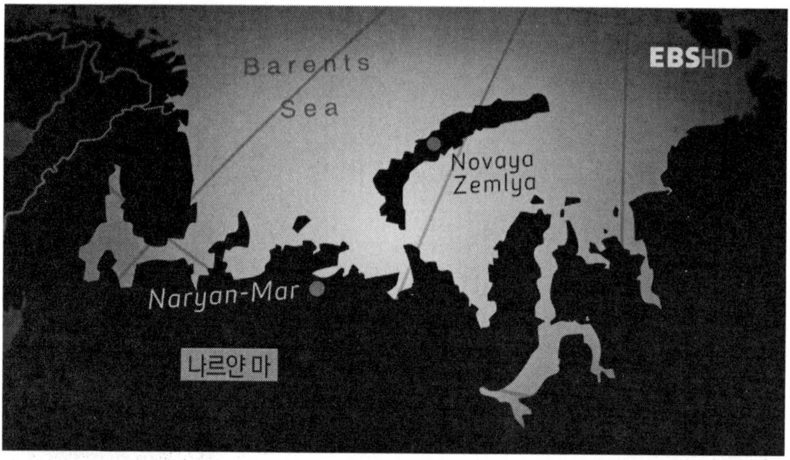

으며, 이에 따라 1955년에는 나르얀 마르지역([그림 4] 참조)으로의 네네츠인들의 강제이주가 실행되었다.

섬에서 툰드라지대의 대륙으로 이동한 네네츠인들은 민속공동체를 형성하여 순록을 목축했다. 이후 바렌츠 해에 인접한 네네츠인들의 거주지역에는 다시 한 번 큰 변화가 찾아왔다. 위에 적시한 바와 같이 가스와 원유개발이 주된 요인이 되었다. 그들의 순록 목초지는 가스와 원유개발로 인한 화염은 광활한 초지를 황폐화시켰다. 원유수송로와 가스 파이프선이 여기저기 깔리고 원유와 가스를 실은 운반차량이 줄을 이었을 뿐 아니라 거대한 구조물들이 건설되었다. 순록의 이주는 원유채굴작업으로 인해 방해 받았으며, 강과 초지는 원유로 인해 오염됐다.

이곳에 거주하고 있는 네네츠인들에게 가장 큰 피해를 입힌 사건은 1981년의 가스정 폭발사고이었다. 폭발로 인한 화재는 1년 넘게 지속되

15 EBS 다큐프라임(http://home.ebs.co.kr/docuprime/). "북극열전 6부 영토분쟁의 서곡"(2010년 3월 3일 방영)

[그림 5] 네네츠인 거주지역의 가스와 원유 개발지역[16]

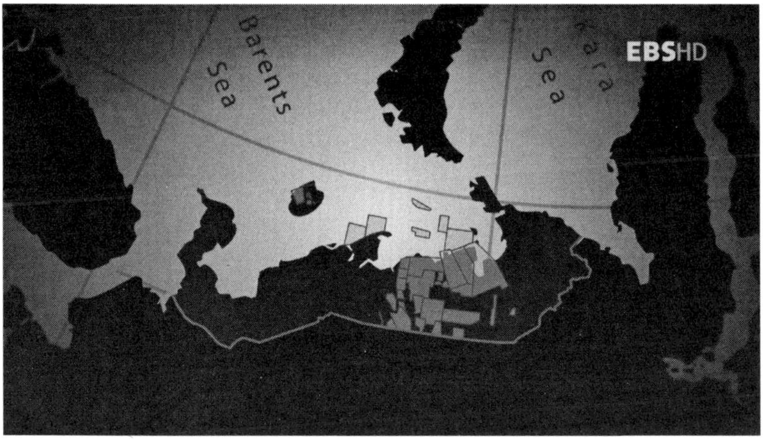

었으며 정부는 화재진압을 위한 핵폭발이라는 극단적 방법을 사용하였으나 불길을 잡을 수 없었다. 이 화재는 또 다른 대형 가스정을 굴착하는 것으로 진압할 수 있었다. 그러나 굴착 과정은 약 4년에 걸쳐 진행되었으며 결국 화재는 총 5년 동안 이어졌던 것이다. 이로 인해 순록목초지는 완전히 파괴되었으며 이 지역은 '자연보호구역'으로 지정되어 외부인들의 출입과 원주민들의 자유로운 이동이 금지되었다. 이후 이 지역의 관리는 러시아정부에게 이월됐다. 더욱 안타까운 점은 네네츠족 자치구의 행정당국은 원유생산과 관련된 이익과 이에 연관된 개발 주도권에 관심을 가지며 지역 내의 네네츠인들의 권익에 대해 소홀하거나 심지어는 네네츠인들의 권익에 반하여 러시아정부 또는 원유개발사의 주장에 동승하는 경우가 빈번하게 발생하였다. 이로 인한 피해는 결국 네네츠인들 자신에게 돌아갔으며, 결국 거주지를 버리고 타지역으로 이주하는 사례가 증가하였다. 이렇게 이 지역의 네네츠인들의 민속공동체는 와해되어 갔다.

16 EBS 다큐프라임(http://home.ebs.co.kr/docuprime/). "북극열전 6부 영토분쟁의 서곡" (2010년 3월 3일 방영)

V. 끝맺는 말

러시아연방공화국에 있어 다민족 구성으로 인한 문제는 단지 어제만의 일이 아니다. 오늘의 일인 동시에 내일의 문제이기도 하다. 제정시대부터 러시아 내에는 수많은 민족이 살아왔으며 오늘과 내일에도 이들은 한 영토 내에서 공존해야만 한다. 제정러시아시기의 대러시아인이라는 애국심과 민족주의가 소비에트시대에도 이어져 왔으며, 결국 소비에트정부는 다민족 국가를 연결하는 중심매체로 러시아인의 역사와 언어의 역할을 강조해 왔다. 이로 인해 수많은 소수민족의 언어, 종교, 민속문화 등이 변모, 축소 또는 소멸의 과정을 걸을 수밖에 없었다. 그렇다고 소수민족에 대한 중앙정부의 통제와 관리 또는 러시아화가 반드시 부정적이라는 의견에는 반론을 제기할 수도 있을 것이다.

실제로 고르바쵸프 이후 소비에트 시대의 소수민족 합병과정은 그 소수민족에 있어 '최악의 상황'은 아니었다라는 주장이 제기되고 있기도 하다. 더 나아가서 '최선의 상황'은 아니지만 일정부분(문명과 경제적인 측면)에 있어서는 분명히 '긍정적' 역할을 수행했다는 주장도 나올 수도 있다. 이러한 주장에 대한 경험은 식민 역사를 경험한 우리에게 있어서는 완전히 낯선 상황은 아니다. 그렇다고 러시아의 상황이 우리의 일제강점기와 동일하거나 유사하다고 주장하는 바는 아니다. 이질적인 문화나 문명이 접하거나 교차하는 곳에서는 문화의 갈등과 충돌 뿐 아니라, 문화의 보완이나 상호작용 등도 발생할 수 있다. 이 역시 전자가 후자보다 부정적이라는 의미는 아니다. 단지 개개의 한 문화에는 그 문화만의 보편성과 고유성, 즉 문화적 상대성과 특수성이 존재한다는 것을 주장하고자 하는 바이다. 다시 말해 우열을 다룰 수 있는 문명과 달리 문화는 주류의 것이든 비주류의 것이든 나름대로의 의미를 담고 있으며, 따라서 개별 문화자체는 그 문화의 구성원뿐 아니라 인류전체의 유산이 될 수 있다는 점을 적시하고 싶다.

지구온난화와 자원문제로 인해 북극권에 대한 관심이 증폭되고 있다. 그 결과로 우호적 국제공조 하의 친환경적 또는 그 정반대의 성격을 보유하였던 간에 이 지역에 대한 개발은 필연적으로 발생할 것으로 예상된다. 규모와 정도의 차이는 있겠지만 개발에 따른 갈등과 충돌 역시 필연적 사항이라 할 수 있을 것이다.

러시아북극권은 절대적 측면의 인구밀도는 낮다고 할 수 있다. 그러나 북극권 주변의 다른 지역과 비교해 보면 상대적 측면의 인구밀도는 결코 낮다고 할 수 없을 것이며, 민족의 수와 문화의 다양성 역시 높다. 이러한 다민족 또는 다문화 국가나 지역은 세계 도처에 산재해 있다. 그러나 러시아는 특별한 인류 역사단계를 체험하였으며, 그 역사적 유물은 오늘날에도 존재하고 있다. 앞의 네네츠 경우에서 보여 지는 것 같이 제정러시아 시대의 중앙정부의 간섭과 통제는 소비에트 시대를 거쳐 자본주의 시스템 하에서도 작동되고 있다. 그로 인해 하나의 민속공동체가 와해 상태에 있으며, 그를 기반으로 한 생활문화와 정신문화 등과 같은 고유의 민속문화 하나가 온전성을 상실하는 경우가 발생했다.

물론 러시아 북극권의 모든 소수민족에 있어 네네츠와 같은 동일한 과정이 전개되고 있는 것은 아니다. 지역과 민족별로 다양한 형태의 소수민족 문제가 발생하고 있을 것이다. 이에 대한 정확하고 면밀한 연구는 반드시 시행되어야만 할 것이다. 어제와 오늘이라는 시간대의 수직적 영향이 이전의 주된 역사전개과정이었다면, 현재는 수평적 영향이 세계화 추세를 타고 확산되고 있을 뿐 아니라 미래에는 그 정도가 더욱 심화될 것으로 추정해 볼 수 있을 것이다. 그렇기에 러시아의 사례가 러시아만의 문제로 그치지 않는다는 점에 유의할 필요가 있다

러시아 북극권 소수민족의 언어분포

김태진_배재대학교

1. 들어가기

러시아에는 약 195개의 다양한 민족[1]이 러시아 연방 전역에 분포되어 거주하고 있는 것으로 보인다. 그러나 자신의 민족성을 정하지 않은 사람들의 수가 약 150만 명이 있기 때문에 이들의 의사결정시 민족 수는 더 늘어날 수도 있는 개연성이 있다. 책상이 10개 있으면 의자도 10개가 있어야 하듯이 러시아에 195여 개의 민족이 존재한다면 그들이 사용하고 있는 언어역시 195여 개가 있어야 하는 것은 당연하겠지만 사실은 그렇지가 않다. 이 민족들이 사용하는 언어는 약 120여 개라고 한다. 민족수와 언어의 수가 비례한다고 오인하기 쉬운데, 실제로 하나의 민족이 여러 종류의 언어를 사용하는 경우나, 역사적인 이유로 인해 이미 소멸되었거나 소멸과정 중에 있어 사용되고 있지 않는 언어들이 있다.

한 지역에서 두 언어가 서로 부딪치게 되면 두 언어 사이에서 일종의 투쟁 같은 것이 발생되게 된다. 두 언어가 서로 다투는 과정에서 결국 하나의 언어는 남거나 사라질 수 있고, 어쩌면 두 언어가 서로 평화롭게 타협하여 함께 공존하는 길을 선택할 수도 있다. 소위 우리가 다언어사회라고 말하는 것은 이렇게 투쟁한 언어들이 함께 공존하는 사회라고 말할 수 있다. 일본 홋카이도와 러시아 사할린에서 아이누어가 점점 사라져가

1 러시아 연방 영토 내에 거주하고 있는 민족의 수는 통계적으로 차이가 있는 듯하다. 일부 자료에서는 160여 개의 민족으로 구분하고 있고(http://www.languages-study.com/demography/russia-languages.html), Нерознак(2002)은 약 180여개의 민족이 있는 것으로 보고 있다.(Языки народов России: Красная книга: Энциклопедический словарь-справочник [под ред. Нерознак В. П.] с. 372-375). 위키피디아 러시아 버전에 제시된 자료를 보면 195개의 민족이 존재하는 것으로 보인다(http://ru.wikipedia.org; Народы и этногруппы России по данным Всероссийской переписи 2002 г.).

는 것은 전자의 경우에 해당하는 현상이라고 말할 수 있지 않을까 한다. 심지어 쿠릴열도 지역의 아이누어 방언은 절멸한 상태이기도 하다. 이를 입증해 주는 좋은 예를 중국이나 일본으로 이민 간 교포들에게서 발견할 수 있다. 중국 연변에서 살고 있는 한국인들은 한국어를 아주 잘 지키고 있는 것에 비해 일본으로 이민 간 교포들은 한국어를 대부분 거의 다 잃어버린 상태다. 즉 중국어와 한국어의 싸움에서 한국어를 보존시켜 나간 것이고, 일본어와의 싸움에서는 지고만 것이라고 할 수 있다.

사회언어학적 측면에서 고려했을 때 어떤 공동체 사회의 언어가 지속적으로 사용될 수 있게 되면 이를 "언어의 보존"이라고 하고, 그 공동체의 언어를 버리고 다른 언어를 사용하게 되는 현상을 "언어의 전환"이라고 부른다. 그런데 만일 언어의 전환이후 이전에 사용되던 언어가 완전히 사라지게 되었다면 이를 "언어의 소멸"이라고 정의할 수 있다. 예를 들어, 러시아로 이민 간 교포들이 모두 다 한국어를 잊어버렸다 하더라도 한국어가 이 지상에서 없어진 것은 아직 아니므로 그것은 언어의 소멸이라고 할 수 없고, 만일 러시아 사할린 지역과 일본 홋카이도에서만 사용되고 있는 아이누어가 자취를 감춘다면 그것은 곧 이 지상에서 아이누어가 완전히 사라진다는 것을 뜻하므로 아이누어의 소멸이라고 할 수 있다.[2]

언어의 소멸 현상은 인간 언어의 특성으로 설명될 수 있는데, 역사성의 관점에서 언어는 생성, 변화 및 소멸의 과정을 되풀이 한다. 언어 소멸의 원인으로 여러 가지가 있을 수 있는데, 우선 해당 언어를 사용하던 사람들이 사라지는 것이다. 전쟁이라던가, 치명적인 질병 및 자연재해 등 언어를 사용하고 있던 사람들이 소위 "전멸"하게 되어 언어도 함께 사라지는 경우이고, 인구가 사라지는 것과는 아무런 상관없이 언어가 소멸되기도 하는데 이 경우는 하나의 언어 공동체가 다른 언어 공동체의 수직적 관계에 의한 것, 즉 지배집단과 피지배집단과의 사이에서 점진적으로 피지배집단이 지배집단으로 동화되고 융화되면서 피지배집단이 향유하

2 「언어공동연구」 언어의 생성과 소멸 http://speirs.co.kr/entry/언어-공동연구-언어의-생성과-소멸

고 있었던 언어뿐만 아니라 모든 문화적 요소들이 강제적 또는 반강제적으로 사라질 수 있는 개연성이 충분히 있다는 것이다. 일본의 아이누어가 이러한 과정을 겪은 대표적인 예라고 할 수 있다.

이러한 언어의 소멸은 세계 1/8이라는 거대한 땅을 소유한 러시아 내에서 사용되어지지 않고 있는 언어에 대한 그 원인을 간접적으로 설명해 주고 있다고 하겠다.

그러나 한편 러시아에서 사용되고 있는 120여개의 민족 언어 중에 일반 학교에서 학습되어지고 있는 언어는 약 80여개에 불과하다고 한다.[3] 1985년에 44여개의 언어만이 학습되어진 것에 비하면 러시아 정부의 소수언어에 대한 관심은 비교적 높아졌다고 보인다. 일반 학교에서 학습되어지고 있는 최소 80여 개의 언어는 "언어의 보존"이라는 현상을 당분간 지켜나갈 수 있을 것이지만, 그렇지 않은 나머지 언어들은 이미 소멸된 언어와 같이 "언어의 소멸"이라는 현상을 미리 경험하고 있지는 않나 하는 생각이 든다.

2. 러시아 소수민족의 인구 및 지리적 분포[4]

2.1. 러시아 소수민족의 인구

2009년 러시아국가통계청의 조사 결과에 따르면, 러시아의 총인구수는 2009년 141,900,000명[5]인 것으로 집계되었다. 하지만 2009년 자료임에도 불구하고 민족별 인구수에 대한 통계는 아직까지 2002년의 자료를 인용하고 있다. 2002년의 러시아 전체 인구수를 보면 145,166,731명[6]으로 2009년과 비교하자면 약 4,000,000만 명이 감소했고, 총인구 가운데

3 Шломо Громан, В россии насчитали 160 народов. (статья в интернете http://www.languages-study.com/demography/russia-languages.html)

4 본 장에서 언급되는 수치들은 러시아국가통계청(http://www.gks.ru)의 자료를 근거로 하였음.

5 http://www.gks.ru/free_doc/new_site/population/demo/demo11.htm

6 http://www.gks.ru/bgd/regl/b09_13/IssWWW.exe/Stg/html1/04-09.htm

러시아 인이 차지하는 비율은 80%이며, 나머지 20%가 러시아인을 제외한 기타 민족이 차지하고 있었다. 이 20%내에서 러시아 소수민족이 차지하는 비율은 더 줄어든다. 러시아 인을 제외한 민족에 대하여 개괄해 보자면 다음과 같다.

[표 1] 러시아인을 제외한 민족의 인구

인구수	민족	민족 수	20%
500만 명 이상	타타르	1개	3.8%
200~500만 이하	우크라이나	1개	2%
100~200만 이하	바쉬키르, 추바, 체첸, 아르마니아	4개	3.9%
40~100만 이하	몰도바, 백러시아, 아바르, 야쿠트, 레즈긴 등	16개	6.8%
10만~40만 이하	고미, 고려인, 유태인, 카작 등	17개	2.48%
5~10만 이하	알타이, 폴란드, 하카시아, 터키 등	10개	0.54%
5만 이하	에벤키, 한티, 에벤, 축치, 돌간, 코략, 케트 등	145개	0.48%

출처: 러시아국가통계청 Российский статистический ежегодник - 2009г. (http://www.gks.ru/bgd/regl/b09_13/IssWWW.exe/Stg/html1/04-09.htm)

[차트 1] 인구수 별 민족 수

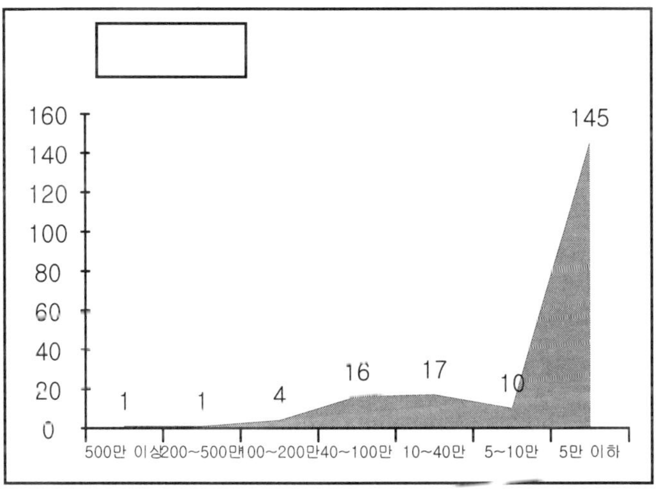

위 표와 차트에서 러시아의 인구수에 따른 민족의 수를 분석해보면 숫자상의 차이가 심화되고 있다는 것을 알 수 있다. 인구수별로 차지하는 민족의 수가 고르지 못하고 한쪽으로, 특히 5만 이하의 민족에 편중되어 있다는 것을 확인할 수 있다. 이 5만 이하의 민족은 러시아 전체 민족수의 약 75%에 해당된다. 민족수로는 압도적이지만 인구수로는 그렇지가 못하다. 전체 인구를 합친다 하더라도 0.5%조차도 안 된다. 이 사실은 5만 이하에 해당되는 대부분의 민족들의 인구수가 수천에 불과하다는 것을 말해주는 것인데, 실제로 약 80%인 112개의 민족이 10,000명 이하의 인구수를 보유하고 있다. 이 중 약 50%인 64개의 민족은 1,000명 이하에 불구하다. 가장 적은 인구수를 가지고 있는 민족은 кайтагц 민족과 Арнаут 민족으로 각 5명이 현존하고 있다.

2.2. 지리적 분포

현재 러시아 정부는 러시아를 7개의 연방구내 83개[7]의 행정구역으로 구분하고 있다. 중국의 경우 각 소수민족의 규모에 따라 자치구, 자치주, 자치현 등으로 나누어 행정자치권[8]을 부여하고 있는데, 러시아도 역시 일부 행정구역의 경우는 민족들의 규모에 따라 구분되어졌다. 러시아 21개 공화국의 경우 특정지역에 집단 거주하는 대규모 소수민족에 대한 자치권 인정과 부여로 구성이 되었다. 독자적인 헌법, 의회, 내각 및 자체 언어는 보유하지 못하고, 독립된 국가로서의 지위 역시 인정하지 않고 있다. 현실적으로 대규모 소수민족에게만 행정자치권을 부여하였기 때문에 소위 말하는 소규모 소수민족에게 자치권이 부여된 지역은 없다. 게다가 이들 소수민족들이 특정 지역에만 있는 것이 아니라 러시아 행정구역 전역에 걸쳐 거주하고 있기 때문에 소규모 소수민족에 따른 행정구역을 나누기는 불가능 하다. 이들은 러시아전역에서 다양한 지리적 분포를 이루고 있다

7 Регионы России. Основные характеристики субъектов Российской Федерации. официальное издание. 2009. ст. 5~14

8 전광진. 「중국 내 소수민족(55) 언어의 지리 분포와 유형학적 특질.」『중국문학연구』 제22집, 서울 : 한국중문학회, 2001, 350쪽.

[그림 1] 러시아 인구의 지리적 분포 현황

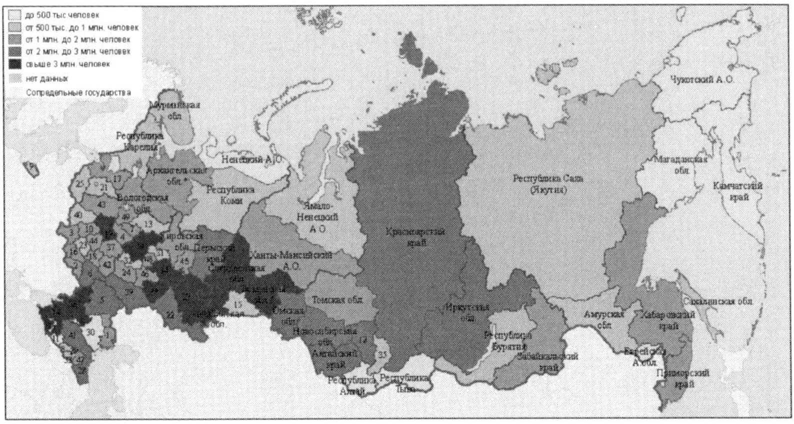

출처:http://www.gis.gks.ru/Rosstat/Default.aspx?host=localhost&doc=37386cfe_f1e3 427c_98fb_92f8 199d1bda

러시아 소수민족 인구의 지리적 분포는 [그림 1]에서 보는 바와 같이 러시아 연방 전역에 걸쳐 고루 분포되어 있다. 특히 중앙연방구내 모스크바시와 쁘리볼스크연방구 내 니쥐고로드 주, 타타르스탄 공화국, 사마르 주, 바쉬코르토스탄 공화국과 우랄연방구 내 첼랴빈스크 주, 스베르들롭스크 주, 튜멘 주, 그리고 남연방구내의 크라스노다르스크 주와 로스토프 주에 3백만 이상의 인구가 집중적으로 거주하고 있다. 이들 지역을 제외하고는 대체로 고루 분포되고 있는 것을 알 수 있는데 러시아 북극권의 경우는 크라스노야르스크 주에만 2백~3백만의 인구가 분포되어 있고, 그 외 북극권 지역은 백만 이하의 인구가 분포되어 있다. 이 가운데 네네츠 자치구와 추코크 자치구는 상대적으로 인구분포가 적다(50만 이하)는 것을 확인할 수 있다.

3. 러시아 소수민족의 언어분포

러시아 연방이라는 광활한 지역 내에 분포되어 있는 다양한 소수 민족들의 언어에 대한 관심과 연구는 러시아 지역학이라는 측면에서 기본적으로 다루어야 할 주제라고 본다. 190여개 이상의 민족이 거주하고 있는 다민족 다언어 사회라는 러시아의 특수성에 대한 이해는 러시아를 연구하는데 기본적인 것일 수 있다.

민족분포와 언어분포는 지리학적 측면에서 비례한다고 할 수 있을 듯하다. 그렇기 때문에 러시아 영토 내에서 사용되고 있는 언어들의 분포를 파악하기 위해서는 우선적으로 민족분포에 대한 확인이 선행되어야 한다고 본다. 러시아 연방 내에 거주하고 있는 소수민족들의 거주 지역을 구분한다면 크게 러시아 극지역, 북-유럽지역, 시베리아 지역, 극동지역으로 구분[9]할 수 있을 듯하다. 러시아의 극지역은 러시아의 북극권에해당되는 위도 66°33′이상의 지역이라고 할 수 있다. 그리고 시베리아 지역도 구체적으로 예니세이 강과 레나 강을 기점으로 동시베리아와 서시베리아, 그리고 극동지역으로 구분할 수 있다.

[그림 2] 러시아 지역 소수민족 분포 현황

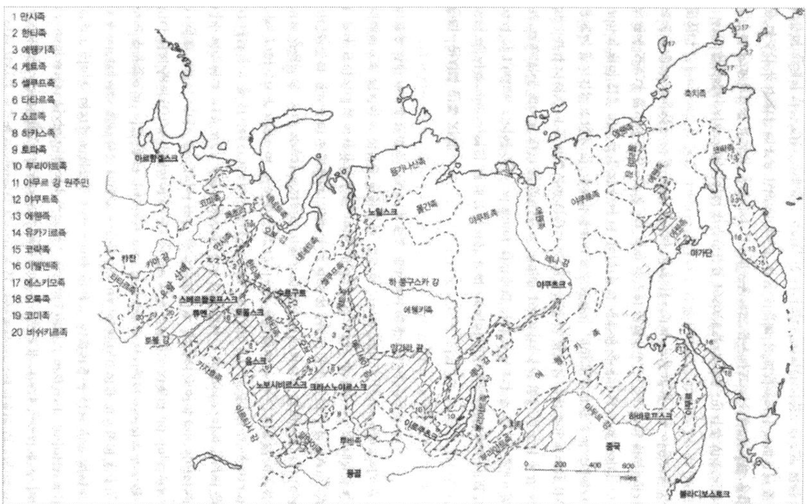

출처: Forsyth Janmes, *History of the peoples of Siberia*, (서울: 솔, 2009) p. 385.

9 거주 지역에 대한 구분은 구소련 시대 때는 카프카스 지역과, 중앙아시아 지역까지 포함시킬 수 있지만, 러시아 연방 내에서는 위 지역으로만 국한된다.

앞서 언급했지만 러시아 내에 거주하는 민족의 수가 대략 195개 정도로 추산되지만, 러시아 정부의 연방정부 법에 명시된 소수 민족의 정의[10]에서는 그 인구수가 5만 명 이하인 민족만이 소수민족으로 간주되기 때문에 위에서 이미 언급하였지만 이에 해당되는 민족 수는 145개[11]가 되는 것으로 집계되었다. 하지만 김용화[12]에 따르면 인구수 50,000명 이하가 되는 민족의 수를 63개로 언급하고 있는데, 본고에서 조사된 자료에 근거했을 때 상당한 차이가 있다. 만약 인구수 2,000~50,000명 이하(70개 민족)의 민족만을 고려했다면 사정은 다르지만 자료상 145개의 민족이 러시아 연방정부 법에 의해 인정되는 소수민족으로 볼 수 있을 것이다. 김용화가 제시하는 이들 63개의 소수민족이 사용하고 있는 민족어의 수는 54개라고 언급하고 있고, 민족어의 수가 적은 이유로 대부분의 이들 소수민족들이 자신들만의 고유한 민족어를 가지고 있지만, 일부 소수민족들이 자신들의 언어가 아닌 타 민족의 언어를 사용하고 있기 때문이라고 밝히고 있다. 이들 54개의 언어들은 각각 러시아 북-서유럽과 시베리아, 극동지역 및 북극권 지역에 고루 분포되어 있는 것으로 보인다.

러시아 전체 민족 수의 75% 가량의 민족이 인구 5만 명 이하라는 것은 약 35% 이상의 민족은 인구 5만 명 이상이라는 것을 반증하는 것이다. 이들 35% 가운데 인구수가 40만 명 이상인 민족은 다음의 약 23개 민족이다: 러시아인(1억 1,586만 9,000명), 타타르인(555만 8,000명), 우크라이나인(294만 3,000명), 바시키르인(167만 3,800명), 추바인(163만 7,000

10 "О гарантиях прав коренных малочисленных народов Российской Федерации" Федеральный закон от 30 апреля 1999 г. N. 82-ФЗ; "коренные малочисленные народы Российской Федерации (далее - малочисленные народы) - народы, проживающие на территориях традиционного расселения своих предков, сохраняющие традиционные образ жизни, хозяйствование и промыслы, насчитывающие в Российской Федерации менее 50 тысяч человек и осознающие себя самостоятельными этническими общностями."

11 위키피디아 러시아 버전에 제시된 민족 수 가운데 1,000명 이하의 인구수를 보유한 민족은 63개였고, 1,000~2,000명 사이는 12개였다. 2,000~50,000 이하의 인구를 보유한 민족의 수는 70개이다.

12 김용화, 백용식, 최성호, 「러시아 알타이 지역의 소수 민족어 문제 - 과거와 현재 -」『러시아어문학연구논집』 제33집, 서울 : 한국러시아문학회, 2010, 138-139쪽.

명), 체첸인(136만 1,000명), 아르메니아인(113만 명), 몰도바인(84만 4,500명), 벨라루스인(81만 4,740명), 아바르인(75만 7,100명), 카자흐스탄인(65만 5,100명), 우드무르트인(63만 6,900명), 아제르바이잔인(62만 1,500명), 마리인(60만 4,800명), 독일인(59만 7,100명), 카바르진민족(52만100 명), 오세티아인(51만 4,900명), 다르긴인(51만 200명), 부랴트인(44만 5,300명), 야쿠트인(44만 4,000명), 칼믜크인(42만 2,500명), 잉구시아인(41만1,800명), 레즈긴인(41만 1,600명). 이들 23개의 민족 가운데 야쿠트민족이 러시아 북극권에 속하는 민족이라고 볼 수 있으며, 나머지 민족들은 북극권을 제외한 러시아 전 지역에 고루 분포되어 있다. 소위 말하는 북극문화권은 아(亞)북극권까지 미치어 유라시아와 북아메리카의 북쪽 지역을 포함한다. 러시아 우랄 민족 중에 이 지역에 속하는 대표적인 소수민족으로는 랩, 지리아, 오스챡, 보굴 및 사모예드 족이 있다.

아래 [표 2]는 러시아 내에서 거주하고 있는 소수민족과 언어 그리고 분포지역과 함께 이들 가운데 러시아 북극권에서 거주하고 있는 민족을 제시하고 있다.

[표 2] 러시아 내 거주 소수민족과 언어분포지역[13]

민족	언어	어족	지역	비고
만시족 манси	만시어, 러시아어	우랄, 핀우그리아	튜멘 주, 한티-만시 자치관구, 야말로-네네츠 자치관구, 튜멘 주, 스베르들로프 주	북극권
바쉬키르족 башкиры	바쉬키르어, 러시아어	알타이, 투르크	바쉬코르토스탄, 첼랴빈스크 주, 아렌부르크 주, 페름 주, 스베르들로프 주, 한티-만시 자치관구, 쿠르간 주, 타타르스탄	
부랴트족 буряты	부랴트어, 러시아어	알타이, 몽골어족	부랴티아, 이르쿠츠크 주, 자바이칼 변강주,	

13 본 도표는 http://ru.wikipedia.org에서 해당 키워드를 입력 후 검색된 자료를 바탕으로 필자가 작성한 것이다. "어족"항목은 해당 언어가 속한 언어계통을 모두 표시했으며, 사용지역은 러시아 지역만을 표기했다. "비고"란의 북극권 민족은 러시아의 북극권 영역인 66°33′ 주변에 거주하는 민족을 대상으로 했다.

셀쿠프족 селькупы	셀쿠프어, 러시아어	우랄, 사모예드	튜멘 주 야말로-네네츠 자치관구, 톰스크 주, 크라스노야르스크 변강주,	북극권
쇼르족 шорцы	쇼르어, 러시아어	알타이, 투르크	케메로프 주, 하카시야, 크라스노야르스크 변강주, 알타이 변강주, 알타이 공화국	
야쿠트족 якуты	야쿠트어, 러시아어	알타이, 투르크	야쿠티아, 하바로프스크 변강주, 모스크바, 크라스노야르스크 변강주	북극권
에벤(웬)족 эвены	에벤어, 러시아어, 야쿠트어	알타이 만주-퉁구스	야쿠티아, 마가단 주, 캄차트 변강주, 추코트 자치관구, 하바로프스크 변강주	북극권
에벤크족 эвенки	에벤크어, 야쿠트어, 러시아어	알타이 만주-퉁구스	내몽골, 헤이룽장, 야쿠티아, 크라스노야르스크 변강주, 에벤크 지역, 하바로프스크 변강주, 부랴티아, 아무르 주, 자바이칼변강주, 이르쿠츠크 주,	북극권
에스키모족 эскимосы	알레우트어	에스키모-알 레우트	추코트 자치관구 브랑겔 <Врангель>섬	북극권
오록족 ороки	오록어, 러시아어	알타이 만주-퉁구스	사할린 주, 하바롭스크 주	
유카기르족 юкагиры	유카기르어	고립어	야쿠티아, 추코트 자치관구, 마가단 주, 뻬쩨르부르그	북극권
응가나산족 нганасаны	응가나산어, 러시아어	우랄, 사모예드	크라스노야르스크 변강주, 타이미르 돌가노-네네츠 지역, 뻬제르부르그	북극권
이텔멘족 ительмены	이텔멘어, 러시아어	축치-캄차카	캄차트 변강주 코략키야, 티길 지역, 마가단 주, 하바로프스크 변강주, 프리모리 변강주, 추코트 자치관구, 뻬쩨르부르그)	
축치족 чукчи	축치어, 러시아어	축치-캄차카	추코트 자치관구, 캄차트 변강주, 야쿠티아, 마가단 주	북극권
케트족 кеты	케트어, 러시아어	에니세이	크라스노야르스크 변강주, 톰스크 주, 튜멘 주 말로-네네츠 자치관구, 한티-만시 자치관구, 뻬쩨르부르그	북극권
코략족 коряки	코략어, 러시아어	축치-캄차카	캄차트 변강주 코략키야, 마가단 주, 모스크바, 뻬쩨르부르그, 추코트 자치관구, 하바로프스크 변강주	
코미족 коми	코미어, 러시아어	우랄, 핀-우그리아,	코미 공화국, 야말로-네네츠 자치관구, 네네츠 자치관구, 한티-만시 자치관구,	북극권

		페름	무르만스크 주, 뻬쩨르부르그, 티바, 튜멘 주, 아르항겔스크 주, 페름 주, 키로프 주	북극권
타타르족 татары	타타르어, 러시아어	알타이, 투르크	유럽러시아 중앙, в Поволжье, Приуралье, в Сибири, 극동 카자흐스탄, 중앙아시아,	
토파족 тофалары	토팔라르어	알타이, 투르크	이르쿠츠크 주, 뻬쩨르부르그 주, 톰스크 주, 크라스노야르스크 주,	
하카스족 хакасы	하카시아어	알타이, 투르크	하카시야, 크라스노야르스 변강주, 티바, 케메로프 주	
한티족 ханты	한티어, 러시아어	우랄, 핀-우그리아,	튜멘 주 한티-만시 자치관구, 야말로-네네츠 자치관구, 톰스크 주	북극권

[표 2]에서 제시된 북극권에서 거주하고 있는 일부 소수민족들은 민족 전체가 북극권에 거주하고 있는 것이 아니라 일부는 북극권에, 나머지 일부는 북극권을 제외한 다른 지역에 거주하고 있는 경우가 대부분이다. 이러한 현상은 광활한 러시아에서는 보편적이라고도 할 수 있다. 특히 야쿠트족의 경우는 레나 강을 사이에 두고 동시베리아와 극동지역 북극권과 같이 두 지역과 그 이하 남쪽 지역에 걸쳐 거주하고 있기도 하다.

아래 [그림 3]은 러시아 북극권 지역에서 거주하고 있는 소수민족 현황을 보여주고 있다.

[그림 3] 러시아 북극권 민족분포

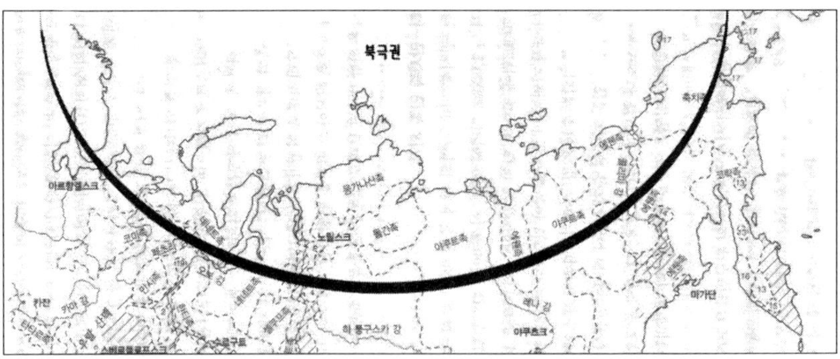

출처: Forsyth Janmes, *History of the peoples of Siberia*, (서울: 솔, 2009) 385쪽.
본 자료는 필자가 [그림 2]의 자료를 재가공한 것임.

195개의 민족이 존재하는 러시아에서 사용되는 국가언어이자 공용어는 러시아어이다. 러시아어는 인도유럽어족의 슬라브어파에 속한다. 그리고 러시아 정부는 러시아 헌법 제 68조[14]에 의해 러시아어와 함께 공식적으로 사용할 수 있도록 23개의 언어[15]를 지정하고 있는데 이 공식 언어들 가운데 코미어와 야쿠트어가 러시아 북극권 일부에서 사용되고 있다.

[그림 3]에서 북극권에 해당하는 민족을 보면 네네츠, 돌간, 느가나산, 에벤, 야쿠트,축치 민족으로만 국한되어 있지만, [표 2]에서 제시한 바와 같이 셀쿠프, 에벤크, 에스키모, 유카기르, 케트, 코미, 한티 민족도 현재 북극권에서 거주하고 있으며, 랩, 지리아, 오스챡, 보굴 및 사모예드 족 또한 대표적인 북극권 거주 민족이다.

5. 소수민족의 언어분류

언어 계통학적인 분류 측면에서 러시아 연방 내에서 사용되고 있는 어족으로는 인도유럽어족, 우랄어족, 알타이어족, 예니세이어족, 축치-캄차트카어족, 에스키모 알레우트어족, 북카프카스어족 등 7개의 어족이 있다. 이들 어족을 분류하면 다음과 같다.

14 Конституция РФ, Статья 68, 2. Республики вправе устанавливать свои госуд арственные языки. В органах государственной власти, органах местного самоуправ ления, государственных учреждениях республик они употребляются наряду с госу дарственным языком Российской Федерации.

15 러시아어를 제외하고 아바진(абазинский)어, 아디게(адыгейский)어, 알타이(алта йский)어, 바시키르(башкирский)어, 부랴트(бурятский)어, 인구(ингушский)어, 카바르진나-체르케시아(кабардино-черкесский)어, 칼미(калмыцкий)어, 카라치예보-발카르(карачаево-балкарский)어, 코미(коми)어, 나가이(ногайский)어, 마리(марийский)어, 모르도바(мокшанский)어, 오세디아(осетинский)어, 타타르(татарский)어, 티바(тувинский)어, 우드무르(удмуртский)어, 하카시아(хакасский)어, 체르케시이(карачаево-черкесия)어, 체첸(чеченский)어, 추바시아(чувашский)어, 에르잔(эрзянский)어, 야쿠트(якутский)어 이다. (Г. И. Сергеева, Л. Н. Сомс, Ф. Г. Загидуллин, СПО и национальные языки народов России. М., с. 3.)

1) 인도유럽어족:
   (1) 슬라브어파
   (2) 게르만어파: 이디시어
   (3) 이란어파: 오세트어, 딸리시어, 타트어
   (4) 인도아리안어파: 집시어

2) 우랄어족:
   (1) 핀-우그리아 어파
      ① 마리어족
      ② 사미어
      ③ 모르도바어군: 모크샤어, 에르자어
      ④ 옵스코-우그리아어군: 만시어(보굴어), 한티어
      ⑤ 페름어군: 코미-지리안어, 코미-페르먀어, 우드무르트어
      ⑥ 발트-핀어: 벱스어, 보트(고대핀족)어, 이조르어, 카렐리야어
      ⑦ 사모예드어군: 응가나산어, 네네츠어, 셀쿠프어, 에네츠어

3) 알타이어족:
   (1) 투르크 어족: 알타이어, 바시키르어, 돌간어, 카라차이-발카르어, 쿠미크어, 노가이 어, 타타르어, 토팔라르어, 투바어, 하카스어, 추바시어, 쇼르어, 야쿠트어.
   (2) 만주-퉁구스어족: 나나이어, 네기달어, 오록어, 오로치어, 우데게이어, 울치어, 에벤크어, 에벤어
   (3) 몽골어족: 부랴트어, 칼미크어

4) 예니세이 어족: 케트어

5) 축치-캄차트카 어족(축치-캄차트카 어족): 알류토르어, 이텔멘어(남부축치캄차트카어파), 케레크어, 코랴크어, 축치어

6) 에스키모 알레우트 어족: 알레우트(알류트)어, 에스키모어

7) 유카기르 어

8) 니브히 어

9) 북카프카스 어족:
(1) 압하스-아디게어파(아바자어, 아디게어, 카바르디노-케르케스크어)
(2) 나흐-다게스탄어파
(3) 나흐어파: 바츠어, 인구시어, 체첸어
(4) 다게스탄어파
① 아바르어
② 안디어군: 안디어, 아흐바흐어, 바그발린어, 보틀리흐어, 고도베리어, 카라틴어, 틴딘어, 차말린어
③ 다르긴어
④ 락(라크)어
⑤ 레즈긴어군: 아굴어, 아르친어, 부두흐어, 크리스어, 레즈긴어, 루툴어, 타바사란어, 우디어, 히날루그어, 차후르어
⑥ 체즈어군: 베슈딘어, 기누흐어, 훈지브어, 흐바르신어, 체즈어

러시아의 북극권 지역에서 사용되고 있는 어족으로는 우랄어족, 알타이어족, 예니세이어족, 축치-캄차카어족, 에스키모 알레우트어족, 유카기르어가 사용되고 있다. 특히 러시아의 북극권 가운데 시베리아 지역의 북극권이 가장 넓은 영역을 이루고 있다는 사실은 시베리아 지역 북극권에 거주하고 있는 소수민족들이 사용하고 있는 언어들이 계통학상 주로 알타이 제어(алтайские языки) 또는 고아시아 제어(палеозиатские языки)[16]에 해당된다는 것을 의미 한다고 할 수 있겠다. 그렇기 때문에 시베리아 북극권에서 사용되고 있는 언어는 우랄어족의 옵스코-우그리아 어군의 만시어(보굴어)와 한티어, 페름어군의 코미어, 사모예드어군의 느가나산어, 네네츠어, 셀쿠프어가 있으며, 알타이어족에는 투르크 어족의 돌간어와 야쿠트어, 만주-퉁구스어족의 에벤어와 에벤크어가 있다. 그리고 예니세이어족의 케트어, 축치-캄차카어족의 축치어, 에스키모 알레우트어

16 러시아어를 제외하고 시베리아 지역에서 사용되고 있는 대부분의 언어가 계통학상 알타이제어 또는 고아시아제어(북방정토제어)에 해당되는데 고아시아제어에는 예니세어어군, 루오라웨틀란어군, 유카기르어, 길랴크어가 포함된다. 이들 언어들은 발생언어학적으로 서로 관련이 없다(다음백과사전: http://enc.daum.net/dic100/contents.do?query1=b01g4026a).

족의 에스키모어와 유카기르어가 시베리아 북극권에서 사용되고 있다고 할 수 있겠다. 그럼 러시아 북극권에서 사용되고 있는 이들 언어들에 대하여 간단히 소개해 본다.

5.1. 만시어(мансийский язык)[17]

만시어는 보굴어라고도 하는데 오브 강 유역의 베레조보라는 지역에서 거주하고 있는 만시족(манси)의 언어이다. 보굴어라고 불리는 이유는 이들 만시족이 과거 보굴족(вогулы)이라고 불렸기 때문이다. 러시아국가통계청의 자료에 따르면 현재 만시족의 인구는 2002년 기준 11,432명으로 집계되고 있다. 1989년에는 만시족의 인구가 8,266명[18]으로 집계되었지만 인구가 증가추세인 것으로 보인다. 교과서나 사전 등 러시아어로 된 만시어 자료들은 풍부하다고 하며, 튜멘 주 한티-만시 자치관구, 야말로-네네츠 자치관구와 스베르들로프 주 등지에서 거주하고 있다.

5.2. 한티어(хантыйский язык)

우랄어족의 핀-우그리아어군에 속하며, 한티족(ханты)의 언어이다. 1989년 한티족의 인구가 22,283명으로 집계된 바 있지만, 2002년 기준 인구수는 28,678명으로 다소 늘어났다. 한티족은 튜멘 주의 한티-만시 자치관구와 야말로-네네츠 자치관구, 그리고 톰스크 주에서 거주하고 있다.

5.3. 코미어(язык коми)

코미어 역시 우랄어족의 핀--우그리아어군에 속한다. 코미족(коми)의

17 시베리아 소수민족의 언어에 대한 소개는 М. И. Черемисина가 1992년 노보시비르스크에서 출간한 *Язаки коренных народов Сибири*의 내용과 김건숙, 「시베리아 지역의 언어에 대한 개괄」, 『한국태국학회 발표논문집』, (서울 : 한국태국학회, 2004)을 바탕으로 기술되었음을 밝힌다.

18 김건숙, 「시베리아 지역의 언어에 대한 개괄」, 『한국태국학회 발표논문집』, 서울 : 한국태국학회, 2004, 11쪽.

언어이며 코미 공화국을 비롯해 러시아 전 지역에 고루 분포되어 거주하고 있다. 코미 공화국의 북부지역이 북극권과 맞닿아 있는 까닭에 준북극권 지역에 해당된다고 할 수 있다. 코미족의 인구는 293,406명이다. 코미어에는 코미지리안어와 코미페르마크 방언이 있는데 코미지리안어가 주로 많이 알려져 있다.

5.4. 응가나산어(нганасанский язык)

응가나산어도 우랄어족의 핀-우그리아어파의 사모예드어군에 속하는 어족이다. 응가산족(нгасаны)의 언어이며, 이 민족은 크라스노야르스크 변강주와 타이미르 돌가노-네네치 지역과 유럽과 가까운 뻬쩨르부르그 지역에서도 찾아볼 수 있다. 1989년 당시 1,262명이었던 인구가 2002년에는 834명으로 집계되어 인구가 감소되고 있는 추세로 보인다. 1989년 당시 응가산족 가운데 85% 이상이 응가나산어를 사용할 줄 아는 것으로 조사되어 소수 민족 가운데 자신의 언어를 잘 보존하고 있는 것으로 확인되었지만, 현재는 인구감소 추세라 과거의 상태만은 아닌 것으로 보인다.

5.5. 네네츠어(ненецкий язык)

튜멘주의 야말로-네네츠자치관구를 비롯해 한티-만시자치관구, 아르항겔스크주, 네네츠자치관구, 코미공화국까지 북극의 콜라 반도(Кольский полуостров)에서 예니세이 강 하류 지역까지 넓은 지역에 분포되어 있는 넨족(ненцы)의 언어이다. 네네츠어 또한 핀-우그리아어파의 사모예드어군에 속하며, 인구수는 41,302명으로 집계되었다.

5.6. 셀쿠프어(селькупский язык)

셀쿠프어는 톰스크와 크라스노야르스크 변강주의 북부지역, 그리고 오브 강과 예니세이 강 사이의 야말로네네츠 자치구에 고루 분포되어 거주하고 있는 셀쿠프족(селькупы)의 언어이다. 셀쿠프어 역시 사모예드어군이며, 사모예드어군 가운데 유일한 남쪽지역 언어이기도 하다. 셀쿠프족은 북방민족과 남방민족으로 나누어지는데 셀쿠프어에 대한 보존의식은 남방민족보다는 북방민족이 더 우세한 것으로 보인다. 셀쿠프족의 인구는 2002년 러시아국가통계청 기준으로 4,249명으로 집계되었다.

5.7. 돌간어(долганский язык)

타이미르 반도의 남부 지역에서 살고 있는 돌간족(долганцы)의 언어로 알타이어족의 투르크제어에 속한다. 1989년에 통계된 돌간족의 수는 6,571명이었지만, 2002년 통계에 따르면 7,261명으로 다소 증가되었다. 엔족(енцы), 야쿠트족(якуты), 에벤족(эвены)이 돌간족의 이웃이기도 하다.

5.8. 야쿠트어(якутский язык)

알타이어족의 투르크제어에 속하는 언어로 야쿠트족(якуты)이 사용하는 언어이다. 야쿠트족은 야쿠티아(Якутия) 공화국에서 거주하고 있으며, 하바로프스크 변강주와 크라스노야르스크 변강주에도 분포되어 있다. 야쿠티아 공화국의 상당지역이 북극권에 포함되어 있다. 시베리아 지역의 소수민족 가운데 부랴트민족 다음으로 많은 인구수를 가지고 있으며, 2002년 기준 인구수는 443,852명이다. 인구가 많은 탓에 야쿠트어에 대한 보존의식이 높아 야쿠트 국립대학교 내에 야쿠트어과가 개설되어 있는 상태이기도 하다. 야쿠트어는 러시아어와 함께 러시아에서 공식적으로 사용될 수 있는 공용어 중의 하나이다.

5.9. 에벤어(эвенский язык)

알타이어족의 만주-퉁구스어족에 속하는 언어로 에벤족(эвенцы)이 사용하고 있다. 이 에벤족은 야쿠티아와 하바로프스크 변강주, 마가단주, 추코트자치관구까지 분포되어 있고, 인구수는 1989년 12,000명에서 2002년 35,527명까지 늘었다. 에벤족은 많은 방언(13개)을 가지고 있는 것으로도 유명하다.

5.10. 에벤크어(эвенкийский язык)

과거 퉁구스족(тункусы)으로 불렸던 에벤키족(эвенки)의 언어로 동시베리아의 툰드라지역, 부랴티아 공화국 북부, 아무르 주, 자바이칼변강주 등 광활한 지역에서 거주하고 있다. 1989년 인구수는 35,000명이었지만 2002년 통계를 보면 35,527명으로 다소 증가는 되었지만 거의 변화가 없다고 할 수 있겠다. 에벤어와 마찬가지로 같은 어군에 속해있다.

5.11. 케트어(кетский язык)

케트어는 고아시어제어에 속하는 언어로 예니세이 강 유역의 케트족(кеты)이 사용하고 있다. Черемисина에 따르면 이 케트어는 18세기만 하더라도 같은 친족어들과 함께 하나의 어족을 형성하면서 사용되었다고 한다. 1989년의 인구수는 약 1,084명이었고, 이 중 케트어를 사용할 수 있는 사람의 수는 589명이었다고 한다. 2002년의 통계에서 케트족의 총인구수는 1,494명으로 집계되었다. 케트어는 예니세이어족의 유일한 언어이다.

5.12. 축치어(чукотский язык)

축치어는 추코트 자치관구(Чукотский автономный округ), 캄차트 변강주, 야쿠티아의 북동부, 마가단 주에서 거주하고 있는 축치족(чукчи)의 언어이다. 축치-캄차트 어족에 속한다. 축치족의 인구는 15,767명으로 1989년 15,106명에 비하면 다소 증가했다. 축치어는 이웃인 에스키모인이나 유카기르족과 에벤족 사이에서 공용어로 사용되고 있기도 하다.

5.13. 에스키모어(эскимосский язык)

에스키모어는 에스키모-알레우트 어족의 하나로, 추코트 자치관구의 브랑겔(Врангель)섬과 베링해 연안에서 거주하고 있는 에스키모인(эскимосы)의 언어이다. Черемисина는 에스키모인들이 자신들을 민족으로 생각하기 보다는 씨족이나 부락 정도로 생각하고 있기 때문에 과연 에스키모어를 민족어로 규정을 해야 하는가라는 의문을 제기하기도 했다. 이는 언어 사용자의 세계관 및 민족에 대한 이해의 필요성을 강조한 것으로 보인다. 에스키모어는 포합어의 특징을 가지고 있다.

5.14. 유카기르어(юкагирский язык)

추코트 자치관구, 야쿠티아 공화국의 콜마강 상류와 마가단 주에 분포되어 있는 유카기르족(юкагиры)이 사용하고 있는 언어로 2002년 인구통계에 의하면 1,509명이 있는 것으로 집계되었다. 유카기르족이 소수로 남게 된 이유에 대해서 Черемисина는 유카기르족은 시베리아의 북동부 지역의 주요 민족중의 하나였지만 주변 민족들인 에벤키족과 축치족, 그리고 야쿠트족과 에벤족에게 자신들의 영토를 내어주게 되면서 소수의 인구로 남게 되었다고 언급하고 있다.

6. 결론

러시아는 세계 1/8이라는 광활한 영토를 보유하고 있다. 거대한 영토로 말미암아 현재 이슈가 되고 있는 북극권은 위도 66°33′의 라인 선상에서 러시아 영토의 일부를 포함하지 않을 수 없다. 다민족 다언어 사회라 말할 수 있는 러시아라는 문화적 공간에서 우랄 산맥에서 태평양 그리고 베링해에 이르는 시베리아와 극동지역과 유럽러시아 지역 중에 러시아의 북극권에 해당되는 지역에서 사용되고 있는 언어들이 무엇인지 개략적인 언어 분포도를 그려보았다.

러시아의 북극권에서 사용되고 있는 언어들은 주로 우랄어족과 알타이 어족에 속하는 제어들이 많았지만 이들 언어들은 시베리아지역 및 러시아 전역에서 보편적으로 사용되고 있는 언어들이기 때문에 러시아의 북극권에서만 사용되고 있다는 특별함은 가지고 있지 않다. 북극권에서 사용되고 있는 언어들을 바탕으로 언어지도를 그려봤지만 한가지 시급한 것은 이들 북극권 언어들을 사용하고 있는 민족들의 최근의 정확한 인구수를 파악하고 해당 민족 언어를 사용할 줄 아는 정확한 수치를 파악해야 한다는 것이다. 북극권 소수민족들이 사용하는 언어를 모든 사람들이 사용할 줄 아는 것은 아니다. 이런 점으로 미루어 앞으로 이들 언어들이 러시아의 북극권에 남아 있을지는 정확히 그 누구도 알 수 없다. 어떤 언어는 지금 소멸의 과정을 그리고 있을지도 모르기 때문이다. 그렇기 때문에 정확한 인구수를 토대로 이들 언어에 대한 보존 노력을 해야 할 것이며, 이러한 노력이 북극권 소수민족 언어에 대한 많은 사람들의 관심을 유발할 것으로 기대해 본다.

또한 우리 한민족의 기원 측면에서 한국어의 계통과 관련될 수 있는 그 어떤 정보들이 이들 북극권 언어들에 속해 있을지도 모른다. 언어의 다양한 면모를 보여주고 있는 북극권 언어들의 역사적 사실을 바탕으로 한국어의 기원과 연관 지을 수 있고 계통학적으로 가장 가까운 언어는 어떤 언어인지에 대한 답답함을 해소하기 위해 이들 북극권 언어들과의 비교연구는 반드시 필요할 것으로 본다.

참고문헌

권명시, 「서-아프리카 꾸아(Kwa)어 연구, 언어분류 및 언어구조 비교－에베(Ewe)어를 중심으로－」, 『아프리카학회지』 제14집, 2001.

김건숙, 「시베리아 지역의 언어에 대한 개괄」, 『한국태국학회 발표논문집』, 2004

김동수, 「알타이 제어」 국어교육연구제 36집, 2004.

김용희, 백용식, 최성호, 「러시아 알타이 지역의 소수 민족어 문제－과거와 현재－」, 『러시아어문학연구논집』 제 33집. 138-139쪽

김주원, 권재일, 고동호, 김윤신, 전순화, 『사라져가는 알타이언어를 찾아서』, 서울: 태학사, 2008.

성종환, 「러시아 지역정체성 연구방법 - 소수 민족 언어정책을 중심으로 -」, 『슬라브연구』 제19권 1호, 2003.

전광진, 「중국 내 소수민족(55) 언어의 지리 분포와 유형학적 특질」, 『중국문학연구』 제22집, 350쪽

Болдырев Б. В. *Категоря косвенной принадлежности в тунгсо-манжурьских языках.* М.: Наука, 1976.

Бродская Л. М. *Сложноподчиненное предложение эвенсийского языка. Новосибирск.* Наука. 1988.

Володин А. П. “Мысли о палеоазиатской проблеме”. // Вопросы языкознания No 4. 2001.

Г. И. Сергеева, Л. Н. Сомс, Ф. Г. Загидуллин, СПО и национальные языки народов России. М., с. 3.

Меновщиков Г. А. “Эскимосско-аллеутская группа”, Введение /Языки народов СССР. Т. 5. Л.

Нерознак В. П., Языки народов России: Красная книга: Энциклопедический словарь -справочник (под ред. Нерознак В.П.) 2002.

Регионы России. Основные характеристики субъектов Российской Федерации. официальное издание. 2009.

Черемисина М. И. “Язаки коренных народов Сибири”. Новосибирск. 1992.

Шломо Громан, В россии насчитали 160 народов. (статья в интернете http://www.languages-study.com/demography/russia-languages.html)

http://ru.wikipedia.org

http://www.gks.ru/free_doc/new_site/population/demo/demo11.htm

http://www.gks.ru/bgd/regl/b09_13/IssWWW.exe/Stg/html1/04-09.htm

http://enc.daum.net/dic100/contents.do?query1=b01g4026a

http://www.languages-study.com/demography/russia-languages.html)

러시아 북극권 주요 도시 소개: 북동항로를 중심으로

김자영_배재대학교

I. 서론

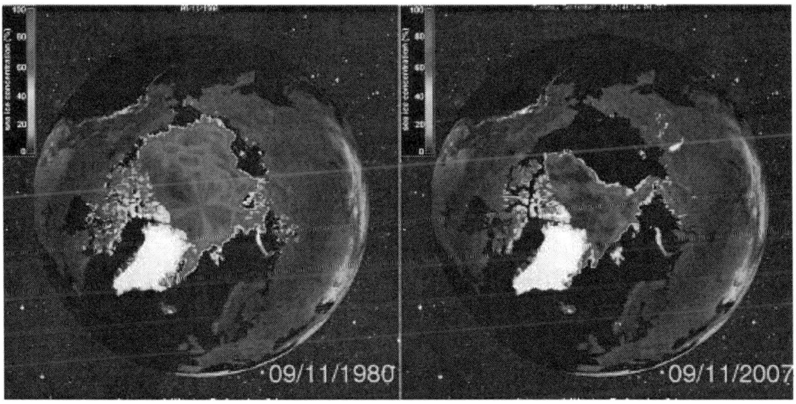

[그림 1] 1980년과 2007년 북극해 해빙면적 비교 (일리노이 대학, AMSA)

현재 지구는 기후변화에 따른 각종 자연재해에 노출되어 있다. 그 중에서도 북극의 기온상승 속도는 다른 어느 곳보다도 빠르게 진행되고 있으며 그로 인한 환경적 변화 역시 지구의 다른 지역보다 큰 영향을 받고 있다. 현재 북극에서는 기온상승에 따른 해빙현상이 가속화되어 얼음층이 얇아지고 영구 동토층이 빠르게 녹고 있다. 특히 1980년부터 2007년까지 여름철 북극의 해빙은 거의 40%나 줄어들었고, 해빙의 누께 역시 매우 얇아졌다. 국제기후회의나 막스 플랑그 기상학연구소 등이 발표한 자료에 따르면 얼음이 사라진 북극의 여름을 보게 될 날이 멀지 않은 듯하다.

얼음이 녹은 북극은 동식물계의 변화와 해안침식, 메탄가스 분출과 같은 위험한 상황을 도래하지만 한편 인류에게 새로운 바닷길을 열어주는 기회가 될 수 있다. 최근 해운업계와 조선업계 등과 많은 국가들이 북극항로의 활용가능성에 큰 관심을 보이고 있다. 특히 러시아 연안의 북동항로를 이용하면 아시아에서 유럽까지의 운항거리가 수에즈 운하를 경유하는 것보다 약 40%가량 단축될 것으로 판단되고 있다.

북동항로는 러시아 북부의 노바야제믈랴 섬에서 시작해, 북시베리아 해안을 따라 러시아 최동단과 알래스카 경계에 위치한 베링해협까지 이어진다. 북동항로와 수에즈 운하를 함께 활용할 경우, 운항일과 연료비 지출에 있어 수익창출이 가능할 것이며 중국횡단철도(TCR)나 시베리아 횡단철도(TSR)와의 경쟁력도 충분할 것으로 내다보고 있다.[1]

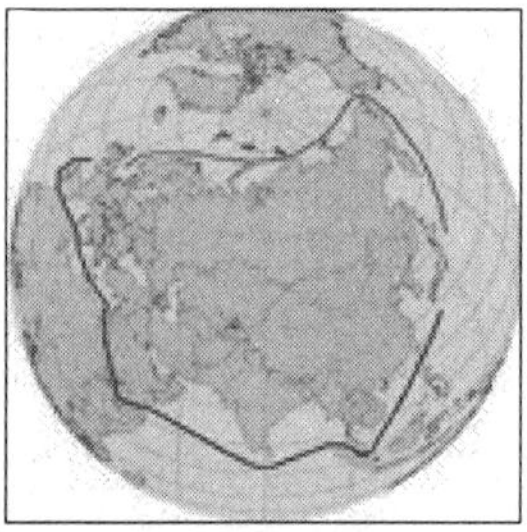

[그림 2] 옅은색이 북동항로, 진한 색은 현재의 항로이다. (그림, 위키백과)

본고에서는 전 세계의 뜨거운 관심을 받고 있는 북동항로의 중요성과 연구필요성에 입각해 우선적으로 동 항로가 연결되는 러시아 북극권 지역의 주요 도시들을 소개하고자 한다.

II. 본론

1. 아르항겔스크(Архангельск)

백해에서 50㎞ 떨어진 드비나 강 북부 유역에 있다. 제정 러시아 시절 영국을 시작으로 다른 여러 국가와의 교역을 최초로 담당했던 항구로써 17세기에 전성기를 맞았으나, 1703년 상트페테르부르크가 세워지고 표트르 대제가 새 도시를 교역의 중심지로 삼기 위해 이 도시에 무거운 관세를 도입하면서 쇠퇴했다. 1898년 모스크바와 철도로 연결되면서 다

1 "뜨거워진 지구… 북극항로 열려", 『인터넷 과학신문 사이언스 타임스』, 검색일: 2010.7.20.

[그림 3] 아르항겔스크 (러시아연방 아르항겔스크 주의 주도)

시 부흥하기 시작해 오늘날 러시아 최대의 목재 수출항으로 자리매김하고 있으며, 조선업과 선박수리도 활발하다.

동쪽의 네네츠 자치관구와 솔로베츠, 노바야제믈랴, 제믈랴-프란치야-요시파 등 많은 제도들을 포함한다. 북쪽은 툰드라 지대이고 남쪽은 타이가 지대이다. 인구 428,200(1991), 면적 587,400㎢.

2. 나랸마르(Нярьяна мар)

러시아 북서부 아르항겔스크 주 네네츠 자치관구의 수도이자 내륙항. 네네츠어로 '붉은 도시'를 뜻하는 이곳은 북극해로 들어가는 페초라강 어귀에서 110㎞ 떨어진 곳에 위치하며, 페초라 탄전개발을 목적으로 1930년대 개발되기 시작하여 시가 되었다. 어업과 임업의 중심지이며 바렌츠 해 대륙붕 석유탐사 기지이기도 하다.

3. 무르만스크(Мурманск)

러시아 북서부에 위치한 무르만스크 주의 주도로 항구도시이다. 백해아 바렌츠 해 사이에 있는 콜라 반도에 자리 잡고 있다. 이 도시

[그림 4] 무르만스크의 오로라 현상 (구글이미지)

의 북부지역은 고지대이며 툰드라지대이고, 남부는 타이가지대이다. 제1차 세계대전 때인 1915년 군수보급항으로 세워진 이 도시는 1918년에 볼셰비키군과 대치하던 영국·프랑스·미국 원정군의 기지로, 제2차 세계대전 때는 북극해를 통해 소련에 군수품을 운반하던 영·미 수송선의 주요항구로 이용되기도 했다. 러시아에서 유일하게 대서양 및 전 세계 해로와 1년 내내 연결될 수 있는 부동항이다. 광업과 어업이 주요 산업이다. 북극권 북쪽에서는 세계 최대의 도시이다. 인구 472,900(1991).

4. 이가르카(Игарка)

러시아 연방 중부지역 크라스노야르스크 주에 있는 항구도시. 러시아 북부의 물자수송에 중요한 역할을 하고 있으며, 무르만스크, 노릴스크, 살레하르트 등과 함께 러시아 북부의 주요 항구이다. 북극권에서 북쪽으로 100㎞ 떨어져 있으며 예니세이 강 하류에 위치한다. 바다에서 673㎞ 떨어져 있으나 외양항행 선박이 다닌다. 국내외에 목재를 수출하는 주요 항구도시로써 제재업의 중심지이기도 하다. 영구동토층 연구소가 있다. 인구 18,800(1991).

5. 두딘카(Дудинка)

러시아 연방의 북부 크라스노야르스크 주 타미르 자치관구의 행정중심도시이자 북극해로 통하는 항구이다. 크라스노야르스크와 딕슨은 여름에만 항해하고 있다. 1667년에 건설되었고, 1951년에 도시로 등록되었다. 지구상에서는 가장 최북단을 달리는 철도가 통과하면서 노릴스크 광산의 니켈을 수출하고 있다. 이곳의 천연가스 공장은 도

[그림 5] 출처: http://dudinka.narod.ru/

시 서쪽 160㎞ 떨어진 가스 매장지에서 생산되는 가스를 원료로 쓰고 있다. 인구 36,400(1991).

6. 보르쿠타(Воркута)

러시아 연방 북서부의 코미 공화국에 있는 도시.

보르쿠타 강을 끼고 북극권 가장자리에 위치한다. 1932년에 석탄채굴을 위해 세워진 탄광 도시. 스탈린 시절 정치범의 강제노동수용소가 있던 곳이기도 하다. 영구동토층 위에 건설된 도시 건물의 80%가 지반이 녹으면서 붕괴조짐을 보이는 등, 날이 갈수록 심각해지고 있는 기후변화로 인한 생활터전 파괴의 직접적인 예가 되고 있는 지역들 중 하나이다. 인구 117,400(1991).

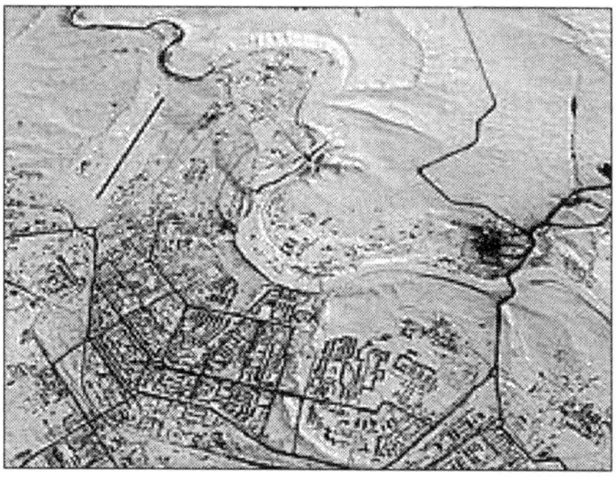

[그림 6] 눈에 덮인 보르쿠타 (구글 이미지)

7. 세베로드빈스크(Северодвинск)

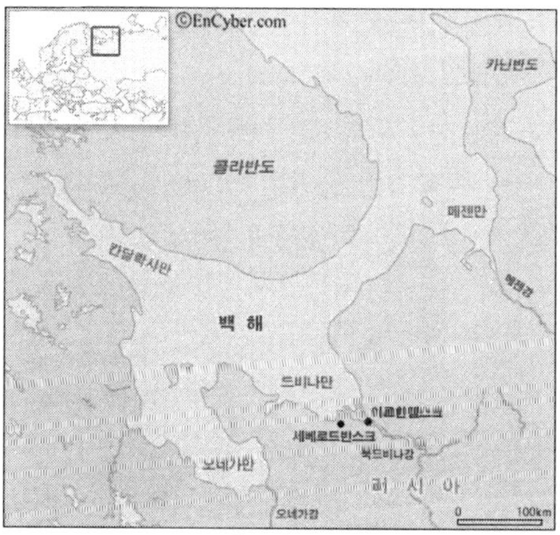

[그림 7]
출처:www.encyber.com/search_w/ctdetai...%3D73066

러시아 연방 북서부 아르항겔스크 주에 있는 항구도시. 북 드비나 강 삼각주 서쪽 끝 백해 드비나 만 연안에 있다. 1917년 10월 혁명이후 아르항겔스크 시의 외항으로 건설되었다. 조신·기계 제작과 복재생산이 주산업이다. 어선단의 기지이기도 하다. 인구 247,700(1993).

8. 테리베르카(Териберка)

[그림 8] 테리베르카, 출처 : 위키피디아

무르만스크 주의 콜스키 지역의 마을. 바렌츠 해 해안의 테리베르카 강 연안에 위치한다. 이미 16세기 초반부터 러시아 역사에서 언급되기 시작하는 이 마을은 제정 러시아 시절 많은 러시아 탐사단에 의해 조사되었다. 20세기 초반에는 대구와 상어를 주로 하는 어업이 번성했으며, 제2차 세계대전이 끝난 후에는 콜호즈와 유제품 공장, 순록치기, 아메리카 밍크 농장 등이 생겨나면서 급속도로 발전하기 시작했다. 1960년대 이후 마을은 다시 쇠락하기 시작했으나, 2007년 가즈프롬 사가 천연액화가스 공장을 세우기로 결정하고, 2009년에는 조수 이용 발전소 건설 프로젝트를 검토하면서 제2의 전성기를 기대하고 있다. 인구 1,300(2005). 위도 69°09′51″.

9. 딕손(Диксон)

러시아 크라스노야르스크 주 북부지역에 위치한 도시로서, 카르스크 해의 연안, 딕손 섬과 타이미르 반도의 서쪽 끝에 자리 잡고 있다. 러시아의 가장 북단에 위치한 항구이다. '북극의 수도'라는 별칭을 가지고 있다. 인구 690명(2008). 2004년에는 1,113명, 1985년에는 약 5천 명의 주민이 집계된 것으로 볼 때 인구감소 문제가 매우 심각하다. 지구물리학 천문대와 방사능기상학센터가 들어선 Pole Station과 지지학 박물관이 있다. 과거에는 어장

[그림 9] 딕손 시 50주년 기념우표 , 출처: 위키피디아

[그림 10] 딕손 항의 모습, 출처: http://dikson21.narod.ru/photo/1news.htm

과 해군지기의 엄폐시설이 있는 곳으로 활용되었다. 딕손 시는 1915년에 개발되기 시작했다. 5월 5일부터 8월 10일까지 극지주간(Polar Day)이 지속된다. 지리적으로 매우 먼 곳이지만 연간 많은 사람들이 극지대를 경험하기 위해 이곳을 찾곤 한다. 가장 더운 시기인 8월의 온도가 평균 +4.6 ℃이다. 연평균 기온은 −12 ℃.

[그림 11] 시에서 볼 수 있는 백곰의 모습, 출처: 위키피디어

10. 바란데이(Варандей)

페초라 해 연안의 네네츠 자치관구에 위치한 도시. 현재 도시에는 루코일 사의 석유터미널이 건설되어 티만-페초라 석유가스전에서 생산된 연간 1,500만 톤의 석유가 운송된다. 그 외에도 트레브스 산지와 바란데이 산지, 토라베이스크 산지 등 석유산지가 존재하는 곳이기도 하다. 위도 68°49′28″.

11. 칸달락샤(Кандалакша)

[그림 12] 칸달락사 지도, 출처: 구글이미지

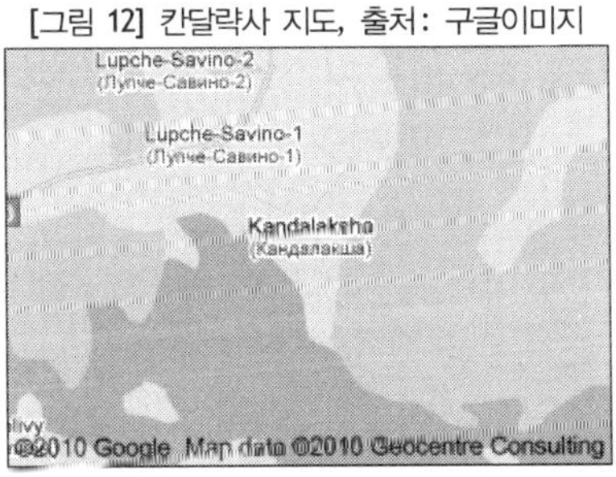

러시아 무르만크스 주의 항구도시. 인구 36,637(2009)명. 위도 67°0 9′25″. 백해의 칸달락사 만의 연안에 위치한다. 무르만스크로부터 277㎞ 떨어져 있다. 칸달락샤 시에

[그림 13] 칸달락샤 시의 여름, 출처: 구글이미지

는 니바-3과 루프체-사비노-1, 루프체-사비노-2와 같은 위성 도시들이 있다.

칸달락샤에는 백해와 바렌츠 해 제도의 바닷새들의 둥지를 보호하는 자연보호구역이 있다. 루살 사의 알류미늄 공장이 위치한다.

12. 오스트로브노이(Островной)

[그림 14] 시의 상징물, 출처: 위키피디아

무르만스크 주의 도시. 위도 68° 03′11″. 16세기부터 역사에 언급되기 시작했지만 도시화된 것은 1981년이다. 인구 4090명(2009).

바렌츠 해 연안 요칸그스키 제도 근처에 위치한다. 요칸그 강으로부터 12㎞, 무르만스크로부터 360㎞, 아르항겔스크로부터 430㎞ 떨어진 거리에 있다.

도시에는 그레미흐 북부함대의 해군기지가 위치한다. 백해의 하구와 바렌츠 해의 동쪽 지역을 통틀어 가장 손쉽게 관리할 수 있다는 이유로 제1차 세계대전 당시인 1915년부터 해군기지가 건설되기 시작했다.

오스트로브노이 시로는 철도나 자동차도로가 전혀 건설되어 있지 않기 때문에 무르만스크로부터 배를 타고 14시간을 항해하거나 헬리콥터를 이용하여 들어갈 수밖에 없다. 과거에는 An-2기가 도시의 상공을 비행하곤 했다.

13. 투만늬(Туманный)

무르만스크 주의 콜스크 지구의 도시. 인구 824명(2009). 위도 8°49′59″. 1978년 도시로 등록되었으며, 무르만스크로부터 129㎞ 떨어진 보로니에 강의 오른쪽 해안에 위치한다.

[그림 15] 시의 전경, 출처: 구글이미지

14. 노릴스크(Норильск)

러시아 크라스노야르스크 변강주의 도시. 1935년 푸토란 산맥 한가운데 있는 리브나야 계곡에 건설된 도시로 북위 69°22'에 위치한다. 예니세이 강(江) 최하류 부의 두딘카항(港)에서 동쪽으로 80㎞ 떨어진 구릉지에 있으며, 그 사이로 철도가 통하고 있다. 니켈 · 백금 · 구리 · 코발트 · 석탄 등의 큰 광산과 제련 · 화력발전에 사용되는 토석 · 철 · 내화벽돌 공장이 있다. 노릴스크의 콤비나트(combinat)는 세계 팔라듐의 35%, 백금의 25%, 니켈의 20%, 로듐의 20%, 코발트의

[그림 16] 크라스노야르스크 변강주, 출처: 구글이미지

[그림 17] 노릴스크의 자연환경, 출처: 구글맵

[그림 18] 상공에서 바라본 노릴스크 시 전경, 출처: 구글맵

10%를 생산하고 있다. 또, 러시아 연방에서 생산되는 니켈의 96%, 코발트의 95%, 동의 55%가 노릴스크의 콤비나트(combinat)에서 생산되고 있다.

한타이카강(江)과 쿠레이카강(江)에 수력발전소가 있고, 튜멘주 북부에서 천연가스가 생산된다. 전 세계 북극권에서 무르만스크 다음가는 큰 도시이며 인구가 10만 명이 넘는 도시로서는 유일하게 세계에서 가장 최북단에 위치한다. 인구 129,800 (2004).

노릴스크 공업대학과 노릴스크 경제대학, 비철금속 연구소 등이 있다.

15. 오네가(Онега)

[그림 19] 오네가 시의 선착장, 출처: 구글맵

아르항겔스크 주의 행정중심도시. 아르항겔스크 주의 북서부 지역 오네가 강 하구에 위치한다. 인구 22,300명(2009). 위도 63°55′00″. 항구와 오네가 공항이 있고 철도가 지나간다. 오네가의 역사는 이미 12세기부터 역사서에 언급되고 있지만, 18세기 들어서야 예카테리나 2세에 의해 도시로 등록되었다.

참고문헌

"뜨거워진 지구... 북극항로 열려", 인터넷 과학신문 사이언스 타임스, 검색일: 2010.7.20.

"우리가 북극을 연구하는 이유", 『헤럴드경제』, 검색일: 2010.7.20.

Архангельск http://myarh.ru/news/ 검색일: 2010.7.21.

Игарка http://www.igarka.ru/ 검색일: 2010.7.21.

Нярьяна мар http://mg.ru/naryan-mar/ru/mycity 검색일: 2010.7.21.

Мурманск http://www.b-port.com/info/murmansk/ 검색일: 2010.7.23.

"Северо-восточный проход" http://ru.wikipedia.org/wiki/

"Северо-восточный проход" http://elibrary.ru/defaultx.asp

Северодвинск http://www.mojgorod.ru/arhangel_obl/severdvinsk/ 검색일: 2010.7.23.

Старков *В. Ф. Очерки истории освоения Арктики-Россия и Северо-восточный проход* Том 2. 2009. Киев.

III부

러시아 북극권의 정치, 경제

북극해 거버넌스

배규성_경북대학교

I. 새롭게 부상하는 국제분쟁의 무대

1. 연구 범위와 용어 정의

북극권(the Arctic)은 북극(North Pole)을 정점으로 하는 북반구의 원형 캡을 이루고 있지만, 남쪽의 경계선은 각자의 기준에 따라 상당히 차이가 있다. 첫눈에 북위 66° 33′을 기준으로 지구를 한 바퀴 도는 선인 북극 서클(Arctic Circle)은 가장 일반적인 기준선이다. 그러나 이 선도 북극 시스템의 핵심적 특징에 직접적으로 대응하지 못한다. 단지 이 선은 일년 중 낮의 길이가 가장 긴 날들 중 태양이 24시간동안 지평선 위에 있고, 낮의 길이가 가장 짧은 날 동안 태양이 24시간 동안 지평선 아래에 있는 지점을 표시한 것이다. 북극 문제에 관심 있는 사람들 중 이 기준선이 그들의 연구를 조직화하는 기준으로서 유용하다고 생각하는 사람은 거의 없다.

북극 연구에 종사하는 사회과학자들은 연구대상 지역인 북극의 남쪽 경계선을 획정하는데 그들 자신만의 명확한 공식을 고안하는데 실패했다. 그러나 북극권에 무엇을 포함시켜야하는 지에 대해서는 상당한 컨센서스를 이루었다.[1] 육지와 관련하여, 사회과학의 북극은 미국의 알래스

1 북극에 관심 있는 자연과학자들은 그들의 연구 영역을 경계 지음에 있어 물리적 생물학적 시스템과 관련된 수많은 기준을 제시해왔다. 이러한 것들은 연중 가장 더운 달의 기온(surface air) 10°C 등온선(isotherm), 타이가(taiga) 생물군계 또는 한대림(boreal forest) 생물군계로부터 툰드라 생물군계(tundra biome)를 분리시키는 수목한계선(treeline); 지속적인 동토대의 남쪽 한계선; 겨울동안의 계절적 해빙한계선 등이 있다. 이런 기준들 각각은 특정 학문분야의 전문가들에게 그것을 권할 만한 특별한 것들을 가지고 있다. 그러나 이것들은 북극 지역의 남쪽 경계선을 아주 다르게 정의하고 있다. Oran R. Young, *Arctic Politics - Conflict and*

카(Southeast로 알려진 지역은 제외); 캐나다의 유콘과 북서 준주(Northwest Territories), 북부 퀘벡, 라브라도 전체; 그린란드 전체; 아이슬랜드; 집합적으로 펜노스칸디아(Fennoscandia)로 알려진 노르웨이, 스웨덴, 핀란드의 북부 카운티들; 러시아인들이 북극 또는 러시아 북극(Russian North)으로 취급하는 모든 지역들을 포함한다. 이 연구의 지역도 북극해(the Arctic Ocean)의 해양 시스템과 베링해, 축치 해, 뷰포트 해, 그린란드 해, 노르웨이 해, 바렌츠 해, 카라 해, 랍체프 해, 동시베리아 해를 포함하는 북극해 인근 바다를 포함한다. 따라서 북극(the Arctic) 또는 북극권(the Circumpolar North, the Far North)이라는 용어는 이 연구 지역을 언급하는데 혼용하여 사용된다.

이런 식으로 정의된 북극(the Arctic) 또는 북극권은 4천 만 평방킬로미터, 즉 지구표면의 약 8%에 해당된다. 이것은 지구 육지면적의 약 15%, 전체 바다면적의 약 5%에 해당된다. 특히 언급할 필요가 있는 것은 북극권 육지면적의 40% 이상과 북극권 해안선의 거의 반이 러시아 한 국가의 관할권 내에 속한다는 사실이다. 중요하게도, 소련의 해체와 러시아의 개방은 북극권의 두 개의 반쪽이 함께 만날 수 있게 만들었다. 이러한 발전은 사회과학자들의 특별한 기대와 염려를 불러 일으켰다. 왜냐하면 북극의 반은 서로 사회적 경제적 정치적 시스템이 너무나 다른 반면 환경을 이루고 그 속에서 작동하는 물리, 생물 시스템은 공통점이 너무나 많기 때문이다.

2. 북극권의 전략적 중요성

북극(the Arctic)은 방대하고 귀중한 천연자원이 풍부하다. 1991년 말 러시아(소련전체)에서 생산된 석유와 가스의 총량과 미국에서 추출된 석유의 약 25%는 북극(the Far North)에서 나왔다. 2000년 미 지질조사국

Cooperation in the Circumpolar North, London: Univ. Press of New England, 1992, pp. 1-2.

(US Geological Survey)이 세계 화석연료의 1/4이 북극권에 매장되어 있다고 추정한 이후 북극권의 자원개발 경쟁은 더욱 가열되고 있고 또 앞으로 더욱 가열될 전망이다.

유사한 관찰결과들이 북극의 재생가능한 자원과 관련해서도 나타난다. 북방 해양지역은 생물학적 생산성의 세계적 규모에서 볼 때, 아주 높은 위치를 차지하고 있다. 예를 들면, 북극권의 어장, 특히 베링해 어장과 노르웨이 해 어장 그리고 라브라도 해 어장은 예외적으로 풍부하다. 최근 몇 년 동안 베링해 대구 어장은 세계 최대의 단일 어종 어장이 되었다.

2007년 8월 2일 러시아의 심해잠수정(미르호)이 북극점 해저에 러시아 국기를 심었고, 이것은 수개월 동안 북극문제에 대한 미디어의 헤드라인을 화려하게 장식했다. 상징적인 제스처였던 러시아의 국기 심기는 다분히 오해를 일으킬 수 있었다. 몇몇 비평가들의 새로운 '냉전'이라는 환상에 반해, 북극연안 5개국은 빙하가 녹고 있는 북극에서 어떤 군사적 경제적 갈등도 겪지 않고 있다. 북극에는 어떤 '골드러쉬(gold rush)'도 주인이 불명확한 자원에 대한 경쟁도 없다. 단지 북극 연안국들은 그들의 해안선으로부터 200해리까지 북극 해저의 '외측 대륙붕(outer continental shelf)'에 대한 그들의 주장을 지지할 과학적 자료를 수집할 데드라인을 맞추려고 애쓰고 있다.[2]

게다가 국기를 심는 것이나 군사적 힘에 의해서도 북극권의 광물자원이나 수산자원에 대한 국가의 주권적 권리를 결정하지 못한다. 1982년 UN해양법협약(UN Convention on the Law of the Sea, LOSC)[3]은 해양의 분할, 해양자원의 주권적 권리(sovereign rights), 해양환경의 보호, 북극해의 해상이나 수중에서의 활동을 관리할 국제법 레짐을 수립했다. 따라서 모는 해양관련 쟁점들은 LOSC의 규정에 통제를 받게 된다. 자원을 포함

2 데드라인은 2009년 또는 LOSC(UN Convention on the Law of the Sea) 비준으로부터 10년이다.

3 1982년 12월 10일 몬테고 만(Montego Bay)에서 채택되고, 1994년 11월 16일 효력이 발생, 21 ILM 1245 (1982)

하여 모든 영토적 권리는 국가의 관할권이 되지만, 바다 쪽으로 연장된 해양지역의 경계는 LOSC에서 결정된다. 북극지역 전체에 관한 한, 육지와 바다 모두의 활동을 규제하고 법적으로 구속력 있는 결정을 내릴 수 있는 권한을 가진 어떤 압도적인 국제법 레짐이나 정치적 다자기구도 없다.

오해를 불러일으킬 수 있는 미디어의 보도와 영토적 주장과 주권적 갈등, 영토와 자원을 둘러 싼 전쟁의 위협 등을 언급한 유럽집행위원회의 선언[4]의 관점에서 볼 때, 북극권의 물리적 정치적 위상을 명확히 하고, 주요 경제적 환경적 쟁점들을 구체화시키며, 특히 이미 진행 중이고 가까운 미래에는 더 심해질 거대한 환경적 경제적 변화의 관점에서 새로운 법적 레짐이 필요한지 어떤지를 고려하는 것은 바람직하다.

3. 배경

3.1. 물리적, 정치적, 법적 상황

북극권은 육지에 의해 둘러싸인 북극해의 거대한 바다로 이루어져 있고, 북극연안 5개국, 즉 캐나다, 덴마크(그린란드), 노르웨이, 러시아, 미국의 주권하에 있다. 비록 그들의 해안이 북극해와 접하고 있진 않지만, 핀란드, 아이슬란드, 스웨덴 또한 북극권 국가로 인식되고 있다. 왜냐하면 그들의 영토가 66° 33′N의 북극권(the Arctic Circle)으로 확장되어 있기 때문이다. 그들의 영토에 대한 이들 국가들의 주권은 분쟁의 소지가 없지만, 한스 섬은 캐나다와 덴마크가 주권을 주장하고 있다. 북극권 아키펠라고(Arctic Archipelago)의 섬들에 대한 캐나다의 주권은 결코 도전받은 적이 없다. 그러나 캐나다 섬들 사이의 바다, 즉 그 유명한 북서항로(Northwest

4 "기후변화와 세계안보 Climate Change and International Security", 유럽이사회(European Council)에 제출한 최고대표부(High Representative)와 유럽집행위원회의 보고서, S113/08, 14 March 2008, www.consilium.europa.eu/ueDocs/cms_Data/docs/pressData/en/reports/99387.pdf. (검색일, 2010.06.09)

Passage)의 지위에 대해서는 적극적인 의견불일치가 존재한다.

소위 말하는 "북극(North Pole)" 소유권 경쟁은 북극 연안국들의 외측 대륙붕에 대한 영토권 주장과 관련되어 있다. 그들의 주장에 따르면, 이 대륙붕은 그들의 연안에서 확장되어 지리적 북극 주변의 바다 밑까지 연결되어 있다. 다른 주장들은 지역국가들 간의 해결되지 않은 쌍무적인 해상경계선과 관련이 있다. 해양법상 각 연안국들은 그들의 해안으로부터 200해리까지의 대륙붕(the water column and the seabed)에서 자원에 대한 관할권(jurisdiction)과 주권적 권리(sovereign rights)를 가진다. 그 경계를 넘어서면, 바다는 공해(high seas)가 되고, 모든 국가들에 개방된다. 그러나 대륙붕의 일부지역은, 만약 그들이 이것이 그들 영토의 "자연적인 연장(natural prolongation)"이라 증명할 수 있다면, 연안국가들에 의해 주권이 주장될 수 있다.

현재, 4백만 북극 주민의 약 10%는 알라스카, 캐나다, 그린란드, 러시아, 북부 스칸디나비아(아이슬란드는 아님)의 서로 다른 원주민, 즉 이뉴이트(Inuit), 인디언(Indians), 사미(Saami), 예벤키(Evenki), 축치(Chukchi)족 등 출신들이다.[5]

3.2. 환경적 변화와 영향

기후변화는 북극의 생태계에 극적인 영향을 미쳤고, 기온이 계속 상승함에 따라, 미래에 심각한 반향을 불러일으킬 것이다. 최근의 과학적 연구에 의하면, 북극권의 기온은 다른 지역보다 2배나 빨리 상승하고 있고, 다양한 피드백 효과로 빙하와 해빙(glaciers and sea ice)[6]이 전례 없는

5 북극위원회(the Arctic Council)의 홈페이지 http://www.arctic-council.org. 참조. 비정부 기구인 이뉴이트북극권회의(ICC, Inuit Circumpolar Conference)는 그린란드, 캐나다, 러시아, 미국의 원주민을 대표한다.

6 빙하(氷河)는 눈이 오랫동안 쌓여 다져져 육지의 일부를 덮고 있는 얼음층이고, 해빙이란 바다위에 떠 있는 얼음덩어리로, 육빙(陸氷)으로부터 분리되어 해면을 표류하는 빙괴인 빙산(氷山, iceberg)보다 작은 것을 의미한다. 북극해 주변에서 빙하가 있는 것은 젬랴프란차이오시파 · 슈피츠베르겐섬 · 그린란드 · 배핀 섬 · 엘즈미어 섬 등인데, 이른 봄철에 그린란드 동쪽을 남하해 오는 것은 불규칙한

비율로 녹고 있다.[7] 그린란드의 빙하는 예상보다 더 급속히 얇아지고 있고, 얼음층 밑의 녹은 물은 빙하를 바다 쪽으로 더 빨리 밀어내고 있다. 그린란드의 빙하가 다 녹으면, 해수면이 수 미터 상승할 수 있고, 열확산에 의해 이미 시작된 해수면의 상승에 상당한 세력을 더해 줄 것이다.

북극권의 해빙이 양적인 측면에서 예상치 못한 수준으로 줄어들자, 2007년 여름 시즌이 끝나갈 무렵 북서항로(Northwest Passage)에 얼음이 완전히 사라지고 유사 이래 최초로 항해가 가능하게 되었다. 미국의 국립설빙자료센터(US National Snow and Ice Data Center, NSIDC)[8]는 2030년이면 해빙이 사라지고, 북극해는 1년 내내 선박항해가 가능하고 연안지역은 자원탐사와 개발이 가능할 것이라고 예측했다. 그러나 상대적으로 서쪽보다 얼음이 적은 러시아 북쪽의 북방항로(Northern Sea Route)는 동쪽항로의 많은 지점에서 여전히 얼음으로 봉쇄되어 있었다.

북극 생태계와 주거환경의 이러한 변화 때문에, 동식물계는 새로운 환경에 적응해야만 하고, 몇몇 종들은 살아남지 못할 수도 있다.[9] 기후변

모양을 이루나 대체로 산처럼 솟아오른 것이 많으며, 약간 녹색을 띤다. 또 엘즈미어 섬에서 유출된 것은 빙도(氷島)라 불리는데, 이는 두께가 100m나 되는 평탄한 얼음으로 항공기의 발착도 가능하고 북극의 기상관측 등 미·소 양국의 기지로서 이용된다. 보통의 해빙(海氷)보다 굳기가 크며, 해면 아래에는 해면 위의 질량의 6~7배나 되는 빙괴가 잠겨 있기 때문에 이것이 선박에 충돌하면 매우 위험하다. 1912년 영국의 호화여객선 타이타닉호(號)의 사고는 사상 최대의 해난으로 유명하다. 두산백과사전.

7 *Arctic Climate Impact Assessment* (*ACIA*), (Cambridge University Press, 2005) pp. 1042, http://www.acia.uaf.edu; 기후변동에 관한 정부 간 패널(Intergovernmental Panel on Climate Change, IPCC, 1988), *Fourth Assessment Report*: http://www.ipcc.ch/ (검색일, 2010.06.11)

8 http://nsidc.org/news/press/2007_seaiceminimum/20070810_index.html. (검색일, 2010.06.21) 참조. 가장 최근의 뉴스는 Arctic Sea Ice News and Analysis를 클릭할 것. 2008년 봄의 관측에 따르면, 해빙의 두께와 넓이가 상당하게 감소했다.

9 북극곰은 멸종위기에 있다. 왜냐하면 그들은 해빙 위를 다니며 사냥을 하기 때문인데, 그 해빙이 범위와 내구성이 떨어지고, 게다가 주요 먹이인 물개들도 위기에 처해 있다. 캐나다 허드슨 만의 곰들은 불충분한 먹이로 열악한 상황에 있고, 예전처럼 많은 새끼도 낳지 않는다. 물개도 얼음을 둥지로 이용하기 때문에 해빙의 감소는 그들의 재생산에 어려움을 가중시킨다. 순록은 그들의 먹이인 이끼를 덮고 있는 눈이 쉽게 녹아 버리고, 기온변화로 내린 비가 땅위에서 딱딱한 얼음으로

화가 물리적 환경과 북극의 생물다양성(Arctic biodiversity)에 끼친 심각한 악영향은 수 천 년 동안 사냥과 어업과 목축으로 살아 온 북극의 원주민들에게도 이미 영향을 미치고 있다. 해빙이 녹음에 따라, 그들은 해빙을 사냥과 어업과 이동을 위한 수단으로 사용하기 더 어렵게 되었다. 게다가 원주민들이 수 천 년 동안 사냥해온 동물들은 숫자도 줄어들고, 자주 이동하며, 심지어 멸종위기에 있다.

뿐만 아니라 영구동토대의 해빙과 대지의 지반침하는 건물과 도로와 파이프라인과 기타 항구를 포함하는 인프라에 해를 야기한다. 얼음 속에 얼어있던 쓰레기와 오염원이 방출될 것이다. 해안지대가 침식되고 있기 때문에, 몇몇 정착촌들은 상당한 비용을 들여 내륙으로 이동해야만 할 것이다. 그러나 더 큰 변화는 경제개발과 더불어 나타날 것이다. 특히 광산, 석유가스 탐사, 늘어나는 선박통행과 산업적 어업으로 인한 변화는 클 것이다. 비록 원주민들이 이런 변화에 적응한다 할지라도, 많은 이들은 그들의 전통적인 생활방식을 상실할 위기에 처해있다.

II. 국제문제에서 북극의 위상변화

1. 북극의 국제적 위상과 지구적 이해관계

동토의 황무지로 오랫동안 잊혔던 북극이 지난 몇 십 년에 걸쳐 국제적으로 중요한 지역으로 떠올랐다. 군사적 경제적 환경적 이익과 손실의 가능성이 부상하자, 모든 북극권 국가들의 이해관계 또한 복잡해졌고, 이들 국가들은 협력할 수 있는 방법을 모색 중이다.

비록 북극권이 고유한 기후현상(예를 들면, 오로라가 불러일으킨 이온층 불규칙성)이 레이더와 기타 통신시스템을 간섭하여 민군 항공 모두를

얼면서 땅 위의 식물들을 덮어버리기 때문에 제대로 먹지 못한다. 게다가 순록의 이동패턴은 얼음의 녹음에 의해 영향을 받고 있다. 북극 식물계 또한 북쪽으로 이동해 온 곤충, 기생충, 질병에 의해 점점 더 영향을 받고 있다.

위험하게 하고, 얼음 또한 잠수함에 장애물이 되고 있지만, 북극은 여전히 군사적 측면에서 전략적 지역이다. 1960년대와 1970년대 미소의 군사 전문가들은 북극을 가장 단거리로 적의 목표물에 미사일을 날려 보낼 수 있는 외진 주변부로 생각했지만, 상대적으로 비어있는 북극 공간은 이제 핵잠수함(SSBNs)이나 장거리 크루즈 미사일(ALCMs)을 장착한 유인전폭기들을 작전운용하기에 적합한 지역이다. 따라서 특히 미국과 러시아는 북극권 항공 및 해상 방어의 추구에 관심을 가지게 되었다.

북극은 또한 앞서 언급한 바처럼 천연자원의 안정적 공급원으로서 뛰어난 이점을 가지고 있다. 알래스카의 북부경사면(North Slope)은 북미의 가장 큰 석유생산지이고, 미국의 북동부는 북부 퀘벡의 대규모 수력발전소에 전력을 의존하게 되었다. 노르웨이 북부해안지역 근처의 화석연료는 소련의 천연가스에 대한 서유럽의 의존도를 낮춰주고 있다. 북극지역은 소련과 러시아의 계획에서 훨씬 더 중요한 지역이다. 우렌고이와 얌부르그의 거대한 가스전은 화석연료 생산증대의 노력을 압도하고 있고, 시베리아의 강들을 동력화함으로써 산업용 수력발전의 선두주자로 나선 것은 바로 러시아였다.

북극해와 얼음과 대기간의 상호작용은 북반구 전체의 기후를 결정하는 핵심 결정요인이다. 멀리 남쪽에서 발생한 중금속과 기타 독극물들이 북극권의 어류와 해양포유류 그리고 먹이사슬의 연결고리에 의해 원주민 여성의 모유에까지 정기적으로 나타나고 있다.

북극권 대기는 또한 이산화탄소를 포함하는 온실가스에 특히 효과적인 저장소가 된다. 과학계 내에서 지구온난화가 50~100년 이내에 고위도 지방 대부분에서 기온을 중위도 지방보다 2~3배 상승시킬 것이라는 합의된 예측이 존재한다. 이것은 북극권의 강설과 빙하활동을 증가시켜, 전 세계적으로 해수면을 급격하게 상승시킬 것이다. 결국 온난화 경향은 북극해의 얼음과 그린란드의 만년설을 녹일 것이고, 이것은 지표면이 태양빛을 덜 반사하게 하여 온난화를 더욱 촉진시킬 것이다.

2. 갈등과 협력의 가능성

북극권 국가들이 협력에 착수함에 따라, 북극권 국제협력의 경험을 가진 실질적인 기구를 설립할 수 있었다. 이것은 과학기술적 협력에서부터 환경과 심지어 군사적 안보문제에 대한 협정에 이르기까지 다양하다.[10] 한편으로, 상대적으로 온건한 쌍무적 협정들이 있다.[11]

남극의 경험을 생각해 볼 때, 외부의 관측통들은 때때로 북극에서의 국제적 협력에 대하여 다자간의 명백하고 종합적인 합의에 초점을 맞춘다.[12] 그러나 두 극은 지리적 극 이상의 대척점을 이룬다. 비록 때때로 얼음이 육지와 바다의 경계를 가리기도 하지만, 누구도 그들의 북극권 영역에 대한 캐나다, 덴마크(그린란드), 노르웨이, 러시아, 미국의 권위에 의문을 제기하지 못한다. 반면 1959년 남극조약에 재결되었을 때, 남극에서의 영토적 주장을 제기한 어떤 국가도 현실적인 점유(effective occupancy)의 가장 느슨한 기준조차도 만족시키지 못했다.

게다가 남극은 주요 군사적 무대가 아니었다. 1959년 남극조약하의 비무장화는 단순히 압도적인 현실을 인정했을 뿐이다. 이것은 초강대국에 있어 북극의 전략적 중요성과 대비된다. 또 다른 차이는 조약 협상자들이 무시할 수 있었던 남극해의 몇몇 고래잡이를 제외하고, 1959년에

---

10 Gail Osherenko & Oran R. Young, *The Age of the Arctic Conflicts and Cold Realities* (Cambridge: Cambridge Univ. Press, 1989), chap. 9 and Epilogue.

11 예를 들면, 노르웨이와 소련(현 러시아)간 협정은 분쟁 중인 바렌츠 해의 해양자원 개발을 관할한다. 캐나다와 덴마크/그린란드 간 해양환경협력협정은 배핀 만과 데이비스 해협의 생태계를 보호한다. 다른 한편으로, 북극 관련 다양한 협정들은 그 적용범위가 훨씬 더 넓고 다자간 협정들이다. 세 가지 협정이 특히 주의를 끈다. 슈발바르 아키펠라고의 권리에 관한 협정, 북극곰의 보존을 위한 협정, 북극 물개의 보호를 위한 협정이 그것들이다. Oran R. Young & Gail Osherenko, eds., *Polar Politics: Creating International Environmental Regimes,* Ithaca N.Y.: Cornell Univ. Press, 1993. 참조.

12 남극과 관련된 국제협력의 직선적 평가는 Philip W. Quigg, *A Pole Apart: The Emerging Issue of Antarctica,* N.Y.: McGraw-Hill, 1983.과 Deborah Shapley, *The Seventh Continent: Antarctica in a Resource Age,* Washington, D.C.: Resources for the Future, 198. 참조.

남극에는 상업적 기업들이 존재하지 않았다. 북극의 석유와 가스 생산 및 기타 세계적 수준의 산업활동과 비교해 보면 남극의 대비는 너무나 명백하다. 게다가 남극 지역에는 상주 주민이 없기 때문에 외교관들과 과학자들이 지역적 반발을 고려하지 않고 지역 협력협정을 고안할 수 있었다. 그러나 북극권의 원주민들은 북극정책의 개발에 자신들의 목소리를 정당하게 요구하고 있다. 마지막으로, 남극조약은 지구촌 과학계의 이해관계로부터 발전하였다. 그것은 국제지구관측년 1957~58(International Geophysical Year)의 여파로 공식화되었고, 국제과학연맹위원회(International Council of Scientific Unions)가 남극 대륙을 과학에 헌정하기 위해 많은 노력을 기울였다.

북극관련 협력 활동도 짧지 않은 역사를 가지고 있다. 다양한 쌍무적 발의 중, 캐나다와 미국이 1988년 북극협력협정을 채결했다. 협정에 따라, 비록 양국이 캐나다 북극 아키펠라고의 바다의 법적 지위에 대해 합의하지 않은 것에 합의했지만, 미국은 캐나다에 의해 내수면(interanl waters)으로 주장되는 지역을 항해할 미국의 쇄빙선에 대한 캐나다의 승락을 얻기로 했다.[13]

소련도 1980년대 말 노르웨이, 스웨덴, 핀란드와 일련의 쌍무적 협정을 채결했다. 노르웨이와의 협정은 환경적 협력의 틀을 제공했다. 양국은 바렌츠 해의 원유 유출시 제거를 위한 조치와 콜라반도로부터 유출되는 대기 및 수질 오염에 대한 갈등 해결의 조치에 합의했다. 소련은 또한 방사능 오염물질을 야기할 수 있는 핵 사고에 대해 노르웨이에 통보하기로 합의했다. 소련과 스웨덴 간의 유사한 협약과 더불어 이 협약은 콜라반도에 있는 소련 핵발전소에 대한 염려에서 비롯되었다. 같은 기간 동안 소련의 미국, 캐나다와의 쌍무적 협상도 활동을 확대했다. 베링해와 북쪽의 이웃해 있는 축치 해의 원유 유출에 대비한 소련과 미국의 비상계획을 제시한 협정이 1989년 5월 조인되었다.[14] 1987년 이래 널리 논의된, 캐나

13 그 이래로 미국의 *Polar Star*호가 1985년 동에서 서로 항해한 자매 호인 Polar Sea호의 뒤를 이어, 캐나다의 어떤 화난 반응도 야기하지 않고 서에서 동으로 북서항로를 횡단했다.

다와의 북극협력기본협정이 1989년 11월 멀로니(Brian Mulroney) 수상의 소련방문 기간 동안 마무리되었다.

북극권 소국들 중 덴마크와 노르웨이는 그린란드와 얀 마이엔 섬 간의 해상경계선에 대한 오랜 분쟁을 해결해가고 있었다. 1988년 8월 덴마크는 국제사법재판소(ICJ)에 이 사건을 제소했고, 노르웨이는 ICJ의 재판관할권을 수용했다.

쌍무적인 발의보다 더 희망적인 것은 많은 북극의 문제들이 다자적 반응을 요구한다는 사실이 점차 인정되고 있다는 것이다. 소련의 평화지역 발의는 다른 북극권 국가들의 혁신적인 반응과 결합하여 특정 쟁점과 관련된 협정의 모음이 아니라 종합적인 국제 레짐에 대한 관심을 고조시켰다. 1987년 무르만스크 연설에서, 미하일 고르바초프는 북극협력프로그램을 제시하고, "북극과 북극권 및 모든 북방국가들이 다시는 전쟁지역(2차대전의 전역)이 되지 않도록 예방할 소련의 심오하고 명백한 이해관계"를 천명했다.[15] 그는 핵무기 없는 지역, 해군활동 제한, 자원개발 협력, 공동과학연구, 환경보호 협력, 외국선박에 대한 북방항로의 개방 등과 같은 협약의 네트워크를 주창하면서, 북극권의 원주민의 이해관계까지도 인정했다. 이어서 그 다음 해 소련은 북극을 "평화지역(Zone of Peace)"으로 선포하고 북극권 군비감축을 제안했다.

연구를 촉진하기 위한 국제북극과학위원회(IASC)의 창설도 특히 중요하다. 1984년 미국에서 채택된 북극 연구와 정책에 관한 법(Arctic Research and Policy Act)은 과학적 노력에 커다란 촉진제가 되었다. 1882~1883년과 1932~1933년의 국제극지년(International Polar Years)의 인상적인 성취에도 불구하고, 북극은 남극에서 두드러진 역할을 한 그런

14 베링해와 관련된 일련의 소련/미국 간 쌍무협정의 리뷰에 대해서는 David A. Shakespeare, "Recent US/USSR Agreement Relating to the Bering Region," *Arctic Research of the United States 5* (Fall 1991): 37-47. 참조. 북극권에서 소련의 계승자로서 러시아가 이런 협력적 벤쳐의 지속에 관심을 가질 것이라고 기대할 만한 많은 이유들이 있다.

15 이 연설의 많은 영어번역본이 입수가능하다. 인용문은 고르바초프의 연설문에서 인용한 것이다. "The North: A Zone of Peace", Ottawa: USSR Embassy, 1988.

조직된 국제 과학자 사회가 없었다. 1986년 미국에서의 회의를 시작으로, 1990년 8개 북극권 국가들의 대표들은 북극권 연구의 협력을 증진하기 위해 국제북극과학위원회(IASC)를 공식적으로 창립했다. 이 기구는 과학자 그룹에 그들의 연구를 토론하고 조정할 수 있는 포럼기구를 제공하고 국제사회에서 과학자들의 발언권을 강화시켜 주고 있다.

비록 협력의 기회가 꾸준히 증가하고 있지만, 가장 중요한 북극의 전략적 군사적 관점이 문화적 과학적 환경적 관점과 충돌한다. 군사계획가들은 북극을 무기운용의 장, 잠재적인 전장으로 본다. 이런 생각은 협동연구와 생태계 보호를 위한 노력과 충돌하고, 북극 지역을 적대적 세력 간의 전장이 아닌 삶의 터전으로 생각하는 정착 주민들에게 걱정으로 다가선다.

협력 노력 또한 쉽지 않다. 왜냐하면 어떤 국가도 일관성 있는 정책은 말할 필요도 없고 북극 문제에 대한 명백한 정책결정과정조차 없기 때문이다. 이것은 북극권 소국들이 가장 적절하게 주도권을 가지게 해준다. 여러 가지 면에서 그런 역할은 이들 국가들에 어필한다. 특히 캐나다는 그것을 매력적으로 본다. 그것은 국제사회에서 캐나다의 위상에 대한 이미지에 걸맞을 뿐만 아니라 북극권에서 강대국들 사이에 샌드위치가 될 수 있다는 두려움을 감소시켜준다.[16] 그러나 북극권 소국들의 몇몇 노력들은 특별하게 인정되거나 효과적인 것은 아니었고, 이들 국가들이 함께 리더십을 행사할 정도로 단합될 수 있는가도 의문이다.

비록 이런 장애물들이 무시될 순 없지만, 북극이 스스로 북극권 모든 국가의 정책결정자들의 관심의 대상이 되고 있다는 사실을 변화시킬 수 없다. 환경적으로 민감한 지역에서 인간활동이 늘어남에 따라 상호 이익을 증진할 뿐만 아니라 상호 손실을 회피하기 위해 인간활동을 조정할 필요가 있다. 따라서 새로운 도전은 혁신적인 정치적 생각과 효과적인

16 이런 환경 하에서 캐나다가 제안된 국제북극이사회(International Arctic Council)의 주요 옹호자가 되었다는 것은 전혀 놀랍지 않다. 이 제안의 자세한 논의는 Arctic Council Panel(Franklyn Griffiths and Rosemarie Kuptana, chairs), “To Establish an International Arctic Council: A Framework Report”, Canadian Arctic Resources Committee, 14 May 1991. 참조.

리더십을 요구하고 있다. 이런 상황 하에서 북극은 앞으로 국제협력의 새로운 접근의 장을 제공할 운명이다.

III. 북극의 쟁점들

1. 해상경계선과 관할권 문제

하나의 작은 예외를 제외하면, 북극권의 영토에 대한 주권분쟁은 없다. 그러나 해양지역 및 자원과 관련된 상황은 좀 복잡하다. 앞서 언급한 바처럼, LOSC는 해양의 분할, 자원에 대한 주권적 권리, 해양환경의 보호와 해상활동에 대한 재판관할권 행사 등에 관한 규칙을 제공하고 있다. 그러나 몇몇 경우 어업권 등 자원은 분할되지만, 해양환경의 보호와 해양생물다양성 보존은 지역적인 협력을 필요로 한다

해양의 분할은 연안 국가들이 주권적 권리를 가지는 해상지역(maritime zones) 및 해상지역 간 쌍무적 경계(bilateral maritime boundaries with other states) 그리고 바다로 이어진 대륙붕의 한계(seaward limits of their continental shelves)와 관련되어 있다. 대륙붕의 외측 한계는 국가적 관할권이 있는 대륙붕 지역(seabed areas)과 국제대륙붕관리국(International Seabed Authority)[17]이 감독하는 국제적 대륙붕 지역 간의 경계를 이룬다. 국가간 대륙붕 경계와 외측 대륙붕 경계는 북극권 국가들이 주권적 권리와 관할권이 문제가 되거나 불확실한 지역에서 자원을 채취하기 전에 경계를 확정지어야 한다.

1.1. 해양지역

LOSC하에서, 연안국들은 그들의 해안에서부터 바다 쪽으로 뻗어나간

17 국제적 해저 지역 관리 레짐은 LOSC 제11부와 1994년 7월 28일 채택되고, 1996년 7월 28일 발효된 UNCLOS 제11부의 이행과 관련된 국제협약에 규정되어 있다. 33 ILM 1309 (1994). 자세한 내용은 ISA의 홈페이지 http://www.isa.org.jm 참조.

해양지역에 대해 그들의 권리를 주장할 수 있다. 첫 번째 조치로, 연안국들은 그들의 해안선을 따라 기선을 긋고, 거기서부터 해양지역의 거리를 측정한다. 이 기선들은 해안선의 굴곡을 따라 간조점을 연결하거나, 해안이 아주 들쑥날쑥하거나 섬들이 산재해 있는 노르웨이나 캐나다의 아키펠라고 같은 지역에선 해안선의 일반적인 방향을 따라 직선기선을 그린다. 이 기선의 육지 쪽 바다는 연안국가들이 절대적인 주권을 행사하는 "내수면(internal waters)"을 이룬다[18]. 외국의 선박들은 연안국가의 허락 없이 이 내수면에 들어올 수 없다.

이 기선의 바다 쪽으로, 연안국들은 연안기선으로부터 12해리까지 영해(territorial sea), 최대 200해리까지 배타적 경제수역(EEZ, Exclusive Economic Zone)을 주장할 수 있다. 연안국들은 영해에 대해 주권을 가진다. 그러나 외국의 선박들은 LOSC 제2부의 규정에 따라 무해통과의 권리를 가진다. LOSC 제5부에 따르면, 연안국들은 배타적 경제수역 내 모든 생물자원과 무생물자원에 대한 주권적 권리를 가지고, 연안기선으로부터 200해리까지 해양환경을 보호하고 과학적 조사연구를 통제할 수 있는 관할권을 가진다.

LOSC 제 6부에 따르면, 모든 연안국들은 배타적 경제수역의 200해리까지 육지의 바다 속 연장인 대륙붕의 권리를 주장할 수 있다. 만약 실재 대륙붕이 200해리 이상 계속될 경우, 연안국들은 LOSC 제76조의 규정에 따라 육지의 자연적 연장으로서 이들 대륙붕의 자원에 대한 주권적 권리를 주장할 수 있다. 대륙붕의 자원은 광물자원(주로 석유와 가스)과 정착하는 생물종, 즉 대륙붕에 착생하는 동물을 포함한다. 외측 대륙붕에 대한 연안국가의 권리가 상층의 바다(superjacent waters)의 지위에 영향을 미치지 못하기 때문에, 이들 바다는 모든 국가들에 개방된 공해(high seas)를 이룬다.

18 LOSC의 5,7,8조. 내수면의 주권과 관련된 규정은 국제관습법(customary international law)이다.

1.2. 외측 대륙붕[19]

LOSC는 대륙붕의 외측 한계를 결정하는 법적 수단을 제공한다. 연안국은 외측 대륙붕에 대한 그들의 주장이 제76조의 규정에 적합하다는 사실을 증명할 과학적 정보를 수집해야 한다. 이 정보는 LOSC 제76조와 부속조항 II에 의해 설립된 전문과학집단인 대륙붕한계설정위원회(Commission on the Limits of the Continental Shelf, CLCS or the Commission)에 제출해야 한다. CLCS는 제출된 자료를 검토하고, 대륙붕의 외측한계지점에 대한 권고를 내린다. 그러면 연안국은 이 권고에 기초하여 대륙붕의 외측 한계를 설정한다. 이러한 절차는 국제적으로 인정되고 법적으로 구속력 있는 대륙붕의 한계를 설정하는 수단을 제공한다. 해저에 심어진 국기는 어떤 법적 효력도 없다.

2007년 여름(북극점에 티타늄 국기를 심은) 러시아의 탐험의 진짜 의도는 북극권의 외측 대륙붕에 대한 러시아의 주장을 지지해 줄 추가적인 자료를 수집하는 것이었다. 북극권 연안국들은 광물자원의 개발 목적으로 가능한 한 더 많은 대륙붕을 주장하기 위해 CLCS에 제출할 자료를 준비를 해오고 있다. 러시아는 자료를 제출한 최초의 국가로서 2001년 12월 위원회에 자료를 제출했다.[20] 제출된 자료를 검토한 후, 위원회는 북극권 중심부(the central Arctic)에 대한 러시아측 주장과 확정된 러시아의 쌍무적 해양경계선에 대한 자료보충을 요구했다. CLCS는 관련 당사국 모두의 동의가 없는 한 분쟁지역에 대한 권고를 내리지 않는다. 노르웨이는 2006년 자료를 제출했다.[21] 한편 캐나다와 덴마크는 그들의 주권 주장을 지지해줄 자료를 수집하기 위해 해저조사중이다.[22] 이 두 국가는

19 외측 대륙붕(The Outer Continental Shelf)이란 용어는 LOSC에서 사용되지 않았지만, 2006년 Barbados와 Trinidad & Tobago간 해양경계선 획정 이래, 편의상 사용되고 있다. 2006년 4월 11일 the Arbitral Award의 내용은 국제상설중재재판소(the Permanent Court of Arbitration)의 웹사이트 http://www.pca-cpa.org 참조.

20 모든 제출서류의 실무요약(executive summaries)과 타국의 빌인, 위원회의 업무를 보고한 CLCS 이장의 발인록에 대해서는 CLCS 홈페이지 http://www.un.org/Depts/los 참조

21 *Ibid.*

22 캐나다 외교국제통상부(Foreign Affairs and International Trade Canada), "International

북극해의 로마노소프 해령(the Lomonosov Ridge)이 그들의 대륙붕과 연결되어 있는 지를 확인하기 위해 공동의 북극 과학탐험으로 협력하고 있다. 한편 러시아는 이 바다 속 산맥이 러시아측 대륙붕의 자연적 연장이라 주장하고 있다.

미국은 LOSC의 조약 당사국이 아니기 때문에, 외측 대륙붕에 대한 주장을 제출할 수 없다. 그러나 2008년 초, 미국의 연구자들은 미국의 대륙붕이 이전에 측정했던 것보다 바다 쪽으로 100해리나 더 확장되어 있다고 발표했다.[23] 자신의 주장을 유지하고 기술적인 쟁점에 대한 미국의 견해를 제시하기 위해, 미국은 러시아의 주장을 포함하여 다양한 국가의 주권주장(자료)에 대해 언급한 편지를 CLCS에 보냈다.[24]

1.3. 영토와 자원 분쟁

북극에서의 유일한 영토분쟁은 단 하나이고 그것은 문자 그대로 아주 사소한 것이다. 캐나다와 덴마크는 캐나다의 엘스미어 섬과 그린란드 사이에 있는 사람이 살지 않는 작은 한스 섬(1.3㎢에 대한 주권을 주장하고 있다. 2008년 2월 18일 덴마크는 캐나다에 한스 섬 문제를 2008년 9월 UN에 상정하자고 제안했다. 한편 캐나다와 덴마크의 과학자들은 그 지역의 풍량과 조류를 연구하기 위해 한스 섬에 연합기상기지를 건설하고 있다.

노르웨이는 주권국가로서 노르웨이 북쪽 북극해의 슈발바르 아키펠라고 주변의 자원개발에 대해 아이슬란드 및 러시아와 의견일치를 보지 못하고 있다. 비록 슈발바르 제도에 대한 노르웨이의 주권이 1920년 노르

Collaboration", http://geo.international.gc.ca/cip-pic/geo/international_collaboration-en.aspx. (검색일, 2010.06.24.) 참조. 캐나다는 또한 러시아, 미국과 협력 가능성에 대해 논의했다.

23 국립해양대기청(National Oceanic and Atmospheric Administration, NOAA), "UNH-NOAA Ocean Mapping Expedition Yields New Insights into Arctic Depths", Press release, 11 February 2008, http://www.noaanews.noaa.gov/stories2008/20080211_arctic.html. (검색일, 2010.05.25.)

24 CLCS 홈페이지 http://www.un.org/Depts/los 참조.

웨이와 주변국들간의 슈발바르 조약[25]에 의해 인정되었지만, 주변국들은 이 지역에서의 사냥과 어업에 대한 동등한 권리뿐만 아니라 "자유로운 접근(liberty of access)"과 "절대적인 동등함에 기초하여 모든 해상활동과 산업활동, 광업 그리고 상업활동"을 수행할 권리를 부여받았다.

쌍무적인 해상경계선은 그들의 영해와 EEZ와 대륙붕에 대한 기본적 권리들이 중첩되는 연안국들의 해상지역을 분리시킨다. LOSC 제15, 74, 83조는 쌍무적인 협상으로 이러한 경계선들을 결정할 수 있는 기본 규칙들을 제공하고 있다. 그러나 만약 양국이 협상에서 합의를 도출시키지 못한다면, LOSC 제15부에 따라 제3자 해결을 선택할 수 있다.

캐나다와 그린란드 사이의 대륙붕 경계에 대해서는, 한스 섬과 링컨해 주변의 작은 지역을 제외하고,[26] 1973년 쌍무협정에 의해 이미 결정되었다. 그러나 유콘지역과 알라스카 연안의 뷰포트 해에서 캐나다와 미국간의 해상경계선은 여전히 분쟁중이다. 이 문제는 협상이나 LOSC 외부의 판결에 의해 결정될 수 있다.[27] 알래스카의 서쪽, 베링해협의 경계선 결정에 대해 미국과 러시아는 1990년 협정을 채결했다.[28] 그러나 그 이래

25 슈피츠베르겐 아키펠라고 조약(Treaty Concerning the Archipelago of Spitsbergen, 1920)은 1925년 2월 효력이 발생했다. 2 L.N.T.S. 7, 조약원문은 the Australian Treaty series에서도 입수 가능. http://www.austlii.edu.au/au/other/dfat/treaties/1925/10.html. (검색일, 2010.06.28.)

26 그린란드와 캐나다간 대륙붕의 한계설정에 관한 덴마크와 캐나다간의 협정(17 December 1973)은 http://www.un.org/Depts/los/LEGISLATIONANDTREATIES/PDFFILES/TREATIES/DNK-CAN1973CS.PDF (검색일, 2010. 06. 28.) 참조. 북극권의 해상경계선(Arctic boundaries)과 관련된 쟁점들에 대해서는 A.G. Oude Elferink and D. Rothwell (eds.), *The Law of the Sea and Polar Maritime Delimitation and Jurisdiction*, Hague: Martinus Nijhoff, 2001. 참조.

27 캐나다가 2003년 11월 7일 인준 선언(declaration on ratification)으로 LOSC의 판결을 거부했기 때문에, 해상경계선에 대한 법적 결정은 상호 동의에 의해서만 영향을 받을 수 있게 되었다. 캐나다의 선언문은 http://www.un.org/Depts/los/convention_agreements/convention_declarations.htm#Canada. (검색일, 2010. 06. 22.) 참조. 캐나다와 미국은 해상경계선 분쟁을 이미 국제사법재판소(International Court of Justice)에 제소한 상태이다. *Delimitation of the Maritime Boundary in the Gulf of Maine Area (Canada/United States of America), ICJ Reports,* 1984. 참조.

28 미국과 소련 간 해상경계선에 대한 협정, 29 ILM 941 (1990).

로 러시아의 하원인 국가두마(State Duma)는 인준을 거부하고 있다. 더 서쪽으로 이동하면, 노르웨이와 러시아간 바렌츠 해의 해상경계선도 여전히 협상 중에 있다. 2006년 노르웨이가 외측 대륙붕 지역에 대한 자국의 주권을 CLCS에 제소하자, 러시아는 이에 대한 대응으로 위원회가 그 자료를 검토하는 것을 반대하지 않는다는 편지를 보냈다.[29] 이것은 외측 대륙붕 한계가 양국 간 해상경계선이 결정되기 이전에 결정될 수 있다는 뜻이다. 노르웨이 본토로부터 서쪽으로 어느 정도 거리에 있는 얀 마이엔 섬과 그린란드간의 해상경계선은 1993년 ICJ에서 결정되었다.[30] 덴마크/그린란드는 노르웨이와 그린란드와 슈발바르 제도 간 해상경계선에 대한 협정을 채결했다.[31] 아이슬란드와 그린란드 그리고 얀 마이엔 섬 간의 경계선도 확정되었다.[32]

2. 자원과 개발 그리고 환경

기후 온난화로 해빙과 동토와 빙하가 녹자, 북극에 기회가 왔다. 세 가지 주요 경제개발이 있다. 첫째, 특히 근해에서의 광물자원의 개발, 둘째, 캐나다 쪽 북서항로(Northwest Passage)와 러시아 북측 북방루트(Northern Sea Route)를 통한 일반화물선과 유조선 및 자원개발 관련 특수선박의 운항, 셋째, 어군의 북방이동으로 인한 산업적 어업 증가.

이미 알래스카, 캐나다, 러시아측 북극권의 육지와 연근해의 주요 유전

29 2007년 2월 21일자 편지, CLCS 홈페이지 http://www.un.org/Depts/los 참조.

30 *Maritime Delimitation in the Area between Greenland and Jan Mayen* (*Denmark v. Norway*), ICJ Reports 1993.

31 노르웨이와 덴마크/그리란드자치정부 간 협정(Agreement between the government of the Kingdom of Norway and the Government of the Kingdom of Denmark together with the Home Rule Government of Greenland, 20. Feb.2006), http://www.un.org/Depts/los/LEGISLATIONANDTREATIES/STATEFILES/DNK. (검색일, 2010.06.22.) 이에 대한 자세한 분석은 A. G. Oude Elferink, "Maritime Delimitation Between Denmark/Greenland and Norway", *Ocean Development and International Law*, 375-80 (2007). 38 참조.

32 아이슬랜드와 얀 마이엔(Jan Mayen) 사이의 대륙붕 지역에 대한 아이슬랜드와 노르웨이 간의 협정(28 May 1980), 20 ILM 797 (1981).

과 가스전이 개발되고 있기 때문에 북극권 국가들은 얼어 있는 바다 밑에 또 다른 매장량을 기대하고 있다.[33] 2000년, 미국의 지질조사국(the US Geological Survey, USGS)은 세계의 석유와 가스 매장량의 25%가 북극해에 있다고 추정했다. 2007년 보완된 자료를 기초로 새로운 조사가 진행되었고, 그 결과도 발표되었다.[34] 최근에 얼음이 녹기 전까지만 해도, 영구해빙 아래의 연해 매장량은 개발과 수송이 어려웠다. 그러나 얼음이 녹자, 광물자원에 대한 접근이 더 용이해졌고, 원유의 해운수송이 훨씬 더 쉬워졌다. 유정굴착기가 설치되고 공급품과 서비스가 배로 운송되고, 석유가 시장으로 운송되면, 개발 활동이 더욱 촉진될 것이다.

그러나 북극판 "골드 러시"는 몇몇 사람들이 기대하는 것만큼 조만간에 실현되진 않을 것이다. 왜냐하면 대부분의 매장량이 원유가 아니고 가스이고, 굴착장비를 얼지 않게 유지하는 기술이 아직 개발되지 않았기 때문이다. 게다가 석유와 가스의 개발 확대는 우발적 사고를 통해 환경을 훼손하거나 토착 동식물계를 교란시킬 수 있다는 염려는 적어도 환경영향평가를 받지 않은 상업적 개발을 지연시킬 수 있다.

북서항로(NWP)는 캐나다 본토의 북쪽에 있는 캐나다 북극 아키펠라고의 섬들을 관통하여 대서양에서 태평양으로 가는 해상 루트를 말한다. 최근까지 이 항로는 해빙으로 항상 봉쇄되어 있었고, 항해가 거의 불가능했다. 그러나 2007년 9월 이 항로가 여러 주 동안 얼음이 완전히 없는 바다가 되었다. 만약 여름기간 동안 북서항로가 상시적으로 얼음이 없게 된다면, 이 항로를 지나가는 선박들은 파나마 운하를 거치는 기존의 항로와 비교할 때 상당한 량의 시간, 연료, 돈을 절약할 수 있게 된다.[35]

33 현재와 미래에 가능한 개발과 환경적 영향에 대한 자세한 내용은 *Arctic Oil and Gas 2007*, Arctic Monitoring and Assessment Programme (AMAP), commissioned by the Arctic Council, http://www.amap.org. (검색일, 2010.06.22.) 참고.

34 USGS Energy Resources Program에 대해서는 http://energy.usgs.gov.arctic/. 참조.

35 반면 과학자들과 선박 전문가들은 북극이 다가오는 얼마간의 기간 동안 여전히 항해에 위험할 것이라고 경고했다. 매년 얼음의 상태에 커다란 변화가 있고, 오래된(multi-year) 얼음이 항로로 떠내려 올 수 있기 때문이다. 다년 얼음은 초년 얼음보다 더 두껍고 단단하기 때문에 고마력의 쇄빙선박을 제외하고 어떤 선박이든 가로 막을 수 있다. 게다가 특히 얼음층과 빙하가 녹고 부서짐에 따라,

미국은 북서항로(NWP)가 모든 국가가 이용 가능한 국제해협(international strait)이라 주장하는 반면, 캐나다는 자국 섬 사이의 바다에 대해 내수면(internal waters)의 법적 지위를 주장하고 있다.[36] 이것은 캐나다가 완전한 주권을 향유하고, 모든 외국의 선박들은 캐나다의 허락을 받아야만 해협으로 들어갈 수 있다는 것을 의미한다. 게다가 만약 북서항로가 캐나다의 내수변이 된다면, 국제적 규정과 표준보다 더 엄격한 환경보호 규칙을 포함하여 캐나다의 법률이 적용되게 된다. 1970년 캐나다는 북극해오염방지법(Arctic Waters Pollution Prevention Act)을 채택했다.[37] 이 법에 따르면, 캐나다는 해안으로부터 100해리까지 환경보호를 위한 특별조치를 취할 수 있는 권한을 가지게 된다. 비록 미국이 LOSC 협상기간 동안 이 법에 대해 항의했지만, 캐나다, 미국, 소련(현 러시아)은 EEZ내 얼음으로 덮여 있는 지역의 해양환경을 보호하기 위해 특별조치를 취할 수 있는 관할권을 연안국가에 부여하는 LOSC 제234조를 함께 만들었다. 그러나 그러한 조치는 "항해와 관련된 것"에 국한된다. 정확하게 이것이 의미하는 바는 명백하지 않다.

러시아의 북쪽 북극해에는 서쪽의 노바야 제믈랴 섬에서부터 동쪽의 베링해협까지 벋어 있는 북방항로(NSR, Northern Sea Route or the Route)가 있다. 현재 북방항로는 북방도시들에 필수품을 공급하고, 석유와 가스 설비를 수송하는 지역 선박들이 주요 이용하고 있다. 얼음이 없는 시기가 길어짐에 따라, 태평양에서 북해 또는 대서양까지의 선박항해에 이용될 수 있다. 장거리로 석유와 가스를 수출하는 유조선들에게 편리하다. 1991

많은 빙산이 생겨날 수 있다. 그 결과 향후 몇 년 간은 북극의 항해는 더 위험해질 수 있다. National Research Council Canada, *Safe Northern Passage*, January 2007, http://www.nrc-cnrc.gc.ca/highlights/2007/0701passage_e.html. 항해전문가들의 견해는 *Fairplay*, 3 April 2008. 참조

36 1987년 5월 21일 캐나다 외무부 법률국(the Legal Bureau of the Canadian Department of External Affairs)의 선언은 5월 25일의 *Canadian Yearbook of International Law* (1987). p. 406. 참조. 가장 최근 캐나다군은 그 때 이래로 북서항로를 "캐나다 내수면 Canadian Internal Waters"으로 언급하고 있다. *Can West News Service*, 9 April 2008, http://www.canada.com/ (검색일, 2010. 06. 22.).

37 *Statutes of Canada,* Chap. 47, 18-18 Eliz. II, 1969–0.

년 러시아 정부는 공식적으로 북방항로를 외국선박에 공개했고, 2007년 이 루트를 재개하기로 결정했다.[38]

미국은 북서항로(NWP)와 북방항로(NSR) 모두 LOSC 제3부 제34조와 45조에 의해 통과가 규정된 국제해협이라 주장하고 있다. 다시 말하면, "국제적 항해를 위해 이용되는 해협에서의" "통과(transit passage)"라고 명명된 이들 규정은 모든 국가들의 선박에 지체 없는 항해와 영공 통과의 자유(freedom of navigation and overflight)를 제공하고 있다. 연안국은 영해 통과보다 국제해협의 통과에 대해 훨씬 더 제한된 통제권만 행사할 수 있다.

그러나 진짜 문제는 개발로 인한 인간 활동의 증가로부터 연약한 북극의 환경을 보호하는 것이다. 육상의 석유와 가스 개발 확대와 해상의 새로운 개발은 원유굴착기의 건설과 작동과정에서 우발적 기름유출과 작동 오염 그리고 일반적인 교란에 의해 심각한 환경적 부작용을 야기할 수 있다.[39] 북극의 해양환경에서, 대규모 원유유출은 가장 위협적인 것으로 인식되고 있는 데, 그 이유는 정화하기가 불가능한 것은 아니지만, 아주 어렵고, 약간의 확산된 유출만으로도 심각한 악영향을 미치기 때문이다. 이런 연약한 북극의 환경적 취약성으로, 대규모 원유유출의 영향은 북극의 생물종과 생태계에 치명적이다. 1989년 알래스카의 액슨 발데즈호(the Exxon Valdez)의 원유유출 사고의 영향력에 대한 연구조사 결과, 해양 생물과 생태계에 대한 원유유출의 악영향은 수십 년간 지속된다는 사실이 밝혀졌다.[40]

게다가 원유유출이나 작업상의 오염, 외래종의 유입, 이동하는 야생동물의 방해, 서식지 파괴와 소음 등으로 아주 민감한 환경을 훼손할 수 있는 선박통행의 증가에 더해, 남획, 특히 바다 새의 남획, 해양에 버려진

38 예를 들면, "Russia set to overhaul its Arctic fleet", Russian News and Information Agency, 09/04/2007, http://en.rian.ru/analysis. 참조.

39 "Arctic Oil and Gas 2007", USGS Energy Resources Program http://energy.usgs.gov.arctic/ 참조.

40 *Ibid.*

그물의 잔해, 서식지 파괴, 저인망 어업과 같은 다양한 파괴적 어업관행 등의 통제되지 않는 어업행위도 궤적을 남기는 또 다른 형태의 손해를 야기할 수 있다. 어군을 따라 북상한 기업적 어업은 해양 환경과 해양 생물종 다양성에 최대의 잠재적 위협으로 인식되고 있다.

IV. 국제적 협력의 가능성과 북극해 거버넌스

많은 비평가들은 남극조약과 유사한 조약이 북극의 환경보호와 천연자원의 지속가능한 개발에 초점을 맞춘 법적 구속력이 있는 레짐을 수립하기 위해 고안될 필요가 있다고 주장한다.[41] 다른 이들은 현존하는 도구들로 충분하며, 법적으로 구속력이 있는 조약은 체결되기 어렵다고 생각한다.[42]

1. 현존하는 북극의 레짐

현재 북극에는, 북극권 8개국에 의해 창설된 포럼형식의 북극위원회(the Arctic Council)가 북극관련 모든 쟁점들, 특히 환경보호, 지속가능한 개발, 원주민들의 권리 등을 논의하고 있다.[43] 게다가 현재 북극을 관할하

41 예를 들면, 다양한 제안에 대한 논의는 다음의 자료를 참조. T. Koivurova and D. Vanderzwaag, “The Arctic Council at 10 Years: Retrospect and Prospects”, (2007) 40 *U.B.C. Law Review* 121; T. Koivurova, “Alternatives for an Arctic Treaty—Evaluation and a New Proposal”, (2008) 17 *RECIEL* 14–6; R. Rayfuse, “Melting Moments”, (2007) 16 *RECIEL* 196–16; “Protecting Marine Biodiversity in Polar Areas Beyond National Jurisdiction”, (2008) 17 *RECIEL* 3–3. 두 개의 다른 제안은 법적인 관점에서 약간 혼란스럽다. WWF, “a new sea”, (2007), http://www.panda.org/arctic/; B.G. Sobel, I. Smith and A. Rosencranz, “The Melting and Partitioning of a Global Commons”, *Environmental Policy and Law* (2007) 37/6 467–70.

42 예를 들면, H. Corell, “Reflections on the Possibilities and Limitations of a Binding Legal Regime for the Arctic”, *Environmental Policy and Law* (2007) 37/4 321–24.

43 *Joint Communique and Declaration on the Establishment of the Arctic Council*(1996), 35 ILM 1382. 참조

는 전체적인 국제적 법적 레짐이 존재하지 않지만, 환경파괴의 다양한 활동 및 원인과 관련하여 북극에 적용할 수 있는 많은 지구적 환경협약과 해양협약들이 있다. 특히 앞서 언급한 바처럼, LOSC는 해양 경계선, 외측 대륙붕에 대한 권리 주장, 자원에 대한 주권적 권리, 해양환경의 보호 등과 관련된 규칙을 제공하고 있다. 현재 상원이 인준을 고민하고 있는 미국을 제외하고, 모든 북극권 국가들이 LOSC의 조약당사국들이다.

북극과 관련하여 많은 국제협약들[44]과 구속력이 없는 도구들이 있다.[45]

2. 모델로서 지역 해양/어업 협정과 남극조약

지역적 해양 협정과 어업 협정의 형태로, 해양문제를 다룰 북극의 지역적 협정을 위한 다양한 선례와 모델들이 이미 존재한다.

2.1. 지역 해양협정

LOSC 제 12부를 지역적 차원에서 이행하기 위해, 국가들은 많은 지역

44 기후변화에 관한 유엔 기본협약(UN Framework Convention on Climate Change, 일명 리우환경협약); 생물다양성협약(Convention on Biological Diversity, CBD); 국제해사기구(IMO)가 채택한 광범위한 협약과 도구들(instruments); 1972년의 런던협약(London <Dumping> Convention)과 1996년의 프로토콜; 멸종위기종의 국제무역에 대한 협약(Convention on International Trade in Endangered Species, CITES); 잔류성유기오염물질에 관한 스톡홀름 협약(Stockholm Convention on Persistent Organic Pollutants, POPs); 국제적으로 보호가치가 있는 습지에 대한 람사총회(Ramsar Convention on Wetlands of International Importance).

45 2002년 지속가능한 개발에 관한 세계정상회의(World Summit on Sustainable Development); 요하네스버그 이행계획(Johannesburg Plan of Implementation); 1992년 UN환경개발회의(UN Conference on Environment and Development)에 의해 채택된 원칙선언과 에젠다 21; 육상활동으로부터 해양환경을 보호하기 위한 세계 행동 프로그램(Global Programme of Action for the Protection of the Marine Environment from Land-based Activities). 2006년 9월 21-22일 노르웨이 아렌달(Arendal)에서 개최된 세미나, 『다자간환경협정과 북극 Multilateral Environmental Agreements and their relevance to the Arctic』에 제출된 목록 참조. http://polar.grida.no/activities.cfm?pageID=5. (검색일, 2010.06.09)

적 해양 협정/행동계획을 체결했다.[46] UNEP의 후원 아래 수립된 13개 지역해양프로그램[47]에 140개국 이상이 참가했다: 뿐만 아니라, 남극해, 발트 해, 카스피 해, 북동대서양 지역의 독립적인 프로그램들도 있다.

대부분의 지역 협정들은 LOSC 제 12부에서 요구하는 환경보호의 다양한 측면을 다루는 부속서 또는 프로토콜을 가지고 있고, 어떤 협정들은 인간활동을 관리하고, 생물종다양성과 해양환경을 보호하기 위해 생태시스템적 접근법을 취하고 있다.

아마도 미래 북극 레짐의 영감을 제공할 가장 적절한 지역적 도구는 북동대서양해양환경보호협약(Convention on the Protection of the North-East Atlantic, OSPAR)[48]이다. 게다가, OSPAR의 지리적 범위가 북극에까지

46 더 자세한 내용과 협정 사이트들에 대해서는 UNEP 웹사이트 http://www.unep.org/regionalseas/ 참조. 협정은 다음과 같은 것들이 있다: ①Convention for the Protection of the Marine Environment and the Coastal Region of the Mediterranean (Barcelona Convention); ②Convention for the Protection and Development of the Marine Environment of the Wider Caribbean Region; ③Convention for the Protection, Management and Development of the Marine and Coastal Environment of the Eastern African Region; ④Convention for Co-operation in the Protection and Development of the Marine and Coastal Environment of the West and Central African Region; ⑤Convention on the Protection of the Black Sea Against Pollution; ⑥Convention for Cooperation in the Protection and Sustainable Development of the Marine and Coastal Environment of the Northeast Pacific; ⑦Regional Convention for the Conservation of the Red Sea and Gulf of Aden Environment; ⑧Kuwait Regional Convention for Cooperation on the Protection of the Marine Environment from Pollution; ⑨Convention for the Protection of the Marine Environment and Coastal Areas of the South-East Pacific; ⑩Convention for the Protection of Natural Resources and Environment of the South Pacific Region; ⑪Antarctic Treaty, ⑫Protocol on Environmental Protection to the Antarctic Treaty, ⑬Convention on the Conservation of Antarctic Marine Living Resources; ⑭Convention on the Protection of the Marine Environment of the Baltic Sea Area (Helsinki Convention); ⑮Convention for the Protection of the Marine Environment of the North-East Atlantic (OSPAR Convention).

47 흑해, 캐러비안 해, 동아프리카 해, 동아시아 해, ROPME 해상지역, 지중해, 북동태평양, 북서태평양, 홍해와 아덴만, 남아시아 해, 남동태평양, 태평양, 서아프리카 및 중앙아프리카 해.

48 북동대서양해양환경보호협약(Convention for the Protection of the Marine Environment of the North-East Atlantic)(Paris), 22 September 1992, 21 *International Legal Materials* 1068 (1993); 더 자세한 내용은 http://www.ospar.org 참조. 배경에 대해서는 L.

확대되기 때문에, 새로운 북극 레짐과의 협력은 필수적인 것이 될 것이다. OSPAR협약은 지역적 해양 협정 중 가장 발전된 것 중 하나이다. 핵심 협약은 일반적 의무규정과 원칙(principles) 및 5개의 부속조항을 포함하고 있다.[49]

2.2. 국제 어업협정

LOSC와 UN공해어족보존관리협정(UN Fish Stocks Agreement, UNFSA)[50] 그리고 FAO책임어업행동규칙(FAO Code of Conduct for Responsible Fisheries)[51]은 모두 지역 어업협정과 지역 수산관리기구협정(Regional Fisheries Management Organisations, RFMOs).[52]을 통해 국제어업을 보존하고 관리하고 있다. LOSC 제 63조와 64조의 이행을 위한 세부규칙을 제공하기 위해 고안된 UNFSA는 그것의 이행을 위해 지역 어업

de La Fayette, "The OSPAR Convention Comes into Force: Continuity and Progress", (1999) 14 *International Journal of Marine and Coastal Law* 247-97. 참조.

49 부속조항은 다음과 같다: 1) 육지 오염원(landbased sources)으로부터 오염의 예방 및 근절, 2) 무단방류(dumping) 및 소각(incineration)으로 인한 오염의 예방 및 근절, 3) 연해 오염원(offshore sources)으로부터 오염의 예방 및 근절, 4) 해양환경 평가(the assessment) 5) 해양의 생태계와 생물종다양성 보호 및 보존. OSPAR협약의 이행은 OSPAR 위원회(Commission)와 생태 시스템적 접근법에 따라 작업하고 있는 하부 그룹들(subsidiary groups)에 의해 수행되고 있다. 한편 OSPAR는 다음의 주제들에 대해 6가지 전략을 채택했다: 해양 생물종다양성과 생태계의 보호 및 보존, 부영양화, 위험물질, 연해 석유가스산업, 방사능 물질, 감시 및 평가.

50 1995년 12월 4일 조인되고, 2001년 12월 11일 국제적으로 발효한 경계왕래어족 및고도회유성어족보존과관리에관한 UN해양법협약(UNCLS) 조항의 이행을 위한 협정(Agreement for the Implementation of the Provisions of the United Nations Convention on the Law of the Sea relating to the Conservation and Management of Straddling Fish Stocks and Highly Migratory Fish Stocks), (일명, 유엔공해어업협정) 34 ILM 1542 (1995). 자세한 내용과 본문에 대해서는 www.un.org/Depts/los. 참조.

51 UN공해어족보존관리협정(UNFSA)과 FAO이행협정(the FAO Compliance Agreement) 및 FAO책임어업행동규칙이 본문은 Food and Agricultural Organization of the United Nations, *International Fisheries Instruments with Index*, Division for Ocean Affairs and the Law of the Sea, United Nations, New York, 1998. 참조. FAO의 도구(instruments)에 대해서는 http://www.fao.org/fi. 참조.

52 지역어업협력조직(regional fisheries bodies)의 리스트 및 성격에 대해서는 FAO Fisheries Division의 웹 사이트 http://www.fao.org/fi. 참조.

협정에 의존하고 있고, 지역 어업협정의 체결과 작동을 위한 상당한 가이드를 제공하고 있다. 이들 협정들은 참치와 같은 특수어종이나 특정지역 내 모든 어종에 역점을 두고 있다. UN총회는 회원국들이 지역 어업관리 협정들이 존재하지 않는 지역에 새로운 RFMOs을 수립하고, 지역 어업관리협정들이 존재하는 지역에서는 생태 시스템적 접근과 예방적 접근법을 취하고, 파괴적인 어업관행으로부터 생물종다양성을 보호하기 위해 기존 RFMOs의 권한을 강화하도록 독려했다.[53]

2.3. 남극조약 시스템

여러 개의 도구들로 구성된 남극조약 시스템(The Antarctic Treaty System)은 적어도 일반원칙과 포함되는 쟁점들의 수준에서 북극 조약에 영감을 줄 수 있다. 그러나 남극의 지리적 정치적 상황은 북극과는 아주 다르고, 그 시스템은 수년에 걸쳐 특별 위원회(ad hoc) 형식으로 발전하여 왔다. 지리적으로, 북극은 얼음으로 덮혀 있는 거대한 땅덩어리가 바다에 의해 둘러싸인 남극의 정반대에 위치한다. 비록 남극 육지의 대부분에 대한 주권이 여러 국가들에 의해 제기되었지만, 이런 주장들은 일반적으로 인정되지 않았고, 남극조약에 의해 "동결(frozen)" 되었다. 남극조약은 60° S까지의 주변 바다를 포함한 지역에 대한 법적인 레짐을 이루었다. 북극과의 차이점은 남극에는 상주하는 원주민이 없고, 1991년 환경보호에 대한 마드리드 프로토콜에 의해 광물자원의 개발이 금지되어 있다. 그러나 대륙붕의 외측 한계에 대한 주권주장과 관련된 법적인 상황은 여전히 불명확하다.

남극조약 시스템(ATS)은 다음과 같은 것들을 포함한다: 남극조약(Antarctic Treaty, 1959);[54] 남극물개보존협약(Convention for the Conservation of Antarctic Seals, CCAS, London, 1972); 남극해양생물자원보존협약

53 UNGA Resolution 62/177은 2007년 12월 18일 채택되었다; 또한 paras 5, 82, 85, and 93 참조; http://www.un.org/Depts/los.

54 1959년 12월 1일 워싱턴에서 채결, 1961년 6월 23일 효력 발생. 402 *UNTS* 71 165.

(Convention on the Conservation of Antarctic Marine Living Resources, CCAMLR, Canberra, 1980);[55] 북극조약의 환경보호에 대한 프로토콜(Protocol on Environmental Protection to the Antarctic Treaty, Madrid, 1991).[56]

남극조약은 남극이 평화로운 목적으로만 이용되고, 과학적 연구를 촉진하는 것이 그 주된 목적이라는 사실을 보장했다. 전체 레짐을 관통하는 원칙들은 남극의 거버넌스, 환경보호, 자연자원의 보존과 과학연구 등을 위한 당사국들 간의 협력이다. 많은 조치와 결정들이 조약당사국들에 의해 남극지역의 해양환경을 포함한 환경보호를 목적으로 하는 격년간(나중에는 매년) 회의에서 채택되었다.

ATS로부터 새로운 북극레짐을 위해 취해질 수 있는 아이디어들은 과학연구의 중요성, 자연자원을 보존할 필요성, 마드리드 프로토콜의 환경보호 원칙들, 남극해양생물자원보존협약에서 처음으로 조약형태로 포함된 생태 시스템적 접근법 등이다.

3. 새로운 레짐으로서 북극조약의 기초들

3.1. 북극위원회

북극위원회(The Arctic Council)는 1996년 오타와 선언에 의해 6개 원주민 협회(영구회원)를 포함하여 북극권 8개국들 간 토론과 협력을 위한 포럼으로서 창설되었다. 이 위원회는 국제조직이 아니기 때문에 법적으로 구속력 있는 결정을 채택할 권한이 없다. 매 2년마다 순환 의장국에서 각료회담(Ministerial meetings)이 열리고, 상설 사무국은 없다. 북극위원

55 1980년 5월 20일 캔버라에서 채택되고, 1982년 발효됨. 19 *I.L.M.* 841. 본문과 자세한 내용은 남극해양생물자원보존위원회(the Commission for the Conservation of Antarctic Marine Living Resources) 웹 사이트 http://www.ccamlr.org. 참조.

56 1991년 10월 4일 마드리드에서 채택되고, 1998년 1월 14일 발효된 환경보호프로토콜(Protocol on Environmental Protection). 30 *ILM* 1461 (1991) 335, 343, 358. 남극조약시스템(the Antarctic Treaty System)에 대한 최근의 재평가는 G. Triggs and A. Riddell, (eds.) *Future Challenges for the Antarctic Treaty Regime*, London: British Institute of International and Comparative London Law, 2007. 참조. 이 책은 부록에 ATS 도구들에 대한 설명이 있다.

회 산하에는 6개의 실무그룹이 있다.[57]

앞서 언급한 바처럼, 북극위원회는 북극기후변화의 영향을 연구하는 기념비적인 북극기후영향평가(ACIA, Arctic Climate Impact Assessment)를 발족시켜, 석유와 가스, 생물종다양성, 항해에 대한 영향을 포함하여 기타 수많은 평가와 더불어 그것을 추진해 오고 있다. 위원회는 또한 다양한 행동계획과 가이드라인을 채택했다. 많은 과학연구 프로그램이 진행 중에 있고, 위원회는 다른 조직들과도 어느 정도 협력하고 있다. 그러나 자금과 확고한 법적 구조와 상설 사무국의 부재로 업무는 분절되고 어려움에 처해 있다.[58]

3.2. 항해와 국제해사기구

국제 해운활동을 다루는 UN의 특별기구인 IMO(International Maritime Organization)는 해상운송의 안전과 해양환경의 보호 문제를 다룰 40개 이상의 도구를 채택했다.[59] 운송규정은 모든 대양과 바다에서 동일해야 하고, 모든 국가와 선박들을 구속해야 하기 때문에 국제적 수준에서 채택되어야만 한다. 그러나 해양환경을 보호하기 위한 조치는 해양환경 자체의 민감성과 운송의 특성 및 량 때문에 특별한 보호를 필요로 하는 지역에서 더 엄격하다. 그러한 보호조치는 국제선박오염방지협약(International Convention for the Prevention of Pollution from Ships, MARPOL)하의 특

57 북극오염물질행동계획(Arctic Contaminants Action Plan, ACAP), 북극감시평가프로그램(Arctic Monitoring and Assessment Programme, AMAP), 북극동식물계보존(Conservation of Arctic Flora and Fauna, CAFF), 긴급예방대비대응(Emergency Prevention, Preparedness and Response, EPPR), 북극해양환경보호(Protection of the Arctic Marine Environment, PAME), 지속가능개발실무그룹(Sustainable Development Working Group, SDWG).

58 북극위원회의 기능에 대한 평가와 비판은 T. Koivurova and D. Vanderzwaag, "The Arctic Council at 10 Years: Retrospect and Prospects", (2007) 40 *U.B.C. Law Review* 121. 참조.

59 도구와 회담의 정리를 포함하여 기타 자세한 내용은 IMO 웹사이트 참조. http://www.imo.org. 참조. IMO의 서류들은 기밀로 취급되어 있어, 회람(circulars)을 제외하고 일반인들이 온라인으로 입수할 수 없다.

별지역에 의해 그리고 특별하게 민감한 해양지역을 위한 가이드라인 (Guidelines for Particularly Sensitive Sea Areas, PSSAs)[60]을 통해 제공된다. 남극해, 발트 해, 북서유럽 연안 바다, 기타 바다들이 특별지역들이고, 전 세계에 걸쳐 많은 PSSAs가 지정되고 있다.[61]

2002년 12월, IMO는 얼음이 덮인 북극해 지역에서 활동하는 선박의 가이드 라인(*the Guidelines for Ships Operating in Arctic Ice-Covered Waters*)[62]을 채택했다. 이것은 현재 업데이트 중이고, 남극 주변의 바다까지 확장하여 포함시켰다. 비록 선박 건조와 안전 문제에 초점이 맞춰져 있지만, 가이드 라인은 환경적 악영향을 미칠 수 있는 사건을 미리 예방함으로써 환경을 보호할 수 있도록 도움을 준다. 2008년 4월 4일, IMO는 UN에 의해 제안된 빙설조건하의 원유유출 대응(*Oil Spill Response in Ice and Snow Conditions*)이라는 가이드 라인의 작업을 개시하겠다고 결정했다.[63]

V. 갈등과 협력의 미래

지난 2년 간 해빙과 빙하의 녹는 속도가 가속화되자, 북극의 해양환경도 위기 상황에 이르렀다. 이제는 모두의 관심사인 해양환경문제를 다룰 완전한 국제기구의 창설이나 지역 해양협정의 체결을 통해 북극해의 해

60 해양환경 보호와 관련된 IMO의 작업에 대한 내용은 L. de La Fayette, "The Marine Environment Protection Committee: Conjunction of the Law of the Sea and International Environmental Law", *International Journal of Marine and Coastal Law* 16, 2001, pp. 163-34,와 2007년 이 분야의 IMO의 작업을 축하하기 위해 IMO 사무국이 준비한 종합 리뷰 "IMO's response to current environmental challenges", *IMO News*, Issue 2, 2007, pp. 14-9. 참조.

61 IMO Doc MEPC 57/7/1 and Corr.1은 2008년 4월까지 채택된 PSSAs 리스트를 포함하고 있나.

62 자주 "The Polar Code"로 살못 언급되고 있는 IMO circular MSC/Circ.1056—EPC/ Circ. 399.은 IMO 웹 사이트 참조.

63 IMO Docs MEPC 57/6 and MEPC 57/WP.10. 2008년 4월 해양환경보호위원회(the Marine Environment Protection Committee)의 세 57자 회기 보고서.

양 거버넌스를 강화할 시점이다.

새로운 협정은 북극위원회의 맥락 내에서 협상될 수 있고, 북극위원회의 책임, 실무그룹, 회원국을 떠맡을 수 있다. 다른 지역협정과 마찬가지로, 새로운 북극조약은 상설 사무국과 상설 예산안을 가지고, 권고와 결의안뿐만 아니라 구속력 있는 결정을 취할 수 있어야 한다. 모든 문제를 법적으로 구속력 있는 구조 내에 통합시키는 것은 지속가능한 개발의 종합계획 수립을 촉진하고 그것의 이행에 도움을 준다.

북극권 국가들 간의 관계는 결코 많은 이들이 생각하는 것처럼 부정적이지 않다. 더 일반적으로, 이미 북극에서 상당 부분의 협력이 이루어지고 있다는 사실을 언급할 필요가 있다. 군사적 갈등이나 영토와 자원을 둘러싼 분쟁의 가능성은 지나친 상상이다. 각국은 그들간 경계선의 많은 부분에 합의했고, 나머지 부분에 대해서도 논의 중이다.[64]

게다가 잠재적으로 훨씬 더 많은 북극의 쟁점들에 해결책을 제공할 확고한 법률적 구조가 존재한다. 해양 경계선과 대륙붕의 외측한계를 설정할 원칙들과 규칙들이 '해양의 헌법'이라 할 수 있는 LOSC에 규정되어 있고, 관련국 모두도 그런 루트를 따르고 있다.

이것은 LOSC 제12부의 일반원칙뿐만 아니라 사전예방적 접근법과 생태 시스템적 접근법을 포함하는 UU공해어족보존관리협정(UNFSA)의 일반원칙을 반복하는 북극지역 해양협정의 완성을 필요로 한다. 북극지역 해양협정은 다른 협정들에서 통상 다루는 문제들, 예를 들면, 감시, 환경영향평가, 육지에 근거를 둔 활동, 쓰레기 관리, 해양 방류, 비상계획과 비상대응, 석유가스 개발의 환경적 영향, 대기오염과 잠재적 생명공학 등을 포함하는 부속서와 프로토콜에 규정된 특정조치를 포함해야 한다.

64 캐나다와 덴마크는 한스 섬에 대한 주권분쟁을 논의 중이지만, 이미 한스 섬을 포함하여 대륙붕의 외측 한계까지 조사할 과학 프로젝트에 상호 협력하고 있다. 캐나다 또한 대륙붕 조사에서 러시아와 미국과의 협력을 제안했다. 러시아는 CLCS가 노르웨이의 바렌츠 해의 해상경계선 주장에 대한 판단을 이끄는 데 동의했다. 북서항로의 항해문제는 해결된 것은 아니지만, 1988년 미국과 캐나다의 양보협정에서 안정화되었다. 캐나다-미국 북극협력협정(Canada-U.S. Agreement on Arctic Cooperation, 11.Jan.1988), C.T.S. 1988/29.

과학연구의 지속적 협력과 관련된 규정도 중요하다.

기후변화로 북극에 위기가 찾아왔고, 자원과 항로의 개발에 따라 환경과 해양 생태계를 보호할 긴급행동이 요구된다. 북극해와 공통의 도전을 공유한 북극권 국가들은 이미 상당한 정도 협력하고 있고 또 적절한 협력의 원칙들과 선례가 존재한다. 이제 남은 것은 새로운 지역 해양협정과 북극의 지속가능한 발전을 위한 노력을 조직화하고 공고화할 정치적 의지만 찾으면 된다.

마지막으로 북극과 관련된 한국의 가능성은 다음과 같은 것들이 있다. 첫째, 북극해의 얼음이 녹고 대형 화물선과 유조선 등의 항해가 가능해짐에 따라 물류부분의 가능성이다. 러시아측 북동항로와 캐나다측 북서항로는 러시아와 유럽 및 북미로의 경제적 물류루트를 제공해 준다. 둘째, 북극권의 육지 및 해상의 자원개발 및 인프라 구축의 협력가능성이다. 세째, 조선강국으로서, 특히 쇄빙선 관련 기술은 북극의 새로운 가능성을 열어준다. 마지막으로, 과학연구 분야에서 남극의 세종과학기지와 앞으로 건설할 제2 장보고기지처럼 노르웨이 슈발바르 제도의 슈피츠베르겐섬에 위치한 북극 다산기지는 과학기술분야에서 한국의 새로운 가능성을 보여줄 것이다.

참고문헌

기후변동에 관한 정부 간 패널(IPCC), *Fourth Assessment Report* (1988), http://www.ipcc.ch/ (검색일, 2010.06.11)

Arctic Climate Impact Assessment (ACIA), Cambridge: Cambridge University Press, 2005, pp. 1042.

Corell, H., "Reflections on the Possibilities and Limitations of a Binding Legal Regime for the Arctic", *Environmental Policy and Law* 37/4, 2007, pp. 321-24.

Elferink A.G. Oude and Rothwell D. (eds.), *The Law of the Sea and Polar Maritime Delimitation and Jurisdiction*, Hague: Martinus Nijhoff, 2001.

Elferink, A.G. Oude, "Maritime Delimitation Between Denmark/Greenland and

Norway", *Ocean Development and International Law*, 38, 2007, pp. 375-80.

FAO UN, *International Fisheries Instruments with Index*, New York: Division for Ocean Affairs and the Law of the Sea, United Nations, 1998.

Fayette, L. de La, "The Marine Environment Protection Committee: Conjunction of the Law of the Sea and International Environmental Law", *International Journal of Marine and Coastal Law* No. 16. 2001, pp. 63-34.

________, "The OSPAR Convention Comes into Force: Continuity and Progress", *International Journal of Marine and Coastal Law* No. 14. 1999, pp. 247-97.

ICJ Reports "Delimitation of the Maritime Boundary in the Gulf of Maine Area", Canada/United States of America, 1984.

ICJ Reports "Maritime Delimitation in the Area between Greenland and Jan Mayen", (Denmark v. Norway). 1993.

International Legal Materials 1068, 1993.

Koivurova, T. and Vanderzwaag, D., "The Arctic Council at 10 Years: Retrospect and Prospects", U.B.C. *Law Review* 40. 2007, p. 121.

Koivurova, T., "Alternatives for an Arctic Treaty—Evaluation and a New Proposal", *RECIEL* 17. 2008, pp. 14-6.

National Research Council Canada, "Safe Northern Passage", January 2007, http://www.nrc-cnrc.gc.ca/highlights/2007/0701passage_e.html.(검색일, 2010.06.27)

Osherenko, Gail & Young, Oran R., *The Age of the Arctic Conflicts and Cold Realities*, Cambridge: Cambridge Univ. Press, 1989.

Quigg, Philip W., *A Pole Apart: The Emerging Issue of Antarctica,* N.Y.: McGraw-Hill, 1983.

Rayfuse, R., "Melting Moments", *RECIEL* 16., 2007, pp. 196-16.

Shakespeare, David A., "Recent US/USSR Agreement Relating to the Bering Region," *Arctic Research of the United States* 5 Fall 1991, pp. 37-47.

Shapley, Deborah, *The Seventh Continent: Antarctica in a Resource Age,* Washington, D.C.: Resources for the Future, 1985.

Sobel, B.G., Smith I. and Rosencranz, A., "The Melting and Partitioning of a Global Commons," *Environmental Policy and Law*, 37/6. 2007, pp. 467-70.

Triggs G. & Riddell, A., (eds.) *Future Challenges for the Antarctic Treaty Regime*, London: British Institute of International and Comparative Law, 2007.

Young, Oran R., *Arctic Politics – Conflict and Cooperation in the Circumpolar North* London: Univ. Press of New England, 1992, pp. 1-2.

국제대륙붕관리국(ISA) 홈페이지 http://www.isa.org.jm
국제상설중재재판소(the Permanent Court of Arbitration) 홈페이지 http://www.pca-cpa.org
국제해사기구(IMO) 홈페이지 http://www.imo.org.
남극해양생물자원보존위원회 홈페이지 http://www.ccamlr.org.
미지질조사국(USGS) 홈페이지 http://energy.usgs.gov.arctic/
북극위원회(the Arctic Council) 홈페이지 http://www.arctic-council.org.
Australian Treaty series 웹사이트 http://www.austlii.edu.au/au/other/dfat/treaties/1925/10.html.
CLCS 홈페이지 http://www.un.org/Depts/los
FAO Fisheries Division의 홈페이지 http://www.fao.org/fi.
OSPAR 홈페이지 http://www.ospar.org
UNEP 홈페이지 http://www.unep.org/regionalseas/

북극해의 지경학적 의의

예병환_대구대학교

1. 들어가는 말

최근 들어 지구 온난화와 함께 이상기후 현상으로 인하여 북극에 대한 관심이 날로 증가하고 있다. 이러한 관심의 증가는 북극이 지구의 기상, 기후, 해류의 순환 등 지구환경에 커다란 역할을 하고 있기 때문이다. 북극은 지금까지는 여러 가지 제약요건으로 인하여 비교적 인간의 손길이 미치지 않은 곳이었기 때문에 남극처럼 적은 환경변화에도 쉽게 영향을 받을 뿐만 아니라, 반대로 북극에서 일어나는 미세한 환경의 변화가 지구 전체에 중대한 영향을 미치고 있기 때문에 우리는 북극을 '지구의 기후를 만들어 내는 곳'이라고 부르기도 한다.

지금까지 우리는 경제의 발전과 기술의 발전으로 인하여 풍요로운 소비생활을 누려오고 있다. 18세기에 시작된 영국의 산업혁명 이후 인류의 문명과 경제는 급속도로 발전하여 왔으며 이와 비례하여 과도한 화석연료의 사용과 자원의 남용으로 인한 지구의 온난화와 함께 심각한 기후변화를 초래하고 있는 것도 현실이다. 기후변화는 지구상의 많은 지역에서 나타나고 있다. 남극과 북극을 중심으로 한 극지방에서 빙하가 빠르게 녹아내리고 있으며, 해수면상승으로 인한 이상기후현상과 함께 환경과 생태계가 위협받고 있을 정도로 환경이 심각하게 훼손되고 있다. 기후변화는 특히 북극지방에서 현저하게 나타나고 있는데, 다른 지역보다 기온의 상승이 2배 가량 빠르게 나타나고 있다. 이러한 결과 지난 50년 간 북극에서 관측된 겨울철 평균 기온의 변화를 보면 지표 온도의 경우 무려 10~15℃나 상승하였으며 북극 중앙부의 얼음 두께는 30% 이상 감소하였고 면적은 매 10년간 4%씩 감소하고 있는 것으로 나타나고 있다.[1]

북극의 과학적 중요성은 세계적으로 비교적 최근에 와서야 알려지게 되었다. 북극에서의 얼음 변화는 태양열의 지표 반사율을 감소시킴으로써 기후에 더욱 영향을 미치게 된다. 또한 북극 툰드라 지역에 기온이 상승하면 그 곳에 매장된 메탄이 공기 중으로 다량 방출되어 온실효과를 증대시키게 된다. 이 같은 지구 온난화 현상과 더불어 환경오염에서 야기되는 오존층 파괴가 남극에 이어 북극에서도 관측되고 있다.

시베리아를 통해 북극해로 흐르는 예니세이, 오비, 레나 강은 세계에서도 손꼽히는 큰 강들로서 지구상에서 바다로 유입되는 모든 강물의 10%를 차지한다. 이는 실로 엄청난 양으로서 북극해와 대서양, 태평양 사이의 해수 교환과 북대서양 열염분 순환에도 큰 영향을 미치고 있다. 이는 곧 북유럽에 따뜻한 기후를 가져다주는 걸프난류에 영향을 미친다는 것을 의미하기 때문에 유럽지역의 기상 이변을 일으키고 있는 주범으로 주목 받고 있어 유럽지역에서는 이미 북극의 생태환경에 많은 연구를 진행하고 있다.

지금까지 북극은 우리에게서 멀리 떨어져 우리와 별로 관련이 없는 지역으로 인식되고 있었으나, 실제 북극의 차가운 대기가 우리나라가 위치한 중위도 지역까지 밀려 내려옴으로써 주기적으로 기후에 이상 현상을 일으키고 있음이 밝혀졌다. 이외에도 최근 관측된 북극권에서의 오존 감소, 기온상승에 따른 해빙감소 및 기류변화 등이 우리나라에 미치는 영향이 매우 클 것으로 짐작된다. 이러한 북극해의 해빙은 다른 측면에서는 인접국들의 새로운 국경 확정문제와 자원의 개발이라는 경제적인 문제점을 야기하게 되고, 결빙으로 인한 항해의 불가능성이 해빙으로 새로운 항로의 개척가능성이라는 희망도 함께 가져다주게 되었다. 따라서 북극해 지역의 지경학적 의미를 살펴보고자 한다.

1. 극지연구소, 극지의 자연환경 참고. http://www.kopri.re.kr/index.jsp

2. 북극해의 지경학적 의의

2.1. 북극해 개괄

북극은 북극해와 8개 주변국(러시아, 미국, 캐나다, 핀란드, 노르웨이, 스웨덴, 덴마크, 아이슬랜드)의 북방 영토 일부로 구성되어 있다. 북극해(北極海, The Arctic Ocean)[2]는 북빙양이라고도 하며 북극점을 중심으로 하여 유라시아 대륙과 북아메리카 대륙에 둘러싸여있으며, 면적은 1,257만 7000㎢이고, 남극대륙의 약 1.8배 한반도 면적의 약 122~136배 그리고 미국 면적의 약 2.7~3.2배나 되는 광활한 지역이다. 가장 깊은 곳의 수심은 5,502m이다. 평균수심은 좁은 의미의 북극해가 1,205m, 넓은 의미의 북극해는 주변의 바다, 즉 배핀 만(灣) 등을 포함하여 부속해를 포함한 경우에는 1,117m이다. 태평양과는 베링해협으로 이어지며, 대서양과는 케네디 해협, 배핀 만, 데이비스 해협, 덴마크 해협, 노르웨이 해로 연결되며, 북극해로 흘러드는 하천은 아시아의 오비강, 예니세이 강, 레나 강 등과 캐나다의 매켄지 강 등이 있다. 북극은 경우에 따라서는 북위 66도 이상의 북극권(Arctic Circle), 산림성장 한계선, 빙하 남하 한계선, 영구동토선 등을 지칭하기도 하지만 일반적으로 7월 평균기온이 10℃인 등온선 이북 지역을 뜻한다.

북극해에는 많은 섬들이 분포하며, 그린란드섬을 비롯하여 슈발바르 제도, 제믈랴프란차이오시파 제도, 노보시비르스크 제도, 캐나다 쪽의 뱅크스 · 빅토리아 · 배핀 · 프린스패트릭 · 엘즈미어 섬 등이 있다. 또한 동시베리아 해, 랍테프 해, 카라 해, 바렌츠 해, 노르웨이 해, 그린란드 해, 보퍼트 해 등 많은 부속해를 가진다. 남극에는 남극점을 중심으로 광활한 대륙이 있으나, 북극점의 주변에는 대륙이 없고 대부분이 두께 1~15m의 빙원으로 이루어져 있다. 이러한 기후로 인하여 어류는 약 125종이 서식하는 것으로 알려져 있으나, 일반적으로 식물성플랑크톤이 겨우 8월에 증식할 뿐 생물이 다른 해양에 비해 적다.

2 네이버, 백과사전 참조, http://100.naver.com/100.nhn?docid=78967 (검색일: 2010년 5월 6일)

해저지형은 로모노소프 해저산맥에 의하여 태평양 쪽의 아메라시아 해분과 대서양 쪽의 유라시아 해분으로 갈라진다. 표면은 해빙으로 뒤덮이지만, 여름에는 연안에 개수면(開水面)이 생겨서 항행이 가능하다. 해수는 수직적으로 3층(수괴), 즉 표층수(수온 0~-1.8℃, 염분 0~30‰), 대서양수(수온 0~3℃, 염분 33~35‰, 심도 200~900m), 저층수(수온 0℃ 이하, 염분 35‰, 심도 900m 이상)로 나눈다. 베링해로부터 태평양수가 극점 부근까지 흘러들고 있으나 그 양은 많지 않다. 표층수는 주위, 특히 시베리아 강들의 담수와 여름철에 얼음이 녹은 담수 때문에 염분이 적다.

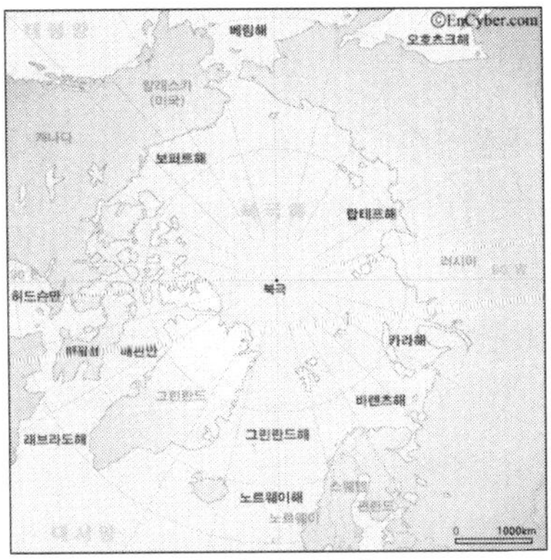

[그림 1] 북극해

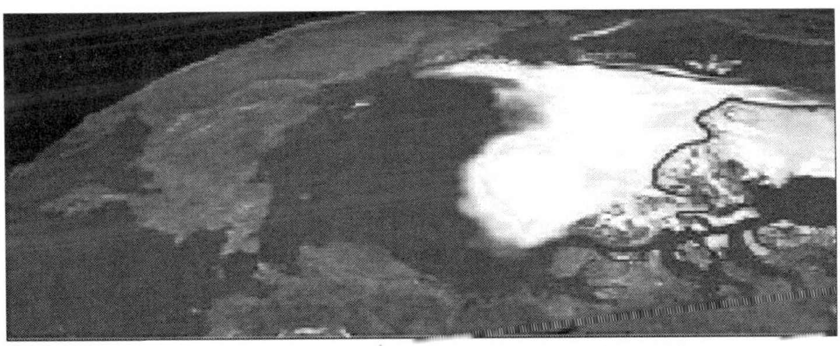

출처 · http://kr.blog.yahoo.com/seog2004@ymail.com/89

<사진설명 : 이 사진은 최근과 1979년 사이의 북극의 만년빙이 얼마나 감소했는지를 보여준다. 붉은색 선으로 표시되어 있는 부문이 1979년의 만년빙을 나타내고 있으며, 최근 촬영된 북극해의 사진은 미국만한 크기의 북극의 눙빙이 이제 절반으로 감소해 있음을 보여 주고 있다.>

아메라시아 해분에는 시계방향으로 도는 보퍼트 환류(매초 1~4cm)가

있으며, 그 밖의 대부분은 대서양으로부터 바렌츠 해와 카라 해를 거쳐 시베리아 쪽에서 그린란드해로 향하는 해류(매초 1~3cm)이다. 이 해류를 따라 해빙이 북대서양으로 흘러 나간다.

해저 퇴적물은 쇄설물로 된 녹니(綠泥)가 대부분이며, 노르웨이해의 남동부에서는 글로비게리나 연니(軟泥)가 된다. 북극해에서는 미국과 러시아의 표류 관측소가 빙도(氷島)와 해빙에 설치되어, 기상·해양·지자기·오로라 등을 관측한다. 주요 취락으로는 알래스카의 배로, 캐나다의 이누빅, 레조류트 등이 발달하였다.

2.2. 북극해의 지경학적 의의와 영유권분쟁

얼음덩어리에 불과했던 북극지역이 현재에는 경제적 측면, 국제정치적 측면, 과학적 측면, 그리고 생태환경적 측면에서 많은 국가들로부터 매우 중요한 지역으로 인식되고 있으며, 이러한 지경학적 중요성은 북극해와 인접한 국가들에게 자국에게 유리한 영유권주장으로 인한 영토분쟁의 가능성도 증가시키는 결과를 낳고 있다. 북극해의 지경학적 의의를 먼저 경제적 측면에서 살펴보면 북극해의 자원과 물류에서 찾을 수 있으며 그 경제적 가치는 매우 크다. 캐나다·유라시아·그린란드·아이슬란드 등에 걸쳐 있는 거대한 '얼음대륙'이었지만, 북극해의 해빙은 두꺼운 얼음 때문에 채취하기 어려웠던 자원, 즉 북극권의 석유자원을 캐낼 수 있는 기회를 제공하였다. 북극해의 대륙붕에는 엄청난 에너지 자원이 매장되어 있다. 미국과 캐나다 지역의 북극해역에서만 120억 배럴의 석유와 4조 5,000억㎥의 천연가스 매장량이 확인되고 있다. 북극해는 면적이 1,200만 ㎢로 지중해의 4배이며, 전 세계 바다의 3%를 차지한다. 전체 면적의 70%가 대륙붕이다. 또 주변해역에는 전 세계의 주요 수산어장이 위치하고 있다. 북극해를 포함한 북태평양, 북대서양에서 잡히는 수산자원의 연간 총 어획고는 전 세계의 약 37%에 달하고 있다. 북극을 '미래의 자원보고'라고 하는 이유도 여기에 있다. 또한 지구 온난화는 북극해 지역의 얼음이 녹음에 따라 북서 항로라는 북극의 직항로개설의 가능성도 함께 제공하게 되었는데 북극해를 통해 배가 다니게 되는 북서항로의 개척은 그 만큼 항로를 단축시킬 수 있어 많은 국가들이 물류비용의 절감을 위해서 관심을 가지게 하였다.

다음으로, 생태환경적 및 과학적 측면에서 북극해의 중요성을 살펴보면 북극은 지구의기상, 기후, 해류의 순환 등 지구의 환경에 커다란 역할을 하고 있다. 북극에서 일어나는 변화가 지구 전체에 중대한 영향을 미치고 있어 북극을 '지구의 기후를 만들어 내는 곳'이라고 부르기도 한다. 지난 50년간 북극에서 관측된 겨울철 평균 기온의 변화를 보면 지표 온도의 경우 무려 10~15℃나 상승했음을 볼 수 있다. 이것은 지구의 전반적인 온난화 현상이 극지역에서 증폭되어 나타나고 있다는 것을 의미한다. 최근 쏟아져 나오는 북극관련 연구결과를 보면 1970년대 초반부터 북극해 중앙부의 바다 얼음의 두께가 30% 이상 감소되었으며 또한 북극 얼음의 면적은 매 10년간 4%씩 감소하고 있다고 한다. 이 같은 북극에서의 얼음 변화는 태양열의 지표 반사율을 감소시킴으로써 기후에 더욱 영향을 미치게 된다. 또한 북극 툰드라 지역에 기온이 상승하면 그 곳에 매장된 메탄이 공기 중으로 다량 방출되어 온실효과를 증대시키게 된다. 이 같은 지구 온난화 현상과 더불어 환경오염에서 야기되는 오존층 파괴가 남극에 이어 북극에서도 관측되고 있다. 시베리아를 통해 북극해로 흐르는 예니세이, 오비, 레나 강은 세계에서도 손꼽히는 큰 강들로서 지구상에서 바다로 유입되는 모든 강물의 10%를 차지한다. 이는 실로 엄청난 양으로서 북극해와 대서양, 태평양 사이의 해수 교환과 북대서양 열염분 순환에도 큰 영향을 미치고 있다. 이는 곧 북유럽에 따뜻한 기후를 가져다주는 걸프난류에 영향을 미친다는 것을 의미하기 때문에 유럽지역의 기상 이변을 일으키고 있는 주범으로 주목받고 있다.

이러한 여러 가지 측면에서 나타나고 있는 북극해의 지경학적 의미의 중요성을 인식한 북극해 인접국들은 자국의 영향력을 극대화하기 위해 조사와 연구 활동을 활발히 진행하고 있다. 1987년 10월 옛 소련 대통령 고르바초프의 북극권 개방과 북극 평화지역의 설립을 제안하는 무르만스크 선언을 계기로 이 지역에 대한 국제적 관심이 증폭되면서 세계 각국의 과학적인 연구조사가 본격화되기 시작했다. 무르만스크 선언은 북극의 비핵지대화, 자원이용의 평화적 협력, 과학조사와 환경보호의 공동노력, 북극항로 개발을 주요 내용으로 하고 있다. 이를 계기로 미국, 캐나다, 아이슬란드, 러시아, 핀란드, 스웨덴, 덴마크 등 8개 북극권 인접 국가들은 이 지역의 과학조사를 수행하고 북극의 자연을 보호하는 것이 인류를 위해 이익이 된다는 점을 인식하게 되었다. 1990년 8월에는 이들 8개국의 과학자들이 참여하여 국제북극과학위원회(IASC : International Arctic Science Council)를 설립하였다. IASC에는 영국, 프랑스, 독일, 네덜란드, 폴란드, 스위스, 이탈리아, 중국, 일본 등 비북극권의 국가들도 추가로 가입하여 현재 17개국이 참여하고 있다.

북극해는 물론 바다이다. 그러나 보통 만년빙이 덮고 있어 배는 통과할 수 없으며, 거대한 만년빙 위로 걸아 다닐 수 있는 지역이었다. 하지만 북극해의 해빙으로 북극권의 석유자원의 개발 가능성의 증가와 함께 다른 대륙의 석유자원고갈로 인한 자원 확보경쟁, 북극의 직항로개설의 가능성 등은 주변 국가들의 북극점유에 대한 관심을 초래하게 되었다. 이 과정에서 인접국들이 서로 고유한 영유권을 주장하는 분쟁의 소지를 남겨두게 되었다. 1982년 제정된 유엔 해양법은 북극해에 대한 개별 국가의 주권을 인정하지 않고, 대신 북극해와 인접한 러시아, 미국, 캐나다, 노르웨이, 덴마크 등 5개국의 200해리(370㎞) 경제수역만을 인정하고 있다. 그러나 북극해 대륙붕과 자국 영해가 직접 연결돼 있다는 것을 입증하면 주권을 인정받을 수 있다. 북극해가 지경학적으로 물류중심지로서의 부상가능성과 자원보고로 인식되어 짐으로서 북극해를 선점하기 위한 북극해 인접 국가들의 경쟁이 치열하게 전개되고 이 과정에서 영유권에 대한 분쟁의 가능성도 존재하게 되었다.

[그림 2] 북극해와 북극해 인접국의 주요 분쟁지역

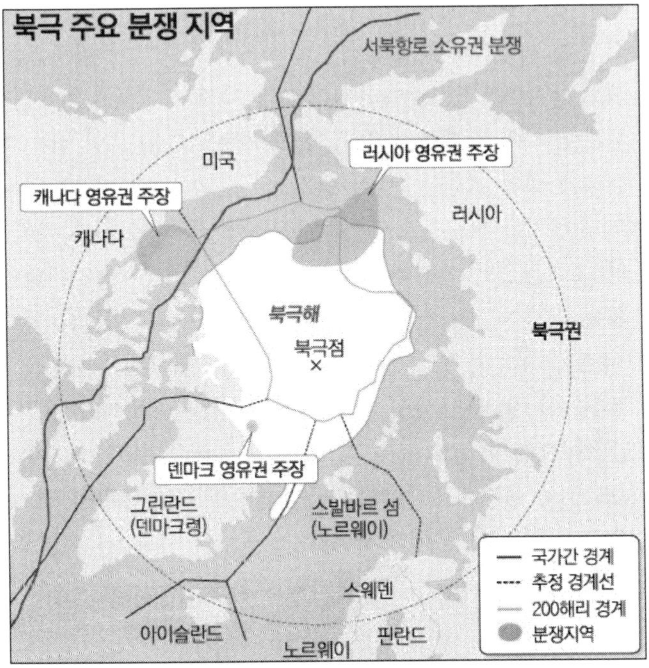

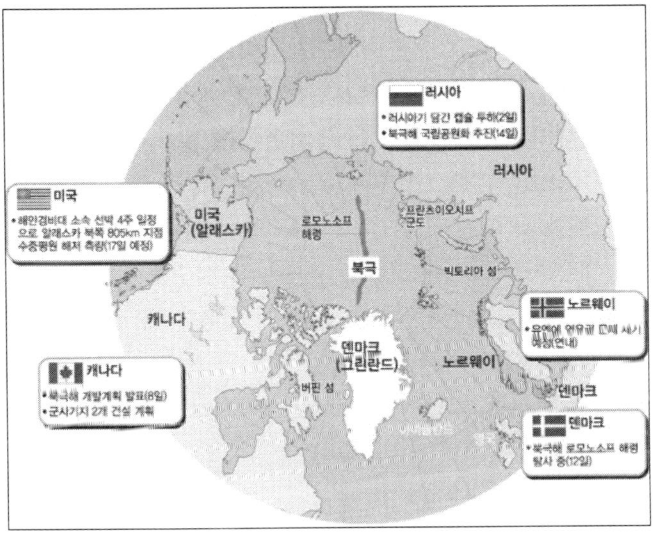

'미래의 영유권'을 노린 각국들의 경쟁은 러시아에 의해서 먼저 시작되었다. 북극해와 연결된 가장 광활한 해안선을 갖고 있는 러시아 정부는 자국이 북극해의 영유권을 주장하는데 누구보다도 설득력 있는 명분을 갖고 있다고 생각하고 있다. 이러한 명분과 함께 실질적인 영유권을 주장하기 위해서 러시아 정부는 '아카데믹 표도로프'라는 유인 잠수정 2척을 북극해 심해에 내려 보내는 1단계 탐사에 성공했는데, 이 탐사의 목적은 북위 88도에 위치한 로모노소프 해령(海嶺)이 러시아의 동시베리아 초쿠가 반도와 대륙붕으로 연결돼 있다는 증거를 찾기 위한 것이었다. 또한 2007년 8월 러시아 소형잠수함 MIR 1호와 2호는 북극점 밑의 해저 4,261m 지점에 티타늄으로 된 러시아 국기를 꽂으며 '선전포고'를 한 러시아 정부는 14일 북극해의 일부와 북극점에서 800여㎞ 떨어진 자국 영토 프란츠이오시프 군도(群島) 및 빅토리아 섬을 묶어 '러시아의 북극(The Russian Arctic)'으로 불리는 국립공원의 조성계획을 승인했다.[3]

러시아의 이러한 영유권 주장에 나머지 북극해 인접 4개 국가들도 일제히 대응에 나섰다.

미국은 해안경비대 소속 선박 '힐리호'를 4주 일정으로 알래스카의 노스슬로프 지역에서 북쪽으로 약 805㎞ 뻗어나간 수중평원인 추크치곶으로 보내 해저측량을 재개했다. 미국 과학자들은 이 항해가 2003년과 2004년에 이은 세 번째 북극 측량 항해라며 통상적인 것임을 강조하고 있으나, 국립해양대기청(NOAA)은 경사면이 심해 저평원으로 바뀌는 지역 등 유엔 해양조약에 규정돼 있는 특징을 찾기 위한 것이라고 밝혀 이 측량이 대륙붕 확장을 위한 것임을 인정했다.

또한 스티븐 하퍼 캐나다 총리는 러시아가 잠수정을 심해저에 내려보내 탐사활동을 벌이고 자국 국기를 꽂은 데 대항해 캐나다 주권을 알리기 위해 북극해를 직접 방문하기도 하였다.

그린란드를 자치령으로 보유하고 있는 덴마크는 탐사대를 보내 그린

3 『주간한국』, 통권 2187호. http://weekly.hankooki.com/lpage/business/200708/wk2007082015033337060.htm

란드 북쪽 해저 지역을 측량했다. '롬로그 2007'로 명명된 탐사대의 목적은 그린란드부터 로모노소프 해령이 그린란드의 연장선상에 있다는 점을 증명하기 위한 것이었다.

북극해를 놓고 벌이는 이권다툼이 치열해지면서 이 지역의 군사적 긴장도 높아지고 있다. 러시아 정부는 북극해 상공에서 크루즈 미사일 발사시험과 공중연료 급유 기동 훈련을 실시했는데 이 훈련에는 장거리 전략핵 폭격기인 TU-95, 전략 초음속 폭격기 TU-22, 공중연료급유기 일류신(IL)-78 등 30여대의 최신예 공군기들이 대거 투입됐다. 캐나다 정부도 하퍼 총리의 북극해 방문 기간 중 군사훈련을 실시한데 이어 북극 주둔군 증강을 발표했으며, 북극해 지역의 영토를 지키기 위해 군사목적의 항구를 건설하고 1척당 3억 달러에 달하는 쇄빙순찰선 6~8척을 제작해 배치할 계획을 수립하고 있다. 개나다와 덴마크는 엘레스미어섬(Ellesmere Island)과 북부 그린란드 사이에 있는 한스 섬(Hans Island)을 둘러싸고 서로 영유권을 주장하고 있고, 러시아와 노르웨이는 바렌츠(Barents) 해에서, 미국과 캐나다는 보퍼트(Beaufort) 해역에서 해양 관할권을 확대하기 위해 갈등을 빚고 있다.

2.3. 북극해 자원의 지경학적 의의

북극해 해빙으로 인하여 지구 최후의 자원보고로 여겨질 만큼 무한한 자원을 보유하고 있는 것으로 추정되어 진다. 북극해는 면적이 1,200만 ㎢로 지중해의 4배이며 전 세계 바다의 3%를 차지한다. 전체 면적의 70%가 대륙붕이이며 주변해역에는 전 세계의 주요 수산어장이 위치하고 있다. 북극지역에는 카보나타이트 복합체 등 희귀 광물자원이 다량으로 매장된 것으로 추정되고 있으며, 또한 북극해를 포함한 북태평양, 북대서양에서 잡히는 수산자원은 2020년을 기점으로 세계 수산물 생산량이 37%를 담당할 세계 최대 어장으로 떠오를 것으로 전망하고 있다.[4] 북극을 '미래의 자원보고'라고 하는 이유도 여기에 있다.

4 해양수산동향, Vol. 1258, 한국해양수산개발원, 2008년 4월 21일, p.3.

북극해의 자원 중에서 큰 의미를 가지는 것은 수자원을 비롯한 해양생물자원과 지하자원, 그리고 경제적으로 가치를 북극항로와 같은 경제적 자원이 있다. 북극해의 생물자원으로는 북극해에서 서식하는 물고기가 20-30종(전 세계 23,000종), 플랑크톤처럼 작은 물벼룩종류 40종(전 세계 1,500종 이상), 모악동물 2종(전 세계 30종) 등 매우 적은 종류의 동식물군이 서식하고 있다. 북극은 여름에는 기온도 올라가고 여러 종류의 아름다운 색깔의 꽃이 피며, 곤충과 새와 네발동물들의 낙원이 된다. 어류는 125종을 넘으며, 주요 어장은 슈발바르 제도에서 노바야젬랴에 걸친 수역이다. 일반적으로 생물이 부족하며, 광합성을 하는 식물성 플랑크톤도 8월에 증식할 뿐으로, 다른 해양에 비해 적다. 생물들이 2~3주의 짧지만 따뜻한 여름을 이용해 짝짓기를 해 후손을 번식시키고 있다. 엄청난 숫자의 큼직한 모기가 떼를 이루고 있으며, 눈토끼, 여우, 순록, 늑대, 사향소, 뇌조 등이 주요한 자원으로 파악되고 있다. 북극에는 일반인들에게 잘 알려진 털이 하얀 북극곰이 있으며 포유류로 바다생활에 적응한 고래는 남극해와 북극해에 모두 서식하는 종류도 있다. 해표류 가운데 물개와 해표는 남북극에 사는데 길이 40-60cm의 두 개의 무서운 어금니가 윗턱에 난 월러스(Walrus)는 북극에만 서식하고 있는 것으로 알려져 있다. 월러스는 '바다의 말'이라는 뜻으로 '해마'라고도 부르나 외모가 말보다는 코끼리에 가까운 동물류이다. 북극해의 주요한 포유동물은 고래와 바다표범이며, 고래는 그린란드의 동부, 배핀만과 베링해협의 북부에 많이 서식하고 있다.

북극 해저에는 전 세계 대륙붕에 매장된 탄화수소 자원의 4분의 1이 존재하는 것으로 알려져 있으며, 북극지역에서는 가스하이드레이트, 금, 은, 다이아몬드, 아연, 망간노듈 등이 풍부하게 매장된 천연자원의 보고로 알려지고 있다. 북극의 개발은 이미 러시아에서 일찍부터 이루어졌으며, 주로 지하자원 개발에 주력하고 있다. 러시아의 북극해 지하자원 개발은 콜라반도의 인회석, 페초라의 석탄, 시베리아 노릴스크의 구리, 납의 채굴, 그리고 북극지역의 천연가스와 석유개발 등을 중심으로 활발하게 진행되고 있다.

북극권 지역 중에서는 러시아의 콜라반도, 우랄산맥 북부, 그리고 그린란트지역에 많은 알칼리암 복합체가 발달하고 있는데, 이들 복합체에서는 거의 예외 없이 고품위의 희유금속광상을 동반하고 있는데 이 알칼이암 복함체의 방대한 자원으로 인해 북극권 인접 국가들이 자원에 대해서 연구와 개발을 추진하고 있다.

북극권 콜라반도에는 코브도(Kovdor)암체로 불리는 고생대에 형성된 약 20여개의 초염기성암-알칼리암-카보나이트 복합체가 발달하고 있으며, 이들은 거의 예외 없이 고품위의 희유금속광상을 동반하고 있다. 코브도암체에는 약 600여종의 신종 광물이 있는 것으로 연구되어 지고 있다. 현재 코브도 암체의 인회석, 자철석, baddeleyite의 총 매장량은 약 4억 2,000만 톤 정도로 추정되고 있으며, 매년 인회석 140만 톤, 자철석 300만 톤, baddeleyite 60만 톤을 생사하고 있으며, 콜라반도에서 산출되는 희유금속광물들은 대부분 러시아 내수시장에 공급되고 있다.[5]

북아메리카의 극지에서는 알래스카 프라드호만(灣)의 석유개발 외에 카바마인강(江) 유역의 금 · 구리, 배핀 섬의 철광석 개발이 주목되고 있다. 또한 캐나다의 북극 해저에서도 석유의 시추가 이루어지고 있다. 그리고 그린란드에서도 수산업 외에 수정석(水晶石)이 채굴되고 있으며 슈피츠베르겐 제도에서도 오래 전부터 석탄이 채굴되고 있다.

러시아의 가장 귀하고 값비싼 금속들이 북극해에서 채취되고 있으며 러시아 국내 총생산 지하자원의 20%, 러시아 수출의 22%가 북극 지역에서 나오고 있을 만큼 북극해 지역은 러시아의 자원생산에 중요한 요충지임을 러시아의 메드베데프대통령이 밝혔다.[6] 또한 개발되지 않은 석유, 가스의 25%정도가 매장되었을 것으로 추정하고 있으며, 특히 북극점의 해저를 통과하는 로모노소프(Lomonosov)해령에는 100억 톤의 천연가스와 석유, 은, 구리, 다이아몬드 등이 매장되어 있는 것으로 추정되고 있다

5 한국해양연구원 부설 극지연구소, 『북극 대기환경 및 광물자원 연구』 연구보고서, 과학기술부, 2004. pp.102~103.

6 『voanews』, 2008년 9월 19일. 참조. http://www1.voanews.com/korean/news/a-35-2008-09-19-voa12-91349599.html?textmode=0

[표 1] Circum-Arctic Resource Appraisal: Estimates of Undiscovered Oil and Gas North of the Arctic Circle

Province Code	Province	Oil (MMBO)	Total Gas (BCFG)	NGL (MMBNGL)	BOE (MMBOE)
WSB	West Siberian Basin	3,659.88	651,498.56	20,328.69	132,571.66
AA	Arctic Alaska	29,960.94	221,397.60	5,904.97	72,765.52
EBB	East Barents Basin	7,406.49	317,557.97	1,422.28	61,755.10
EGR	East Greenland Rift Basins	8,902.13	86,180.06	8,121.57	31,387.04
YK	Yenisey-Khatanga Basin	5,583.74	99,964.26	2,675.15	24,919.61
AM	Amerasia Basin	9,723.58	56,891.21	541.69	19,747.14
WGEC	West Greenland-East Canada	7,274.40	51,818.16	1,152.59	17,063.35
LSS	Laptev Sea Shelf	3,115.57	32,562.84	867.16	9,409.87
NM	Norwegian Margin	1,437.29	32,281.01	504.73	7,322.19
BP	Barents Platform	2,055.51	26,218.67	278.71	6,704.00
EB	Eurasia Basin	1,342.15	19,475.43	520.26	5,108.31
NKB	North Kara Basins and Platforms	1,807.26	14,973.58	390.22	4,693.07
TPB	Timan-Pechora Basin	1,667.21	9,062.59	202.80	3,380.44
NGS	North Greenland Sheared Margin	1,349.80	10,207.24	273.09	3,324.09
LM	Lomonosov-Makarov	1,106.78	7,156.25	191.55	2,491.04
SB	Sverdrup Basin	851.11	8,596.36	191.20	2,475.04
LA	Lena-Anabar Basin	1,912.89	2,106.75	56.41	2,320.43
NCWF	North Chukchi-Wrangel Foreland Basin	85.99	6,065.76	106.57	1,203.52
VLK	Vilkitskii Basin	98.03	5,741.87	101.63	1,156.63
NWLS	Northwest Laptev Sea Shelf	172.24	4,488.12	119.63	1,039.90
LV	Lena-Vilyui Basin	376.86	1,335.20	35.66	635.06
ZB	Zyryanka Basin	47.82	1,505.99	40.14	338.95
ESS	East Siberian Sea Basin	19.73	618.83	10.91	133.78
HB	Hope Basin	2.47	648.17	11.37	121.87
NWC	Northwest Canada Interior Basins	23.34	305.34	15.24	89.47
MZB	Mezen' Basin	NQA	NQA	NQA	NQA
NZAA	Novaya Zemlya Basins and Admiralty Arch	NQA	NQA	NQA	NQA
TUN	Tunguska Basin	NQA	NQA	NQA	NQA
CB	Chuckhi Borderland	NQA	NQA	NQA	NQA
YF	Yukon Flats (part of Central Alaska Province)	NQA	NQA	NQA	NQA
LS	Long Strait	NQA	NQA	NQA	NQA
JMM	Jan Mayen Microcontinent	NQA	NQA	NQA	NQA
FS	Franklinian Shelf	NQA	NQA	NQA	NQA
Total		89,983.21	1,668,657.84	44,064.24	412,157.09

MMBO : million barrels of oil, BCFG : billion cubic feet of natural gasMMBNGL : million barrels of natural gas liquids, MMBOE : million barrels of oil and oil-equivalent natural gas.
출처: U.S. Geological Survey, Fact Sheet 2008-3049 http://pubs.usgs.gov/fs/2008/3049/fs2008-3049.pdf

북극해가 자원개발의 대상이 되는 주된 이유는 해저에 분포하는 것으로 추정되는 막대한 양의 석유자원과 천연가스 때문이다.

미국 지질 조사국(US Geological Survey)의 보고서[7]에 따르면 북극권

7 U.S. Geological Survey, Fact Sheet 2008-3049 http://pubs.usgs.gov/fs/2008/3049/

에는 25개 지역에 기술적으로 채취가 가능한 자원으로 1,670조 입방 피트의 천연 가스와 900억 배럴로 추산되는 석유, 그리고 약 440억 배럴의 천연액화가스가 매장되어 있는 것으로 추정했다. 이러한 북극권의 매장량은 지구상의 기술적으로 채굴 가능한 미발견 지하자원의 약 22%에 해당하는 방대한 양이며, 구체적으로는 석유자원의 약 13%, 천연 가스의 약 30%, 액화천연가스의 20%에 해당한다. 석유 자원의 절반 이상은 북극 알래스카, 아메리카분지, 그리고 동부 그린란드 리프트 분지의 3개 지역에, 그리고 천연가스의 70% 이상이 서부 시베리아 분지, 동부 바렌츠 분지, 그리고 북극 알라스카의 3개 지역에 부존하는 것으로 추정된다. 북극의 북쪽지역에서는 400개 이상의 석유가스전에서 약 40억 배럴의 원유, 1,100조 입방 피트의 가스, 그리고 85억 배럴의 액화천연가스가 개발 가능한 자원으로 보고 있다.

[그림 3] 북극해의 천연가스 매장분포

출처: 『한국일보』, 2008년 7월 29일.

fs2008-3049.pdf

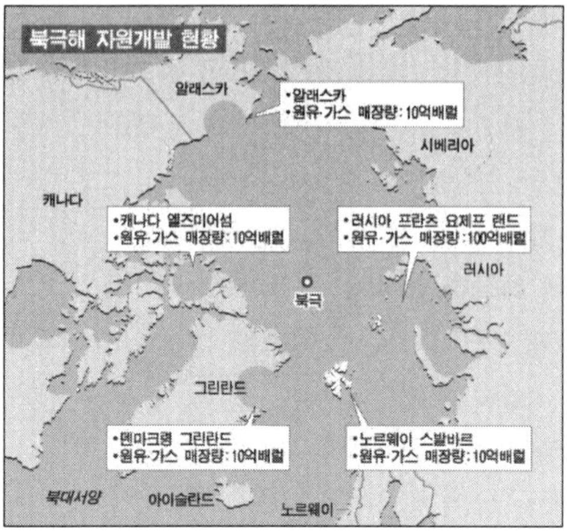

출처 : 『매일경제』, 2008년 7월 28일.

노르웨이, 러시아 지역의 북극해인 Barentz sea에도 많은 양의 석유자원 및 천연가스가 매장된 것으로 추정된다. 이 지역의 석유 매장량은 약 1,000억 배럴로 추정되고 있는데, 지역적 인접성으로 인해서 노르웨이와 러시아가 서로의 영유권을 주장하면서 분쟁을 벌이고 있으며 양국은 이 해역을 "비합의지역"으로 부르고 있다.[8]

캐나다 또한 지난 수년 동안 북극지역에 대해 큰 관심을 보이지 않던 정유회사들이 최근 원유와 천연가스 발굴 등 북극의 자원개발에 적극적으로 참여하고 있다.

[그림 4] Beaufort Sea 위치, 출처 : Google Map

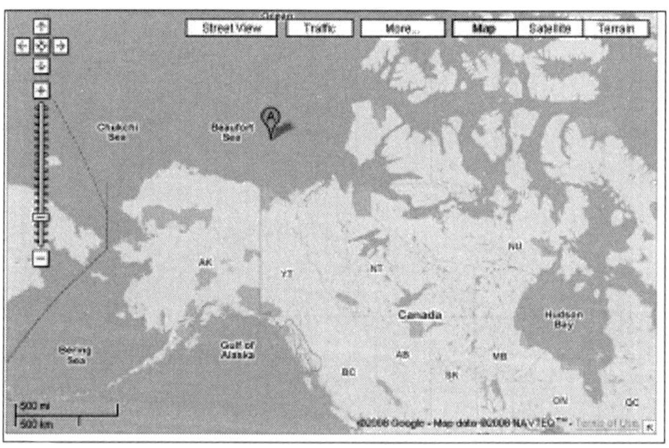

8 한국해양연구원 부설 극지연구소(2004), p.163.

캐나다 최대의 하천인 맥캔지(Mackenzie)강이 북극해와 만나는 Mackenzie Delta와 그 북부에 위치하는 Beaufort sea와 북극해 일대에는 막대한 석유와 천연가스가 매장된 것으로 추정되어졌다. 1970년대와 1980년대에 이미 캐나다 정유회사들이 약 25조 입방피트의 천연가스와 17억 배럴의 원유를 Beaufort Sea와 Arctic island 지역에서 발굴해 낸 바 있으나, 운송수단의 부족으로 발굴이 정채상태에 있었다. 그러나 캐나다 연방정부는 최근 Beaufort sea에 위치한 5개 구역(Tuktoyaktuk으로부터 140㎞ 북쪽에 있는 해저지역으로 면적은 115만㏊)과 이미 husky Energy Inc.가 활발히 탐사활동을 하고 있는 Mackenzie Valley 지역 내 1개 구역(8만 2,000ha)에 대한 원유 및 천연가스 개발권을 공개입찰을 통해서 적극적인 개발에 동참하고 있다.[9] Imperial Oil과 모회사 Exxon Mobil은 이번 입찰지역인 Beaufort Sea에 인접한 구역 중 한 곳을 개발하는 5억 8,500만 규모의 입찰에 성공함으로써 업계를 깜짝 놀라게 한 바 있으며, 9년짜리 개발권을 유지하기 위해서는 5년 내에 최소 1개 이상의 유정을 시추해야 하는 조건을 명시하고 있다. 이미 오클라호마에 기반을 둔 Devon Energy Corp사는 6,000만 달러 규모의 유전을 Beaufort에 완성해서 약 2억 4,000만 배럴의 원유를 확보했으나, 이 원유의 운송방법에 여러 가지 어려움에 봉착하여 시추작업은 개시하지 않았었다. 이 지역에는 이미 160억 달러가 소요된 Mackenzie Valley Pipeline이 완성되어 발굴된 천연 가스를 남쪽으로 쉽게 내려 보낼 수 있다는 이점 때문에 천연가스개발에 중점을 두고 있었으나, 최근 급등하는 원유의 국제가격과 이미 건설된 Mackenzie pipeline과 나란히 송유관의 건설이 논의되기 시작하면서 북극해의 석유자원개발에 적극적인 입장으로 전환하였다. 이에 따라 Imperial사는 북극해의 얼음이 사라지는 여름부터 본격적인 시추작업을 시작할 것이라고 밝혔다.

9 KOTRA 해외투자정보 참조 http://www.globalwindow.org/wps/portal/gw2/kcxml/04_Sj9SPykssy0xPLMnMz0vM0Y_QjzKLd423CDQASYGZAR76kehiXiYIsSB9b31fj_zcVP0A_YLc0IhyR0dFAHPA0Kw!/delta/base64xml/L3dJdyEvd0ZNQUFzQUMvNElVRS82X0VfOE0z?1=1&workdist=read&id=2047585

[그림 5] 북극권 주변 석유 및 천연가스 매장 위치 현황

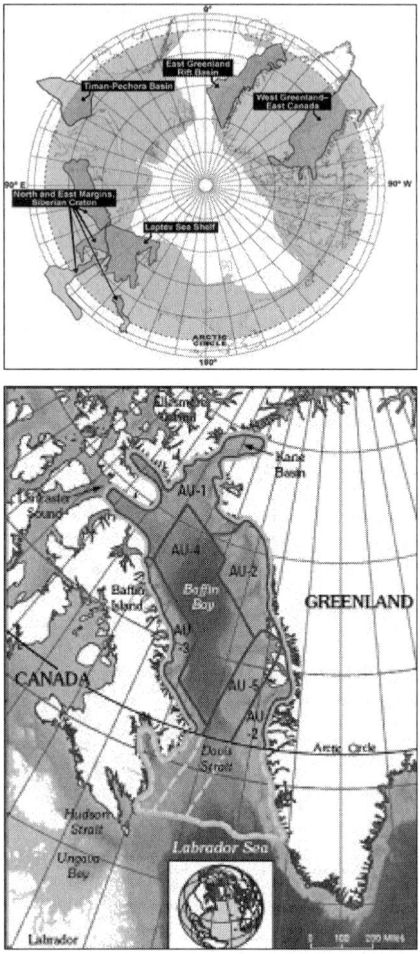

출처 : U.S. Geological Survey
사진출처 : http://blog.naver.com/p015bg?Redirect=Log&logNo=20064236501

미국과 캐나다쪽 북극해역에서도 120억 배럴의 석유와 4조 5000억㎥의 천연가스 매장량이 확인됐다고 한다. 그린란드와 캐나다 사이에 있는 매장량은 원유 73억 배럴과 천연가스 52조 입방피트가 개발 가능하며, 또한 소유권을 둘러싼 쟁탈전은 더욱 가열될 전망이다. 그린란드에는 석유

와 천연가스만 풍부한 게 아니다. 광산업체인 누나미네랄스(NunaMinerals)는 그린란드 남부지역에서 새로운 금광을 발견했다고 보도했으며 이번에 발견된 금광은 지난 2004년부터 상업적 개발에 착수한 그린란드 최초의 금광인 '날루나크'에서 북쪽으로 25㎞정도 떨어진 곳에 위치해 있다. 누나미네랄스는 금광과 함께 텅스텐을 추출할 수 있는 회중석(灰重石)도 발견하였으며, 북극해에는 이 외에도 루비, 다이아몬드 등의 보석류가 매장되었을 것으로 추정되고 있다.[10]

미국의 북극해 자원개발은 1968년 알래스카 북극의 연안의 North Slope 지역의 Prudhoe Bay에서의 해저유전발견으로 시작되었다. 이 지역에서 발견된 유전의 매장량은 약 100억 배럴로 추정되었고, 뿐만 아니라 천연가스의 발견가능성이 높아지자 북극해의 자원개발에 본격적으로 관심을 갖게 되었다. 이러한 북극해의 자원탐사결과 알래스카의 석유자원 및 천연가스의 매장량은 미국 전영토의 약 40%를 차지하는 것으로 추정되고 있다.[11]

2.4 북극해물류의 지경학적 의의

지금까지 러시아에서는 연안의 무르만스크, 노릴스크, 살레하르트, 이가르카 등이 그 주요 항구로서의 역할을 수행하여 왔으며, 발틱해 항만, 흑해 항만, 카스피 해 항만, 극동항만을 통한 루트 등 4가지 해상수송로를 주로 이용하고 있다. 대표적인 해운 물류회사인 FESCO사는 극동항로에서 컨테이너선, 일반화물선 및 로로선 등을 운영하고 있으며, North-Western Fleet사가 남북항로에서 건화물선을 주로 운영하고 있다. 러시아의 물류에서 컨테이너 시장은 철도와 파이프라인 등 기타 운송수단에 비해 상대적으로 적은규모이며, 대부분의 교역량이 철도를 이용하

10 『서울경제』, 2010년 1월 20일 참조. http://economy.hankooki.com/lpage/worldecono/201001/e2010012018512869760.htm

11 한국해양연구원 부설 극지연구소, 2004, 160쪽.

여 운송되고 있으며 해상운송은 주로 부피가 크고 무거운 원유, 원자재 등을 수송하여 왔다. 천연가스 매장량 1위, 석유 매장량 3위인 러시아는 2030년경에는 세계 5위의 경제대국으로 부상할 것으로 전망되고 있으며, 세계적으로 에너지 수송 수요가 크게 증가하고 있기 때문에, 이들 자원을 운송하는 해상물류시장의 변화가 예상되고 있다.

북극해는 두꺼운 얼음으로 인해서 지금까지는 크게 관심을 끌지 못했었다. 그러나 지구온난화로 인하여 얼음이 빠르게 녹으면서 북극항로 개설을 통한 경제적 자원의 개발이 뜨겁게 부각되고 있다. 얼음이 녹으면서 연중 항해가 가능한 북극항로가 열릴 경우 북극해가 가지는 경제적 자원의 가치는 상상을 초월하게 되며, 북극해와 인접한 각국들은 또 하나의 중요한 자원개발 요인이 된다. 2006년 9월 알래스카와 캐나다 북부의 북극해 연안을 따라 대서양과 태평양을 연결하는 북서항로(Northwest Passage)가 처음 생성되었고 2008년까지 7개의 항로가 개설되었다.[12] 북동항로와 북서항로를 통한 북극해의 북방항로 개설은 러시아 북부의 물자수송 뿐만 아니라 유럽과 동아시아를 연계하는 세계무역에서의 물자수송에 중요한 역할을 하게 될 것으로 추측되고 있다.

[그림 6] 북극해 항로

북극해를 경유하는 항로

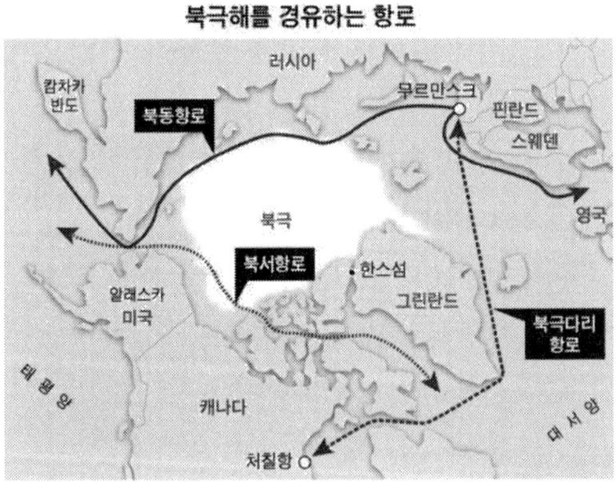

12 김보영, 「기후변화와 북극 유·가스전 개발에 관한 연구」, 『자원·환경경제연구』, 제18권 제4호, 792쪽.

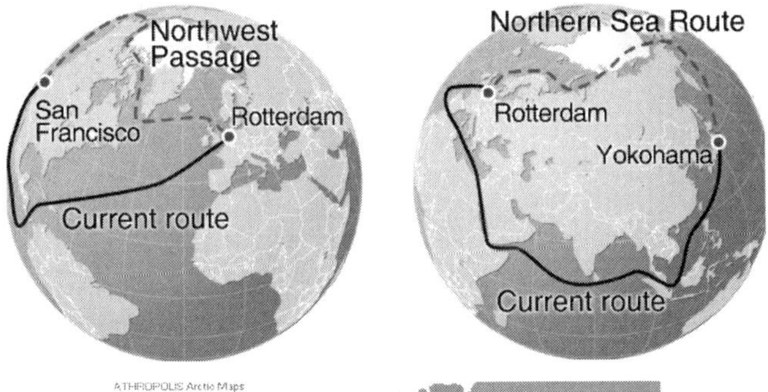

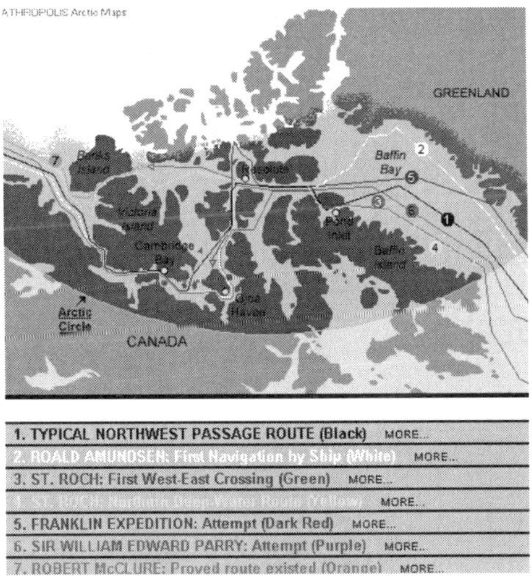

출처 : http://www.athropolis.com/map9.htm

[표 2] 세계 컨테이너항만 처리실적 전망

단위 : 백만 TEU

국 가	1990년		2000년		2010년		증가율
	처리량	비중	처리량	비중	처리량	비중	
세 계	85.9	100.0	233.7	100.0	423.0	100.0	81.0
동아시아	32.3	37.6	105.9	45.3	205.0	48.5	93.6
북 미	21.6	25.1	48.6	20.8	79.0	18.7	62.6
유 럽	23.1	26.9	55.5	23.7	93.0	22.0	67.6

주 : 1) 2010년 자료는 보수적 전망치임.
2) 증가율은 2000년 대비 2010년 물동량 증가율.

자료 : Ocean Shipping Consultants Ltd., *World Containerport Outlook to 2015*. 24 March. 2003.

출처: 임종완, 「세계 물류환경의 변화와 대응방안」, 한국해양수산개발원 연구보고서 2004년 12월, p.15쪽

세계 해상컨테이너 물동량은 미주와 유럽지역의 성장보다 상대적으로 높은 증가율을 나타내고 있는 동아시아를 중심으로 증가해 나갈 것으로 예상되고 있다. 특히 미주지역의 세계 컨테이너 처리실적 비중은 2000년 20.8%에서 2010년에는 18.7%로, 유럽지역에서는 2000년 23.7%에서 2010년 약 22%로 감소할 것으로 전망되어 지나, 같은 기간 동안에 동아시아 지역의 컨테이너 처리실적은 45.3%에서 48.5%까지 확대될 것으로 예상되고 있어 북극해를 통과하는 북극항로의 개척은 특히 동아시아 지역의 물류증가에 지대한 영향을 미칠 것으로 보이고 있다.

북극해 항로 중 가장 주목받는 것이 북극 군도의 북서쪽으로 뻗어 있는 북서항로인데, 이 지역은 석유 가스 등 천연가스와 어족자원이 풍부할 뿐 아니라 대서양과 태평양을 바로 연결할 수 있어 물류 측면에서 엄청난 효과를 거둘 수 있다. 지금까지는 말이 '바다'일 뿐 실상은 거대한 '빙하의 대륙'이어서 그 동안 지도상으로만 존재하는 가상의 뱃길이었던 북서항로가 지구온난화로 빙하가 빠르게 녹으면서 실제 뱃길로 바뀌어지고 있다.

쇄빙장비를 갖춘 각국의 상선들은 지금도 1년에 며칠씩은 이 항로를 따라 항해하고 있다. 과학자들은 북극해의 해빙속도가 전점 빨라지고 있어 2030년 정도가 되면 1년에 100일 정도는 항해가 가능하고 2050년쯤이면 쇄빙장비 없이도 1년 내내 북서항로 이용이 가능할 것으로 추정하고 있다[13]. 또 얼음이 녹아 물길이 트이면 미국 동부와 유럽, 아시아를 잇는 항로가 가능해진다. 이는 기존 파나마운하를 통과하는 노선보다 4,000㎞ 이상 크게 단축될 것으로 예상된다. 캐나다의 군도 수역을 통과하는 북서항로와 시베리아 연안을 통과하는 북동항로는 기존항로보다 40% 정도 항해거리를 단축하게 되며, 앞으로 북극점을 통과하는 직선항로가 개설되는 경우 거리를 훨씬 더 단축하게 된다. 유엔과 캐나다의 전문가들은 북극지방 기온이 지구상의 다른 지역보다 2배 이상 빠르게 상승하고 있고, 2050년쯤이면 여름에 선박들이 캐나다 북부 해역을 항해

13 『해양한국』, 2009년 12월호 참조

할 것이라고 주장하고 있다. 이렇게 되면 일본 도쿄에서 캐나다 북부 해역을 경유해 영국 런던까지 항해하는 거리는 1만 6,000㎞로, 수에즈 운하 경유 항로(2만 1,000㎞)나 파나마 운하 경유 항로(2만 3,000㎞)보다 훨씬 단축된다. 북서항로를 이용해 영국 런던에서 일본 도쿄까지 화물을 운송할 경우 파나마 운하를 거치는 것보다 무려 7,000여 ㎞를 단축할 수 있다[14]

[표 3] 태평양과 대서양 연결 항로의 거리

(단위 : 마일)

구분	Hamburg 까지			
	Vancouver 까지	Yokohama 까지	Hong Kong 까지	Singapore 까지
북극해 항로	6,635	6,920	8,370	9,730
수에즈 운하 경유	15,377	11,073	9,360	8,377
희망봉 경유	18,846	14,542	13,109	11,846
파나마 운하 경유	8,741	12,420	12,920	15,208

출처: 최경식, 「북극해 항로의 전망과 기술적 과제」, 『해양한국』, 2001년 2월호, 61쪽, (이영형, 「러시아의 북극해 확보전략: 정책 방향과 내재적 의미」, 『중소연구』, 제33권 제4호, 120쪽에서 재인용)

북극해 항로를 선택할 때는 수송거리 뿐만 아니라 수송시간에 대한 이득도 분명해진다 1995년 여름 INSROP 프로그램의 하나로 일본의 요코하마로부터 노르웨이의북부 도시인 키르케네스까지 화물선 Kandalaksha 호를 이용해 북극해 항로를 통과하는 실험항해가 있었는데 3일간의 과학 실험 기간을 포함하여 전체 소요일수는 28일이었다. 특히 베링해협에서 키르케네스까지의 3,140마일을 10일 동안에 통과하였다 지난 2009년 7월 우리나라의 울산항에서 화물을 선적한 독일화물선 Beluga Fraternity 호와 Beluga Foresight호는 북동항로를 거쳐 네덜란드의 로테르담으로 항해를 하는데 성공하였다. 이것은 북동항로를 이용한 최초의 항해로

14 『연합뉴스』, 2009년 7월 16일

러시아의 쇄빙선이 에스코트를 했지만 얼음이 없어 쇄빙선의 도움 없이 항해가 이루어졌고, 24일이 소요되던 기존항로보다 10일 이상 단축되었다.

북극 항로를 이용해서 수송될 수 있는 화물수요는 벌크화물(석탄), 천연가스, 석유류, 컨테이너 화물 등 다양하게 있다[15]. 북극해 주변, 특히 러시아 북부지방과 시베리아에는 벌크화물의 대명사인 석탄이 약 1,500억톤 이상 매장되어 있으며, 이 벌크화물은 아시아의 에너지수요 증가로 북극항로를 이용하게 되면 상당한 경제적 이점을 가지게 된다. 천연가스와 석유류를 포함한 에너지자원의 수송에도 북극항로는 매우 경제성을 가질 수 있다. 현재 시베리아지역에서는 천연가스가 1,300억㎥, 원유가 연간 3억 1,000만 톤이 유럽을 포함한 세계각지로 수송되고 있다. 이들 천연가스와 원유는 대부분 파이프아인을 통해서 수송되고 있는데, 이러한 파이프라인 건설에는 정치적인 문제, 수송 안정성 담보 문제 등 여러 가지 문제점을 내포하게 된다. 따라서 북극해 항로가 개설될 경우 여러 가지 경제적 이점으로 인해서 본격적으로 이용될 수 있을 것으로 전망된다. 다음으로 컨테이너 화물도 중장기적으로 중요한 수송화물이 될 가능성이 있다. 현재 컨테이너 화물은 태평양항로에서 약 2,000만 TEU, 대서양 항로에서 약 466만 TEU, 유럽극동항로에서 약 1,372만 TEU가 이동하고 있는데 수동의 경제성이 확보되어 가장 많은 수송물량이 나올 수 있을 것으로 전망하고 있다.

문제는 북극항로의 선박통행권을 둘러싼 국제법상 분쟁이다. 캐나다는 북서항로가 통과하는 캐나다군도 해역이 수천 년 전부터 이누이트(Inuit)족이 삶의 터전을 이루고 살아온 역사적 내수라는 이유로 외국선박의 항해를 제한하고 있다. 캐나다는 외국선박이 내수에서는 국제법상 항해권을 갖지 못하며, 유엔해양법협약 제 234조에서는 연안국이 배

15 황진회, 「북극해 항로 가능성 분석과 대응전략」, 『해양한국』, 2009년 8월호, 85-86쪽.

타적 경제수역 내의 결빙해역(ice-covered area)에서 오염을 막기 위해 비차별적 법규를 제정 집행할 권리를 인정하고 있는 조항에 따라 캐나다 법에 따라 항해를 규제할 수 있다고 보고 있다. 캐나다는 유엔 해양법협약 협상 당시 이 조항을 제안하였고, 채택하는데 결정적인 역할을 하였다. 캐나다는 1986년부터 북서항로에 위치한 해협에 내수제도를 도입하고 이 수역을 통과하는 외국선박이 캐나다 법을 준수하는 조건하에 항해를 할 수 있도록 허용하고 있다. 그러나 캐나다의 입장과 달리 미국은 이수역에 위치한 Davis 해협 등이 국제해협이라고 보고 있으며, 따라서 외국선박이 국제법상 통과 통행권을 누릴 수 있다고 주장하고 있어 영해권을 두고 분쟁의 가능성이 존재하고 있다. 북동항로는 러시아의 시베리아 연안을 통과하는 수역이다. 러시아는 냉전기간 중 북동항로를 군사용 화물수송이나 군함 이동에 이용해왔는데 1987년10월 고르바초프의 Murmansk 연설 이후 상업용 항로로 개방하고 있다. 러시아는 어떠한 외국선박도 비차별적 기초위에 북동항로를 항해할 수 있다는 입장이지만, 1990년 채택된 '북극해 항로의 해로항해에 관한 규칙(Regulations for Navigation on the Seaways of the Northern Sea Route)'에 따라 외국선박의 항해를 규제하고 있다.

미국은 2009년 1월 발표한 신북극지역 지침(New Arctic Region Directive) /NSPD-66) 에서 해양자유가 국가안보의 최우선임을 강조하고 북서항로와 북동항로는 다 같이 국제항해에 이용되는 해협이므로 통과통행제도를 적용해야 한다고 밝히고 있다. 이것은 북동항로와 북서항로가 미국안보에서 차지하는 비중이 그 만큼 크다는 사실을 보여주는 것이다. 미국은 지난 1988년 캐나다와 북극협력에 관한 양자협정(Agreement on Arctic Cooperation)을 체결하고 미국의 모든 쇄빙선이 이수역을 통과하는 경우 캐나다 정부의 허가를 얻기로 합의한바 있다. 그러나 2005년 미국 잠수함 Charlotte호가 사전통고 없이 캐나다 북극수역을 항해한 후, 2007년 미국이 이 사실을 공개함으로써 양국 관계에 큰 파장을 일으켰다. 북서항로와 북동항로는 아직 선박들의 항해가 많지 않은 편이다. 북서항로의 경우 연중 20~30회 정도, 북동항로는 그 보다 적은 항해가 이루어지고 있어서 아직은 이들 항로에 위치한 해협들을 국제해협으로 인정하기 어렵다. 다만 북극의 얼음이 빠른 속도로 녹고 있기 때문에 선박의 항해도 급속히 늘어날 것으로 보이며 선박의 잦은 이용으로 이들 항로의 국제성이 확보될 때 국제해협으로서의 지위가 인정되고 통과통행권도 보장될 수 있을 것으로 본다.

3 맺음말

전 세계 공업생산의 80%이상이 북반구에 위치한 선진국을 중심으로 생산되고 있으며, 이들 중요 공업국들은 북극에서 6,000㎞ 이내의 거리에 위치하고 있어 북극권의 자원개발과 북극항로 이용은 앞으로 보다 현실적으로 실현될 가능성이 높아 보인다. 그러나 북극권의 개발은 해양환경의 오염과 환경재해의 발생이라는 심각한 문제점도 아울러 동반하게 된다. 캐나다와 알래스카 북부의 Barents해와 Kara해, 러시아의 서시베리아 지방 등에서는 이미 원유 및 천연가스개발에 성공하여 채광작업을 하고 있다. 북극권 국가들은 여기에 그치지 않고 앞으로 더 많은 광물자원을 개발하려는 광범위한 계획을 세우고 있다. 이때 필연적으로 뒤따르는 것은 환경오염 특히 청정지역인 북극권의 해양환경의 오염이다. 북극해의 얼음을 뚫고 석유자원을 개발하는 데에는 커다란 위험이 수반된다. 시추 및 채굴상의 어려움뿐만 아니라 유정분출, 파이프라인 누출 등으로 원유가 유출되는 경우, 이를 위한 정화와 제거작업은 지상이나, 일반적인 해양의 환경오염 제거작업보다 훨씬 어렵기 때문이다. 진행되고 있는 채굴작업이나 북극권 개발의 경우도 해양오염문제는 지속적으로 지적되어 왔다. 그러나 북극해의 석유자원이 대부분 대륙붕에 매장되어 있는 것을 감안할 때 개발이 확대되는 경우 심각한 해양오염이 수반 될 것으로 예상된다. 얼음바다에 유출된 원유는 생물학적 분해가 되지 않고 증발과 용해나 침전이 되지 않기 때문에 북극환경과 생태계에 치명적인 영향을 주게 된다. 또한 항구, 도로 및 배수공사 등 석유와 가스의 개발 및 운반에 필요한 대규모 하부구조는 생태계의 서식지와 이동경로 파괴, 해저침식 등 생태계에 직간접적인 피해를 주게 된다. 북극항로를 이용하여 석유자원을 수송하는 것은 더 큰 환경문제를 일으킬 가능성이 있다. 1989년 알래스카 연안에서 발생한 엑손발데즈(Exxon Valdez) 호 사고에서 볼 수 있는 바와 같이 북극해에서의 대형유조선 사고는 대규모 환경재앙으로 이어지게 된다. 이 사고로 25만 8,000배럴의 원유가 3,400㎞에 이르는 알래스카 해역을 뒤덮었으며 바다새 25만 마리, 바다수달 2,800마리, 물개 300마리, 대머리독수리 250마리, 고래 22마리 등 수많은 청어 및 연어가 떼죽음을 당했다[16]. 사고해역의 생태계는 아직도 해양오염의 지속적인 영향을 받고 있으며 이를 회복하는데 30년 이상이 걸릴 것으로 추정되고 있다. 바다뿐만 아니라 주변해역의 토지도 기름에 오염되어 수많은 알래스카 주민들이 삶의 터전을 잃었다. 해양오염사고가 북서항로와 북동항로에서 발생하는 경우에는 상황이 더욱 심각하다. 캐나다군도수역에는 수많은 섬들이 산재해 있고 항로에 따라서는 육지에 근접하여 통과하기 때문에 대형 유조선이 파선되는 경우 회복하기 어려운 피해가 발생할 것으로 보인다. 북서항로는 북동항로보다는 덜 심각하지만 시베리아 연안의 섬 주위를 통과한다는 점에서 해양오염이 문제되는 것은 마찬가지이다. 이 때문에 많은 환경단체들이 북극의 자원개발에 반대하고 있다. 세계 야생동물기금(WWF)과 세계 자연보전연맹(IUCN) 등 환경단체들은 자원개발이 북극환경과 생태계에 미치는 영향을 우려하고 있다. WWF는 각 정부와 유류회사들이 대규모 석유 및 가스개발을 재고하도록 촉구하고 있으며, IUCN은 북극의 여우, 돌고래, 고리모양물개(Ringed Seal) 등을 멸종위기에 처한 10대 생물로 선정하고 기후변화와 상업적 선박이용, 석유 및 가스개발 등이 이들의 서식지를 훼손하고 있다고 지적하고 있다.

북극권을 포함한 극지지역은 환경변화가 특히 민감하게 반응하는 지

16 김기순, 『독도연구저널』, 독도·해양영토연구센터, 2010년도 봄호, 87쪽.

역으로 인식되고 있다. 지구의 오존층 파괴와 같은 환경의 변화는 환경파괴에 대한 조기경보 장치로 인식되고 있으며, 이러한 이유로 북극권의 환경변화는 미래의 기후변화를 예측하게 하는 하나의 지표로 인식되고 있다. 이러한 관점에서 북극지역의 환경보존은 지상에서 경제활동을 하는 모든 국가들의 공통적인 관심사이며, 북극권은 인류 공동의 자산이므로 개별국가들의 경제적 이해관계에 따른 무분별한 자원의 개발보다 미래세대를 위한 환경의 보존이라는 인식의 전환과 함께 이를 뒷받침할 수 있는 공동의 노력과 법, 제도적 정비가 필요할 것이다.

참고문헌

김보영, 「기후변화와 북극 유·가스전 개발에 관한 연구」, 『자원·환경경제연구』, 제18권 제4호.

극지연구소, 극지의 자연환경 (http://www.kopri.re.kr/index.jsp)

네이버, 백과사전 (http://100.naver.com/100.nhn?docid=78967)

독도·해양영토연구센터,『독도연구저널』, 2010년도 봄호.

연합일보사, 『연합뉴스』, 2009년 7월 16일.

이영형, 「러시아의 북극해 확보전략: 정책 방향과 내재적 의미」, 『중소연구』, 제33권 제4호.

임종완, 「세계 물류환경의 변화와 대응방안」, 한국해양수산개발원 연구보고서 2004년 12월.

최경식, 「북극해 항로의 전망과 기술적 과제」, 『해양한국』, 2001년 2월호.

한국일보사, 『주간한국』, 통권 2187호.

한국해양수산개발원, 해양수산동향, Vol. 1258.

황진회, 「북극해 항로 가능성 분석과 대응전략」, 『해양한국』, 2009년 8월호.

『해양한국』, 2009년 12월호.

KOTRA, 해외투자정보.

U.S. Geological Survey, Fact Sheet 2008-3049.

『voanews』, 2008년 9월 .

북극해 연안국의 자원개발 전략

이성규_에너지경제연구원

미국 USGS(U.S. Geological Survey)는 전세계 미발견된 석유·가스 탐사 자원량의 22% 정도가 북극지역에 매장되어 있다고 추산하고 있다. 북극지역(Arctic Circle)[1] 내 탐사 자원량은 4,120억 boe(barrels of oil equivalent)로 조사되고 있다. 조사자료에 의하면, 북극지역에는 석유보다 천연가스가 훨씬 더 많이 부존되어 있다.[2] 최근 탐사·시추 기술의 발달과 지구온난화로 인한 해빙 등이 고유가 상황과 맞물리면서 북극해에 매장된 석유·가스 자원 개발 가능성이 활발히 이루어지고 있다.

러시아, 미국, 캐나다, 덴마크, 노르웨이 등 북극해 연안국 가운데 가장 활발한 에너지 자원 개발활동을 전개하고 있는 국가는 바로 러시아이다. 러시아는 야말반도, 티만-페초라 지역, 그리고 북극해 대륙붕 지역에서 석유·가스 자원개발 사업을 추진하고 있다. 미국은 1970년대부터 알라스카 Prudhoe Bay 유전 개발 및 송유관 건설을 통해 본격적으로 북극지역 자원개발 사업을 전개해 왔다. 노르웨이는 북극해 연안국 가운데 유일하게 북극해 대륙붕에서 석유와 가스를 생산하고 있으며, 북극해 대륙붕 개발에 있어서 가장 발달된 기술과 경험을 갖고 있다. 마지막으로 캐나다와 덴마크는 아직까지 북극지역에서 생산단계의 석유·가스전을 갖고 있지 않지만 최근 들어 본격적인 북극지역 자원개발 필요성을 강조하고 있다.

1 북극권(Arctic Circle)은 북극해를 포함한 북위 66.56° 이북 지역을 의미하며, 면적은 약 2,100만 ㎢(지구 표면의 약 6%), 이중 800만 ㎢가 육상, 700만 ㎢가 수면 500m 미만의 대륙붕, 나머지는 얼음으로 덮인 깊은 바다로 구성되어 있음.

2 U.S. Geological Survey, "Circum-Arctic Resource Appraisal: Estimates of Undiscovered Oil and Gas North of the Arctic Circle," USGS Fact Sheet 2008-3049, Washington, DC, 2008, USGS website http://pubs.usgs.gov/fs/2008/3049/ Arctic Monitoring and Assessment Programme(AMAP), *Arctic Oil and Gas 2007*, 2007.

북극해 연안국가들은 최근 들어 정부차원의 북극지역 개발 전략을 수립·발표하고 있는데, 공통적으로 북극지역에 대한 자국 영유권 강화, 대륙붕 외연 확장, 에너지 자원 개발, 환경보호, 지역경제 활성화, 과학기술 조사 등을 각국의 정책목표로 설정하고 있다.

[그림 1] 북극지역 석유·가스 자원 개발 현황

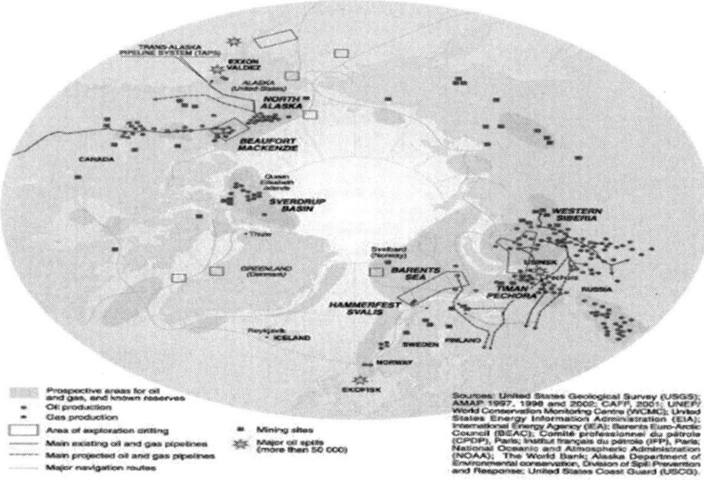

출처: USGS(2008) 홈페이지(www.usgs.gov)

1. 러시아 북극정책

러시아의 북극지역 개발 전략은 지난 2008년 9월 발표된 메드베데프 대통령의 "2020년까지 북극지역에서의 국가정책 원칙(Fundamentals of the State Policy of the Russian Federation in the Arctic up to 2020 and Beyond)"에 근거하고 있다.[3]

3 Президент РоссийскойФедерации, "Основы государственной политики Российской Федерации в Арктике на период до 2020 года и дальнейшую перспективу", 18 сентября 2008 г.

러시아 정부는 북극지역을 크게 6개 분야(사회경제발전분야, 군사안보분야, 환경보호분야, 정보통신기술분야, 과학기술분야, 국제협력분야)로 나누어서 개발하려고 한다. 사회경제발전분야에서 북극지역은 에너지 자원의 안정적인 국내공급 및 해외 수출을 위한 미래 전략적 공급기지로 개발된다. 그리고 북극지역 개발은 민·관, 중앙정부·지방정부, 그리고 국제기구 및 연안국들과의 긴밀한 협력을 통해서 추진된다. 러시아 정부는 민간부문의 적극적인 개발활동 참여를 유도하기 위한 세제혜택과 같은 제도적 장치를 마련하고 있다.

러시아 정부는 북극지역 에너지 자원 개발을 크게 3개 단계로 나누어서 개발하려고 한다. 1단계(2008~2010년)에서는 광범위한 지질조사를 통해 로모노소프 해령을 포함한 북극해의 자국 대륙붕을 연장받기 하기 위한 법적 근거를 마련하며, 2단계(2011~2015년)에서는 UN으로부터 북극해 대륙붕 연장을 국제법상 인정을 받으며, 3단계(2016~2022년)에서는 북극지역을 러시아의 중요한 전략적 자원 생산기지로 발전시키는 것으로 되어 있다.

북극지역 내 여러 석유·가스 매장지역 가운데 러시아 북극지역에 속해 있는 서시베리아 지역(West Siberian Basin)과 동바렌츠 해 지역(East Barents Basin)이 북극지역 전체 석유·가스 매장지의 47%를 차지하고 있다. 미국 USGS(U.S. Geological Survey)의 발표자료에 의하면, West Siberian Basin의 석유·가스 매장량은 1,326억 boe, East Barents Basin의 석유·가스 매장량은 618억 boe로 추정되었으며, 이는 북극지역 내 매장지역들 가운데 상위 1위와 3위를 차지한다.[4]

러시아의 북극해는 4개 지역으로 구분되는데, 이중에서 바렌츠 해·페초라 해·카라 해 남부지역에서 가장 활발한 자원 개발사업이 이루어지고 있다. 동 지역에는 미래 전략적 석유·가스 공급지로 설정되어 있는 야말반노, 티만-페초라지역, 슈토크만 가스전 등이 포함되어 있다. 그 외 카라 해 북부지역·랍테프 해, 동시베리아 해·추크치 해, 그리고 북극

4. 2위는 미국의 Arctic Alaska 지역임.

해 심해 지역 등은 기존 수송망과의 원거리, 상대적으로 열악한 개발환경 등으로 탐사활동이 제대로 이루어지지 않은 상태로 남아 있다.[5]

현재 러시아 북극지역에 총 43개 매장지가 개발되고 있으며, 이중 41개 매장지에서 석유와 가스가 생산되고 있다. 물론 이들 매장지들은 대부분 육상지역에 위치해 있다. 러시아는 아직까지 독자적으로 해상광구를 개발한 경험을 갖고 있지 않다. 그래서 북극해 대륙붕에 위치해 있는 슈토크만(Shtokman) 가스전은 노르웨이 Statoil과 프랑스 Total의 첨단 기술과 경험으로 개발되고 있다.

러시아 북극지역 자원개발은 국내는 물론이고 유럽국가들에게도 중요한 의미를 갖는다. 먼저 러시아는 기존 석유·가스 매장지역에서의 오랜 기간 동안의 생산활동으로 빠른 매장지 고갈 현상에 직면해 있어 시급히 신규 매장지 개발을 필요로 하고 있다. 그런데 북극지역, 그중에서도 야말반도지역, 티만-페초라지역, 바렌츠 해·페초라 해·카라 해 남부지역 대륙붕이 미래 전략적 석유·가스 공급지역으로 부상하고 있다. 또한 러시아 가스 의존도가 25%에 이르고 있는 유럽국가들도 북극지역을 자신들의 중요한 가스 공급원으로 생각하고 있으며, 이들 지역에서의 석유·가스전 개발 사업에 지대한 관심을 보이고 있다. EU는 북극지역 내 에너지 자원개발 사업에 유럽 에너지 기업들의 가능한 많은 참여를 기대하고 있으나, 러시아 정부 및 에너지 기업들은 기본적으로 자체적인 개발전략을 고수하고 있는 상황이다.

한편, 러시아는 북극해 연안국들 가운데 자국의 대륙붕 확장을 위해 가장 적극적으로 움직이고 있다. 러시아는 2001년 태평양과 북극해 대륙붕 외연을 확장하기 위해 UN대륙붕한계위원회에 관련 자료를 제출했다.[6] 러시아는 2007년에는 심해 잠수정을 이용해 북극해 해저를 탐사한

5 Baidashin V., "Arctic Competition Increasing", *Russian Petroleum Investor*, Vol.16, Issue 7, August 2007, Chernyshov, S., "Strategy for the Shelf", *Russian Petroleum Investor*, Vol.13, Issue 8, September 2004.

6 대륙붕한계위원회는 이를 뒷받침할 만한 과학적 근거가 불충분하다는 이유로 보충자료를 요구하고 반려했음. 이에 대해 러시아는 근거자료를 충분히 확보하여 2013년경에 재신청할 계획으로 있음.

후 자국의 영토임을 주장하며 해저 바닥에 러시아 국기를 꽂아 주변국들의 반발을 사기도 했다. 러시아는 2020년까지 북극해 대륙붕 국경을 확정하고 자국 군대를 주둔시키고. 러시아 최북단 프란츠 이오시프 제도 및 북극해 일부를 묶어 '러시아 북극(The Russian Arctic)'이라는 국립공원을 새롭게 건설하려는 계획도 갖고 있다.

[그림 2] 러시아 서부지역에 위치한 북극지역의 석유·가스 매장지역

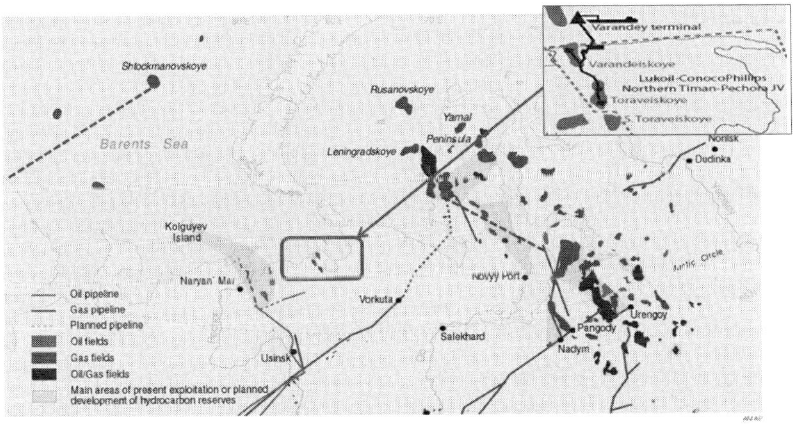

출처: Gazprom 홈페이지(www.gazprom.ru)

2. 미국 북극정책

미국의 핵심적인 에너지 안보정책 중에 하나는 국내 에너지 자원 생산과 신재생에너지 개발을 통한 에너지안보 증진과 에너지효율 개선이다. 특히 북극지역 자원개발의 필요성을 주장하는 정책결정자들은 계속 증대되는 해외 에너지 의존도 문제를 국내 에너지 자원 개발 및 생산 증대를 통해서 해결하려고 한다. 미국의 알라스카 자원개발은 그동안 환경보호론자의 반대로 인해서 1968년에 알라스카 북부지역에서 발견된 대규모 Prudhoe Bay 유전과 Trans Alaska Oil Pipeline System(TAPS)을 제외하

고는 제대로 이루어지지 못했다. 과거 1일 최대 200만 배럴까지 생산했던 Prudhoe Bay 유전에서의 원유생산량은 최근 70만 배럴로 급격히 감소하여, 기존 석유 파이프라인 노선 주변지역에서의 신규 매장지 개발이 요구되고 있다.

이런 상황에서 지난 2008년 1월 부시정부는 새로운 북극정책을 담은 대통령 지침 "National Security Presidential Directive and Homeland Security Presidential Directive(NSPD-66)"과 미국 연근해 대륙붕(Outer Continental Shelf: 'OCS')에서의 석유 시추활동을 다시 허용하는 대통령 지침을 발표하였다. 이는 1994년에 수립된 미국의 북극정책을 15년 만에 대체한 것으로 앞으로 북극지역 자원개발을 다시 재개하겠다는 중요한 정책변화라고 할 수 있었다. 부시대통령과 공화당은 여러 차례 북극지역 국립야생생물보호지역(Artic National Wildlife Refuge: ANWR)에서의 석유시추를 허용하는 정책을 입안하려고 했었다. Prudhoe Bay 유전 인근에 위치해 있는 ANWR지역에는 약 103억 배럴의 탐사자원량이 있는 것으로 추정되고 있다. Prudhoe Bay 유전의 운영사인 BP는 ANWR 지역의 개발을 미국 연방정부, 알라스카 주정부, 그리고 연방의회에 요구해 왔었다. 그러나 이러한 부시 행정부의 북극지역 자원개발 계획은 대통령 선거기간과 맞물려 더 이상 추진되지 못하고 보류되었다.[7]

오바마 대통령은 대통령 선거 당시 알라스카 ANWR지역 자원개발에 부정적인 입장을 표명했으나, 대통령으로 당선된 이후에는 알라스카 지역을 포함한 미국 연근해 대륙붕 개발을 허용하는 쪽으로 정책을 선회하였다.[8] 지난 2010년 3월 오바마 대통령은 미국 대서양 해안과 멕시코만 동부해안, 그리고 알라스카 북부 해안을 새로운 원유 및 천연가스 시추 허용구역으로 지정하는 내용의 에너지 안보정책을 발표하였다. 이러한

7 EIA, "Analysis of Crude Oil Production in the Arctic National Wildlife Refuge", May 2008, Donald L. Gautier and Brenda S. Pierce, "Circum-Arctic Resources Appraisal: Estimate of Undiscovered Oil and Gas North of the Arctic Circle", USGS, 23 July 2008

8 Obama and Biden, "Blueprint for Change: Obama and Biden's Plan for America", 2008.

오바마 정부의 정책 변화는 해외수입 에너지 자원 의존도를 줄이고, 석유기업과 주정부의 재정수입을 증대시키려는 의도로 분석되고 있다. 또한 미국이 적극적으로 국내 석유개발을 촉진할 경우, OPEC국가들에 의해서 커다란 영향을 받고 있는 국제 원유시장에도 긍정적인 신호를 줄 것으로 예상했다.

한편, 최근 발발한 멕시코만 심해 시추선 폭발 및 원유 유출 사고로 자원개발관련 환경규제가 크게 강화될 것으로 전망되고 있다. 최근 미국 정부는 안전 점검 및 환경 규정 강화, 향후 OCS(외변대륙붕) 광구 분양부터 엄격한 규제 적용 등을 내용으로 하는 일련의 계획을 발표하였다.

미국 USGS(2008)의 자료에 의하면, 알라스카 북쪽의 'Arctic Alaska' 지역에는 728억 boe의 탄화수소가 매장되어 있으며, 특히 원유 탐사자원량이 약 300억 배럴로 북극지역에 가장 많은 것으로 조사되고 있다(북극지역 전체 원유 탐사자원량의 약 20%).

현재 알라스카 지역에는 Prudhoe Bay 유전에서 ANWR지역을 통과해서 알라스카 남쪽 태평양 연안의 부동항인 Valdez까지 연결하는 총연장 1,300㎞의 TAPS 송유관이 있다. Valdez터미널에서는 Prudhoe Bay 유전에서 생산된 원유가 유조선을 통해 미국 본토로 공급된다.

Prudhoe Bay 유전의 운영사인 BP는 미국 메이저 기업인 Conoco Phillips와 함께 Alaska Gas Pipeline 건설 사업을 추진하려고 한다. Alaska Gas Pipeline 사업은 Alaska North Slope 가스전 지대(추정매장량 35조 cubic feet, 탐사자원량 215조 cubic feet)에서 캐나다 Alberta주까지 총연장 2,737㎞의 가스관을 건설하고, 이후 Alberta주에서 미국 중서부까지 연결하게 된다. 현재 BP·Conoco Phillips 컨소시엄과 TransCanada·Exxon Mobil컨소시엄이 동 사업의 개발권을 획득하기 위해 치열한 경쟁을 벌이고 있다. 현 시점에서 TransCanada측이 BP측보다 약간 유리한 것으로 알려지고 있다. TransCanada는 2008년 1월 알라스카 주정부로부터 동 사업의 허가를 받았으며, 연방정부의 승인만 남겨 놓은 상태이다.[9]

9 Alaska Pipeline Project에는 2가지 방안이 제안되고 있는데, 첫 번째는 Alberta

마지막으로 미국도 다른 북극해 연안국들과 마찬가지로 대륙붕 연장 신청을 통해 더 많은 해저 자원을 확보하려고 한다. 2007년 8월 쇄빙선을 이용해서 알라스카 북부 북극해에 대한 탐사작업을 개시하였으며, 동 작업을 마친 이후 대륙붕 연장을 위해 UN대륙붕한계위원회에 근거자료를 제출할 계획으로 있다. 대륙붕 연장을 통해 얻을 수 있는 해양영토는 알라스카의 1/2에 이를 것으로 분석되고 있다. 이와 관련해서 미국은 캐나다와 알라스카의 Beaufort Sea에서 해양경계 획정 갈등을 빚고 있다. Chukchi Cap, Bering Sea, 그리고 Beaufort Sea의 해저에는 많은 양의 석유·가스가 매장되어 있는 것으로 알려지고 있다.

[그림 3] Alaska Gas Pipeline 사업

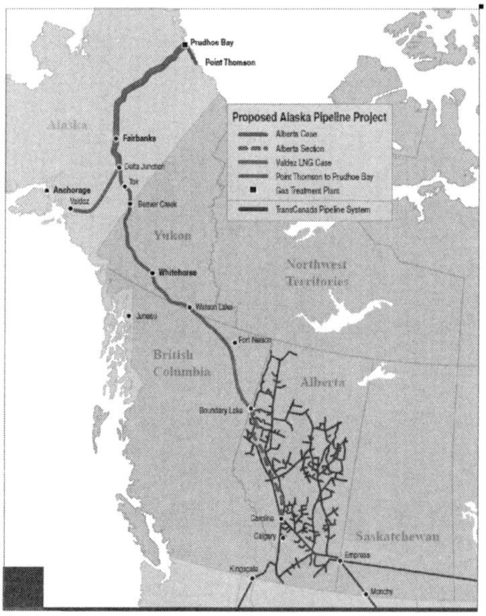

출처: TransCanada 홈페이지 (www.transcanada.com)

노선으로 Prudhoe Bay에서 캐나다 Alberta주까지 연결하는 것이고, 두 번째는 Prudhoe Bay에서 Vladez까지 연결하고 Vladez에 LNG생산기지를 건설하는 것임. 만약 알라스카 LNG 프로젝트가 성사될 경우에는 아·태지역으로의 LNG 공급도 가능해질 것임.

3. 캐나다 북극정책

캐나다 북부지역은[10] 그동안 모든 면에서 소외되어 있었다. 그러나 최근 들어 북극지역 내 풍부한 광물자원(다이아몬드)과 석유·가스 자원, 지구온난화에 따른 새로운 북극해 항로(북서항로) 개방, 상업적 어장 확대, 관광객 증대 등과 같은 긍정적 현상들이 뚜렷하게 나타나고 있다. 게다가 북극지역에 대한 전 세계 관심이 증대되면서 캐나다 정부는 자국 영토에 속하는 북극지역에 대한 효과적인 감시와 자국의 이익을 적극적으로 관철시키려 하고 있다.

이에 따라 2009년에 캐나다 정부는 전 인류의 미래 자원보고로서 북극지역에 대한 책임 있는 관리와 자국민 및 현지 거주민들의 이익을 보호하기 위한 북극지역 개발전략 “Canada's Northern Strategy: Our North, Our Heritage, Our Future”를 발표하였다.[11] 캐나다 정부는 동 보고서에서 북극지역 경제·자원 개발에 있어서 전략적 목표를 크게 영유권 확보 및 강화, 사회·경제개발 촉진, 환경보호, 지역자치권 보장 등으로 설정했다.

캐나다 정부는 북극지역에 대한 재정지원을 대폭적으로 증대시키고, 주변국과의 영유권 분쟁에 있어서도 확고한 입장을 표명하고 있다. 구체적으로 캐나다는 북극지역에 대한 확실한 영유권을 행사하기 위해 북극지역 내 군사력을 강화하고, 정확한 대륙붕 외연 확정을 위한 지질·지형 조사를 활발히 추진하고 있다. 최근까지 캐나다 북극지역에 대한 완벽한 지질·지형지도 작성과 과학적 조사가 이루어지지 않았다. 현재 UN해양법협약(United Nations Convention on the Law of Sea: UNCLOS)에 따라 캐나다는 대륙붕 외연을 확정짓기 위한 과학적 조사활동을 추진하고 있다. 이러한 조사 작업결과를 근거로 해서 캐나다 정부는 2013년 말까지 UN대륙붕한계위원회에 캐나다 북극지역 대륙붕 외연 확장을 신청할 계

10. 캐나다 북부지역은 Yukon Territory(유콘 준주), Northwest Territories(노스웨스트 준주), Nunavut Territory(누나부트 준주) 등으로 구성되어 있음.

11 Government of Canada, *CANADA's Northern Strategy our North, Our Heritage, Our Future,* 2009.

획으로 있다. 캐나다는 북극해 대륙붕 지질지형조사 작업을 인접국인 미국, 덴마크, 러시아 등과 함께 추진하고 있다.

캐나다 정부는 북극지역의 사회·경제 발전을 위해 자원 탐사·개발 촉진, 사회간접시설 건설 및 확충, 그리고 북극지역 주민의 생활수준 개선 등에 힘쓰고 있다. 북극지역 내 경제활동에 대한 지원을 강화하기 위해 새로운 지역경제개발청이 설립되었다. 동 기관의 주요 활동은 'Northern Economic Development Program'을 관리·추진하고, 필요한 투자자금을 조달하는 데 있다.

북극지역 내 풍부한 광물·석유·가스 자원, 수자원, 수산자원 등을 개발하는 대규모 프로젝트가 활발히 추진되고 있다. 특히 캐나다 영해에 속해 있는 Beaufort Sea의 심해 석유·가스 자원 탐사·개발에 대한 관심이 높아지고 있다. 캐나다 정부는 Mackenzie Gas Project를 북부지역 원주민 및 지역사회 번영을 위한 핵심적인 투자사업으로 여기고 있다. Mackenzie Gas Project는 캐나다 Northwest Territories의 북쪽 끝에 있는 Mackenzie 삼각주에 있는 가스전 3곳을 개발하고, 앨버타 주 북부로 연결되는 1,196 ㎞ 파이프라인을 건설하는 사업이다. Esso, Shell, ExxonMobil 등이 2001년에 사업성 검토를 이미 완료했고, 2004년 10월부터 캐나다 정부로부터 개발허가를 기다리고 있다.

동 사업에 대해 세계야생동물기금(World Wildlife Fund: WWF) 캐나다 지부는 아한대 침엽수림(boreal forest)을 훼손할 수 있다고 강하게 반대하고 있다. 동 프로젝트에 대한 합동조사단은 환경영향평가에 따른 권고안 176개를 발표했고, 캐나다 정부, 지역사회, 그리고 개발업체 등은 항목별로 수용 가부를 최종적으로 정리·합의해 나가고 있다.

북극지역 자원개발과 관련해서 Aboriginal Pipeline Group(APG)은 북극지역 경제개발에 사업 소유권 획득을 통해 원주민들의 참여를 가능케 하고 있다. APG은 Northwest Territories내의 30개 원주민 지도자들의 합의에 의해서 2000년에 설립되었다. APG 설립의 배경은 Mackenzie Valley Gas Pipeline의 소유권과 이익을 극대화하고, 원주민들의 자립을 지원하기 위해 경제개발 사업에 원주민을 참여시키는 새로운 사업모델을 제공하는

데 있다. 그래서 APG는 Mackenzie Valley Gas Pipeline 사업의 소유권과 이익을 극대화하는데 있어서 지역 원주민들의 이해를 대표하고 있다.

[그림 4] 캐나다 북극지역 내 주요 석유·가스 매장지

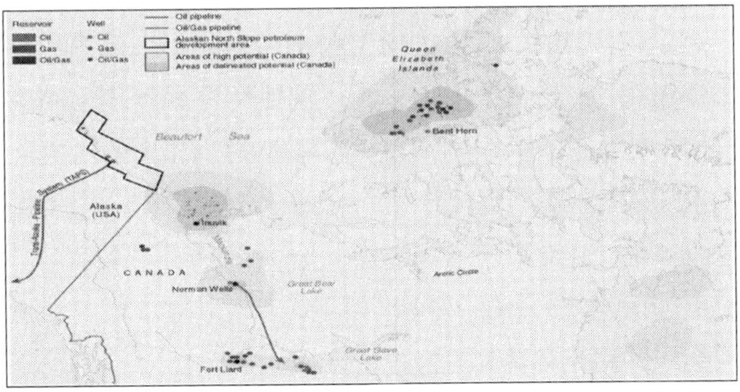

출처: USGS 홈페이지

4. 노르웨이 북극정책

노르웨이 경제는 북극해 및 주변 근해의 석유·가스 자원에 크게 의존하고 있다. 이들 자원은 노르웨이 정부의 가장 커다란 수입원인 동시에 경제성장에 상당한 기여를 하고 있다. 세계 10위권의 원유와 천연가스 생산국인 노르웨이는 현재 파이프라인을 통해 유럽가스 시장의 25%를 차지하고 있다.

노르웨이는 북극해 대륙붕을 전략적인 신규 석유·가스 공급원으로 설정하고 적극적으로 개발하고 있다. 노르웨이의 북해 석유·가스전이 최근 들어 빠르게 고갈되면서 새로운 탄화수소 공급원으로 북극해 대륙붕 개발에 대한 중요성이 그 어느 때 보다 중요하게 부각되고 있다. 그래서 2010년 노르웨이 정부는 그동안 환경보호 차원에서 개발을 불허했던 세계적으로 유명한 관광단지인 로포텐 제도에 대한 석유·가스 자원 개발을 허용하였다. 바렌츠 해와 노르웨이 해 대륙붕 개발은 2006년에 허용되었다.[12] 노르웨이 해 대륙붕에 있는 석유·가스 매장지는 생산단계에

있으며, 해저 파이프라인을 통해 유럽지역으로 수출되고 있다.

노르웨이는 바렌츠 해에 위치해 있는 Snohvit 가스전에서 2007년 12월부터 가스를 생산하기 시작했다. 동 가스전의 천연가스 가채매장량 193bcm (billion cubic meter), 가스컨덴세이트 113백만 배럴, 천연가스액화물 5.1백만 톤으로 추정되고 있다. Snohvit 가스전 운영사인 노르웨이 국영석유회사 Statoil은 동 매장지 개발을 통해서 세계적 수준의 북극해 해상광구 개발 기술과 경험을 습득하게 되었다. Statoil은 이러한 기술과 경험을 바탕으로 다른 북극해 연안국들의 북극해 해상광구 개발사업에 적극적으로 참여하려는 전략을 구사하고 있다. Snohvit 가스전에 생산되는 가스는 해저 파이프라인을 통해 Melkoya LNG 생산공장으로 보내져 여기서 LNG선박을 통해 유럽지역으로 수출되고 있다.

한편, 노르웨이는 북극해 연안 5개국 가운데 가장 먼저 2009년 4월에 북극해 해저영토에 대한 대륙붕 한계선을 UN대륙붕한계위원회와 합의했다.[13]

[그림 5] 노르웨이의 대륙붕 내 주요 석유·가스 개발 사업

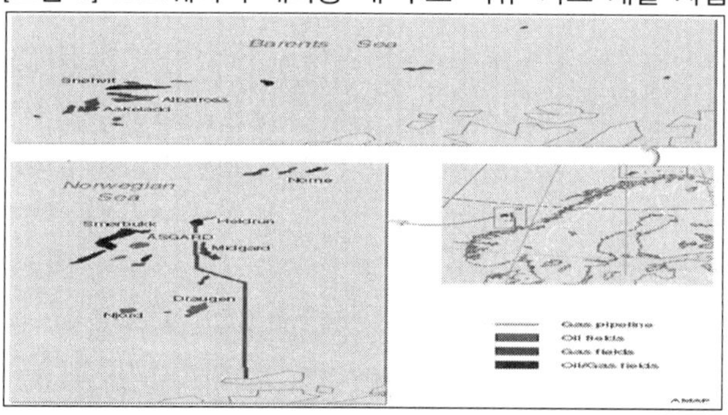

출처: USGS 홈페이지

12 Research Department of Statistics Norway, The Economy of the North 2008, www.ssb.no

13 노르웨이는 지난 2006년 대륙붕한계위원회에 노르웨이와 그린란드, 아이슬란드, 파로군도 사이의 해역영토 25만 ㎢에 대한 영유권을 주장하는 요청안을 제출하였고, 대륙붕한계위원회는 이중 23만 5,000㎢에 대한 영유권만 인정하였음. 노르웨이는 이를 받아들여 법제화하기로 하였음.

5. 덴마크 북극정책

덴마크의 탄화수소 부존자원은 북해지역 매장량지에 대부분 매장되어 있다. 덴마크는 북해지역 자원개발로 인해 1972년부터 원유를, 1984년부터 가스를 각각 생산하기 시작했으며, 이후 지속적인 개발을 통해 1997년부터 원유 및 가스의 순수출국으로 되었다. 그러나 오랜 생산활동으로 북해 매장지에서의 원유·가스 채굴량이 감소하면서, 향후 원유의 경우 약 30년, 천연가스의 경우 약 10년이 지나면 다시 순수입국으로 전락하게 될 것으로 예상되고 있다. 이에 따라 덴마크 정부는 2007년 1월에 "에너지 정책 비전 2025(A Visionary Danish Energy Policy 2025)"에서 새로운 천연가스 매장지 개발 및 가스 인프라 확장 계획을 발표하였다.[14]

1970년대부터 덴마크령인 그린란드 인근해역의 광대한 해저퇴적층에 대규모 원유 매장 가능성이 제기되어 왔으며, 여러 차례의 지질조사 결과에서 원유 및 천연가스 매장이 사실로 확인되었다. 특히 최근 지질분석 결과, 북동해역 제3지구에 원유 탐사자원량이 최대 1,100억 배럴에 이르는 것으로 나타났다. 이는 덴마크 북해 영역 유전지역 매장량 15억 배럴의 73배에 이른다. 다만, 그린란드 해역 유전의 본격 탐사·시추작업에는 막대한 설비투자 비용, 빙하 밑 해저 원유 시추의 기술적 문제, 투자비 조달 문제 등이 장애요인으로 지적되고 있다.

최근 그린란드 자치정부는 북극지역에 대한 유전 탐사 허가권 입찰을 진행 중에 있다. 1976년, 1977년, 1990년에 총 6번의 시추작업이 있었으나 상업성 있는 유전 발굴에 실패하였다. 2005년에 그린란드 자치정부의 탐사권을 획득한 캐나다 기업 EnCana는 그린란드 서부 해상 유전의 시추작업을 개시하였다. 동 지역에는 20억 배럴 정도의 석유 자원이 매장되어 있는 것으로 추정되고 있다.

한편, 덴마크는 2007년부터 본격적으로 그린란드 주변 해역에서 지형

14 김보영, 유시호, 박연희,「기후변화와 북극 유가스전 개발에 관한 연구」,『자원환경경제연구』, 제18권 제4호, 2009.

지질 연구를 위한 과학적 탐사를 진행해 왔다. 2008년부터는 로모노소프 해령 주변을 집중적으로 탐사하기 위해 스웨덴과 공동으로 북극탐사 프로젝트 "LOMROG(Lomonosov Ridge off Greenland)"를 진행하고 있다. 이를 바탕으로 로모노소프 해령 주변의 지행 및 지질을 분석하여 동 해령이 그린란드와 연결되어 있다는 근거를 수집하려고 한다. 2014년에 UN 대륙붕한계위원회에 '로모노소프 해령에 대한 대륙붕 연장 및 영유권 획득'을 위한 증명자료를 제출한다는 계획을 갖고 있다.

6. EU 및 북극이사회의 북극정책

1) EU 북극정책

EU는 북극지역 에너지 자원개발과 환경변화와 관련된 문제가 EU 차원의 에너지 및 환경 안보와 직결된다고 보고 있다. EU집행위는 2008년 3월 기후변화가 북극지역에 미치는 영향과 대책을 담은 "Climate Change and International Security: Paper from the High Representative and the European Commission to the European Council"(S113/08, 13 March 2008) 보고서를 발표하였다.[15] 여기서는 기후변화가 초래할 영향, 지역적 사례, 이에 대한 권고방안이 제시되어 있다. 또한 EU의회는 2008년 10월 북극정책에 관한 결의안 "European Parliament Joint Motion for a Resolution: European Parliament Resolution on Arctic governance"을 통과시켰다.[16] EU의회는 북극결의안에서 유럽 에너지 정책의 역할 강조, 미래 에너지 공급원으로 지속가능한 친환경적 개발을 위해 북극지역을 국제공동연구지역으로 개방, 북극지역 환경보호를 위한 특별조치 필요, 북극위원회의 옵서버 지위를 격상하고 북극 전담조직 설치, 북극해 공해지역의 국제조약 체결 대비 등을 밝혔다.

유럽 전문가들은 지구온난화 추세가 지속되어 상업적 조업활동이 북

15 EU, "Climate Change and International Security", S113/08, 14 March 2008
16 EU Parliament Resolution, "Arctic Governance", 9 October 2008.

극해 지역으로 확대될 경우 2020년을 기점으로 북극해가 세계 수산물 생산량의 37%를 담당할 세계 최대 어장으로 떠오를 것이며, 또한 에너지 자원개발 환경 개선으로 북극지역이 EU의 미래 중요한 에너지 자원 공급원으로 부상할 것으로 전망하고 있다.

EU는 북극지역의 급속한 해빙으로 자원의 개발 가능성이 높아지면서 동 지역을 중심으로 한 지정학적 역학관계의 변화 가능성을 예상하고 있다. 북극해의 해빙으로 새로운 항로가 개방된다면, 영유권을 둘러싼 북극해 인접국들 간 갈등이 증대될 것이며, 이는 EU의 안보에 직접적으로 영향을 미칠 것이다. 특히, 북극지역은 현재 다자간 체제와 규범에 따라 관리되지 못하고 있다.

또한 이러한 인접국간의 영유권 분쟁은 북극해를 통과하는 교역 활성화의 에니지 자원 개발에도 커다란 영향을 미칠 것으로 보고 있다. 북극해 연안국들 간의 분쟁에 대해 EU는 직접 개입하기 보다는 UN차원에서 해결되기를 원하고 있다.[17]

2) 북극이사회(Arctic Council)의 역할과 주요 활동

북극이사회는 북극지역 환경보호, 생물다양성 유지, 북극 자원의 지속가능한 이용 추구, 북극지역 거주민 복지 · 전통 보호 등을 위해 북극해 주변 8개국으로 구성된 다자간 협의체이다. 북극이사회는 북극해 주변 8개국(캐나다, 덴마크, 핀란드, 아이슬란드, 노르웨이, 러시아, 스웨덴, 미국)이 회원국으로, 몇몇 비북극 지역국가(독일, 폴란드, 네덜란드, 영국, 스페인, 프랑스)들이 옵서버로, 그리고 이누이족, 사미족, 시베리아족 등 북극 주변 6개 소수민족이 상시참여그룹으로 참여하고 있다. 운영방식은 최고의사결정기구인 장관회의가 2년에 1회, 실무회의인 고위급회의(Senior Arctic Officials Meeting)가 1년에 2회 개최되고 있다.

한편, 한국과 중국은 북극이사회의 임시 옵서버 자격을 획득한 이후

17 김경신, 「EU의회 북극 결의안 통과와 시사점」, 『해양수산동향』, Vol.1284, 2008.11.3., 한국해양수산개발원, 2008.

현재 정식 옵서버 자격을 신청해 놓고 있다. 일본은 2009년 4월에 북극이사회에 옵서버 가입 지원서를 제출하였다.

7. 결론

유럽지역의 북해 매장지역, 러시아 서시베리아 매장지역 등과 같은 기존 육상 및 대륙붕 석유가스 매장지들이 빠르게 고갈되고 있다. 미국의 경우, 해외 에너지 의존도가 갈수록 개선되지 않고 증대되고 있다. 이에 따라 북극지역은 유럽지역과 북미지역의 새로운 에너지 자원 공급기지로 빠르게 부상하고 있다.

북극지역 에너지 자원 개발은 1960년대부터 이루어졌으나 그동안 열악한 자연환경으로 인해서 활발하게 이루어지지 못했다. 그러나 북극지역 에너지 자원 탐사·시추·생산 기술 및 북극해 항해 기술의 발달, 지구온난화에 따른 새로운 수송로 발견 및 해상광구 개발여건 개선 등으로 북극지역 에너지 자원개발 환경이 긍정적인 방향으로 개선되었다. 이에 따라 최근 들어 북극해 연안 5개국 정부는 앞 다투어 북극지역 개발전략을 발표하고, 에너지 기업들에게 탐사·개발을 허용하고 있다.

그러나 에너지 전문가들은 북극지역 에너지 자원개발이 아직 개발 초기단계에 머물러 있기 때문에 본격적인 생산단계까지 이르기 위해서는 상당히 긴 시일이 걸릴 것이라고 분석하고 있다. 북극지역 자원개발에는 많은 장애요인들이 존재하고 있다. 먼저 북극지역 자원 개발사업은 전형적인 고위험·고비용이라는 특징을 갖고 있다. 혹한 추위, 동토지대, 유빙 및 빙하 등에 적합한 특수장비와 전문인력이 필요하며, 북극지역은 소비자와 멀리 떨어져 있어서 자원개발 사업초기 단계에 대규모 투자지출이 요구된다.

또한 무엇보다 북극지역 자원개발에 있어서 커다란 장애요인은 북극해 연안국들 간의 영유권 분쟁이다. 이러한 분쟁은 통상적으로 단시일 내에 해결되지 않기 때문에 이들 분쟁지역에 있는 매장지 개발은 사실상

장기간 동안 불가능할 것이다. 마지막으로 멕시코만 원유유출 사태로 인한 각국의 강화된 환경규제가 북극지역 매장지 개발비용을 크게 증대시킬 것이다. 환경단체들의 북극지역 개발에 대한 반대는 더욱 더 거세질 것이며, 이들의 요구조건들을 충분히 반영하기 위해서는 개발비용 증대와 개발기간 연장이 필연적으로 수반될 것이다.

북극해 항로의 가능성과 과제*

황진회_한국해양수산개발원

1. 북극해 항로 개요

북극해는 7~8세기 때부터 아일랜드 부족들이 이용했다는 기록이 남아 있고, 8세기 이후에는 항해에 대한 천부적인 재능을 가진 바이킹들이 항해를 했다. 그 후 984년에는 바이킹의 전설적 인물인 에릭이 그린란드에 도착하여 거주지를 확보했고, 그의 아들 에릭슨은 북극해를 통과하여 미국 동해안에 도착했다. 북극해를 경유하여 유럽과 극동을 연결하는 국제항로의 개척은 유럽 국가들이 극동무역에 관심을 갖기 시작한 15세기부터 시작되었다. 북극항로는 포유류의 포획과 귀금속을 비롯한 천연자원 탐사와 탐험과 같은 극지의 여러 활동을 통하여 서서히 열리게 되었다.

그러나 북극해의 혹독한 자연환경으로 말미암아 상업적인 항해는 조선기술 및 항법의 발전이 상당히 이루어진 19세기말 20세기 초에 들어서 비로소 가능하게 되었다. 1878년 스웨덴의 노르덴셜드(Nordenskjold)는 베거(Vega) 호를 타고 트롬소(Tromso)를 출항한 후 빙해에서 일 년간의 항해를 거쳐 1879년 9월 요코하마에 입항하여 사상 최초로 북동항로를 완주하였다. 그 후 노르웨이 출신의 탐험가 아문센(Amundsen)은 1901년 그린란드 북서해안에서 준비항해를 유아(Gjoa) 호를 타고 1903~1905년까지 3년에 거쳐 북서항로를 완주함으로써, 북극지역 2개 국제항로의 상업적 항해의 길을 개척했다.

근세기에 들어 러시아, 노르웨이, 캐나다 등 북극해 인접 국가는 북극항로를 100여 년 전부터 화물수송을 위한 해상항로로 이용해왔다. 그러나 과거 북극항로는 경제성과 안전성이 매우 부족했고, 다른 대체항로와

* 이 글은 극지연구소-해로연구회-연세대 동서문제연구소가 공동개최한 故 *之海* 朴椿浩 재판관 1주기 세미나 발표문을 수정·보완한 것임

운송모드가 없었기 때문에 불가피하게 그리고 제한적으로 운항되었다.

현재 북극해 자원개발과 관광을 목적으로 하는 선박 운항이 늘어나고 있다. 잘 알려진 바와 같이 북극지역에는 많은 자원이 매장되어 있으며, 최근에는 관광지로도 인기를 끌고 있다. 이에 따라 북극지역은 석유, 가스 또는 광물자원을 운송하기 위한 선박들과 관광 목적의 선박들이 북극해 지역을 다양한 항로를 이용하여 항해하고 있다. [그림 1]에서는 현재 이러한 목적으로 개발된 지역과 선박의 항로를 보여주고 있다. 이 그림에서 보는 것과 같이 현재 선박운항의 주요 항로는 러시아 북측 연안항로인 북동항로(Northern Sea Route; 그림에서 검은색 점선)와 캐나다 북측의 북서항로(Northwest Passage ; 그림에서 검은색 실선)가 되어 있으며, 기타 쇄빙선을 이용한 항로가 그린란드섬 연안과 노르웨이 북측 연안에서 북극 방향으로 형성되어 있다.

[그림1] 북극지역의 자원분포 및 선박의 항로

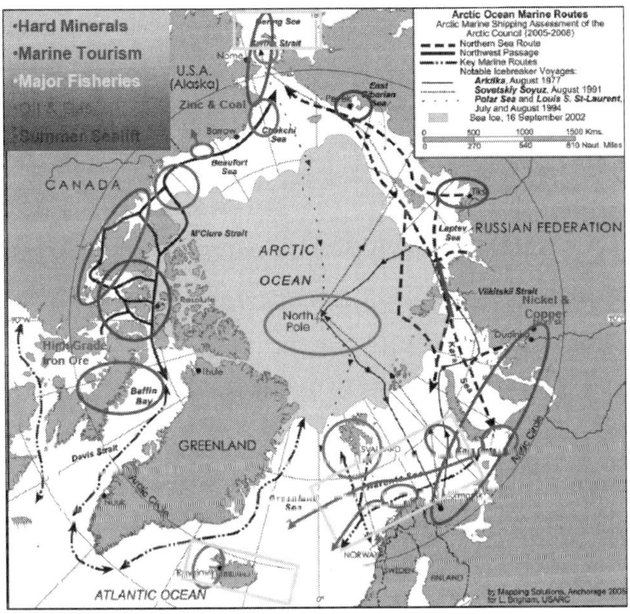

출처 : "Arctic Transport Today & Tomorrow", Arctic Marine Shipping Assessment, Carnegie Moscow Center, October 2008, p.7.

북동항로는 러시아의 북쪽 북극해 연안을 따라 서쪽의 무르만스크(Murmansk)에서 동쪽의 베링해협까지를 연결하는 길이 약 2,200~2,900마일인 해상수송로이다. 이 항로는 유라시아 대륙 해안선을 따라가며 얼음이 비교적 약한 해역을 골라 많은 섬들 사이의 좁은 해협을 통과하기 때문에 매년 빙상상태에 따라 여러 개의 항로가 존재한다. 항로의 수심은 비교적 얕아서 통상적인 최저수심은 20m 내외이지만 랍테프 해(Laptev Sea)와 같은 곳은 수심이 15m도 되지 않는다.

현재 북극해 연안의 북동항로는 연중 상당한 기간 얼음으로 덮여 있다. 카라 해 서쪽 부분인 바렌츠 해(Barents Sea)는 멕시코만류의 영향과 겨울에도 정기적인 쇄빙작업으로 선박의 통행이 연중 가능하지만, 카라 해 동쪽 부분은 얼음이 많아 쇄빙능력을 갖추지 않은 일반 상선의 단독운항이 어려운 실정이다. 그러나 러시아 정부가 북동항로 전 구간에 대한 상업적 정기선 운항을 위하여 쇄빙선단을 새로이 구성하여 정기적 쇄빙작업을 수행할 의지를 밝혔고, 특히 시베리아에서 생산되는 석유와 천연가스 및 광물자원의 운송수요가 북동항로의 전면 개통을 필요로 하기 때문에 향후 북동항로 전 구간의 겨울철 운항도 가능할 것으로 판단된다.

북서항로는 캐나다의 북쪽 경계인 알라스카 유콘(Alaska-yukon)의 벨퍼트(Bearfort) 해와 동쪽의 랭커스트 해협(Lancaster Sound)의 네어스(Nares) 해협 북쪽 입구에 이르는 항로를 말한다. 이 항로는 북극권에서 북쪽으로 800㎞ 떨어져 있고, 북극에서 1,930㎞ 정도 떨어져 있다. 캐나다의 북극해 섬들 사이로 이어지는 일련의 깊은 수로들로 이루어지며, 동서길이는 1,450㎞에 달한다. 동 항로는 북극해를 가로질러 동양에서 유럽으로 연결되는 최단항로로서 세계 곳곳의 항구에 석유, 가스 중금속들의 물품을 수송하는 해상 고속도로라고 할 수 있다. 예컨대 벤쿠버에서 로테르담까지의 거리는 14,000마일에서 7,500마일로 줄어든다.

2. 북극해의 해상화물운송시장 성립조건

북극해를 이용한 화물운송시장이 성립하고 상업적 국제항로로 발전하기 위해서는 몇 가지 요구조건이 충족되어야 한다. 화물운송시장은 운송 서비스를 제공하는 시장으로 여기서는 수요와 공급, 그리고 관련 제도, 인프라, 인력, 부대산업 등이 형성되어야 한다. 우선 해상화물운송시장이 형성되기 위해서는 수송 수요, 즉 해상으로 수송할 수 있는 화물이 있어야 된다. 화물운송시장은 화물이 있어야 형성될 수 있는데, 선박으로 수송할 수 있는 정도의 물량이 되어야 한다는 것이다. 즉 해상운송은 대량수송을 특징으로 하기 때문에 대량의 화물이 있어야 선박의 투입이 가능하다.

현재 전 세계 공업 생산의 80%가 북위 30도 이북 지역에서 생산되고 있고, 또한 세계의 주요 공업지역과 대도시들 역시 북극에서 6,000㎞ 이내의 북반구에 위치하고 있기 때문에 향후 북극해를 이용하는 국제간 물류이동은 매우 엄청나게 증가할 수 있는 가능성이 있다.[2] 북극해항로의 경우 아직 국제항로로 개발되지 않았고, 선박운항에도 여러 가지 장애가 있지만 수송화물이 있다면 여러 가지 애로사항을 해결할 수 있는 기술과 제도가 만들어질 수 있다.

다음으로 해상화물운송시장이 형성되기 위해서는 화물을 수송할 수 있는 선박이 있어야 가능하다. 화물운송시장이 성립하기 위해서는 수요와 함께 시장의 다른 한 축을 이루는 공급이 있어야 한다. 즉 해상화물운송시장에서는 서비스 공급을 담당하는 선박이 있어야 가능하다. 특히 북극항로를 운항하기 위해서는 얼음을 깨고 나갈 수 있는 특수선박이 요구된다.

그리고 선박이 운항하기 위해서는 선장, 기관장, 항해사, 기관사, 도선사 등의 전문인력도 필수적으로 있어야 한다. 모든 경제활동을 하는 시장에서는 인력이 있어야 하는데, 특히 북극해와 같은 극한지역에서는 얼음, 기후, 풍향, 항로 등에 친숙한 경험 많고 노련한 전문인력이 있어야 한다.

2 최경식 · 조성철, 「북극해 항로의 전망과 쇄빙상선의 활용」, 『한국해양공학회지』 제17권 제6호, 2003, 96쪽.

[그림 2] 해상화물운송시장의 성립조건

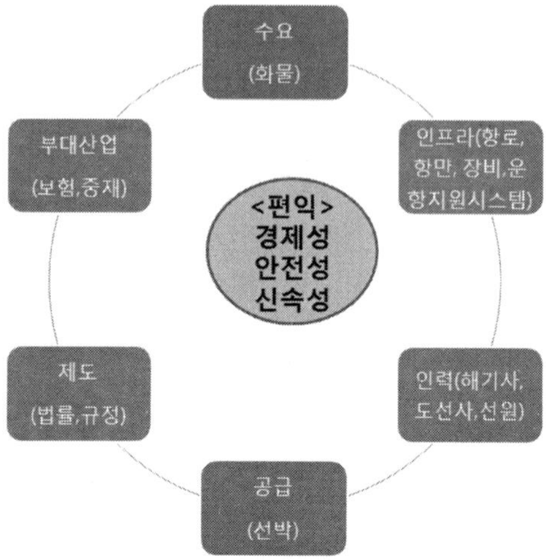

출처: 황진회, 「북극해 변화에 따른 대응방안」, 한국해양수산개발원, 2009. 6. 161쪽

참고로 북극항로 중 러시아 연안을 운항하기 위해서는 북극항로를 운항한 경험이 있는 선장이 승선해야 한다는 러시아 규정이 있다.

선박의 공급과 화물의 수요를 연결하는 인프라도 화물운송시장의 형성의 중요한 조건이다. 해상운송시장이 가능하기 위해서는 해상항로가 있어야 하는데, 북극해 항로에서도 예외는 아니다. 선박의 접안과 화물의 선적 및 하역을 담당할 수 있는 항만시설, 그리고 이들 작업이 가능하도록 하는 장비도 필요하다. 그리고 화물의 운송과 선박의 운항을 위해서는 만일의 사고에 대비한 보험도 개발되어야 하고, 유류 및 기타 선용품의 공급도 원활하게 이루어질 수 있어야 한다. 이 밖에도 해운의 안정적 발전과 질서를 위해 관련 법률과 중재 등 법률적 인프라도 조성되어야 한다. 북극항로의 경우 극한지의 특수성이 고려된 국제적으로 통용될 수 있는 통일된 규정이 요구된다. 끝으로 이러한 요건이 수송의 경제성, 안정성, 신속성 등과 같은 편익으로 발전해야 한다.

한편 북극항로가 상업적으로 이용되기 위해서는 경제성보다 앞서 해결해야 하는 문제가 있다. 기후변화로 북극해의 기후여건이 다른 해양과 유사한 조건이 되어도 해양경계를 둘러싼 인접국가간 갈등, 북극항로의 법적 성격, 북극 지역 보전과 개발의 갈등, 북극해 선박운항에 오염 문제 등은 여전히 해결을 필요로 하는 과제이다. 특히 해운물류시장형성과 관련하여 북극해항로 중 일부가 특정국가가 배타적으로 관리하면서 선박의 무해통항권이 침해받는 문제는 시급히 해결되어야 한다. 그리고 북극해 항로가 상당부분 개통이 되어도 여전히 이 지역은 빙하가 움직이고 추운 날씨가 상당기간 지속될 것이다. 따라서 이러한 기후 조건에서 운항할 수 있는 특수선박과 쇄빙선에 대한 연구와 기술개발은 계속되어야 한다.

3. 북극해 항로의 발전 요소와 기회

1) 화물수요

북극해 항로 이용가능성이 가장 큰 화물은 벌크화물이 될 수 있고, 특히 항로 개발 초기에는 이들 화물의 수요가 많을 것으로 판단된다. 벌크화물의 수송가능성이 높은 이유는 우선 정기선에 비해 수송조건이 비교적 간단하고 특정화물만 적당히 있으면 선박이 투입이 가능하기 때문이다. 특히 석탄, 가스, 석유류 등 시베리아서 생산되는 화물은 북극해 항로 개발 시 이용 가능성이 높고 수송의 경제성도 높을 것으로 기대된다.

현재 북극해 주변, 특히 러시아 북부지방과 시베리아에는 벌크화물의 대명사인 석탄이 다량으로 매장되어 있어 향후 북극항로 개발 시 직접적인 수송 수요가 될 것으로 판단된다. 현재 러시아 지역에는 석탄이 전세계 매장량의 19.0%에 해당하는 1,570억 톤이 매장되어 있으나, 생산량은 전세계 생산량의 4.6%에 해당하는 1억 5,200만 톤만 생산하고 있다.

북극해항로를 이용할 수 있는 또 다른 화문은 시베리아 등에서 생산되는 천연가스를 들 수 있다. 시베리아 지역에서 생산되는 천연가스는 북유럽으로 1,309억㎥, 남유럽으로 236억㎥가 수출되고 있다. 향후 시베리아에서 생산되는 천연가스는 LNG로 전환되어 세계 최대 LNG 수입지역인 동북아 3국(일본, 한국, 대만)으로 수출될 가능성이 높다. 그 동안 시베리아 지역에서 생산되는 천연가스를 동북아지역으로 공급하기 위해 파이프라인 건설이 오래 전부터 논의되었지만, 매설 코스와 정치적 문제, 수송 안정성 문제 등으로 계속 지연되어 LNG 선박을 이용한 판매가 대안으로 부상하고 있다.

석유류도 북극항로를 이용할 수 있는 주요 화물이다. 현재 구소련 시베리아 지역에서는 연간 원유 3억 1,130만 톤, 석유제품류 9,350만 톤을 수출하고 있다. 1일 수출량은 원유 623만 배럴, 제품류 195만 배럴에 달한다. 현재 석유류도 상당한 물량을 파이프라인으로 수송하고 있으나, 중질유와 같이 파이프라인으로 수송하지 못하는 물량도 엄청나다. 그리고 파이프라인이 경유하는 지역의 정치적 갈등이 없어야 수송이 가능하다. 그 동안 우리나라 선사에서 북극해 지역에서 탱커(VLCC급) 선박을 이용하여 남아공 희망봉을 돌아 수입한 경우도 있어 향후 북극해 항로가 개발될 경우 원유 등의 수입시 이 항로가 본격적으로 이용될 수 있을 것으로 전망된다.

[표 1] 세계 주요국 및 지역별 석탄 부존/생산/소비량 현황(2008년)

구 분	부존량		생산량		소비량	
	백만톤(MT)	비중(%)	백만톤(Toe)	비중(%)	백만톤(Toe)	비중(%)
북미	246,097	29.8%	638.4	19.2%	607.0	18.4%
미국	238,308	28.9%	596.9	18.0%	565.0	17.1%
캐나다	6,578	0.8%	36.0	1.1%	33.0	1.0%
중남미	15,006	1.8%	55.5	1.7%	23.3	0.7%
브라질	7,059	0.9%	2.4	0.1%	14.6	0.4%
베네쥬엘라	479	0.1%	4.7	0.1%	–	0.0%
기타	654	0.1%	0.6	0.0%	2.3	0.1%
유럽	272,246	33.0%	456.5	13.7%	522.7	15.8%
불가리아	1,996	0.2%	4.8	0.1%	7.5	0.2%
체크공화국	4,501	0.5%	22.8	0.7%	19.1	0.6%
독일	6,708	0.8%	47.7	1.4%	80.9	2.4%
폴란드	7,502	0.9%	60.5	1.8%	59.4	1.8%
러시아	157,010	19.0%	152.8	4.6%	101.3	3.1%
터키	1,814	0.2%	17.8	0.5%	30.4	0.9%
우크라이나	33,873	4.1%	40.2	1.2%	39.3	1.2%
영국	155	0.0%	10.9	0.3%	35.4	1.1%
기타	19,233	2.3%	17.1	0.5%	16.0	0.5%
아프리카	32,013	3.9%	143.3	4.3%	110.3	3.3%
남아공	30,408	3.7%	141.1	4.2%	102.8	3.1%
중동	1,386	0.2%	0.5	0.0%	9.4	0.3%
아태지역	259,253	31.4%	2,030.7	61.1%	2,031.2	61.5%
호주	76,200	9.2%	219.9	6.6%	51.3	1.6%
중국	114,500	13.9%	1,414.5	42.5%	1,406.3	42.6%
인도	58,600	7.1%	194.3	5.8%	231.4	7.0%
인도네시아	4,328	0.5%	141.1	4.2%	30.2	0.9%
일본	355	0.0%	0.7	0.0%	128.7	3.9%
남한	133	0.0%	1.3	0.0%	66.1	2.0%
대만	1,354	0.2%	5.1	0.2%	40.2	1.2%
태국					15.4	0.5%
기타	392	0.0%	25.2	0.8%	34.2	1.0%
전세계	826,001	100.0%	3,324.9	100.0%	3,303.9	100.0%

출처 : BP, Statistical Review of World Energy, June 2008.

[그림 3] 세계 천연가스 물류 현황 (2008년)

단위 : 10억 ㎥

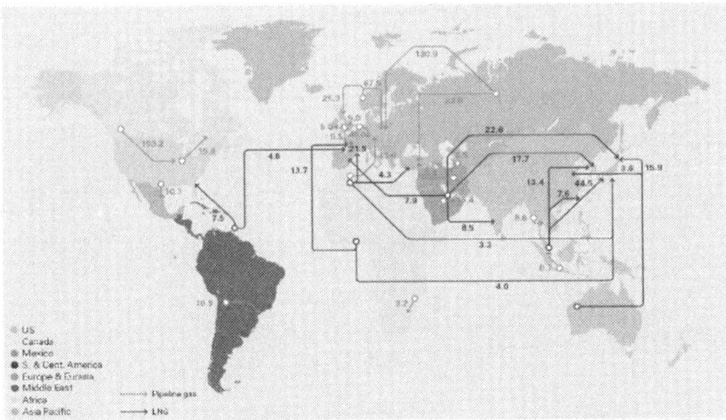

[그림 4] 세계 석유 국제물류 현황 (2008년)

단위 : 백만 톤

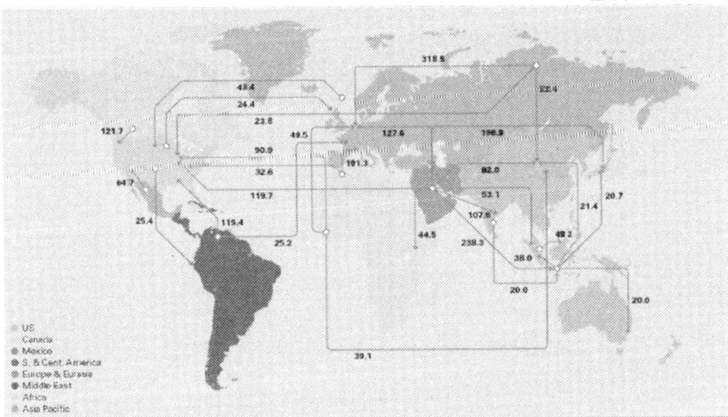

자료 : BP, Statistical Review of World Energy, June 2008.

한편 북극해 항로를 이용하는 화물은 앞에서 살펴본 석탄, 가스, 석유류 등이 우선대상이 될 수 있고, 중장기적으로 컨테이너 화물도 대상이 될 수 있다. 그러나 컨테이너 화물의 경우 북극해 주변에서 생산되는 물량이 많지 않아, 철저히 경제성이 담보되지 않으면 이 항로를 이용하지 않을 것이나, 반면 경제성이 확보되면 가장 많은 물량이 나올 수 있다.

현재 컨테이너 화물은 세계 3대 기간항로와 각 지역별 피더항로를 통해 이동되고 있다. 주요기간별 물동량을 살펴보면, 태평양항로에서는 약 2,000만 TEU, 대서양항로에서 466만 TEU, 유럽-극동항로에서 1,372만 TEU가 이동하고 있다. 북극해 항로 완전 개방 시 컨테이너 화물 중

유럽-극동항로 화물이 가장 유리하고, 품목은 온도에 민감하지 않은 잡화, 의류 등을 우선 고려할 수 있다.

[그림 5] 세계 3대 컨테이너 항로의 물동량 현황

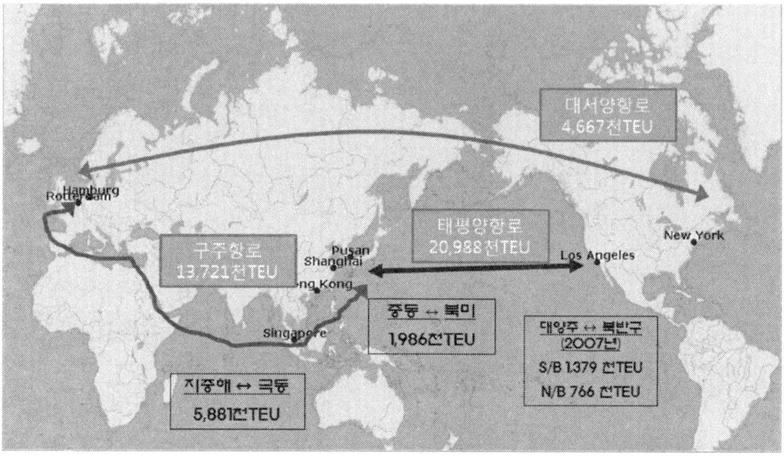

2) 선박의 공급 및 항만 인프라

현재 북동항로는 제3국의 선박 운항이 거의 없고 대부분 러시아 선박만 운항하고 있다. 북동항로는 러시아 선사인 무르만스크해운회사(MSCO)에서 북동항로에 선박을 투입하여 독점적으로 운항하고 있다. 이 밖에 러시아의 중소선사도 선박운항을 하고 있으나 북동항로를 운항중인 선박의 90% 이상은 MSCO의 선박에 해당한다. MSCO는 쇄빙선, 건화물선, 탱커 외에도 여객선 등을 투입하고 있다.

북극해 항로(북동항로)에서 개발된 항만은 무르만스크를 비롯하여 약 72개의 항만이 있다. 이 중에서 가장 많은 물량을 처리하는 항만은 무르만스크항만으로 연간 1,400만 톤의 화물을 처리하고 있다(2008년 기준).

[그림 6] 러시아의 북극해 항만 위치

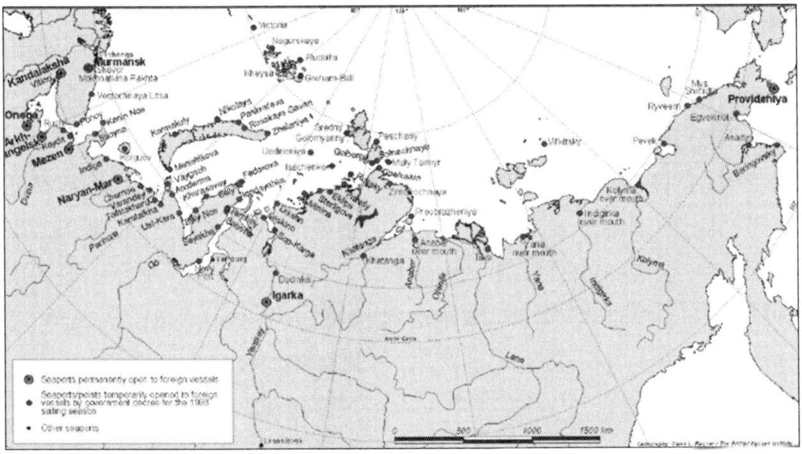

3) 북극해 운항관련 인력, 제도, 부내산업

북극해의 해운물류시장 형성을 위해서는 전문인력과 제도, 부대산업도 있어야 한다. 러시아, 캐나다 등에서는 북극해 선박 운항을 위해 자격을 갖춘 선원의 승선을 요구한다. 현재 러시아는 마카로프해양대학(Admiral Makarov State Maritime Academy)에서 전문 교육 및 훈련을 실시하고 있다.

북극해 운항을 위해서는 보험 등 부대산업도 있어야 한다. 현재 북극해 운항선박은 30% 정도의 높은 보험료를 부담하고 있다. 부대산업은 물동량 증가 시 동시에 발달할 것으로 기대된다.

북극해 운항과 관련하여 제도나 규정도 관련 국가에서 마련하고 있다. 캐나다는 일정한 자격을 갖춘 Ice navigator의 사용을 의무화하고 있다. 러시아는 북극항로 쇄빙선 도선 규정이 마련되어 있고, 북극항로운항선박 구조, 장비, 용품 규칙도 있다. 그러나 대부분의 규정이 규세 위주로 운영되고 있고, 비즈니스 측면의 규정은 절대적으로 부족한 실정이다.

러시아는 북극해 관련 법률이 가장 많은 국가이다. 러시아연방 해상선박운항규칙, 북극항로 운항규정, 북극항로운항 지침, 북극항로 쇄빙선 도선 규정, 북극항로운항선박 구조, 장비, 용품 규칙 등이 이에 해당한다.

4) 북극해 운항의 경제성

북극해 항로의 경제성 분석을 위해서는 항로, 선종, 화물종류, 운항비, 용선료 등에 대한 정확한 정보가 있어야 가능하지만, 대체로 다음과 같은 몇 가지 방법으로 경제성을 비교·분석할 수 있다.

첫째, 북극해를 통한 화물 운송의 경제성 분석은 북극해항로와 경쟁항로를 동일한 화물을 동일한 선박으로 수송할 때 가능하다. 북극해 항로는 유럽-극동항로와 비교할 수 있다. 우리나라 입장에서 컨테이너 화물을 기존의 구주항로 대신 북극항로로 수송하는 현재 상태에서는 거리 및 시간에서 부분적으로 유리하다. 그러나 특수선박(쇄빙선 또는 내빙선) 확보, 보험료 상승, 연료 소모 증대 등을 고려할 때 비용 측면에서 유리한 점은 아직 없다. 수송거리는 북극해 항로가 유럽항로에 비해 30% 단축되지만, 북극항로의 항로여건상 수송시간은 2-3일 정도만 줄일 수 있다. 또 북극해 항로를 운항하기 위해 특수선박이 투입되어야 하는데, 쇄빙선의 경우 선가가 일반 선박에 비해 30% 높은 것으로 분석된다. 그리고 북극해를 운항하는 선박은 항로 여건상 연료소모가 20% 증가하고, 보험료도 30% 높은 것으로 알려지고 있다. 따라서 우선은 북극항로에 구주항로를 대체하여 컨테이너 선박이 투입될 가능성은 많지 않고, 화물도 온도에 민감하지 않은 의류, 잡화 등에 국한될 것이다. 중장기적으로 북극해의 얼음이 완전히 녹아 북극해 중앙으로 선박운항이 가능하다면 쇄빙선 사용도 없어지고 항로도 더욱 단축될 수 있어 경제성은 훨씬 좋아질 것이다.

[표 2] 컨테이너 화물의 운송거리·비용 비교

구분	북극해항로ⓐ	극동·유럽항로ⓑ	비고(ⓐ-ⓑ)
운항구간	부산-블라디보스톡-로테르담	부산-싱가포르-로테르담	
해상거리(NM)	7,548	10,824	-3,276
해상시간(day)	20	22.5	-2.5
운항선박	Ice Class	일반선박	
선박건조가	기준시가 + 30%	기준 시가	

선원비	일반항로와 동일	일반항로 선비 적용	
보험료	표준 보험료 + 25~30%	표준 보험료	
연료소모	표준 연료소모율 + 20%	표준 연료소모율	
운임	일반항로와 동일	일반운임적용	

주 : 1) 거리는 Netpas Distance를 이용하여 항구간 거리를 측정한 결과로 해상마일(NM) 기준임.
2) 시간은 Netpas Distance를 이용하여 도출. 북극해 항로구간은 10노트 적용.
3) 선박건조가, 선원비, 보험료, 연료소모, 운임 자료는 MSCO 자료 참조(본 KMI 연구진 출장조사시 입수).

둘째, 북극해 항로의 경제성은 다른 운송모드(예를 들면 파이프라인이나 철도)와 비교할 수 있다. 그러나 북극해 주변으로 연결된 파이프라인이나 철도가 건설되지 않아 건설비, 운항비 등을 추정하기가 쉽지 않고 매우 다양한 변수가 있을 수 있어 경제성 분석에는 많은 한계가 있다. 그러나 철도나 파이프라인에 비해 선박운항을 통한 수송비가 상당기간 동안에는 월등히 저렴하다는 것이 분명하다.

한편 북극해주변의 자원을 수송하는 비용이 다른 지역의 동일 자원을 수송하는 것보다 매우 저렴하다. 천연가스 판매가격이 동일한 경우를 전제로 북극해 LNG 가스 수송의 경제성을 살펴보면, 해상항로거리 및 수송시간 측면에서 북극해 천연가스 도입이 경제적이다. 선박속력 20노트를 전제로 할 때, 중동 오만-인천항은 5,709 해상마일이고, 오만-통영은 5,613 해상마일에 약 12일리 소요된다. 반면 러시아 Pevok-삼척항은 3,589 해상마일에 7.5일이 소요될 뿐이다. 중장기적으로 러시아 북부 및 북극해의 내륙인프라가 개선되면 북극해 천연가스 도입은 더욱 더 유리해 질 전망이다.

원유는 우리나라 입장에서 북극해 주변 유류를 수입하는 것이 중동산 원유보다 수송비가 저렴하다. UAE 두바이-울산은 5,950마일(NM)에 12.4일이 소요되고, UAE 두바이-여수는 5,871마일(NM)에 12.3일이 소요된다. 반면 러시아 Pevok-여수는 3,755마일(NM)에 7.8일, 러시아 Tiksi-여수는 4,528마일(NM)에 9.4일이 소요되는 것으로 분석된다. 따라서 북극해의 인프라가 개선되고 수출이 본격화될 경우 중동산 유류수입보다 수송조건 면에서 경제적이라 할 수 있다.

석탄도 비슷한 상황이다. 북극해 석탄의 수송경제성도 남아공과 호수 등에서 수입하는 석탄보다 수송거리 및 시간 면에서 유리하다. 호주 뉴캐슬-한국 하동은 4,473마일(NM)에 9.3일이 소요되고 남아공 Durban-하동은 7,202마일(NM)에 15일이 소요된다. 반면 러시아 Pevok-하동은 3,772마일(NM)에 7.9일이 소요되고, 러시아 Tiksi-하동은 4,545마일(NM)에 9.5일이 소요된다. 따라서 러시아의 항만 시설과 생산성, 호주 항만의 체선 정도에 따라 경제성이 달리 나타날 것이지만, 수송거리와 시간 면에서 북극해 석탄 수송이 절대적으로 유리한 상황이다.

따라서 북극해항로의 경제성은 항로의 단축에 따른 거리와 시간의 절감분과 특수항로 이용에 따라 증가하는 선가, 연료비, 보험료 등을 종합적으로 비교하여 북극해항로의 비용절감분이 비용증가분을 상쇄한다면 경제성이 있다고 할 수 있다.

[표 3] 일반 벌크 화물의 경제성 비교

구분	LNG			원유			석탄		
	북극해 LNG (A)	중동산 LNG (B)	비고 (A-B)	북극해 원유 (A)	중동산 원유 (B)	비고 (A-B)	북극해 석탄 (A)	호주산 석탄 (B)	비고 (A-B)
항로	러시아 페벡 - 삼척항	중동 모만 - 인천항	-	러시아 페벡 - 여수항	UAE 두바이 울산항	-	러시아 페벡 -여수항	호주 뉴캐슬 -하동항	-
거리 (NM)	3,589	5,709	-2,024	3,755	5,950	-2,195	3,772	4,473	-701
소요시간(Day)	7.5	12	-4.5	7.8	12.4	-4.6	7.9	9.3	-1.4
연료소비량(톤)	1,500	2,400	-900	351	558	-20.7	514	605	-9.1
연료비 (달러)	716,100	1,145,760	-429,660	167,567.4	266,389.2	-98,821.8	245,383.6	28,882.7	-43,443.3

주:1) 거리는 Netpas Distance를 이용하여 항구간 거리를 측정한 결과로 해상마일(NM) 기준임.
2) 연료소비량은 LNG 13만 5천톤급 선박 1일 평균 사용량인 200톤, 탱커 아프라막스급(9~12만톤) 선박의 1일 평균 사용량 45톤 기준, 벌크 케이프사이즈급 17~18만톤급 선박의 1일 평균 사용량인 65톤으로 소요일수를 곱해 계산한 결과임(국내 S선사 의견).
3) 연료비는 2007년 12월 싱가포르항에서의 연료유(380CST) 가격 기준임(Clarkson, KMI 자료)
4) 항로별 선박 운항의 경제성 분석을 위해서는 상기 항목 외에도 용선료(또는 선가), 선박 1일 운항비(선원비 포함), 보험료 등을 고려하여 계산해야 함. 그러나 상기 결과를 통해서도 북극항로의 경제성에 대한 개괄적인 분석은 가능함.

4. 북극해항로 상용화에 대비한 과제

1. 해운기업의 전략과 대책

북극해항로 개통에 따른 해운기업의 전략은 다음과 같은 것을 고려할 수 있다. 첫째, 북극항로 선점 전략이다. 현재 북극항로를 많이 운항하는 선사는 러시아 무르만스크해운회사(MSCO)이고, 제3국의 해운회사는 아직 북동항로를 진입하지 않은 상태이다. 향후 북극항로의 정치적 문제가 해결되어도 모든 국가/선사에 항로가 개방될 가능성은 낮고, 조건부 개방으로 될 가능성이 높다. 향후 북극항로는 ① 연안국 여부, ② 환경 및 안전기준, ③ 운항경험 등에 따라 참여 형태가 달리질 수 있을 것으로 판단된다.

따라서 우리나라 기업이 북극항로를 참여하기 위해서는 다음 조건을 충족할 수 있도록 준비를 하여야 한다. 먼저 북극해 연안국 선사와 MOU를 체결하거나 합작선사 설립을 통해 연안국 기준을 통과하도록 해야 한다. 그리고 환경 및 안전기준에 대비하여 유럽 선진국 기준에 맞게 운항기술을 개발하고 이를 내부 운항규정에 반영해야 한다. 다음으로 북극해 운항경험을 갖기 위해 북극해 연안국의 쇄빙선 공동운항을 위해 인력 파견 및 영입, 교육 프로그램 개발이 필요하다. 이 밖에도 선사에서는 북극해 개방에 대비한 중장기 관점에서 투자하고 기후변화 대책팀(T/F)을 구성하여 운영해야 한다.

둘째, 공동진출전략이다. 북극항로의 화물은 당분간 북극해 주변에서 개발되는 에너지 자원 등 원자재가 대부분을 차지할 전망이다. 에너지 자원의 개발은 이미 대부분 세계적인 에너지 기업(BP 등)이 선점하고 있고, 운송권도 이들 회사에서 대부분 가지고 있다. 따라서 해운물류기업이 운송권을 확보하기 위해서는 에너지 기업과 합작 투자를 하거나, 운송권을 입찰을 통해 확보해야 한다. 즉 북극해의 자원 수송권을 확보하기 위해서는 에너지 기업과 공동 투자를 통한 수송권 확보가 가장 바람직하다.

이를 위해 석유공사, 가스공사, 무역상사 등 국내 에너지 개발업체와 북극해 자원개발에 공동으로 참여하고, 국내 참여기업의 지분을 확보를 통해 진출할 필요가 있다. 국내외 해운물류기업의 컨소시엄 구성도 필요하다. 특히 해운물류기업이 단독으로 진출이 어려울 경우 국내외 해운물류기업이 공동으로 참여하는 방안으로 고려할 수 있다.

셋째, 현지화 전략이다. 북극해는 연안국에 따라 운항기준이 달라질 수 있는 상황으로 제3국의 시장진출보다 현지기업의 시장진출이 유리한 상황이다. 즉 해운물류기업은 현지화를 통한 시장 진출이 현실적으로 유리한 실정이다. 특히 북극해 운항을 위한 선원인력 확보, 해로정보시스템 등을 위해서도 현지화 전략이 필요하다. 현지화 전략을 추진할 때 대상지역은 북극해 연안국인 러시아, 캐나다, 미국, 노르웨이 등이고, 대상 분야는 해운기업, 항만운영회사, 내륙운수업체 등을 고려할 수 있고, 진출방식은 합작기업, 합영기업, 현지 단독법인 등을 들 수 있다.

이와 같은 전략에 따라 해운물류기업에서는 다음과 같은 대책이 필요하다. 첫째, 북극해 항로의 상업적 이용 대책 수립이다. 북극해 항로의 운항 가능성은 매우 높은 것으로 판단되기에 이에 대한 적극적인 정책대응이 필요하다. 북극해항로는 이미 러시아에서 100여 년 전부터 소규모로 운항을 했고 최근에는 선박운항횟수와 선대도 증가하고 있다. 그러나 북극해 북동항로는 여러 가지 규제로 인해 외국선박의 출입이 자유롭지 못한 상태이고 관련 법률에 대한 분석도 매우 미비한 상황이다. 따라서 북극해 항로의 개방에 대비한 러시아의 규제내용 파악, 관련법률 분석, 운항기술 개발, 선원교육, 러시아와의 협력체제 구축 등을 위한 대책이 시급한 실정이다.

둘째, 북극항로 운항을 위한 적격선박 개발이다. 북극항로 개방에 대비한 적격선박(경제선형) 개발 통해 북극해 운항시장 선점이 필요하다. 이를 위해 조선업체와 공동 개발이 필요하고, 장기적으로 북극해 운항시장을 주도할 수 있도록 준비를 해야 한다.

셋째, 북극항로 운항을 위한 선원 훈련 프로그램 개발 및 국제협력 강화이다. 북극해는 얼음과 추위 등의 환경적인 요인과 더불어 통신, 해도, 항해기술 등의 측면에서도 개발의 여지가 많은 상태이다. 따라서 북극해를 운항할 수 있는 선원을 교육하고 훈련해야 하며 이를 위한 선원교육훈련 프로그램 개발이 시급하다. 선원 훈련 프로그램은 극한지역 운항 경험을 가진 러시아, 캐나다, 노르웨이 등의 국가와 협력하여 개발하고 이를 국제적으로 공인을 받는 과정이 있어야 한다.

넷째, 북극해 항로에 대한 경제성 분석 및 운항 시뮬레이션 개발이 필요하다. 북극해 항로의 활성화를 위해서는 상업적인 베이스의 민간선사의 참여가 많아야 하고, 또한 현재 국내항로에 머물러 있는 항로를 국제항로로 확대발전시켜야 한다. 이를 위해서는 북극해 항로 이용을 위한 화물별, 선종별, 항로별 경제성을 분석하고 타당성을 입증해야 한다. 또한 북극항로 운항을 예측할 수 있는 운항 시뮬레이션 개발도 필요하다.

다섯째, 북극해 항만 개발을 위한 투자 타당성 분석이다. 무르만스크 항만을 비롯한 북극해 항만은 북극항로 개발에 대비하여 자체적으로 다양한 개발 계획을 수립하고 있으나 재원, 마케팅, 항만운영 노하우 등이 부족한 실정이다. 따라서 우리 기업의 북극해 항만 투자를 위한 사전 타당성 연구가 필요하다.

여섯째, 선화주 협력 및 선사 경쟁력 제고이다. 석유공사 등에서는 북극해 유류 수입에 대비한 중장기 대책 수립하고, 특히 우리나라 수입시 국내 해운기업의 수송시장 참여를 보장하는 조치 필요하다. 해운기업에서는 북극해 원유 시장 수송을 위한 선박, 운항기술, 선원인력 등을 확보하고, 현지 개발업체 및 해운기업과 협력을 추진해야 한다.

2 정부차원의 대책

첫째, 국제협력 강화를 통한 선 지구적 대책 개발에 동참해야 한다. 북극해 정재은 개발과 보진으로 양분될 수 있다. 북극해 개발과 이용이 가능해도 연안국이 아닌 주변국의 참여는 제한적일 수 있다. 북극해 변화에 대비하여 우리의 이해관계를 반영하기 위해서는 북극해 기초 연구 확대, 관련 국제위원회 활동을 강화해야 한다. 특히 자원확보 등과 같은 북극해의 상업적 이용만 강조하고, 환경변화 대책을 소홀히 할 경우 국제사회에서 우리의 입장은 축소될 수밖에 없다.

둘째, 북극해 관련 기초 연구 확대를 통한 우리나라 입지 강화이다. 북극은 지구의 환경 문제를 예측하는 기능을 갖고 있다. 지구의 온난화, CO2 발생량, 공해, 생물 다양성 문제 등을 예측하고 대비할 수 있는 지구촌의 경보 장치 역할을 하는 북극해 연구 가능을 강화하고 미래의 기후 여건에 대비해야 한다.

셋째, 북극해 정책을 총괄하는 정책부서도 필요하다. 최근 북극해에 대한 관심 증가로 다양한 부처에서 다양한 정책을 개발하고 있으나, 북극해 정책을 개발하는 초기 단계에서 정책 충돌이나 사각 및 중복문제 등도 있을 수 있다. 따라서 중장기 북극 정책을 수립하고 이를 추진할 수 있는 컨트롤 타워 역할을 하는 정책 부서가 필요하다.

5. 결론

최근 북극해의 상업적 이용가능성이 거론되는 이유는 기후 온난화에 따라 북극해의 얼음이 급속도로 감소하기 때문이다. 북극해는 겨울철(11월부터 4월 사이)에는 바렌츠 해의 일부를 제외하면 전역이 얼음으로 뒤덮어 있다. 반면 여름철에는 해빙은 융해되고 해빙역의 넓이와 강도는 급속히 감소했다. 그러나 최근에는 북극해의 얼음이 여름철뿐만 아니라 겨울철에도 계속 감소하고 있다.

그러나 북극해의 얼음이 녹고 선박이 운항할 수 있는 시기는 정확히 예측하기 어렵다. 미국 항공우주국(NASA)은 지구 온난화와 함께 진행되는 북극해의 얼음 해빙이 급속도로 진행되고 있다고 발표했다. 흔히 만년빙으로 불리는 북극의 얼음이 지구 온난화로 점차 작아진다는 그 동안의 연구는 계속 있었지만, 이번 발표에서는 북극해에서 가장 오래되고 두꺼운 빙하가 지난 해 2월 이후 1년 동안 절반 이하로 줄어들어 250만 ㎢만

남았다고 하여 충격을 주고 있다. 실제 북극해에는 2년 이상의 다년빙이 그 동안 40% 이상을 유지하고 있었으나, 2008년 들어 다년빙이 30% 미만으로 급속하게 줄어들었다고 NASA 국립 설빙자료센터(National Snow and Ice Data Center)가 밝히고 있다.

문제는 북극해 얼음이 녹아 선박이 운항할 수 있는 시기가 되어도 모든 국가의 선박이 조건 없이 다닐 수 있는 가능성이 많지 않다는데 있다. 연안국 여부, 환경 및 안정기준, 운항경험 등의 기준을 내세워 선박 운항을 통제할 가능성이 높기 때문이다. 우리 해운기업의 과제는 여기에 있다. 운항을 할 수 있는 시기가 되었을 때 그 자격을 구비해야 하고 있어야 한다. 정부는 민간의 이러한 준비를 지원하고 국제사회에서 우리나라 해운물류기업의 우리하게 진출할 수 있도록 음양으로 지원이 필요하다. 북극해 해빙이라는 기후변화가 우리에게 또 다른 재앙이 되지 않도록 준비가 필요한 시점이다.

북극권 베링해협 터널 프로젝트의 현황과 이슈

한종만_한국-시베리아센터 소장

I. 머리말

넓은 의미에서의 시베리아는 우랄 산맥 동쪽[1]부터 북극양(카라 해, 랍테프 해, 동시베리아 해, 추코트카 해)의 섬들을 포함해서 북태평양의 오호츠크 해와 베링 해와 동해까지 혹은 극동지역과 동·서 시베리아와 일부 우랄지역을 포함하거나 혹은 행정구역상으로는 극동연방관구, 시베리아연방구, 일부 우랄연방관구를 포함하며, 세계 육지면적의 10분의 1로 지구상에서 마지막 남은 처녀지, 즉 자원과 학문의 보고지역으로 미개척지역이다.

'공간'이 크다는 것은 무한한 발전 잠재력을 지니고 있는 동시에 수많은 '공간극복비용', 예를 들면 국방, 물류비용, 사회간접자본시설 등에 소요되는 비용증가라는 딜레마에 빠지게 될 가능성이 매우 높다는 것을 의미하기도 한다. 이와 같은 단점에도 불구하고 대부분의 경제주체들은 '작은 집'보다는 '큰 집'을 선호한다는 것을 고려할 때 실보다 득이 많다는 데에는 이론의 여지가 없을 것이다. 그러므로 거대한 공간은 중장기적으로 경제발전 잠재력이 높다는 데에는 이론의 여지가 없다고 보인다. 모스크바국립대학교의 창설자이며 러시아의 대학자 로모노소프도 "시베리아와 북극해는 러시아 국부의 증가와 강대국의 기회를 제공하는 곳"이라고 말한 바 있다.

시베리아 지역의 대부분이 영구동토지대로서 그 가치가 높지 않았지만 과학기술의 발달과 지구 온난화 현상 등으로 자원개발[2] 그리고 북극

1 일부 지리학자는 카자흐스탄의 북부지역까지 포함시키고 있다.

2 북극권에 세계 화석연료의 4분의 1이 매장된 것으로 추정하고 있다. 화석연료 이외에도 북극권에 풍부한 한류성 수산자원과 고부가가치의 광물, 예를 들면 납, 다이아몬드, 금, 구리, 은, 아연 등이 매장되어 있는 것으로 추정하고 있다.

양의 항로(북동항로와 북서항로)뿐만 아니라 19세기 중반 이후부터 계획했던 러시아 추코트카 반도와 알래스카를 연결하는 베링해협 육로운송 프로젝트가 다시금 활기를 띄고 있다.

러시아는 시베리아지역에서 제정러시아 시기까지는 모피와 비철금속 그리고 곡물로서, 소련 시기에는 무기생산, 현재는 에너지를 통해 강대국의 위상을 찾아가고 있다. 푸틴 총리와 메드베데프 대통령도 시베리아와 북극권지역에서 에너지뿐만 아니라 농업과 군수산업과 물류산업의 육성은 물론 경제의 다양화 정책을 통해 명실 공히 강대국으로 부상한다는 목표를 세우고 있다. 이를 위해 러시아의 국가전략, 특히 '교통 전략 2020(2030)' 그리고 '에너지 전략 2020(2030)'과 '경제발전전략 2020'과 '극동자바이칼 사회경제발전 연방특별프로그램 2103' 등을 통하여 시베리아지역, 특히 극동지역과 북극권은 지정 및 지경학적 측면에서 안보는 물론 자원개발과 운송 등의 물류 중심지로써의 특화를 목표로 하고 있다.[3]

이러한 맥락에서 이 글의 제2장에서는 시베리아 물류 공간의 잠재력을 분석한다. 제3장 베링해협 프로젝트의 현황에서는 이 프로젝트의 역사, 진행상황 등을 정리한 후 제4장 이 프로젝트의 이슈에서는 장애요인과 가능성 등을 고찰한다.

II. 시베리아 물류 공간의 잠재력[4]

시베리아지역은 육·해·공으로 대륙(아시아와 유럽, 아시아와 북미)간 혹은 대양(북태평양과 대서양)간 가교 역할을 담당할 수 있는 높은

3 한종민, 「시베리아의 개발은 한민족의 손으로」, 블라디미르 수린 외 『한러공생국가론, 시베리아개발은 한민족의 손으로』, 서울. 국학사료원, 2009, 178-179쪽.

4 한종민, 「중국, 일본의 시베리아 진출동향과 한국의 대응과제」, 제1회 베링해협평화포럼 세미나 『베링해협프로젝트 - 공생과 국제평화의 길』 서울 은행회관국제회의실(2층 컨벤션홀), 2010년 5월 26일, 1-27쪽.

지경학적 가치를 지니고 있다([그림 1]과 [그림 2] 참조). 시베리아의 영공 개방을 통해 북미행과 유럽행의 항공노선을 단축시키고 있다.

[그림 1] 북동항로와 북서항로 북극권 철도 전도

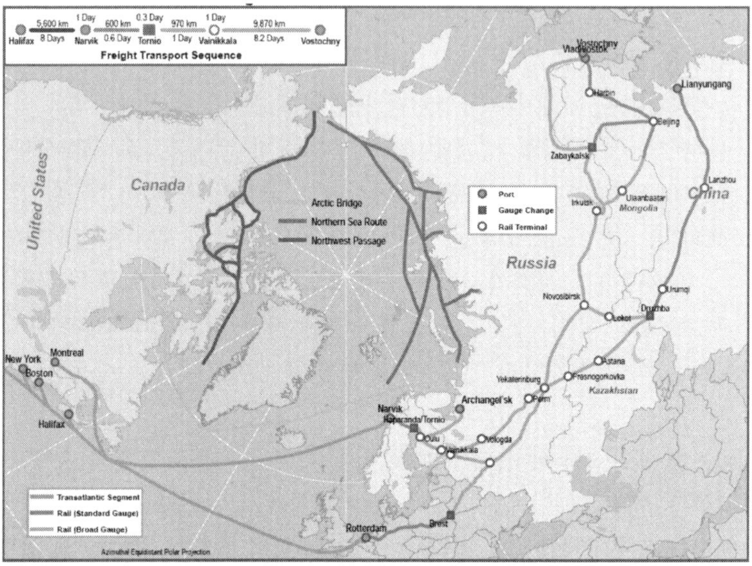

출처: http://www.people.hofstra.edu/geotrans/eng/ch5en/conc5en/NEW_Corridor_Freight.html (검색일: 2010년 5월 3일).

또한 지구온난화와 기후변화로 인해 북극해운항로(북동항로와 북서항로)도 국제해상루트로서의 중요성이 부각되고 있다. 북동항로는 시베리아의 해안을 따라 유럽과 동북아국가(한중일)와 이어지는 루트인 반면에 북서항로는 캐나다 북극양을 따라 미국의 아메리카의 동부지역과 연계된다([그림 1] 참조)[5]. 부산에서 시베리아 북극해를 지나 네덜란드 로테르담으로 향하는 북동항로의 길이는 1만 2,700㎞로서 수에즈 운하 경우

5. 북서항로를 통한 화물운송량은 2007년 기준으로 300만 톤에서 2015년에 1,400만 톤으로 증가될 것으로 추정하고 있다. 파나마 운하 경우 함부르크-상하이 해운로의 길이는 2만 5,200㎞인 반면에 북서항로 경유 시 그 길이는 1만 7,000㎞로서 거의 3분의 1이나 거리 단축을 가능케 하고 있다. 이 북서항로는 22일에서 15일로 시간을 단축시킬 수 있다.

해운로(2만 1,000㎞)보다 8,300㎞ 단축되며, 기존 수에즈 운하(24일) 경유보다 10일이나 단축된 14일에 불과하다. 이 해운로는 소련 시대부터 물동량의 수송을 위해 여름철에 이용되어 왔다. 독일과 노르웨이와 일본은 아태지역과 유럽 간의 물동량 수송을 위해 북동항로를 통한 선박수송에 지대한 관심을 갖고 있었다. 노르웨이 경제학자 램스랜드(T. Ramsland)는 비용편익분석을 통해 이 항로가 수에즈운하를 통과하는 항로보다 11일이나 시간을 단축시킬 수 있으며, 물류비용도 1톤 당 10달러나 절약할 수 있다고 평가하고 있다. 이 해운로는 시베리아의 수많은 하천, 북극양으로 유입되는 레나, 오비, 예니세이, 아나디르, 콜리마 강 등과 연계되어 있기 때문에 시베리아개발에 견인차 역할을 담당할 것으로 예상된다.[6]

향후 북동항로가 국제해운로로 개통될 경우 시베리아 북극양의 주요 항구개발도 이루어지면서 시베리아 자원의 접근성은 용이하게 될 것으로 예상된다. 실제적으로 2009년 7월 23일 독일 선박 2척이 울산항에서 건설장비(수력발전 장비)를 싣고 북극양의 노비 포르트(오브 강의 하구)항에서 물건을 하역한 후 함부르크 항에 도착하는 데 성공했다. 이 루트를 통해 수에즈 운하 운송보다 약 6,400㎞의 거리 단축은 물론 10일이라는 운송기간을 단축할 수 있었다. 독일 벨루가선적유한회사(Beluga Shipping GmbH) CEO 닐스 슈톨베르그(Nils Stolberg)는 "선박 1척 당 연료비도 30만 달러를 절약할 수 있었다"고 전했다.[7]

TSR과 BAM 철도는 시베리아의 동서 교통을 담당하고 있는 반면에 남북교통은 전적으로 시베리아의 많은 하천을 통해 이루어지고 있다. 그 이유는 시베리아의 모든 하천들이 북극양으로 유입되기 때문이다. 아무르 강만이 유일하게 극동지역 북동쪽인 오호츠크 해로 유입되고 있을 뿐이다.

6. 한종만·성원용, 『21세기 러시아의 시베리아·극동지역 개발전략에 관한 연구』 서울: 대외경제정책연구원, 2001년, 79-80쪽.
7. "Nordost-Passage öffnet sich", *Dynamik & Sicherheit*, Heft 3, 2009, pp.21-22.

[그림 2] 러시아 로지스틱 전도(도로, 철로, 해운, 내륙하천)

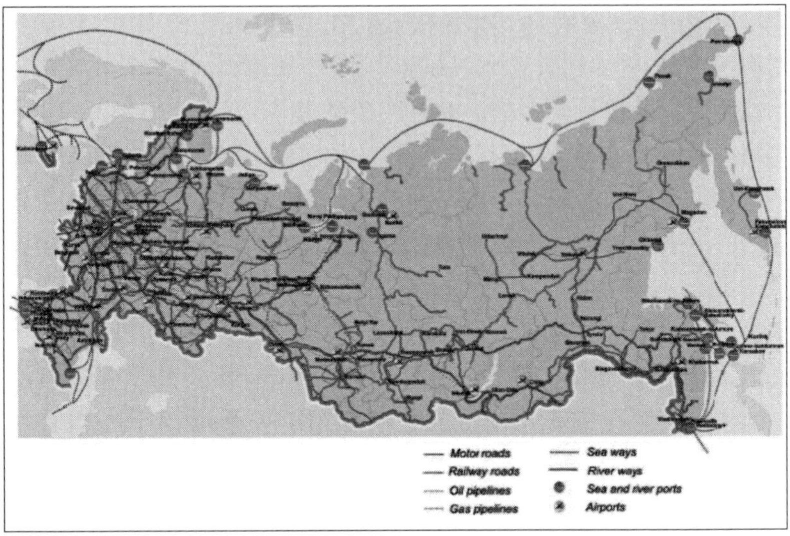

출처: Olli Pekkarinen, Northwest Russian Transport Logistics Cluster: Finnish Perspective (Lappeenrante, Finland: Lappeenranta University of Technology, Northern Dimension Research Centre, 2005), p.52.

[그림 3] TSR과 BAM 전도

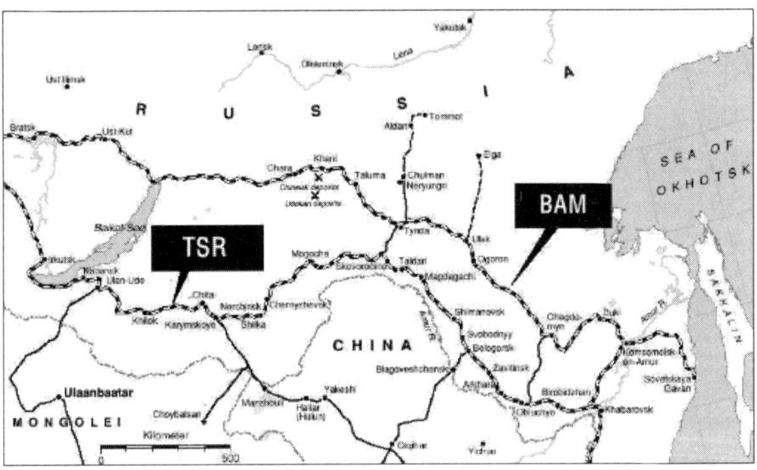

출처: http://home.arcor.de/gerhard.noack/infrastr.htm (검색일: 2010년 5월 3일).

[그림 3]에서 보는 것처럼 육로 수송으로는 도로 연결을 포함해서 현재 운행되고 있는 TCR(중국횡단철도), TMR(만주횡단철도), TMGR(몽골횡단철도), BAM(바이칼-아무르횡단철도) 등이 TSR(시베리아횡단철도)과 연결되어 있을 뿐만 아니라 TSR과 TKR(한국종단철도)의 연결 가능성이 협의되고 있지만 북한의 경색국면으로 이 사업은 큰 진척을 이루고 있지는 못한 상황이다.

[표 1] 2008년 러시아와 주요국의 철도길이, 전철 길이, 화물운송, 여객운송, 화물매출, 여객매출

주요국	철도길이	순위	전철길이	순위	화물운송	순위	여객운송	순위	화물매출	순위	여객매출	순위
EU	221.29	1	110.47	1	1283.00	3	7547.00	2	3103.02	1	383.16	3
미국	102.12	2	-	-	1754.00	2	-		2788.23	2	-	-
러시아	86.26	3	43.17	2	1235.42	4	1139.58	5	1665.31	4	153.58	5
중국	78.00	4	25.14	3	2824.00	1	1666.40	4	2512.73	3	769.98	1
인도	63.33	5	17.79	4	794.00	5	6524.00	3	821.47	5	788.12	2
캐나다	57.22	6	-	-	-	-	-		358.15	6	-	
일본	20.08	7	12.23	5	-	-	9026.00	1	-	-	255.87	4

주: 길이 1,000km, 화물운송량 100만 톤, 여객운송 100만 명, 화물매출 10억 톤/ km, 여객매출 10억 명/km.
출처: Sergei Stolyarov, "Developing the Eurasian Transportation Network – Russian Railways Strategic Priorities for International Cooperation", EEF.NGO/10/10, May 24, 2010, p.1.http://www.osce.org/documents/eea/2010/05/44053_en.pdf (검색일: 2010년 7월 13일).

2008년 기준으로 러시아 철도 노선의 길이는 8만 6,260km로서 미국에 이어 세계 제2위를 기록하고 있다. 전철 길이는 4만 3,170km로 EU에 이어 2위이며, 연간 화물 운송 규모는 12억 3,542만 톤, 여객수송은 11억 3,958만 여명을 기록하고 있다([표 1] 참조).

러시아에서 철도수송은 러시아 교통시스템에서 중추적 역할을 담당하고 있다. 러시아철도 사는 러시아에서 가장 큰 운송회사이다. 러시아철도는 러시아 화물수송의 42%(파이프라인 운송서비스를 제외할 경우 85%), 여객수송의 38%를 점유하고 있다. 러시아철도사의 근로자 수는 110만 여명으로 러시아 내에서 가장 큰 고용창출자이다. 러시아연방은 국가정

제발전과 사회 안정망 차원에서 철도 운송의 중요성을 인식하고 있다. 러시아정부는 '러시아철도발전전략 2030'을 2008년에 비준했다. 이 전략에는 20개의 새로운 기관차, 99만 6,000대의 화물객차, 2만 400대의 여객객차의 건설을 계획하고 있다. 이를 위해 러시아철도 사는 철로 계획노선의 옵션에 따라 2008~2030년까지 2007년 가격(부가가치세 배제)으로 11조 4,000억~13조 8,000억 루블(3,257~3,943억 유로)을 투자할 계획을 수립했다.

글로벌 경제위기 이후 많은 계획들이 수정되고 있다. 러시아철도발전전략도 예외는 아닌 상황이다. 2008년에 러시아철도는 3,820억 루블(99억 유로)을 투자한 반면에 2009년에 투자액은 2,657억 루블(60억 유로)로 하락했다. 그러나 운송 사회간접자본은 안정된 글로벌 경제건설을 위해 결정적 역할을 한다는 것을 고려할 때 러시아정부는 이 부문을 투자 우선순위로 정하고 있다.

러시아의 지리적 위치 덕택으로 러시아철도시스템은 유럽과 아시아로 이어지는 동서 연결은 물론 남북으로 연결하는 교량으로서 글로벌 경제시스템에 현저한 역할을 담당할 수 있다. 러시아는 철도수송을 통해 유럽에 1억 8,000만 톤 상당의 화물을 수출하고 500만 톤을 수입하고 있다. 그러므로 러시아의 가장 효율적인 철도루트는 유럽과 아시아를 연계하는 러시아 통과노선으로 국제적 운송코리도어 잠재력이 매우 높은 편이다.

한국 혹은 일본 항구에서부터 서유럽 국경까지 화물운송기간은 20일 미만(러시아 통과 11일 소요)인 반면에 해운 선적은 점차적으로 위험(소말리아 해척 침몰 등)이 증가하고 있을 뿐만 아니라 수에즈 운하 통과기간은 약 35일, 아프리카 경유 시 소요기간은 60일로 긴 편이다. 전문가들은 러시아 통과 기간을 7일 이내에 가능할 것으로 추정하고 있다.

2008년에 수립된 '교통전략 2030'은 러시아 통과(시베리아) 화물운송을 7일 내에 처리하는 것을 목표로 하고 있다. 20피트 컨테이너 당 물류비용도 1,000달러 이하가 될 것으로 예상하고 있다. 2012년까지 나호드카-크라스노예(Krasnoye)까지 7일 내에 가능하기 위해 철도의 평균속도는 1,400㎞/day 혹은 58.3㎞/h로, 2015년까지 철도의 속도를 1,500㎞/day로

브레스트(Brest: 벨라루스와 폴란드 국경)까지 7일 내에 가능할 것으로 예상하고 있다.

슬로바키아 브라티슬라바부터 오스트리아 비인까지 광궤(1,520㎜/1434㎜) 건설을 통해 유럽과 CIS와 중국과의 철로 연계성을 확대하는 계획을 갖고 있다. 새로운 광궤 철로노선은 오스트리아, 슬로바키아, 체코, 헝가리, 독일, 스위스, 이탈리아, 슬로베니아, 세르비아, 크로아티아의 화물수송에 유인효과를 가져올 것으로 기대되고 있다. 이를 통해, 운임, 인도비용, 시간 등을 절약할 수 있을 것이다. 유럽과 아시아의 선적 소요기간을 13-14일(해운석적: 28-30일)로 예상된다.[8]

TSR의 컨테이너 수송량은 2007년에 62만 TEU에서 2008년에 71만 TEU로 증가했다. 2007년 기준으로 러중 교역에서 23만 5,000대, 한러 교역에서 20만 6,000대로서 한국과 중국의 수송량이 거의 60%를 점유하고 있다.[9]

또한 러시아 정부는 [그림 4]와 [그림 5]에서 보는 것처럼 제2시베리아 횡단철도와 BAM철도와의 여러 지선들을 계획하고 있으며, 사할린과 극동 본토 그리고 일본 홋카이도와 사할린, 러시아 북동부 지역(사하공화국-추코트카-베링해-알래스카)과 북미 대륙을 연결하는 베링해 철도 건설을 계획하고 있다.

1990년대 말 일본의 드주르(Dzuro)사는 사할린 섬을 경유해서 일본과 러시아 극동지역 BAM과의 연계철도 프로젝트를 제안했다. 이 프로젝트는 일본의 홋카이도 섬 북부의 소야 해협부터 사할린의 최남단에 위치한 크리론 만까지 42㎞를 교량으로 이은 다음, 사할린 섬의 서북부에 위치한 포기비로부터 타타르해협을 거쳐 극동 본토의 라자레프까지 7㎞의 교량을 건설하여 철도와 도로 그리고 파이프라인 수송체계를 건설한다는 것

8 Sergei Stolyarov, "Developing the Eurasian Transportation Network – Russian Railways Strategic Priorities for International Cooperation", EEF.NGO/10/10, May 24, 2010, p.5 http://www.osce.org/documents/eea/2010/05/44053_en.pdf (검색일: 2010년 7월 13일), pp.3-4.

9 "Der Weg nach Ostasien über die Transsibirische Eisenbahn", http://portal.wk-o.at/wk/dok_detail_file.wk?DocID=1054065&StID=480686&AngID=1 (검색일: 2010년 4월 30일).

이다.

이 프로젝트 비용은 약 70조 일본 엔이 소요될 것으로 추산하고 있다. 사할린 주정부는 포기비로부터 라자레프까지 해저 터널을 선호하고 있다. 이 터널 공사는 1940년대와 1950년대 시도되었으나 재원부족으로 중단된 상황이다.[10] 2009년 9월말 사할린 주도 유쥬노-사할린스크에서 개최된 러시아-미국태평양파트너십(RAPOP: Russian-American Pacific Ocean Partnership)포럼에서 야쿠닌 러시아 철도사 회장과 극동연방관구 대통령 전권대표 빅토르 이샤예프(Victor Ishayev)도 사할린 섬과 본토 연결, 특히 BAM 철도의 종착역인 바니노 항과 소비에크 가반 항과의 연결을 지지했다. 또한 이사예프는 사할린섬과 홋카이도 연결을 지지하고 있다.[11]

[그림 4] 러시아 사할린과 극동지역 본토와 일본 철도 연결도

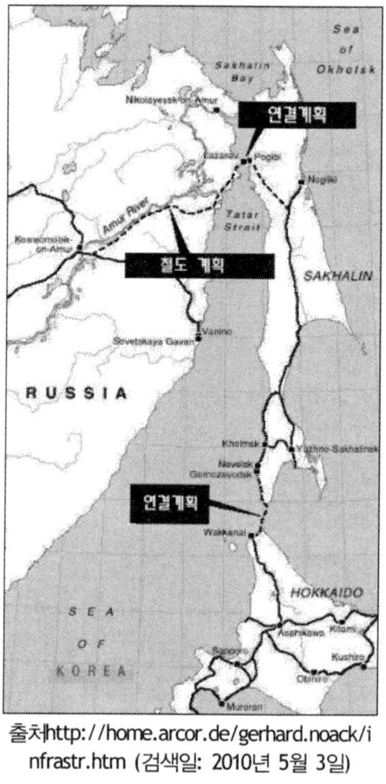

출처http://home.arcor.de/gerhard.noack/infrastr.htm (검색일: 2010년 5월 3일)

러시아정부는 2007년 베링해 철도 건설을 공식적으로 제안하면서 일본과 사할린-극동 본토 철도 건설계획도 구체화되고 있다. 이 프로젝트는 일본의 대마도를 통해 부산과의 철도 연결 프로젝트와 경쟁관계로 발전할 수 있다고 보인다. 향후 2개의 프로젝트의 건설은 동시 혹은 순차적으로 이루어질 수 있다고 생각된다.

10 "Resources Development in Siberia Updated", *Santaku*, Mar. 1998, pp.14-16 (FBIS-EAS-98-110, Mar. 20, 1998, No.10, p.6.); 한종만·성원용, 「21세기 러시아의 시베리아·극동지역 개발전략에 관한 연구」, *op. cit.*, p.79.

11 Rachel Douglas, "Russia Seeks to Develop Far East: Invite U.S. Role", *EIR Economics,* Jan. 15, 2010, pp.36-37.

[그림 5] 유라시아 랜드브리지 철도 전도

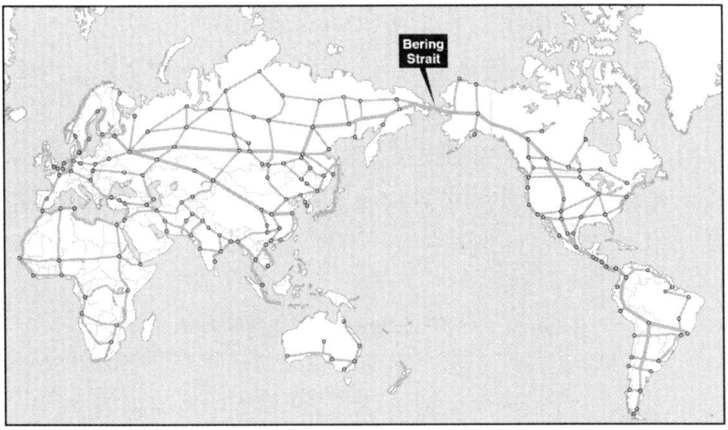

출처: Hal Cooper, "Strategic Importance of Rail Corridor Links", EIR, Oct. 5, 2007, p.13.

III. 베링해협 터널 프로젝트의 현황

[그림 6]에서 보는 것처럼 러시아의 시베리아 식민(개척)사는 영국의 식민개척처럼 16세기 말부터 시작됐다. 그 전에도 노보고로드 상인들이 교역을 위해 우랄산맥 동쪽의 서시베리아지역으로 진출했다. 1581년에 이반뇌제의 명에 의해 예르마크와 그의 카자크 인들이 우랄산맥을 넘어 이르티슈 강까지 진출하면서 시베리아칸국을 점령했다. 1689년에 러시아는 중국과 네르친스크조약을 체결하면서 극동 남부의 영토를 확장했으며, 그 후 러시아는 1649년에 캄차트카 반도와 추코트 반도 그리고 1741년에 알래스카까지 영토를 확장했다. 러시아인들은 베링해를 건너 알래스카와 북부 캘리포니아지역까지 진출했다. 그러나 알렉산드르 2세는 1867년 3월 18일(러시아력)에 미국에 알래스카와 그 부속도서를 720만 달러에 매매하면서 러시아인들의 아메리카 진출은 종결됐다.[12]

18세기 전반기에 표트르 대제의 지시에 따라 캄차트카 대탐험이 진행

12. Р. В. Кинжалов, *Русская Америка* (Москва: Мысль, 1994), p.24.

되면서 본격적인 학술조사가 시작되었다. 캄차트카 탐험사에서 빼놓을 수 없는 인물로는 덴마크 계의 베링(Vitus Bering)을 들 수 있는데, 그는 제정러시아의 짜르의 명을 받아 두 번의 캄차트카 탐험을 실행했다.

베링의 첫 번째 탐험은 표트르 대제의 명을 받아 1725-1728년간 수차례의 탐사가 이루어졌지만 표트르 대제의 의문, 즉 캄차트카 반도와 북미대륙간 해협 연결에 대한 질문은 해결되지 못했다. 두 번째 탐험은 두 척의 탐험선, 즉 '상트 페트르'와 '상트 파울'선에 의해 이루어졌다.

[그림 6] 러시아와 영국의 식민정책사 비교

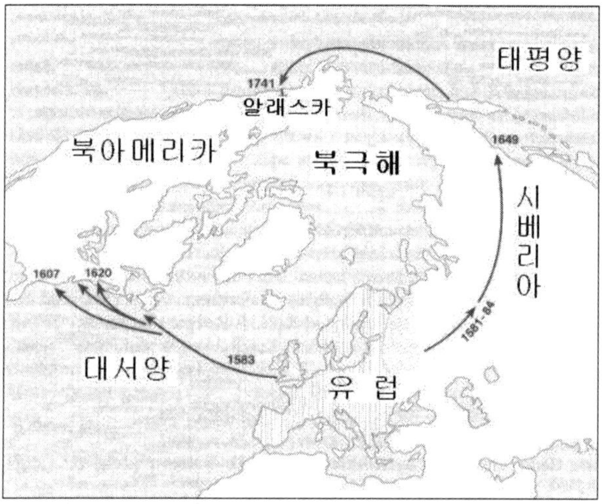

출처: Carsten Goehrke, "Das Rußändische Imperium im Windschatten, Geographie, Geschichte und globale Entwicklungsdynamik", *Osteuropa*, Vol.57, No.4, 2007, p.8.

1740년에 탐험선들은 아바친스크 만에 입항했으며, 두 탐험선의 이름을 따라 지금의 페트로파블로프스크-캄차츠키 도시와 항구가 건설되는 계기를 마련했다. 베링은 기상 악조건에도 불구하고 1741년 6월에 알래스카 해안의 '카야크'섬까지 탐험했지만 기상 악조건과 태풍과 승무원들의 괴혈병 등으로 인명 손실이 커지면서 캄차카 반도로 귀환을 결정했다. 귀환 과정에서(1741년 11월 4일) 베링 자신도 괴혈병에 고생하면서 캄차트카 동부 해변의 한 섬에 도착했으나 1741년 12월 8일에 사망했다. 그 후 이 섬은 베링 섬으로, 아시아와 알래스카 사이의 바다를 베링해(협)로 불러지게 되었다. 이 탐험으로 시베리아와 알래스카의 지도와 해도가 만들어졌으며 또한 코만도르스키 제도가 발견되는 계기를 마련했다.[13]

베링해협 터널 프로젝트는 오랜 역사를 갖고 있다. 러시아의 알래스카 판매 이후 1870년대부터 본격화되었지만 제1차 세계대전과 냉전으로 인해 이 프로젝트는 활성화되지 못했지만 소련 해체 이후 다시금 활기를 띠고 있다(프로젝트 역사에 대해서는 [표 2] 참조).

2007년 봄 모스크바에서 개최된 국제컨퍼런스에서 참석자들은 러시아 극동 동북부 추코트카와 알래스카와의 대륙 연결의 지지를 표명됐다. 미국 측 전 내무부장관은 이 사업이 미국과 러시아의 전쟁 방지를 위한 세기적 사업이라고 밝혔다. 또한 철도, 도로, 전력선, 파이프라인(송유관, 가스관), 광케이블 건설을 통해 세계 물동량의 3%를 담당할 수 있을 것으로 전망했다. 전력선이 연결될 경우 러시아는 북미지역에 연긴 200억 달러의 전력을 공급할 것으로 예상했다. 러시아철도 야쿠닌 회장은 야쿠츠크에서부터 베링해까지 3,000km 연결 사업에 우선순위를 세우고 있다고 밝혔다.

[그림 7] 베링해협 터널

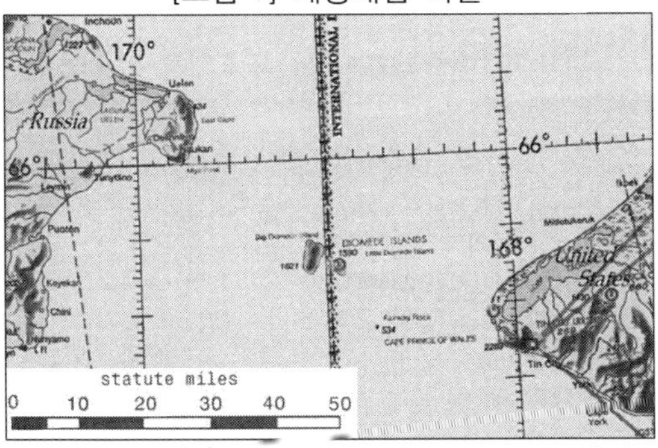

출처: "Ideas Competition for the Bering Strait Project Announces Winners", June 16, 2009. http://www.bustler.net/index.php/article/ideas_competition_for_the_bering_strait_project_announces_winners/ (검색일: 2010년 5월 7일).

13 한종만, 「러시아 극동지역 캄차트카 반도 지역연구」, 『한국시베리아연구』 배재대학교 한국-시베리아센터 제6집, 2003년, 23쪽.

[그림 7]에서 보는 것처럼 베링해 터널 100~105km, 즉 2개의 50km 터널로 베링해의 국경지역인 디오메데 제도(러시아령은 큰 섬, 미국령은 비교적 작은 섬)를 통해 연결될 것으로 예상하고 있다. 기술적으로는 50km의 해저 터널을 완공한 일본의 경험이 있으며, 러시아정부는 적극적으로 여러 곳에서 동시에 건설을 착수할 계획을 수립할 수 있다고 밝혔다. 이 타당성 조사에 1억 2,000만 달러가 소요될 것이며, 총공사비는 650억 달러로 추정되고 있다. 이 사업을 통해 사하공화국(미국 본토 48개 주 면적의 2분의 1, 시간대 3시간)의 발전이 가속화될 것으로 예상되며, 알래스카 주와 캐나다 북부지역도 이 사업을 적극적으로 지지하고 있다.

러시아 본토와 알래스카는 85km에 달하는 베링해협으로 분리되고 있다. 18세기 중반까지 알래스카는 러시아의 영토였지만 1867년에 러시아는 알래스카와 부속도서를 720만 달러에 미국에 판매했다. 베링해협 연결 프로젝트 사업은 1905년 러시아의 마지막 짜르 니콜라이 2세에 의해 지지를 받았지만 1917년 10월 혁명 이후 무산됐다가 소련의 붕괴 이후 다시금 이 프로젝트의 가능성이 부상됐다. 공식적으로 2007년 푸틴에 의해 탄력을 받고 있다. 베링해 철도는 야쿠츠크부터 마가단을 경유하여 추코트카 자치구의 주도 아나디르와 우엘렌을 거쳐 알래스카까지 6,000km에 이르고 있다.

[표 2] 베링해협 철도 프로젝트 약사

연도	내역
1869-1876년	미국 링컨 대통령과 경제고문 헨리 케레이(Henry Carey) 철도망 건설을 생각했음, 1876년 미국독립사 100년을 즈음하여 활성화 + 러시아 대학자인 드미트리 멘델레프도 참가; 링컨은 윌리엄 길핀(William Gilpin 1813-1891) 콜로라도 첫 번째 주지사로 임명; 길핀은 세계 주요도시의 철도 연결을 제안
1890년대 말	야쿠츠크부터 베링 해까지 첫 번째 철도 건설 계획; 지선으로 오호츠크 해 연결, 마가단부터 해안을 따라 베링 해까지 철도 건설 계획
1900년 초	트랜스알라스카-시베리아 회사 자본 조성
1902년	프랑스 엔지니어 로벨(Loicq de Lobel)이 러시아철도사에 기존 노선에서 베링해를 경유하는 알래스카 철도 연결 제안; 러시아와 프랑스정부는 이 프로젝트 긍정적인 반응을 보였으며, 로벨은 미국철도 연결을 위한 위원회를 뉴욕에서 결성
1905년	프랑스 엔지니어 로벨의 제안(베링 해 터널100km)을 니콜라이 2세가 받아들임

1914년	1차 세계대전 발발로 베링 해 프로젝트는 무산됨
1918년 4월	전러시아행정위원회에서 레닌은 베링해 터널과 북극권 철로 연결 표명, 야쿠츠크부터 아얀(Ajan)과 에이칸(Eikan)항구 그리고 니콜라예프-나-아무르 철로와 베링해 터널 연결 표명
1930년 대	스탈린은 북극권 철로, 북부 시베리아 철로(보르쿠타 - 추코트카 아나디르)건설 표명
1942년	2차 세계대전 중에 시애틀에 소재한 미국군의 개척부대는 캐나다 브리티시 콜롬비아 프린스 조지(Prince George)부터 알래스카 페어뱅크(Fairbank)를 거쳐 알래스카 북서쪽 철로 타당성조사 실행. 2,300㎞의 철로 건설비용은 8,700만 달러, 기관차와 철도차량 비용 2,400만 달러로 추정; 원래 이 조사는 추코트카 우엘렌(Uelen)항까지 연결을 계획했음. 미국 루즈벨트 대통령 특사 홉킨스(Harry Hopkins) 모스크바에 방문(건설 제안); 루즈벨트 대통령, 외무장관 헐(Cordell Hull)과 루즈벨트 대통령의 삼촌 델라노(Frederic Delano)와 기타 관련자들이 타당성조사의 재원 조성; 그러나 1942년 6월 미드웨이 제도에서 일본군을 격퇴한 후 중단됨
1945년 이후	스탈린은 미국 투르먼 대통령에게 러시아와 알래스카 철도 연결 제의했지만 미국 반대로 무산
1991년	워싱톤 소재 북반구간베링해터널철도그룹(IBSTRG: Inter-hemispheric Bering Strait Tunnel and Railroad Group)은 베링해의 공동이용 가능성; 미국 측은 알래스카 주, 철도조합, 철도 관련 대기업 건설, 자문회사 등이며, 러시아 측은 IBSTRG 부회장 리스베긴(W. N. Rasbegin), R & D 조정위원회 담당 학술원 회원 멜니코프(P. A. Melnikov), 러시아 철도부, 에너지부, 경제부, 재정부, 북방위원회, 통합에너지시스템, 러시아학술원 등 40개의 조직이 참여하고 있음
1992년부터	Lydon LaRouche와 Helga Zepp-LaRouch는 유라시아와 세계 랜드브리지(베링해 철로 포함)를 위해 고속전철과 자기부상철도 건설 제안
1994년	알래스카 페어뱅크에서 미국 엔지니어조합 주최 베링해 터널 회의 개최, BSTRG 부회장, 쿠퍼사의 자문 엔지니어 할 쿠퍼(Hal Cooper) 참여; 4월 16일 LaRouche가 발행하는 시사지 EIR에서 베링해 터널과 철도 프로젝트 기사 게재
1994년 5월	북경에서 국제 심포지엄(유라시아 대륙간 가교) 개최
1998년 3월	러시아정부의 상이한 선로 연결을 위한 타당성조사 실시; 참가자: 철도부, 건설부, 북방위원회, 추코트카자치구 UES, Transtroy 등
2000년 말	모스크바 지역교통연구소의 빅토르 라스베긴은 베링해 터널 철도연결 타당성조사 발표(경제적 타당성이 있으며, 아시아와 아메리카의 화물수송 촉진).
2002년 11월	노보시비르스크 국립시베리아철도대학 설립 70주년 행사에서 시베리아 교통 발전 회의 개최
2005년 9월	세계평화재단(문선명) 제안
2006년 7월	IBSTRG 회장 조지 코우말(George Koumal)이 당시 미국 대통령 조지 W. 부시와 베링해 터널 프로젝트 논의
2006년 9월 28일	러시아철도연방기구(Rosheldor)주최 회의에서 야쿠츠크-마가단 노선 결정, 베링해까지 연결 확정

2007년	러시아 대통령 푸틴은 베링 해 프로젝트 지지 선언
2009년 2월 10일	세계평화통일재단은 디오메데 섬들을 통한 해협 터널 디자인상 선언, 2009년 6월 11일 수상자 결정

출처 "Bering Strait crossing, From Wikipedia, the free encyclopedia" http://en.wikipedia.org/wiki/Bering_Strait_crossing "Chronology of Bering Strait Project", LaRouche Political Action Committee, http://www.larouchepac.com/news/2007/06/09/chronology-bering-strait-project.html (검색일: 2010년 5월 1일).

[표 3] 쿠퍼 컨설팅(Cooper Consulting)사의 베링해협 철도 소요비용 추정치

철로시스템	코리도어(Corridor) 이름	루트 거리		자본비용(단위: 100만 달러)*	
		마일	km	싱글트랙**	더블트랙***
북아메리카	· 중앙무역코리도어 Central Trade Corridor	2,055	3,298	4,896	11,370
	· 허든 베이 커넥터 Hudon Bay Connector	1,097	1,760	1,662	5,675
	· 브리티시 콜럼비아 커넥터 British Columbia Connector	503	807	200	985
	· 캐나다 프레이리 커넥터 Canada Prairie Connector	1,360	1,605	3,794	7,320
	· 알래스카-캐나다 커넥터 Alaska-Canada Connector	2,490	3,995	5,489	14,745
	· 서부 알래스카 커넥터 Western Alaska Connector	710	1,140	4,189	8,680
북아메리카 구간 전체 네트워크		8,215	12,605	20,320	48,775
베링해협	베링해 터널	65	105	15,400#	25,000##
러시아 아시아지역	· 우엘린-예그베키노트 커넥터 Uelen-Egvekinot Connector	275	441	1,075	2,825
	· 야쿠츠크-추코트카 마기스트랄 Yakutsk-Chukotka Magiatral	1,690	2,715	4,163	10,665
	· 야쿠츠크-아무르 마기스트랄 Yakutsk-Amur Magistral	1,320	2,120	2,600	4,910
	· 야쿠츠크-이르쿠츠크 마기스트랄 Yakutsk-Irkutsk Magistal	1,140	1,830	2,860	6,280
	· 폴라 마기스트랄 Near Polar Magistral	3,125	5,019	10,805	16,265
러시아 구간 전체 네트워크		7,550	12,125	21,505	40,945
전체 루트전체 네트워크		15,830	24,835	56,735	114,720

주* 모든 자본비용은 2003년 불변가격 기준
** 싱글트랙 구성은 20마일 철로 측선(대피선)을 갖춘 디젤견인차 기준임.
*** 더블트랙 루트 구성은 5마일 분기점을 갖춘 전철 기준임. 더블 트랙 구성은 북아메리카 구간(Wales-Whitehorse)과 러시아 구간(추코트카/우엘렌-애그베키노트) 총 1,240마일에 대해 3중 트랙을 포함함.
# 베링해 터널 비용요인은 두 개의 튜브 터널 기중임
베링해 터널 비용은 3개의 튜브 터널 기준임
출처: Hal Cooper, "Strategic Importance of Rail Corridor Links", EIR, Oct. 5, 2007, p.19.

러시아 추코트카 반도의 데쥬네프 곶(Cape Dezhnev)과 알래스카 웨일스 케이프 프린스(Cape Prince of Wales) 사이에 위치한 베링해협은 이론적으로 교량 혹은 터널을 통해 연계될 수 있다. 베링해협의 연계는 호주 대륙을 제외한 모든 대륙, 아시아, 북아메리카와 남아메리카, 유럽, 아프리카와 육로와 이어지는 것을 의미한다. 베링해협은 디오메데 제도(Diomede Islands)[14]를 경유하는 3개의 교량으로 연계될 수 있으며, 그 길이는 50마일(80.45㎞)이다. 2개의 긴 교량은 각각 현재 세계에서 가장 긴 중국 항조우 만 교량(Hangzhou Bay Bridge: 길이 35㎞)보다도 길다.

[그림 8] 베링해협 철도 프로젝트 전도

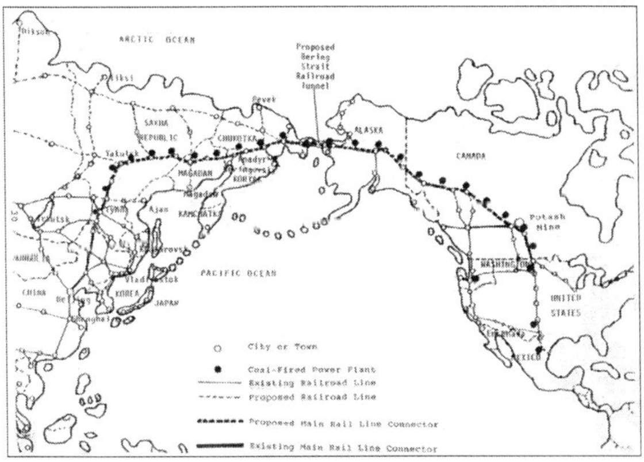

출처: Hal Cooper, "Strategic Importance of Rail Corridor Links", EIR, Oct. 5, 2007, p.16.

베링해협 터널 길이는 세계에서 가장 긴 64마일(103㎞)로 예상된다. 이 터널은 영국과 프랑스의 도버해협을 연결하는 채널 터널(Channel Tunnel)보다 2배나 길다. 이 터널을 통해 지구 둘레의 4분의 3에 해당하는 런던부터 뉴욕까지 철도로 연계되는 것을 의미한다.[15]

---

14 디오메데 제도는 2개의 섬으로 이루어지고 있으며, 큰 섬은 러시아령, 작은 섬은 미국 영이다. 이 섬 사이의 길이는 3㎞이며, 섬 사이로 날짜경계선이 획정되고 있다. "The Diomede Islands", http://googlesightseeing.com/2006/05/the-diomede-islands/ (검색일: 2010년 7월 7일).

15 "How soon may be the Bering Strait tunnel be built?", *Askville by Amazon*, Jun. 9, 2009. http://askville.amazon.com/Bering-Strait-tunnel-built/AnswerViewer.do?requestId=53488721 (검색일: 2010년 7월 8일).

러시아 경제발전부는 베링해협 프로젝트에 500-600억 달러(순수 터널 공사에만 100~120억 달러)가 소요되며 연간 화물운송량도 7,000만~1억 톤에 이를 것으로 추정하고 있다. 정상 운행 시 13~15년 후 자본회수가 가능할 것으로 예측했다. 또한 이 철로는 기존의 해운로보다 2주간의 시간 단축은 물론 비용도 10% 절약될 것으로 예상하고 있다. 공사기간은 10~15년이 소요될 것으로 예상하고 있다.[16]

베링해협 프로젝트 지분 참여자는 정부 및 민간 베이스로 이루어질 것으로 예상된다. 지분은 러시아와 미국이 각각 25%를 가지며, 나머지 50%는 민간투자가와 국제금융당국이 소유한다. 러시아 참여자는 러시아철도, 러시아통합에너지(UES), 석유운송사 트란스네프트(Transneft)사 등이라고 라즈베긴은 전하고 있다.

러시아 Hydro OGK사는 2020년까지 사할린 섬에 근접한 오호츠크 해 지역에서 투구르스카야(Tugurskaya)와 펜드진스카야(Pendzhinskaya)에 각각 10GW의 용량을 가진 조력발전소의 건설을 계획하고 있다. 이 프로젝트는 베링해 철도와 연계한 전력선을 통해 연간 200억 달러의 전력을 북아메리카에 공급할 것으로 기대하고 있다.

러시아철도사는 사하공화국 야쿠츠크 남쪽 지역에 소재한 프라바야 레나(Pravaya Lena)부터 베링해 우엘렌(Uelen)까지 3,500㎞의 구간을 작업하고 있다. 한국, 중국, 일본은 베링 해 프로젝트에 지대한 관심을 갖고 있으며, 특히 일본기업은 터널 1㎞당 6,000만 달러 공사비용으로 가능할 것으로 예측하고 있다. 북아메리카의 구간, 앙고라(Angora)부터 캐나다 넬슨(Nelson)항까지 2,000㎞ 철도연결 비용은 150억 달러로 추산하고 있다([그림 9]와 [그림 10] 참조). 화물운송량은 1억 톤으로 예상되며, 자본회수 기간은 20년으로 추산하고 있다.[17]

16 "Tunnel unter Beringstraße aus Russland nach Alaska Moskau", mig/.rufo/Moskau, Apr. 4, 2007, http://www.aktuell.ru/russland/news/tunnel_unter_beringstrasse_aus_russland_nach_alaska_17963.html (검색일: 2010년 5월1일).

17 Yuriy Humber and Bradley Cook "Russia Plans World's Longest Tunnel, a Link to Alaska", Bloomberg, Apr. 18, 2007. http://www.bloomberg.com/apps/news?pid=20670001&sid=a5OJJzlp0xwM (검색일: 2010년 5월 1일).

[그림 9] 베링해협 터널 프로젝트 알래스카와 캐나다 연결 지도

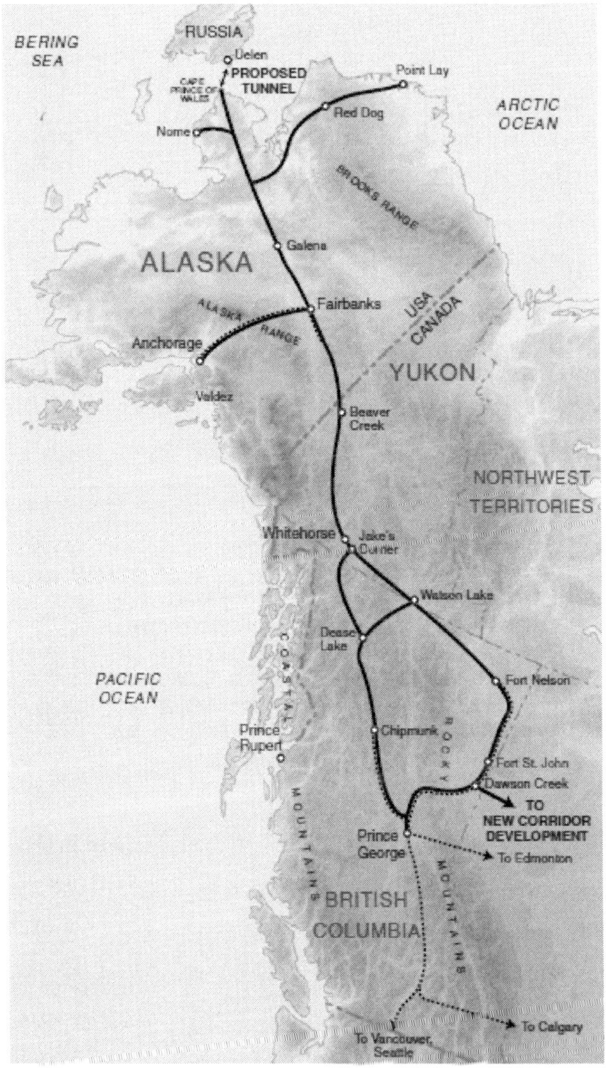

출처: Richard Freeman and Hal Cooper, "Infrastructure Corridors will Transform Economy", EIR, Sep. 21, 2007, p.28.
http://www.larouchepub.com/eiw/public/2007/2007_30-39/2007-38/pdf/26-31_737.pdf (검색일: 2010년 7월 9일).

[그림 10] 러시아연방의 2030년 철도발전 계획지도

주: 이 지도는 2007년 '러시아철도'사의 '2030년 러시아연방 찰도 네트워크의 발전계획'안에서 추출한 것임. 이 지도에서는 '하바로프스크-블라디보스토크' 철로 구간을 고속철도선으로 표시되어 있지는 않은 상황임. 2009년 10월에 러시아와 중국 간 3개의 고속철도 사업 협력을 체결한 상황임. 러시아 극동지역에서 최초의 하바로프스크와 블라디보스토크 고속철도선 이외의 2개의 고속철도선은 '모스크바-흑해 소치선'과 '모스크바-니쥬니-노보고로드선'으로 확정됨. 2009년에 러시아 연방정부와 사하(야쿠티야)공화국은 BAM노선의 북부 틴다(Tynda)부터 '베르카키트(Berkakit)-톰모트(Tommot)-야쿠츠크'를 연계하는 노선을 확정했다. 이 노선은 베링해협으로 이어지는 '전략적으로 중요한 새로운 철도'의 시작을 의미한다.
출처: Rachel Douglas, "Russia Seeks to Develop Far East: Invite U.S. Role", *EIR Economics*, Jan. 15, 2010, p.36.

러시아 특별경제지역청 부의장 막심 비스트로프(Maxim Bystrov)는 베링해협 프로젝트는 정치적 사업이 아니라 비즈니스 사업이란 것을 강조하고 있다. 이 프로젝트는 북미대륙으로 향하는 중국 상품의 운송로이며, 러시아도 에너지를 북미대륙으로 수출하는데 기여할 것으로 예상된다. 사하공화국과 추코트카 자치구는 러시아 광물자원의 보고지역임에도 불구하고 사회간접자본의 부재와 열악한 자연환경으로 인해 부존자원의 1.5%만 개발되고 있다고 사하공화국 부통령 아르투르 알렉세예프(Artur Alexeyev)는 전하고 있다. 그는 베링해 프로젝트는 러시아 동북부지역의 발전의 견인차 역할을 할 것으로 기대하고 있다.[18]

서시베리아의 연료 및 원료자원 채굴 기반은 20세기 소련 시대에 조성됐다. 러시아는 21세기에 베링해 프로젝트를 통해 동시베리아와 극동지역의 자원, 특히 석유, 가스, 석탄, 수력, 조력, 희귀금속의 개발은 물론 물류강국으로 부상하겠다는 목표로 삼고 있다.

러시아의 교통전략 2030, 에너지전략 2030, 경제발전전략 2020, 극동자바이칼 경제사회발전 연방특별프로그램 2013(2030, 2050)에 부응하는 베링해협 터널 프로젝트는 인적, 물적 교류의 활성화뿐만 아니라 전력선, 송유관, 천연가스 파이프라인 통합 시스템을 구축하면서 명실 공히 에너지 하류부문(downstream)에서 수출지역의 다양화를 통해 가격협상력은 물론 에너지 대국과 물류 대국을 꿈꾸고 있다.

IV. 베링해협 터널 프로젝트의 이슈

베링해협 터널 프로젝트는 호주 대륙을 제외한 유라시아와 아프리카뿐만 아니라 북미와 중남미와 남미 등 모든 대륙을 육로로 연결시키는 메가 프로젝트라는데 이의가 없을 것이다([그림 5] 참조). 이 프로젝트는 북극권 통행과 개발의 주춧돌이 될 뿐만 아니라 러시아의 동북부 지역과 미국의 알래스카와 캐나다 서북부 지역개발의 견인차 역할을 담당할 수 있다고 생각된다.

북극 해운로(북동항로와 북서항로)와 베링해협 터널 건설은 시베리아의 북쪽 지역과 북극양의 개발과 운송로의 주춧돌이 될 것으로 예상된다. 해운로와 터널을 통한 육상운송은 일견 경쟁관계이지만 상호 보완, 예를 들면 북극양의 랍테프 해, 동시베리아 해, 추코트카 해 그리고 북태평양의 베링해와 오호츠크 해 주변 항구 개발도 동시에 이루어지면서 항구와 내륙하천(극동시베리아의 여러 하천), 철도, 도로, 전력선, 송유관, 가스

18 Yuriy Humber and Bradley Cook, "Russia to Build Tunnel—Rail, Highways and Pipelines—to Alaska", *Bloomberg*, Apr. 18, 2009.

관 등과 연계되는 복합연계운송망으로 발전될 것으로 예견된다(북동항로의 주요 항구는 [그림 11] 그리고 사하공화국에 소재하는 내륙하천인 비팀 강과레나 강과 이어지는 랍테프 해 운송로는 [그림 12] 참조).

베링해협 터널 프로젝트는 러시아 본토의 BAM철도와 그 지선과 내륙하천과의 연계를 통해 동시베리아와 극동 북부지역인 하바로프스크 변강주, 사하공화국, 마가단 주, 추코트카 자치구와 캄차트카 변강주와 연계를 통해 지역개발과 발전을 가속화 시킬 수 있을 뿐만 아니라 제2장에서 언급한 것처럼 사할린 주와 BMM 철도와 연계와 일본 홋카이도 철도 연결은 오호츠크 해와 동해 지역의 경제통합과 발전을 가져다 줄 것으로 예상된다.

오호츠크 해의 조력발전 잠재력의 극대화, 극동시베리아 주요하천에서의 수력발전 잠재력의 실현은 물론 사하공화국과 사할린과 캄차트카 지역에서의 석유와 가스 등의 화석연료 채굴은 물론 어업과 광물자원과 삼림자원 개발을 통해 자원이 부족한 한중일과 미국과 캐나다 등 아태지역의 경제통합에 지대한 역할을 담당할 것으로 기대된다.

베링해협 터널 프로젝트는 '철도의 르네상스'를 자극하는 계기를 조성할 수 있을 뿐만 아니라 글로벌 경제위기를 실제적으로 해결하는 역할도 담당할 수 있다고 생각된다. 러시아철도사 회장 야쿠닌은 러시아와 미국뿐만 아니라 중국과 인도의 협력을 이끌어 실제적인 글로벌 개혁이 될 것으로 예상했다.[19]

이 프로젝트는 경제적 장점 이외에도 세계평화에 지대한 기여를 할 것으로 예상된다. 러시아는 지난 세기 냉전의 한 축이었으며, 과거보다 군사력이 약화되었음에도 불구하고 수천 대의 핵탄두와 수소폭탄을 보유하고 있는 군사대국 러시아는 미국과의 갈등 잠재력을 완전히 배제할 수 없는 상황이다. 기능주의 측면에서 베링해협 프로젝트를 통한 러시아

19 Rachel Douglas, "Russia Seeks to Develop Far East: Invite U.S. Role", *EIR Economics*, Jan. 15, 2010, p.34.

[그림 11] 러시아와 노르웨이 북극해 경유 북동항로 주요항구

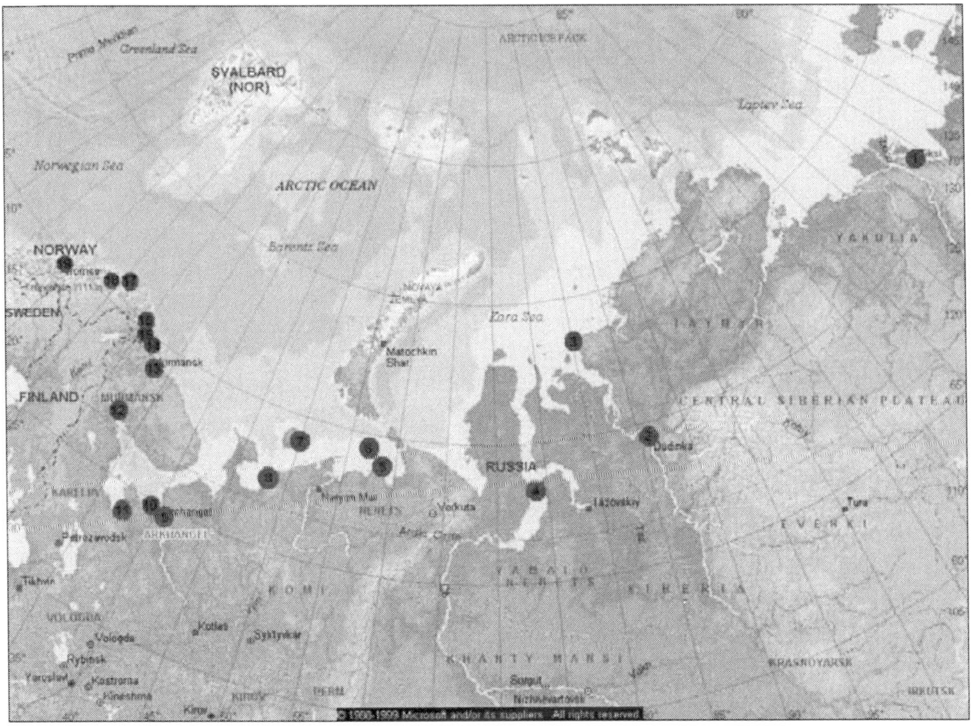

주: 빨간색 원 숫자는 러시아 산 석유수출 선적 터미널.
① 랍테프 해 틱시(Tiksi)항 ② 예니세이 강 하구 두딘카(Dudinka)항 ③ 카라 해 오비 만 딕손(Dikson)항 ④ 카라 해 오비 만 터미널 ⑤ 바란데이(Varandey) 터미널 ⑥ 프리라즐로므노예(Prirazlomnoye) 유전 ⑦ 콜구예프(Kolguev)섬 터미널 ⑧ 페초라(Pechora)해 인디가(Indiga)주거지역 ⑨ 아르항겔스크 주변 탈라기(Talagi)터미널 ⑩ 세베로드빈스크(Severodvinsk) 읍 ⑪ 오네가(Onega) 만 터미널 ⑫ 백해 칸다라크샤(Kandalaksha) 만 비티노(Vitino) 항 ⑬ 콜라(Kola) 만 무르만스크 터미널 ⑭ 페초라 만 ⑮ 키르케니스(Kirkenes) 근처 보크피요르드(Bøkfjord) ⑯ 바드소(Vadsø) 읍 ⑰ 노스 케이프(North Cape) 근처 사르네스피요르트(Sarnesfjord) ⑱ 웨스트 핀마르크(West Finnma가) 내 함머페스트(Hammerfest) 근처 크발순드(Kvalsund)와 소로야(Sørøya) ⑲ 바렌츠 해 트롬소(Tromsø) 근처 그로트순드(Grøtsund)
출처: Alexei Bambulyak and Bjørn Frantzen, *Oil transport from the Russian part of the Barents Region Status per January 2007*, The Norwegian Barents Secretariat and Akvaplan-niva, Norway, p.35.

[그림 12] 사하공화국 비팀 강, 레나 강과 랍테프 해 내륙하천

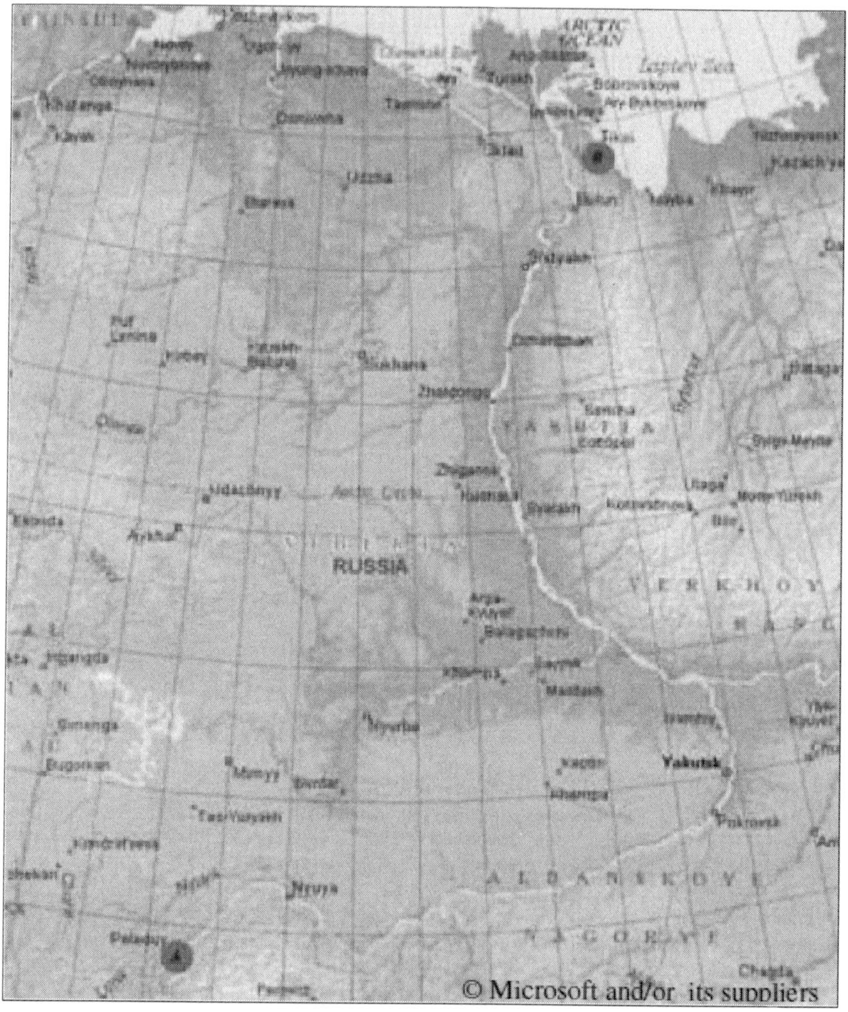

주: A 비팀(Vitim)강 터미널 B 틱시(Tiksi) 터미널
출처: Alexei Bambulyak and Bjørn Frantzen, *Oil transport from the Russian part of the Barents Region Status per January 2007*, The Norwegian Barents Secretariat and Akvaplan-niva, Norway, p.36.

와 미국의 교류와 협력 확대는 상호 윈-윈 할 수 있는 가능성을 높여주면서, 양국 간 갈등 잠재력의 상당부분이 완화될 것으로 예상된다.

베링해협 프로젝트의 경제적 및 비경제적 장점에도 불구하고 이 프로젝트는 기술, 정치, 재정, 생태적 도전에 직면하고 있다.

베링해협 터널 프로젝트는 열악한 자연조건과 영구동토지대인 툰드라 지역에서 철로건설과 터널 건설 등의 공법은 기술적 장애요인을 지니고 있다. 그러나 자연적 장애요인은 기술발전을 통해 극복될 수 있을 것이다. 베링해협 터널길이는 영국과 프랑스의 도버해협을 연결하는 채널(Chanel) 터널보다 2배나 긴 103㎞(64마일)이다. 그러나 베링해협의 중간에 위치한 2개의 섬과 연계되면서 3구간의 터널 공사가 예상된다.

러시아 추코트카 전 주지사이며, 영국 FC 첼시 구단주인 로만 아브라모비치의 회사 인프라슈트룩투라(Infrastruktur, 모스크바 소재)는 8,000만 파운드에 상당하는 지구상에서 가장 큰 독일제 헤렌크네흐트(Herrenknecht) 굴착기 구입을 계획했었다. 이 굴착기는 지름 62.3 feet(18.989m)를 뚫을 수 있는 용량을 가지고 있다.[20]

이 프로젝트의 실현을 위해서는 러시아와 미국 정부의 적극적인 정치적 의지가 선행되어야 할 것이다. 제3장에서 언급한 것처럼 러시아 연방정부와 러시아철도(RZD)는 적극적인 반면에 미국 정부는 아직까지 공식적인 지지를 표명하고 있지는 않은 상황이나 알래스카 주정부와 민간차원에서 활발한 논의가 진행 중이다. 이 프로젝트의 수혜국인 캐나다, 일본, 중국은 적극적인 지지와 개발 참여를 희망하고 있다. 한국의 민간단체인 세계평화통일재단은 글로벌 언론플레이, 세미나, 심포지엄을 개최하고 있을 뿐만 아니라 베링해협터널 건축디자인 상([표 2] 참조)을 수여하고 있으며, 지분 참여를 기대하고 있다.

20 "Roman Abramovich denies Bering tunnel plans", *Telegraph,* Mar. 28, 2008. http://www.telegraph.co.uk/news/worldnews/1583176/Roman-Abramovich-denies-Bering-tunnel-plans.html(검색일: 2010년 7월 8일). 이 드릴 기계는 독일 남부 지역에 소재한 슈반아우(Swanau)에 소재한 헤렌크네흐사 주식회사(Herrenknecht AG)에서 제작되고 있다.

이 프로젝트는 막대한 재원을 필요로 하고 있다. 3장에서 언급한 것처럼 타당성조사에 1억 2,000만 달러, 총공사비는 650억 달러가 소요될 것으로 추정하고 있다. [표 3]에서 보는 것처럼 쿠퍼 컨설팅 사는 2003년 불변가격 기준으로 베링해협터널 공사비만 154억~250억 달러가 소요되며, 북아메리카 구간의 공사비용도 203억 2,000만~487억 7,500만 달러 그리고 러시아 동북부지역 공사비용도 215억 500만~409억 4,500만 달러로 추정하고 있다. 이를 바탕으로 이 프로젝트의 총사업비는 567억 3,500만~1,147억 2,000만 달러에 이를 것으로 추산되고 있다.

2008년 미국 발 글로벌 금융위기 이후 원료 및 연료 가격의 하락으로 7개월 동안 러시아의 외환보유고는 1,210억 달러나 감소했으며, 러시아의 재정상황은 글로벌 금융위기 이전보다 양호한 편은 아니다. 그러나 러시아는 최근 외환보유고가 다시금 증가하면서 2010년 9월 6일 기준으로 4,753억 700만 달러로 중국과 일본에 이어 세계 3위를 기록하고 있다.[21] 미국 재무성은 2008년 말 금융위기 시 세계외환보유고 총액은 7.2조 달러에서 2009년 12월에 8.1조 달러로 증가했다고 발표했다.[22] 최근 미국도 경제 활성화 정책의 일환으로 사회간접자본의 투자와 조세감면 등 제2의 경기부양책을 고려할 때 의지만 있다면 이 프로젝트의 수행은 가능하다고 본다. 미국과 러시아의 프로젝트 실행에 대한 의지뿐만 아니라 중국, 일본, 한국 등 아태지역 국가들과 국제기구의 컨소시엄이 이루어질 경우 재정적 장애요인이 해결될 것이며, 세계 경기부양책에 일조를 담당할 것으로 기대된다.

마지막으로 이 프로젝트는 생태 환경적 도전에 직면하고 있다. 이 프로젝트가 친환경적 개발로 이루어질 경우 이 도전은 동시에 기회이기도 하다.

21 http://www.cbr.ru/eng/ (검색일: 2010년 9월 6일).

22 "World foreign currency reserves hit £5.34 trillion - U.S.", *Reuters*, Jul. 8, 2010. http://uk.reuters.com/article/idUKTRE6675SF20100708 (검색일: 2010년 9월 6일). 2009년 12월에 중국의 외환보유고는 2조 4,000억 달러로 그해 2월보다 2.3% 증가, 일본의 외환보유고도 0.2% 상승한 9,970억 달러를 기록하고 있다.

100년 전 대도시를 괴롭혔던 말의 배설문제를 생각해보자. "1900년 뉴욕 시에는 약 20만 마리의 말들이 교통수단으로 사용됐다. 이 수치는 인구 17명 당 1마리 꼴이었다. 교통수단으로서 말의 가장 최악의 상황은 교통사고와 말똥이었다. 말은 하루에 평균 11kg 이상 정도를 배설하는데 말이 20만 마리라면 그 배설물의 총량은 거의 2,300톤에 이르고 있다는 것을 의미한다. 이로 인한 악취, 배설물 처리가 주요 문제였다. 이 문제의 해결은 20세기에 들어와서 자동차와 전차의 교통수단의 발명으로 해결됐다. 당시 자동차는 말보다 더 저렴하고 경비도 덜 드는 '환경의 구세주'로 여겨졌다. 20세기를 구한 해결책이 21세기를 위태롭게 만들고 있는 듯하다. 전차와 자동차가 그 나름의 부정적 외부효과를 가져왔기 때문이다. 지난 세기 내내 10억 대 이상의 자동차와 (석탄을 태우는) 수 천의 화력발전소 등이 뿜어낸 탄소가 지구의 기온을 올려놓은 것으로 보인다. 한때 말의 활약이 문명을 짓밟는 위협 요소가 됐던 것처럼 인간의 활약이 그럴 것이라는 두려움이 만연해 있다."[23] 이산화탄소 배출과 지구온난화의 주범인 가솔린 자동차교통이 더 이상 발전되는 데에는 한계를 지니고 있다.

1825년 영국에서 최초의 철도가 개통된 이후 새로운 교통수단으로 각광을 받았지만 20세기 자동차교통의 발달로 철도교통의 경쟁력이 밀리면서 철도산업은 후퇴했다. 그러나 고속철도와 자기부상철도의 발명을 통해 철도교통은 속도와 신속성과 대량수송을 가능케 하는 친환경 교통수단으로 다시금 주목을 받고 있다. 철도교통은 여객수송에서 자동차교통과 항공교통 그리고 화물수송에서 자동차교통과 해운교통과 경쟁 혹은 보완관계를 가지면서 발전하고 있다. 그럼으로 베링해협 터널 프로젝트는 철도의 르네상스를 더욱 가속화시킬 것으로 예견된다.

지구온난화와 북극 빙하가 녹으면서 북극권 항로 가능성과 자원개발이 과거보다는 용이해졌으며, 인간의 생활공간도 더욱 북쪽으로 올리갈 개연성이 더욱 높아지고 있다. 잠에서 깨어난 '장미공주(북극)'와 베링해

23 레빗, 스티븐/ 스티븐 더브너, 『슈퍼 괴짜경제학』, 서울: 웅진지식하우스, 2009, 28-29쪽.

협 터널 프로젝트가 행복과 축복의 통로가 될 지 국제사회의 관심이 집중되고 있다. 베링해협 터널 프로젝트도 장미공주의 운명처럼 북극이용과 개발과정에서 환경생태문제, 북극원주민을 포함한 생물종 다양성의 보호 문제, 세계평화에 달려 있다고 생각된다.[24]

참고문헌

권원순, 「베링해협 프로젝트와 러시아 철도발전 전략」, 제1회 베링해협평화포럼 세미나 『베링해협프로젝트 - 공생과 국제평화의 길』 서울 은행회관국제회의실(2층 컨벤션홀), 2010년 5월 26일.

레빗, 스티븐/ 스티븐 더브너, 『슈퍼 괴짜경제학』, 서울: 웅진지식하우스, 2009.

한종만, "러시아 극동지역 캄차트카 반도 지역연구", 『한국시베리아연구』(배재대학교 한국-시베리아센터) 제6집, 2003년, 15-38쪽.

한종만, "시베리아의 개발은 한민족의 손으로", 블라디미르 수린 외 『한러공생국가론, 시베리아개발은 한민족의 손으로』, 서울: 국학자료원, 2009, 177-192쪽.

한종만, "중국, 일본의 시베리아 진출동향과 한국의 대응과제", 제1회 베링해협평화포럼 세미나 『베링해협프로젝트 - 공생과 국제평화의 길』, 서울 은행회관국제회의실(2층 컨벤션홀), 2010년 5월 26일, 1-27쪽.

한종만, "소생한 축복의 통로 '북극권'", Russia · CIS Focus (한국외대 러시아연구소), 제64호, 2010년 6월 21일.

한종만, 「가시에 찔려 100년 동안 잠잔 동화속의 장미공주처럼 북극권 소생」, 『The Windows to Siberia - 시베리아의 창』, 배재대학교 한국-시베리아센터, No.2, June 2010, pp.3-11.

한종만 · 성원용, 『21세기 러시아의 시베리아 · 극동지역 개발전략에 관한 연구』 서울: 대외경제정책연구원, 2001.

Bambulyak, Alexei and Bjørn Frantzen, *Oil transport from the Russian part of the Barents Region Status per January* 2007, The Norwegian Barents Secretariat

24 한종만, "가시에 찔려 100년 동안 잠잔 동화속의 장미공주처럼 북극권 소생", 『The Windows to Siberia-시베리아의 창』(배재대학교 한국-시베리아센터) No.2, June 2010, p.11.

and Akvaplan-niva, Norway.

Brill, Heinz, "Die Arktis und die Interessen der Anrainerstaaten", *Österreichische Militärische Zeitschrift*, Vol.LXXXVIII, Heft 3, 2008.

Cooper, Hal, "Strategic Importance of Rail Corridor Links", EIR, Oct. 5, 2007.

Douglas, Rachel, "Russia Seeks to Develop Far East: Invite U.S. Role", *EIR Economics*, Jan. 15, 2010.

Goehrke, Carsten, "Das Rußändische Imperium im Windschatten, Geographie, Geschichte und globale Entwicklungssynamik", *Osteuropa*, Vol.57, No.4, 2007.

Humber, Yuriy and Bradley Cook"Russia Plans World's Longest Tunnel, a Link to Alaska", Bloomberg, Apr. 18, 2007. http://www.bloomberg.com/apps/news?pid=20670001&sid=a5OJJzlp0xwM (검색일: 2010년 5월 1일).

Pekkarinen, Olli, *Northwest Russian Transport Logistics Cluster: Finnish Perspective* (Lappeenrante, Finland: Lappeenranta University of Technology, Northern Dimension Research Centre, 2005).

Petrovskiy, Petro, "Bering Strait Project: Towards a New International Cooperation Framework: Russian Perspective", 제1회 베링해협평화포럼 세미나『베링해협 프로젝트 - 공생과 국제평화의 길』, 서울 은행회관국제회의실(2층 컨벤션홀), 2010년 5월 26일.

Stolyarov, Sergei, "Developing the Eurasian Transportation Network–Russian Railways Strategic Priorities for International Cooperation", EEF.NGO/10/10, May 24, 2010, p.1. http://www.osce.org/documents/eea/2010/05/44053_en.pdf (검색일: 2010년 7월 13일)

Кинжалов, Р. В., Русская Америка. Москва: Мысль, 1994.

부록

Agama
Anian regnum
Bergi regio
Circulus Arcticus
El streto de Anian
California regio
Desertum Belgian
Hargu campestria
Ciorza
OCEANUS SCYTHICUS qui et Mare Tabin
NOVA ZEMLA
PETZORKE MARE
MVRMANSKOI MARE
Mare Cogla.
OCEANUS

북극 연구기관 소개

김자영_배재대학교 한국-시베리아센터

1. 한국

(1) 극지연구소 (http://www.kopri.re.kr/)

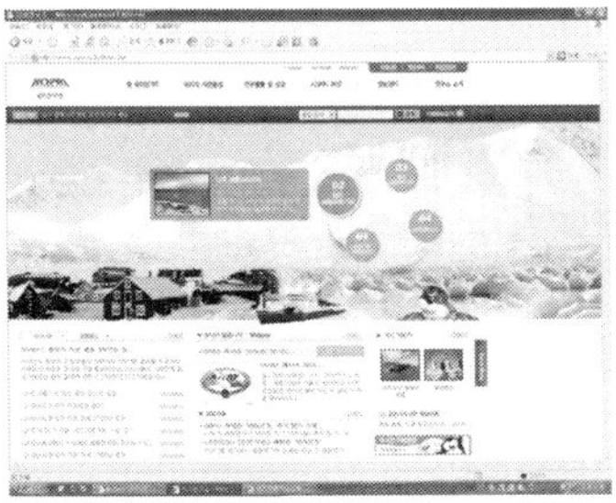

1985년 개소한 이래 국내의 대표적인 극지전문 연구소로서 극지과학기술 연구개발 극지지원 인프라 창출을 주요 목적으로 한다. 2004년 한국해양연구원 부설 극지연구소로 독립하여 남북극 기지와 쇄빙연구선 「아라온」호의 운영을 담당하고 있다.

(2) 한국해양연구원 (http://www.kordi.re.kr/)

종합해양연구기관으로써 국가 해양정책의 수립과 해양개발 추진에 필요한 해양과학기술 배양을 위한 과학연구, 해양자원개발, 관련 연구기관과 학계, 산업계와 협동연구 등의 업무를 담당한다. 남극의 세종기지와 북극의 다산기지를 건설했다.

(3) 한국지질자원연구원 (http://www.kigam.re.kr/)

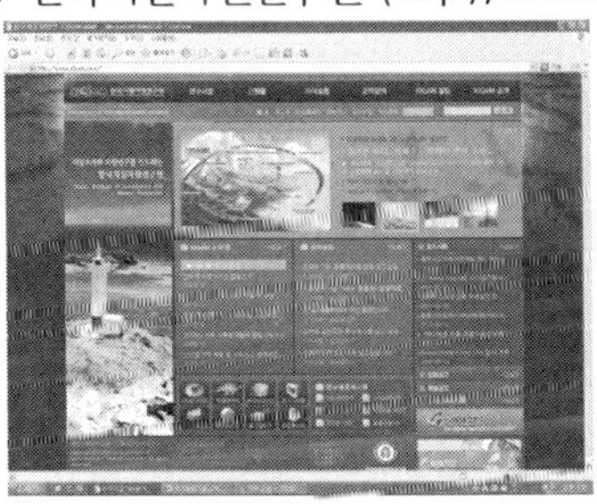

1918년에 세워진 <지질조사소>를 전신으로 한다. 국내외 육상 및 해저지질 조사, 지하자원 탐사 및 개발, 활용, 지질변화 관련 기후변화 대응 관련 원천기술개발을 통한 국가산업 보존 등을 목적으로 한다.

(4) 한국해양수산개발원 (http://www.kmi.re.kr/)

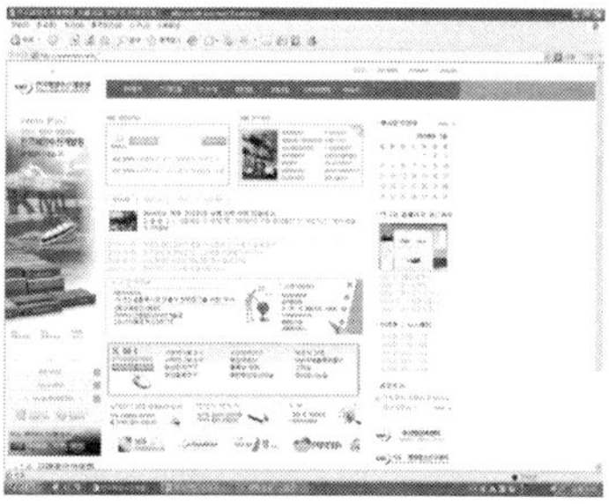

해양, 수산, 해운항만 정책에 대한 조사와 비교연구, 해운, 항만관련 국제물류 및 복합운송에 대한 조사와 비교연구를 목표로 한다.

(5) 폴라랜드 한국극지연구진흥회 (http://www.polarland.or.kr)

극지연구 지원, 극지의 자연 및 탐험정보 제공, 극지탐험의 역사와 환경안내를 하고 있다.

2. 러시아

(1) 북극 및 남극연구소 (Арктический и антарктический научно-исследовательский институт; Arctic and Antarctic Research Institute: www.aari.nw.ru/)

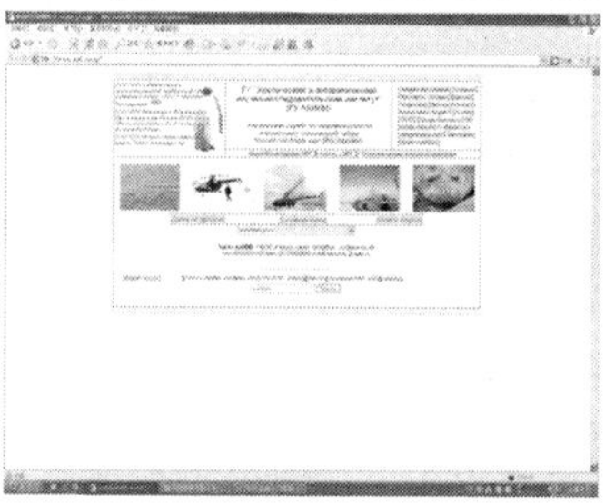

1834년 설립된 이후 수문기상학과 환경모니터링, 남북극 해양탐사, 기후와 환경의 변화, 오염문제를 연구하여 러시아 경제와 생태계, 사람에 미치는 영향을 중점적으로 연구하고 있다.

(2) 러시아 과학아카데미 극동지부 국제학술센터 '아르티카' (Международный научно-исследовательский институт 'Артика' ДО РАН: http://www.arktika magadan.su/main.htm)

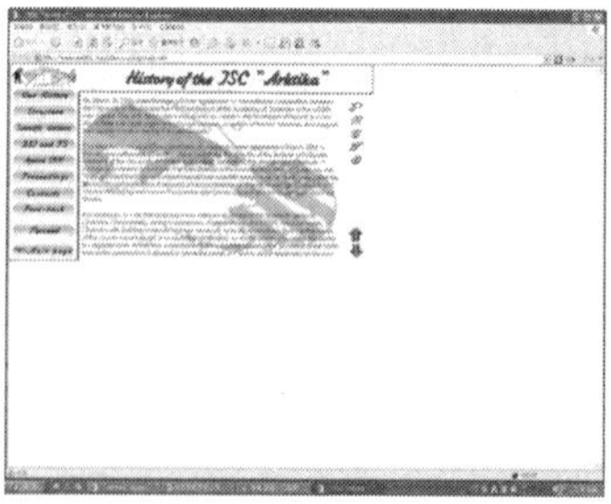

러시아의 마가단 지역에 위치. 생태공학과 생태생리학, 러시아 북부지역(시베리아, 북극권) 환경에 대한 인간의 적응 메커니즘 등을 중점적으로 연구하고 있다

(3) 러시아 지리학회 모스크바센터 (Русское географическое общество Московский центр: http://rgo.msk.ru/)

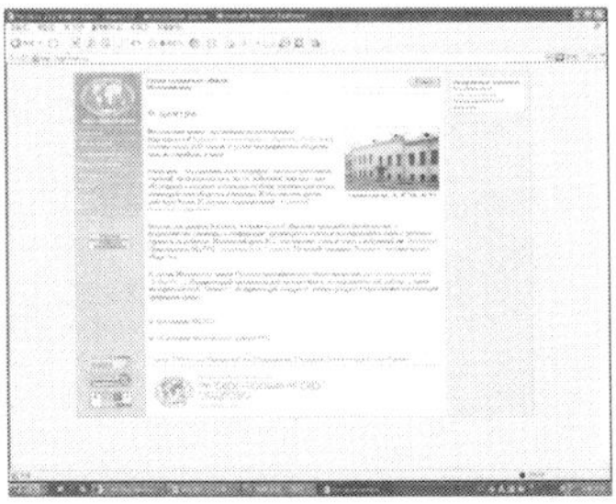

극지의 기후환경과 기후체계, 수분환경, 대기환경 등을 관찰하여 지표면 내부와 주변 우주공간과의 상호작용을 연구한다.

(4) 북극아카데미 (Арктическая Академия наук: http://arcticas.ru/)

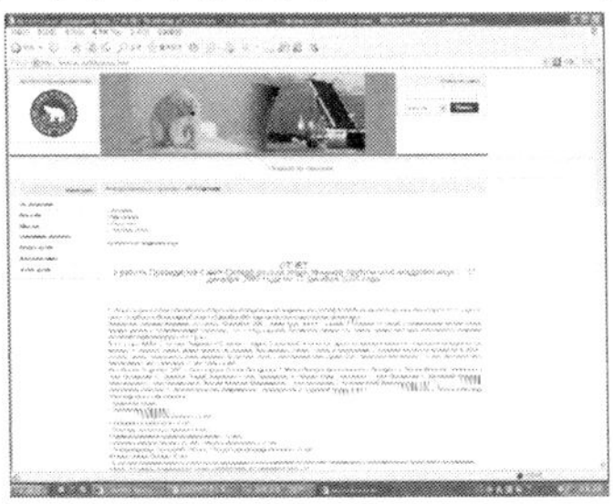

2009년 북극권 연구를 전문적으로 하기 위해 상트 페테르부르크에 창설되었다. 주로 러시아의 북극 독트린을 구성하고 북극권 주민의 삶 개선, 러시아의 북극권 영토의 활용문제를 연구한다.

(5) 북극탐사센터 (Экспедиционный центр 'Арктика': www.ec-arctic.ru/)

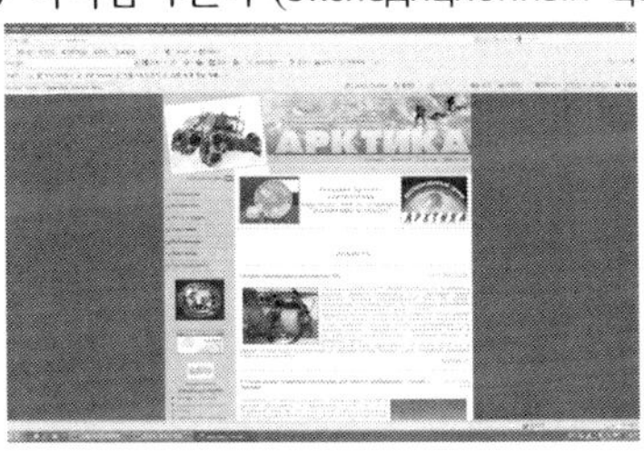

러시아 지리학회 및 러시아 극지전문가 연합회 모스크바 센터의 유관기관으로 1992년 개원한 후 북극해를 비롯한 북극권과 남극권의 학술탐사와 스포츠탐사를 지원한다.

(6) 북극, 남극 탐험센터 '폴류스' (Экспедиционный центр Арктики и Антарктики 'Полюс': www.polus.ru)

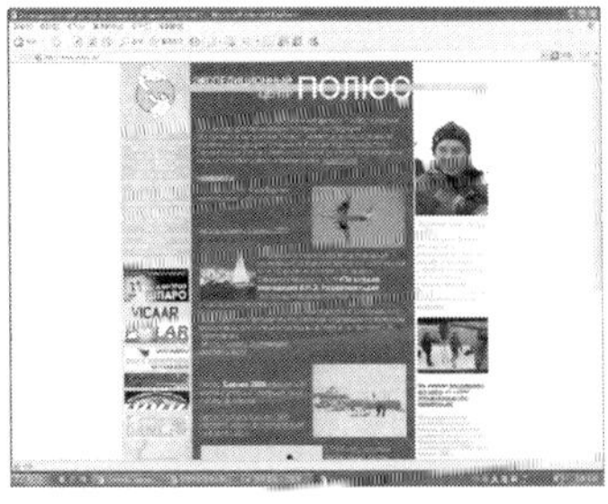

러시아 극지전문가 연합회 산하 극지탐사 섹션으로 2002년 창설되었다

3. 미국

(1) 국립설빙자료센터 (National Snow and Ice Data Center: http://nsidc.org/)

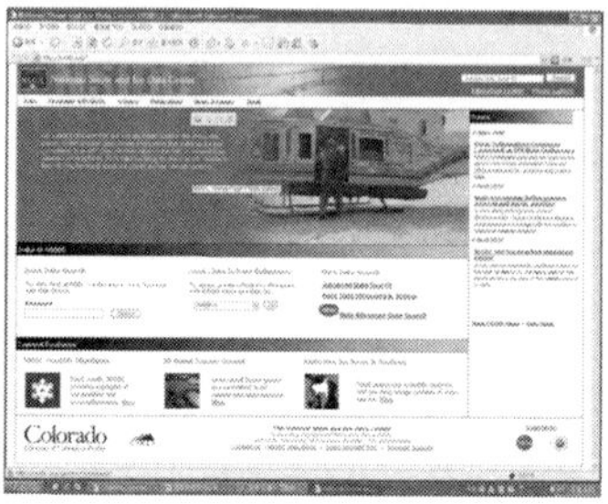

미국의 NOAA(국립해양대기청) 산하의 빙하학 연구지원 기구. 북극의 빙면적을 관측조사하고, 북극해의 해빙감시업무 및 분석을 담당한다.

(2) 미국 북극연구 컨소시엄 (ARCUS: The Arctic Research Consortium of the U.S.: http://www.arcus.org/)

북극연구에 실질적 역할을 하기위해 교육적이고 과학적인 비영리 기관으로서 1988년 알래스카의 페어뱅크스에 설립되었다. ARCUS는 북극관련 연구를 수행하고, 과학 실험을 통한 보고서를 발표한다.

(3) 미국 북극 연구정책 위원회 (IARPC: The U.S. Interagency Arctic Research Policy Committee: http://www.nsf.gov/ od/opp/arctic/iarpc/start.jsp)

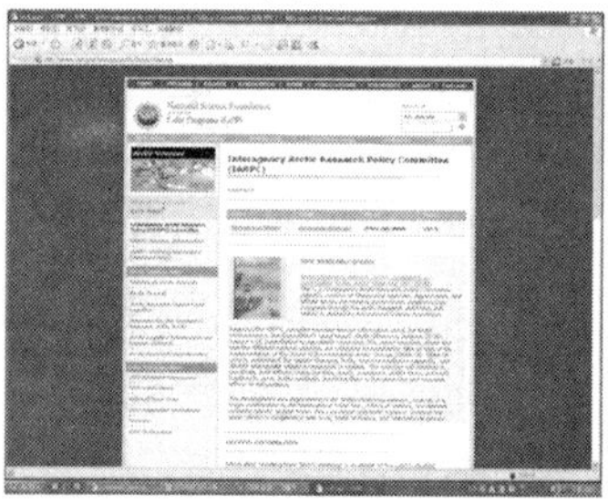

미국의 북극 연구정책 위원회는 의회의 북극 연구와 정책에 대한 법령에 따라 설립되었으며 북극의 자연 환경에 대하여 조사하고 있다. 국가과학재단(National Science Foundation) 내에 소재하고 있다.

4. 독일

(1) 알프레드-베게너 극지-해양연구소 (Das Alfred-Wegener-Institut für Polar-und Meeresforschung: http://www.awi.de/de/institut/)

1980년에 설립되어 브레맨(Bremen)에 중앙연구소를 두고 있으며, 포츠담(Potsdam), 헬고란트(Helgoland)과 북해지역의 실트(Sylt)에 연구소 분소를 두고 있으며 780명의 연구원과 직원이 근무하고 있다. 극지연구를 위해 쇄빙선박인 연구전문 탐사선 "Polarstern"을 운용하고 있으며, 전문적인 연구를 위해 극지에서 사용가능한 전용항공기와 수중탐사선도 독자적으로 보유하고 있다. 북극과 남극에 5개의 극지연구를 위한 기지를 운영하고 있으며, 극지의 지질, 생태, 환경을 중점적으로 연구한다.

(2) 베를린대학교 부설 기상연구소 (Institut für Meteorologie an der Freie Universität Berlin: http://www.geo.fu-berlin.de/met/infos/index.html)

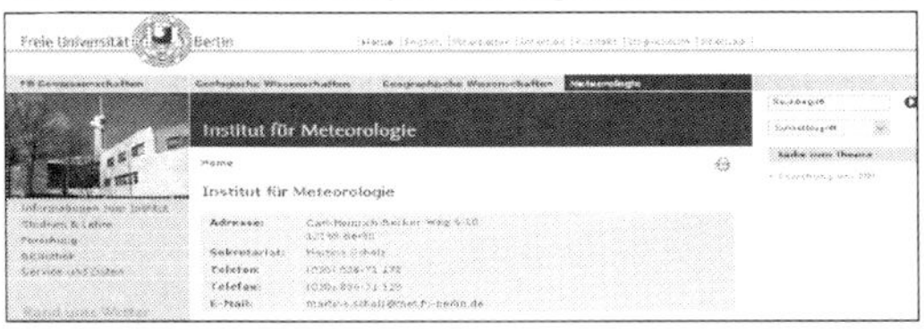

북극을 비롯한 극지지역의 기상 및 기후변화를 심층연구하고 있다. 특히 북극의 기온변화에 대한 연구과제를 수행한다.

(3) 킬대학교 부설 북극생태연구소 (Institut für Polarökologie an der Christian-Albrechts-Universität zu Kiel: http://www.ipoe.uni-kiel.de/)

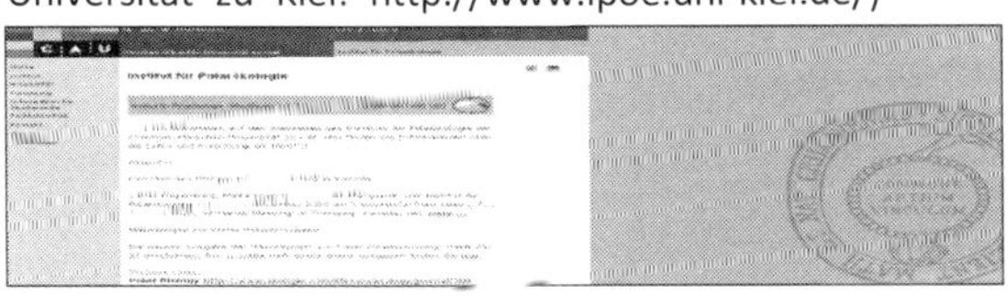

1982년 킬대학교의 북극관련 전문가들을 중심으로 개소하였으며 현재 만프

레드 벨트(Prof. Dr. Manfred Bölter)가 소장으로 있다. 극지에 관한 전문적인 연구뿐만 아니라 극지연구를 위한 다양한 연구과정을 운영하고 있으며, 연구 결과물로서 전문잡지인 「Polar Biology」를 발행하고 있다.

(4) 킬대학교 부설 라이브니쯔 해양학연구소(Leibniz-Institut für Meereswissenschaften: IFM-GEOMAR: http://www.ifm-geomar.de/index.php?id=institut)

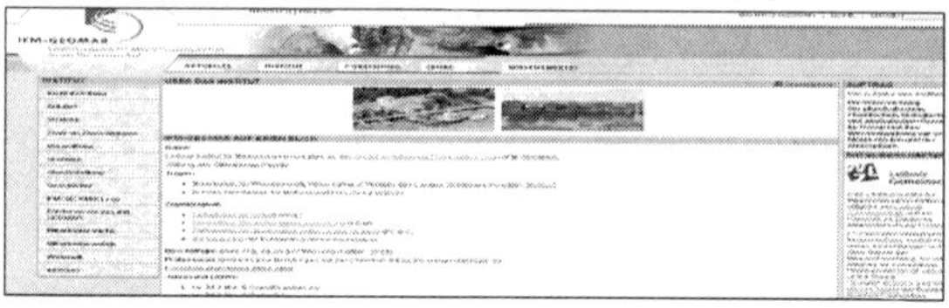

2004년 해양학연구소(IfM: Instituts für Meereskunde)와 해양 지리학 연구소(GEOMAR: Forschungszentrums für Marine Geowissenschaften)가 합병되어 설립되었다. 연구소 소장인 Dr. Herzig, Peter M. 교수의 지휘아래 해양순환과 기후순환, 해양 생태화학, 해양생태학 분야를 중점 연구하고 있으며, 극지의 생물과 지리에 대해서 전문적인 연구를 하고 있다.

(5) 막스 플랑크 연구재단(Max-Planck-Gesellschaft:www.mpg.de/)

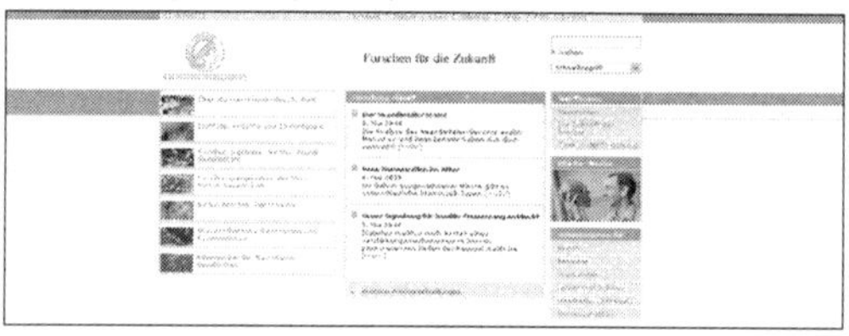

막스 플랑크 연구재단(Max-Planck-Gesellschaft)은 현재 76개의 연구소를 운영하고 있으며, 9,000명의 박사급 연구원을 포함하여 12,000명의 연구종사자가 연구 활동을 하고 있는 독일 최대의 연구지원 재단이다. 학문 전 분야에 걸쳐 연구지원을 하고 있으며, 최근 북극관련 연구에 적극적인 지원과 함께 많은 연구결과물들을 배출하고 있다.

5. 스웨덴

(1) 스웨덴 극지연구소 (Swedish Polar Research Secretariat: http://www.polar.se/english/index.html)

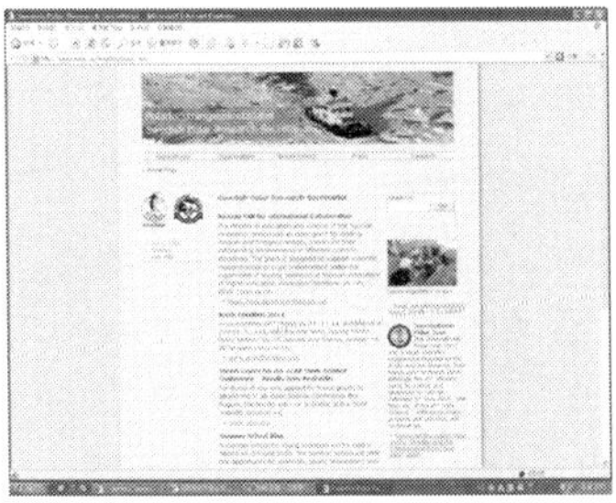

스웨덴 교육 연구부 산하의 국가 기관으로 북극과 남극 탐험조사를 기획하고 선도함으로써 스웨덴의 극지연구를 향상시키는 일을 하고 있다.

6. 노르웨이

(1) 노르웨이 극지연구소 (Norwegian Polar Institute: http://npweb.npolar.no/english)

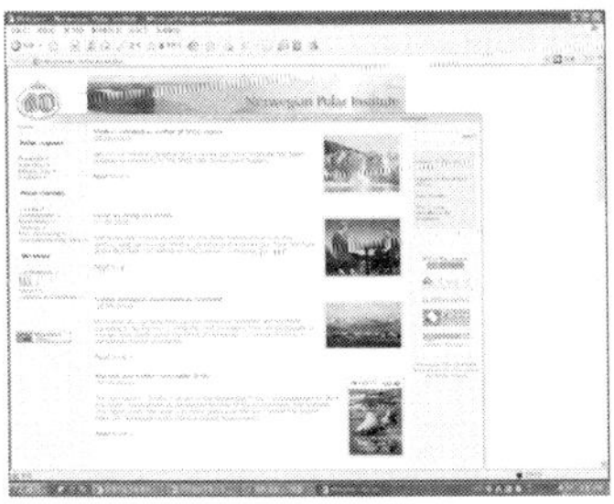

극지를 관찰하고 지도를 제작하는 중앙 연구기관이다. 이 연구소는 노르웨이 극지대에 관한 정보를 제공하고 필요한 행정적인 지원을 한다.

7. 덴마크

(1) 덴마크 극지센터 (Danish Polar Center http://www.eastgreenland.com/database.asp?lang=eng&num=434)

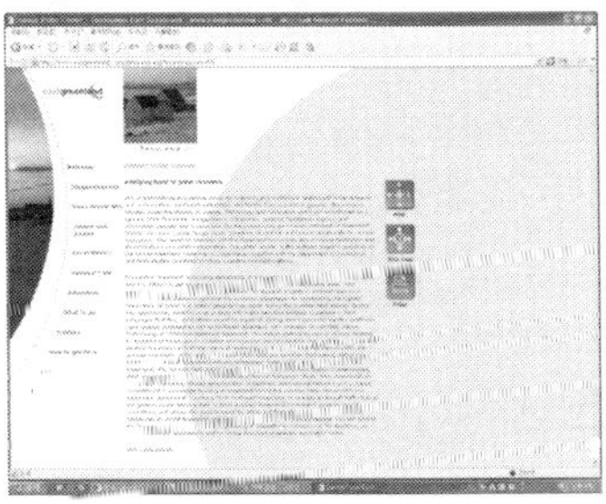

덴마크의 과학 기술 혁신부 산하에 1989년 세워진 덴마크 극지 센터는 덴마크 정부와 국민들에게 극지 연구와 북극에 관련된 문제들을 다루는 과학자들과 연구소에 대한 정보를 제공하는 일을 한다. 이 센터는 에스키모 연구소와 함께 덴마크의 수도 코펜하겐에 소재하고 있다.

8. 아이슬랜드

(1) 스테판슨 북극연구소 (Stefansson Arctic Institute: www.svs.is/)

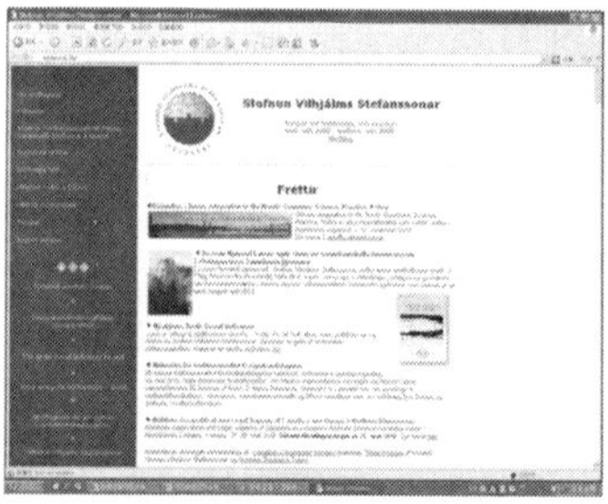

아이슬랜드 환경부 소속의 연구기관으로 1998년 북아이슬랜드 아쿠레이리시에 설립되었다. 국내외 극지관련 전문가들의 연수와 연구협력활동이 활발하다. 북극권 지역의 안정적인 발전과 아이슬랜드의 국제 북극프로젝트 참여, 북극관련 정보수집 및 분석, 국내외 정부기관과의 국제프로젝트 협력, 국내외 학자들과의 공동연구 및 학제간 연구를 주요 목적으로 한다.

9. 핀란드

(1) 툴레 연구소 (Thule Institute:http://thule.oulu.fi/)

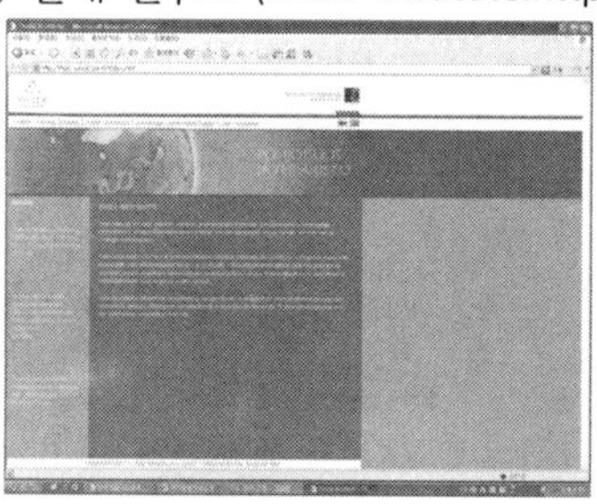

오울루 대학교 부설 연구소. 북부지역의 환경문제와 천연자원, 원자재, 토지의 이용방법 및 북극권 의학문제 등을 주로 연구한다. 교육과정과 연구과정이 모두 개설되어 있고, 사회적 이슈와 문제점들을 연구 분석하여 국내외에 정보를 제공하는 역할도 수행한다.

(2) 아르티쿰 (Арктикум:www.arktikum.fi/ru)

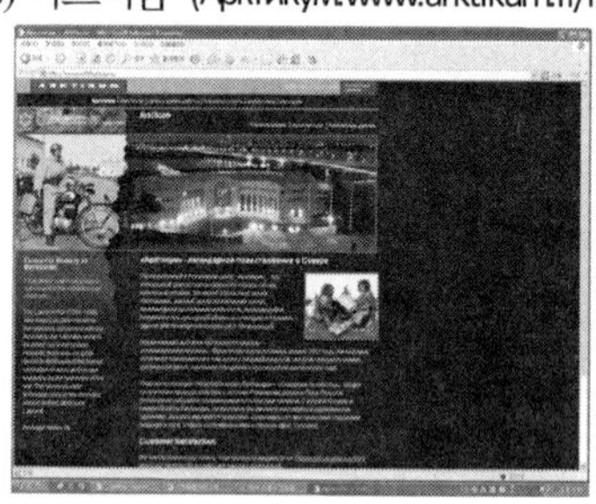

핀란드의 북극권 도시 중 하나인 로바니에미(Rovaniemi)에 위치하고 있으며, 러시아인에 의해 운영되고 있다. 북극권 민족의 생활양식과 문화, 역사를 연구하고 이를 전시 및 홍보하는 것을 목적으로 한다. 본 기관은 라플란드 박물관과 북극학술센터로 나뉘어져 있다.

10. 일본

(1) 국립극지연구소 북극관측센터 (http://www-arctic.nipr.ac.jp)

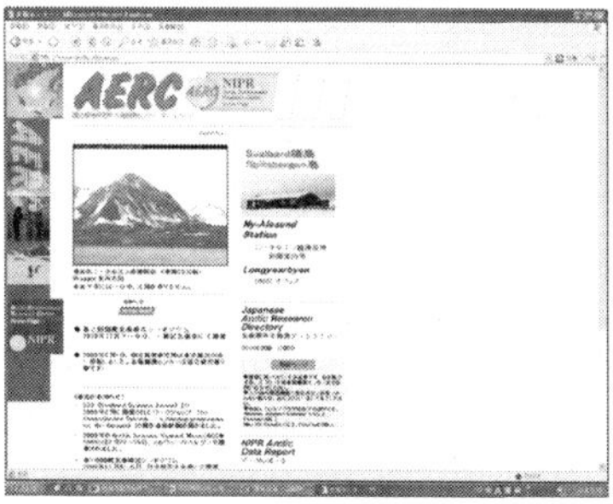

극지연구를 위해 세운 대학공동이용 기관인 국립극지연구소의 한 조직. 노르웨이 극지연구소와의 협력 하에 1991년 노르웨이 슈발바르(Svalbard) 제도에 문을 연 뉘올레순(Ny-Ålesund) 기지에서 대기와 설빙, 해양 등의 관측을 하고 있다.

(2) 국제 북극연구소(http://www.eorc.jaxa.jp)

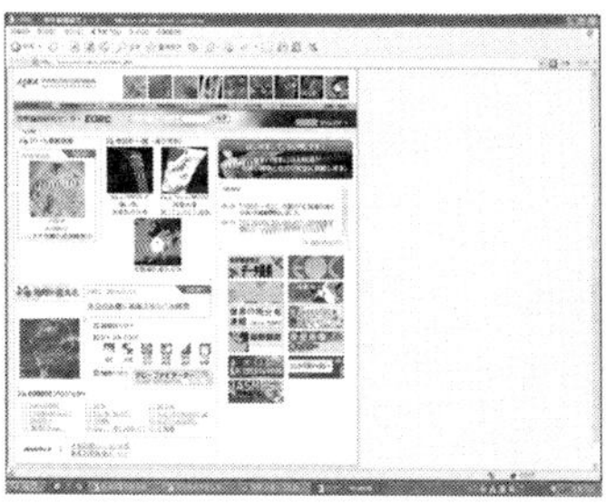

일본의 우주항공연구개발 기구(JAXA)로써, 미국의 북극연구센터와 공동으로 북극연구를 하고 있다.

(3) 해양정책연구재단 (海洋政策研究財團 http://www.sof.or.jp/jp/index.php)

국토교통성 소관의 재단법인으로써, 일본의 해양관련 대표기관이다. 「해양안전보장정보월드」를 간행하고 있고, 세계의 해운정세 및 북극의 해양에 관한 정보를 수집, 분석한다.

11. 기타

(1) 북극이사회(Arctic Council :http://www.arctic-council.org/)

북극이사회는 1991년 북극권에 면한 8개국이 모여 북극의 환경 보호전략(AEPS)에 서명하면서 시작되어, 1996년 오타와 선언으로 창설되었다. 북극의 자연환경의 보호와 지속 가능한 사회적, 경제적 성장 및 개발을 목표로 한다. 북극이사회의 상설회원기구로 알류트 국제교류협회(AIA), 북극 아타바스칸(Athabaskan) 이사회(AAC), 귀친(G'i Chin) 국제위원회(GCI), 이누이트 극지대 위원회(ICC), 사미 위원회, 러시아 북극권 토착민족연합(RAIPON)이 있다.

(2) 벨로나 (Bellonahttp://www.bellona.org/)

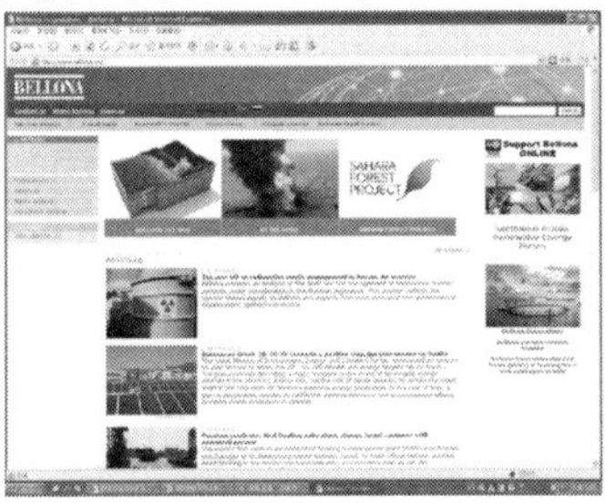

환경오염과 관련하여 각국의 북극개발 움직임에 경종을 울리기 위해 다양한 활동을 하는 NGO단체이다. 노르웨이에 사무소를 두고 있다.

(3) 바렌츠옵저버 (BarentsObserver.com :http://www.barentsobserver.com/)
노르웨이 정부가 지원하는 뉴스소개 사이트로, 영어, 노르웨이어, 스웨덴어, 핀란드어, 러시아어로 각종 환경, 안보, 문화, 어업, 경제 등과 관련된 뉴스들을 제공한다.

(4) 국제해사기구 (IMO: International Maritime Organization: http://www.imo.org/)
배의 항로, 교통규칙, 항만시설 따위의 국제적 통일을 목적으로 설립한 국제연합의 전문 기구로서 해운문제의 심의, 정보교환, 조약의 작성이나 권고업무도 담당한다. 지난 2010년 3월에는 극지해역 운항선박의 안전기준(Polar Code)을 제정해 회원국들에 적용하기로 결정했다. 이는 수십 년 내에 상용화

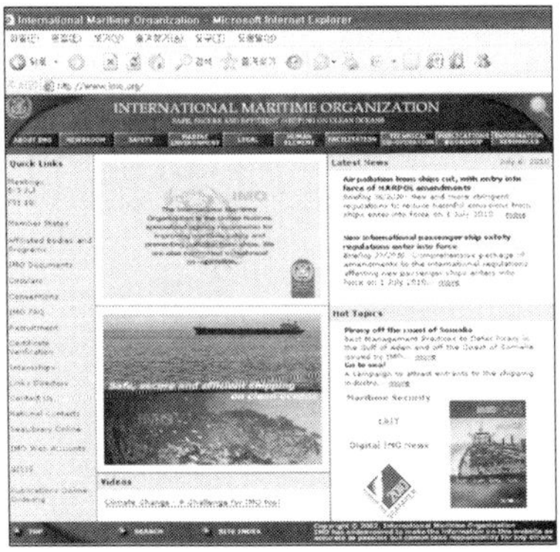

될 것으로 보이는 북극항로와 이에 따른 지구환경오염을 막기 위해 새로운 국제규범과 전략이 필요하다는 전제하에 나온 결정이다. 선박의 소음기준과 선원의 자질까지 기준점을 제시하여 이 기준에 준하지 못하는 선박은 극지해역 운항이 금지될 전망이다.

북극권 인접국들의 전략 비교

백영준_한국-시베리아센터

I. 서론

영구동토지역인 북극권은 지리상으로 북위 66° 33’ 이상의 지역, 혹은 여름철 평균기온이 10도를 넘지 않는 곳으로 정의된다. 이러한 북극권에서의 인간의 활동은 제한적으로 이루어지거나 혹은 가능하지 않은 곳이다. ([그림 1] 북극권역 참조)

이러한 혹독한 자연조건을 가진 곳인 북극권을 둘러쌓고 현재 발생하고 있는 일들은 1세기 전과 놀라울 정도로 유사하다. 하지만 그 목적을 고려해 본다면 상당한 차이가 있음을 알 수 있다. 과거의 탐험은 탐험가 개인의 명예와 그들의 조국의 국익선양에 많은 도움을 주었기 때문에 경쟁적으로 이루어졌다. 현재 진행되고 있는 탐험 역시 개인의 명예와 조국의 국익선양을 얻는다는 점은 1세기 전과 동일하지만 다른 부분에 더 큰 비중을 두고 있다.

현재 북극권은 지구온난화의 영향으로 빙하가 녹고 인간의 활동이 가능한 안정적인 환경으로 빠르게 변화하고 있다. 이로 인해 북극권에 잠자고 있는 풍부한 자원이 다시 주목을 받고 있다. 북극권의 풍부한 자원 중에서 특히 에너지 자원(석유매장량은 약 1,000억 배럴이라고 추산된다)[1]의 확보를 두고 벌어지는 자원쟁탈전은 점점 과열되고 있는 양상이다. 더 구체적으로 말하자면 영유권과 각종 개발권 그리고 북극해 항로의 취득이 국제사회의 주목을 받고 있다는 것이다. 현재 북극항로는 여름에만 제한적으로 선박의 이동이 가능한 루트가 있을 뿐이지만 멀지 않은 미래에 시기 제한 없이 1년 내내 다닐 수 있는 항로가 열릴 것으로

1 John HOF Meister, “How the U.S. Can Ensure Supply for the Future” (speech at Minneaolis Chamber of Commerce) 2006/11/14

예상되고 있고, 이 항로의 경제적 잠재성은 엄청나다.

이러한 무한한 가능성을 가진 북극권의 개발을 두고 해당 이해관계를 가진 북극권 인접국 간의 입장차이가 좁혀지고 있지 않은 상황 속에서 각 인접국이 가진 북극권에 대한 전략과 서로간의 관계에 대한 문제점을 파악해 보려고 한다.

II. 본론

북극권 쟁탈전을 두고 인접국들의 이해관계는 크게 3가지로 분류할 수 있다. 제 1유형 북극권에 영유권을 보유하고 자국의 권리를 주장하는 부류, 제 2유형 북극권에 영유권을 확보해서 영향권을 행사하려는 부류, 마지막 제 3유형으로 북극권을 인류 공공재로 지정하자는 부류 등이 있다. 자세한 내용은 다음과 같다. ([표 1] 참조)

[그림 1] 북극권역

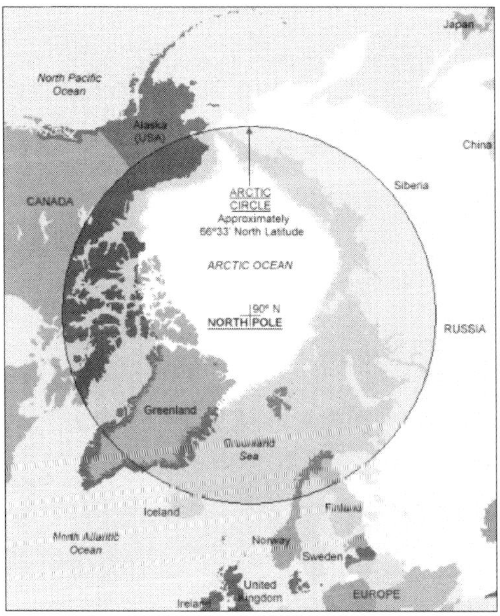

출처: http://www.athropolis.com/graphics/arcticmap-circle.gif
(검색일 :2010년 10월 20일)

[표 1]

분류	세력
제 1유형	러시아, 미국, 캐나다, 덴마크(그린란드), 노르웨이
제 2유형	EU(아이슬란드[준가입국]의 EU가입을 앞두고 있음)
제 3유형	북극권 각국에 흩어져 살고 있는 이누이트족 외

1. 북극권의 영유권을 보유하고 있는 국가들

구분 첫 번째에 들어가는 국가들은 이미 북극권의 영유권을 두고 있고 자국의 국제사회의 확실한 공인을 받으려 노력하고 있다. 그 이유는 남극 지역을 대상으로 한 영유권 투쟁은 1959년 남극조약을 통해서 채결 되었지만 북극권의 영유권은 미확정인 채 지금까지 지속되고 있기 때문이다. UN의 해양법조약(UNCLOS)에 의하면 북극권과 북극권의 대부분을 북극해안 5개국에 직접귀속 하지 않고, 해당 국가들의 영해를 크게 넘는 가능성이 있는 대륙붕이 닿는 지점까지 해저자원의 개발권을 독점할 수 있도록 되어 있다. 때문에 북극권과 그 자원을 둘러싼 쟁탈전은 북극권 지역의 지형, 지질의 조사와 연구를 가열시키고 있고, 해당 제국은 자국의 대륙붕의 연장을 정밀하게 파악해서, UN의 해양법조약(UNCLOS)에 기초해서 설치된 국제위원회의 승인을 얻게 되어 있다.

1.1 러시아

러시아의 북극권에 대한 영유권 주장은 하루아침에 이루어진 것은 아니다. 러시아는 1916년부터 북극 해안 앞에 널게 펴려진 해양 지역에 대해 권리를 주장해 왔다. 당시 러시아 정부는 러시아 대륙과 인접한 북극의 몇몇 섬들이 러시아 영토에 속한다고 발표하기도 하였고, 1926년 4월에는 북극권의 넓은 지역에 대한 영유권 주장 하였다. 구소련 연방은 농경이 불가능한 이 지역을 실용성 보다는 상징적으로 더 중요하게 생각했다. 이러한 점들을 통해 볼 때 현재 러시아의 북극권에 대한 정책은 일관적이고 지속적으로 이루어져 왔다는 것을 알 수 있다. 스탈린 시대 구소련의 정책은 북극지역에 정착촌을 만드는 것이었고, 전략자원인 석유, 가스, 철 주석, 니켈. 납과 같은 광물을 채굴하기 위해서는 노동력이 필요했기 때문에 자발적으로 일자리를 찾아서 이동하는 사람도 있었지만 대부분 강제 이주되었다.[2]

구소련 정부가 북극권을 적극적으로 개발하려던 또 다른 이유는 무르만스크에서 블라디보스톡을 연결하는 북극해 항로 때문이다. 1930년~1939에 걸쳐서 항로의 북극권 항로를 개발하였는데 이 개발로 인해 북극권 지역으로의 안정적인 생필품과 식량 등의 이동을 통해서 북극권의 영유권화를 노력하였다. 하지만 2차 대전의 발생으로 미루어지게 되었다.

2차 대전이 끝나고 새롭게 미국과의 냉전이 시작되면서 북극권은 전략적으로 중요한 위치를 차지하게 되었다. 북극은 서로를 공격하는데 가장 빠른 루트가 될 수 있었기 때문에 러시아와 미국은 경쟁적으로 북극권에 관련된 군비를 증강해 왔다.

이후 냉전시대가 종료되고 새로운 체제로의 변환기를 겪으면서 북극권에 대한 관심은 줄어들었으며 북극해 항로의 이용도 중지되었다.

체제 변환기가 안정이 되자 다시 북극권에 대해서 영유권을 주장하기 시작했는데 그 시발점은 1997년 UN국제해양법협약의 비준이었다. 러시아 정부는 국제해양법협약에 서명하였고 4년 반이 지난 2001년 12월에 UN본부로 사절단을 파견했다. 이로 인해 러시아는 세계 최초로 UN에 추가 영유권 신청을 한 나라가 되었다. 러시아는 북극권을 포함한 1,200만 ㎢에 대한 권리를 주장하였고, 일본과 인접한 오호츠크 해와 알레스카와 가까운 베링 해에 대해서도 영유권을 주장했다. 이와 같은 주장에 일본, 덴마크, 미국, 캐나다, 노르웨이, 스페인 정부가 강하게 반발했다. 7인의 전문가로 이루어진 대륙붕한계위원회의 분과위원회가 러시아 영유권 신청을 심사했고, 2002년 4월 대륙붕한계위원회는 과학적 증거 자료가 불충분하다는 이유로 러시아 영유권 신청을 기각했다.[3]

2 김수희, "러시아의 시베리아 개발사" 『외국문화연구』 조선대학교, 제 21집, 276 282쪽.

이후 2007년 8월 2일 러시아의 잠수정 미르호가 북극 심해에 러시아 국기를 꽂았다. 이 사건은 러시아에 있어서는 국가적인 퍼포먼스에 지나지 않았을지 모르겠지만 북극권 제국에 충격을 주었고 결과적으로는 북극권 쟁탈전에 불을 댕기는 역할을 하였다.

1.2 미국

미국은 다른 북극권 제국에 비해 북극권 연구에 뒤처져 있다. 이것은 2007년 8월 2일에 있었던 러시아 잠수함 미르호가 북극권 심해에 러시아 국기를 꽂은 다음 미국에서 취한 태도를 보면 알 수 있다. "8월 6일 북극해로 과학조사활동을 위한 조사팀의 출발은 미리 계획된 조사활동이나 일부에서는 북극해저의 석유가스, 기타자원에 대한 미국의 개발권에 대한 시위의도를 내포하고 있다고 판단된다."[4]

미국의 많은 학자들은 미국이 조금 더 적극적으로 북극권에 대해서 자국의 권리를 주장해야 한다고 생각한다. 하지만 내면을 들여다보면 미국이 가지는 북극권에 대한 문제는 그렇게 간단하지 않다.

현재 미국은 세계 최대의 에너지 수입국인데 국외에서의 수입 의존도는 65퍼센트 정도이다. 그리고 국내에서의 에너지 충당비율은 해마다 감소하고 있다.

그 중에서 알래스카에 위치한 프루도 만 유전은 1970년대 말부터 미국의 수요량의 5분의 1을 책임지고 있다. 이 유전을 통해서 미국은 중동 국가들의 눈치를 덜 볼 수 있었지만 1988년부터 알래스카 파이프라인을 통해 운반되는 석유의 양은 점점 감소하고 있다. 현재의 생산량은 이전의 3분 1수준으로 떨어졌고, 이후의 채굴양은 더욱 감소 할 것이라는 전망이다. 이러한 상황을 두고 알래스카의 정유회사들은 북극에서의 새로운 유전 개발 가능성을 모색하기 위해서 지금까지 알려진 광상을 철저하게

3 크리스토프 자이들러, 『북극해 쟁탈전』, 더숲, 2009, 266쪽.

4 한중해양공동연구센터 http://www.ckjorc.org/ka/view.asp?id=453 (검색일 : 2010년 10월 21일)

조사하고 있다. 알래스카 최대의 석유 채굴 기업인 코노코필립스사와 셸사는 공동으로 축치 해에서 개발 가능한 유전을 찾고 있다. 2008년 26억 달러를 지불하고 이 지역의 시추권을 확보했다. 많은 비용을 지불하고 결과를 얻은 만큼 이 지역이 가지는 잠재력이 많다는 것을 짐작해 볼 수 있을 것이다. 다른 한편으로 이는 알래스카 지역의 정유회사들의 위기감을 나타내기도 한다. 또한 미국에서의 유정시추로 인한 환경훼손을 크게 우려하는 움직임도 많다. 2008년 7월 셸사는 환경보호 단체와 지역주민들에 의해 고소당했다. 그로 인해 셸사는 탐사 개발을 1년 연기하게 되었는데 알래스카 정부는 환경영양평가가 재대로 이루어져 있지 않다는 판단에 시추의 연기를 요구했다. 이러한 상황 속에서 알래스카에서의 자원개발은 상당한 시간이 걸릴 것이라고 생각된다.

이러한 문제뿐만이 아니라 미국이 다른 북극권 제국과 경쟁을 하기 위해서 꼭 필요한 것은 UN국제해양법협약의 비준이다. 미국은 아직까지 UN 국제해양법협약을 비준하지 않았기 때문에, UN에 추가 영유권 신청을 할 수 있는 자격이 없다.

현재 미국에는 국제해양법협약에 비준 반대파와 비준파의 의견이 대립하고 있다. 비준 반대파의 주장은 국제해양법협약은 미국의 입장을 약화시킨다고 생각한다. 그들은 그들의 권한이 축소될까 두려워 여기에 서명하고 있지 않은 것이다. 반면 비준파의 입장은 UN의 국제해양법협약을 비준해서 추가 영유권 신청을 하자라는 의견이다. 이들의 의견은 서로 팽팽하게 대립하고 있고, 역대 대통령들의 상반된 정책을 모토로 하고 있기 때문에 어렵게 진행되고 있다. 그 단적인 예로 1970년 '심해 해양자원은 인류의 공동재산'이라고 발표한 닉슨대통령과, 1982년대 '강한 미국'을 주장하면서 강경외교를 펼쳤던 레이건 대통령은 국제해양법 비준을 반대했다. 1990년에 들어와서 클린턴 대통령이 변형된 신 협약을 마련했으나 의회통과는 실패했다. 이후에도 많은 의견이 거론되고 있으나 아직까지는 아무런 성과를 얻지 못하고 있는 실정이다. 현재에 들어와서 오바마 대통령은 적극적으로 국제해양법협약의 비준에 노력하고 있지만 그 길은 멀고도 험하다. 2007년 10월 미국 상원의원 외교정책협의회에 협약 비준 통과 안건이 상정되었을 때, 찬성 17표 반대 4표로 과반수의 찬성을 얻어 안건이 통과되었다. 그러나 최종적으로 안건이 통과되려면 상원의원 3분의 2가 찬성해야한다. 하지만 아직까지도 국제해양협약 비준 안건을 통과시키지 못하고 있다.

1.3 캐나다

캐나다는 북극권에 대한 이중적인 생각을 가지고 있다. 캐나다 영토의 40퍼센트 정도가 북극권에 속하며, 그들은 스스로가 북극권의 나라라고 생각하고 있지만 실제에 있어서 북극권역에서의 캐나다의 존재감은 미약하다. 캐나다의 인구 대부분은 북극권에서 멀리 떨어지고 미국과 근접한 남쪽 대도시를 중심으로 거주하고 있기 때문이다. 실제로 자국 영토 내 북극권 연안의 넓은 해안선(영토)을 가지고 있지만 이곳에서의 캐나다의 주권이 재대로 발휘되고 있지 못한 실정이다.

그러나 캐나다는 이미 1907년부터 러시아와 마찬가지로 북극권에 대한 주장을 해 왔다. 당시에는 발견되지 않았던 북극점까지 포함하고 있다. 이처럼 지속적으로 북극에 대한 관심을 가졌는데 특히 북서항로에 대한 관리문제이다. 캐나다는 적극적으로 주도권을 잡으려 노력하고 있지만 넓은 북극권역 항로를 지킬 수 있는 군사력의 부재가 문제가 되고 있다. 독일의 국제안보연구소의 보고에 따르면 캐나다 해군은 북극해에 적합한 시설과 장비를 갖추고 있지 못하기 때문에 하절기에만 북극해에서 활동을 펼칠 수 있다고 한다. 이후 2007년 8월 2일 러시아의 잠수함 미르호 사건을 접하고 나서 캐나다는 자국에서 2번째로 북쪽에 위치한 콘월리스 섬에 있는 레졸루트에 군사기지의 설치를 발표하였으며, 2010년에는 해양경비대 기지건설을 시작해 2015년에 완성할 예정이다. 향후 캐나다는 북극권의 실효 지배를 위해서 지속적인 군사력 증강에 노력할 것이라고 보인다.

1.4 덴마크(그린란드)

전 세계에서 가장 큰 섬인 그린란드에는 고작 5만 6천여 명의 주민이 거주하고 있다. 현재 이 그린란드는 덴마크의 자치령인 상태이다. 우선 덴마크와 그린란드의 북극권 정책에 대해 언급하기 전에 덴마크와 그린란드의 관계에 대해서 먼저 알아볼 필요가 있다. 그린란드가 문헌에 처음 나오는 시기는 10세기부터 15세기이다. 이 시기에는 바이킹 족이 그린란드에 살았는데, 당시 중세사회에서는 큰 관심을 끌지 못했다. 이후 그린란드는 1721년 덴마크 선교사에 의해서 재정복되어 식민지가 되었다. 그린란드가 덴마크의 영토로 편입되고 난 이후에 덴마크는 그린란드에서 많은 이익을 얻었을 수 있었는데 처음에는 포경을 통해서 고래기름과 고래고기를 얻었고, 이후에는 자원개발을 통해서 많은 이익을 얻었다.[5]

1950년대에는 그린란드 국민들은 덴마크의 지배에서 벗어나 독립을 하고자 했고, 1953년 그린란드는 덴마크 식민지에서 자치권을 얻었다. 1979년부터는 정치적 자치권을 얻었고 2008년에는 경찰, 사법부분의 자치권을 획득했다. 그러나 그린란드의 완전 독립을 위한 길은 아직도 멀고 험하다. 그 이유는 국가 재정의 불건전성을 들 수가 있는데 투표를 통해 덴마크국회의 두 석의 의석을 확보하기도 했지만 그린란드인들은 보이지 않는 식민지와 피식민지의 의식차이로 인해 스스로를 덴마크국민이라고 생각하지 않고 있다. 지금 그린란드의 독립에 가장 문재가 되는 부분은 위에서 언급한 재정의 불건전성이다. 그린란드 정부가 큰 기대를 걸었던 천연자원 개발 붐이 일어나지 않았고, 2009년 국가재정은 4,000만 유로의 적자를 냈으며 향후 3년간 비슷한 수준의 적자가 발생할 것으로 예상이 된다. 이러한 전망은 그린란드의 독립의 악재로 작용할 것이라고 생각한다. 또한 빈곤율도 높고 교육문제도 심각하고 불투명하다. 그린란드의 총생산량은 덴마크의 3분의2 수준이다.

지금과 같은 상황으로 볼 때 현재 그린란드 자치령 단독으로 북극권에 대한 전략을 펼칠 수 없는 상황이고 그린란드의 외교권은 덴마크 정부에

5 재레드 다이아몬드, 『문명의 붕괴』, 김영사, 2005, 252-290쪽.

있기 때문에 덴마크에 의한 북극권 전략이 주를 이룰 것이라고 생각된다.

1.5 노르웨이

북극 문제와 관련해 노르웨이는 다른 경쟁국들에 비해서 현실적인 태도를 취하고 있다. 노르웨이 정부가 중요하게 생각하는 것은 북극에서 우위를 차지하거나 통제권을 얻는 것이 아니라, 미래의 풍요로움을 보장받는 것이다.[6] 그 이유는 노르웨이의 부의 원천은 천연자원 개발 특히 북해 유전의 개발을 통한 자원 판매인데, 현재 북해유전의 매장량이 고갈되고 있고 약 2030년에는 완전히 고갈된다는 전망이 나오고 있다. 노르웨이의 부의 원천인 유전의 고갈은 심각한 국가적 문제로 인식되고 있으며, 이러한 위기를 북극권 개발을 통해서 타파하려고 하고 있다. 노르웨이 정부의 전략계획서에 따르면, 앞으로 노르웨이 정부는 북극에 대한 주권적 권리를 적극적으로 주장할 것이라고 한다. 또한 이 지역에 대한 노르웨이의 존재를 강조하고 활발한 활동을 펼쳐 의사를 확실히 전달할 생각이다. 이러한 목적을 달성하기 위해서 노르웨이 정부는 연중 북극에서 탐사를 실시 할 수 있는 아이스클래스(IceClass)급 신형 탐사선을 건조할 계획을 밝히고 있다.

또한 2006년 11월 노르웨이 정부는 북극에서 실시되는 여러 활동 중 가장 중요한 것은 추가 영유권 신청이라고 밝혔으며 침착하게 대응하고 있다. 노르웨이가 신청을 준비하고 있는 추가 영유권 신청지역은 다른 나라들과 갈등이 벌어지는 북극점과는 관련이 없기 때문에 비교적 마찰이 적은 편이다. 노르웨이가 추가 영유권을 주장하는 지역의 면적은 248,000㎢로 핀란드의 면적과 비슷한 수준이다. 그렇다고 해서 노르웨이의 영유권 신청지역에 분쟁지역이 없는 것은 아니다. 얀마엔 섬 동부지역을 두고 덴마크, 아이슬란드와의 대한 영유권 갈등이 있고, 슈피츠베르겐 북부에 위치한 난센 해분 서부지역에 대해서 러시아가 요구하는 지역과 중복된다.

노르웨이는 현실적으로 북극권 영역에서 파이를 나눠 가지는 식으로

6 크리스토프 자이들러, 『북극해 쟁탈전』, 더숲, 2009, 241쪽.

북극권에서의 영유권을 주장하고 있다.

2. 영유권을 확보하려고 하는 유럽연합(EU)

유럽연합은 오래 동안 북극권에 대해서 관심을 표명하지 않았다. 러시아의 미르호가 2007년 북극 심해에 러시아 국기를 꼽았을 때에도 아무런 반응을 나타내지 않았다. 1985년 유일하게 북극해 연안국인 그린란드가 유럽연합을 탈퇴한 것으로도 알 수 있다. 이러한 무관심으로 일관하던 북극권 문제에 유럽연합 회원국들이 눈을 돌리기 시작하면서 빠르게 유럽연합의 새로운 정치적 사안으로 떠오르고 있다: 지구 온난화로 인한 북극권 항로의 개발 가능성, 일부 국가에 한정된 에너지 공급을 분산시킬 수 있는 통로 등.

2008년 유럽연합 공동 외교 안보정책 담당 솔라나와 대외 관계 및 외교정책 담당 집행위원 페레로-발트너는 북극과 관련한 유럽연합의 정책을 정리한 11장짜리 내부문서를 유럽연합 27개국 회원국에 전달했다. 이들은 브뤼셀에서 유럽연합 정상회담이 개최되기 직전에 기후 변화가 안보정책에 미치는 영향에 대해 경고했다. 이들이 세운 가설은 아주 간단하다. 기후 변화로 인해서 유럽을 위협하는 요소가 증가한다는 것이다.[7] 이러한 주장과는 다르게 유럽연합의 북극 정책은 이중적이다.

유럽연합은 한편으로는 북극의 환경보호를 우선한다고 강조하지만, 다른 한편으로는 북극권의 자원에 깊은 관심을 가지고 있다. 향후 유럽연합이 북극 문제에 적극적으로 대응하기 위해서는 기본적인 북극 문제에 대한 방향성의 재설정이 필요할 것이라고 생각된다. 만일 성공적으로 북극권 영유권 쟁탈전에 참가한다면 유럽연합은 많은 경제적 이익을 얻게 될 것이다. 사실 무관심으로 일관하던 북극문제에 대해서 적극적으로 대처하게 된 이유도 여기에 있기 때문이다. 하지만 유럽연합이 안정적으로 북극권 영유권 쟁탈전에 참가하려면 아이슬란드의 유럽연합 정회원국 지위가 필요한 실정이다.

7 크리스토프 자이들러, 『북극해 쟁탈전』, 더숲, 2009, 297쪽.

3. 북극권 각국에 흩어져 살고 있는 이누이트족

북극권에서 오래 동안 생활해 온 이들의 조상은 약 5천 년 전 부터 북극지방에 정착해서 인간이 살아가기 힘든 조건 속에서 적응하며 살아왔다. 이들은 북극권에 대해서 상기 소개한 제국과는 다른 입장을 가지고 있다. 이들은 공동체 생활을 통해서 북극권에서 생존해 왔으나 현재에는 제국간의 이해관계에 따라 북극권의 여러 국가에 산재해 살고 있는 이누이트족은 생존권을 위협받고 있는 실정이고, 급격한 기후변화와 마구잡이식의 자원개발로 인해서 그들은 삶의 터전을 잃어가고 있다.

현재 북극권에 거주하고 있는 이누이트족은 약 15만 명으로 집계된다.[8] 그들은 알레스카, 캐나다 북부, 러시아, 그린란드, 스칸디나비아 반도 북부에 흩어져 살고 있으며 북극점 부근에는 거주하지 않는다. 이누이트 족의 가장 북단에 위치한 곳은 북극점에서 920킬로미터 떨어진 캐나다의 앨러트 군사기지이다.

이누이트족은 북극 해빙현상에 대해 심각하게 우려한다. 특히 동식물의 개체수가 줄어드는 것과 난개발과 군사기지의 설립으로 인해서오는 환경오염에 대해서도 누구보다 심각하게 걱정하고 있다. 이러한 환경의 변화는 그들의 생존권과 밀접하게 관계되어 있기 때문이다. 이미 오래전부터 이누이트족은 심각한 사회문제를 안고 있는데 그것은 상대적으로 양질의 교육을 받을 기회가 부재하며 사회 복지 시스템 또한 제대로 갖추고 있지 못하기 때문이다. 이러한 문제들이 복합적으로 나타나는 것이 질병에 관한 사항이다. 2006년에 발표된 한 보고서에서는 심각하게 경고하고 있다. "날고기를 먹던 이누이트들이 이제는 날고기를 먹을 수 없을 정도로 북극권이 오염되고 있다." 추운지방에서 오래가는 독성물질 때문에 이누이트족의 건강은 위협받고 있고, 그 독성물질은 유전을 통해서 아이에게 전해지고 그 아이가 커서 아이를 낳으면 유전되는 악순환이 반복되면서 수명이 줄 것이고 앞으로 원주민의 보건은 더욱 악화될 것이다.

---

8 http://ja.wikipedia.org/wiki/%E3%82%A4%E3%83%8C%E3%82%A4%E3%83%83%E3%83%88 (위키피디아 백과사전 검색어:이누이트, 검색일 10월 30일)

하지만 넓은 북극권역에 살고 있는 이누이트족은 서로 간의 문제에 대해서 알 수 있는 길이 한정적이다. 특히 각 제국의 이해관계 속에 피해를 받고 있기 때문이다. 그들은 이누이트족의 문제를 스스로 해결하기 위해서 1977년 극지협회를 결성했고, 1980년대부터 북극권을 남극처럼 비무장지대로 설정할 것과, 북극권역에 산재해 살고 있는 이누이트족의 이동에 대한 제약을 풀어줄 것 등을 요구하고 있다. 하지만 안타깝게도 이들의 요구는 지금까지도 받아들여지고 있지 않다. 극지협회는 북극의 비무장과 그곳의 자원을 인류 공동의 이익을 얻을 수 있도록 북극을 '평화보호지역'으로 지정해야 한다는 제안을 주장하고 있다.

III. 결론

북극권 연안국들의 이해관계는 서로 첨예하게 엉켜 있다. 여기서 가장 중요한 것은 영유권의 선점이라고 생각한다. 이 선점을 위해서 해당국들은 군사력을 증강시킬 것이고 또한 이 지역에서의 분쟁 또한 심각해 질 것이라고 생각한다. 그중에서 오래 동안 준비해온 러시아가 가장 크고 빠르게 이익을 보지 않을까라는 전망을 해 본다. 그 이유는 북동항로 전체를 영토에 포함하고 있고, 지구 온난화로 인해서 북서항로보다 빠르게 이용이 가능해질 것이며, 세계에서 가장 처음 추가 영유권 신청을 내는 등 발 빠른 행보를 계속 이어나가고 있기 때문이다.

북극권에 관심을 가지는 국가들을 세 가지 유형으로 분류해 보았는데 그 이유는 북극권과 연관이 없는 한국의 국익을 위해서는 어떠한 방향으로 노력을 해야 할 것인가에 대해 진지하게 생각해 봤기 때문이다. 북극이 남극의 남극조약과 같이 인류 공동의 재산으로 확정되기는 힘들겠지만 새롭게 판을 짜려고 하는 유럽연합의 움직임인 북극 환경보호지역 설정 안 그리고 북극권에 모여살고 있는 이누이트들의 극지협회 지원 혹은 새로운 북극기구를 만들기 위해 조심스럽게 움직이고 있는 유럽연합 등의 행보에 다방면으로 발 빠르게 움직인다면 영유권이 없는 한국도 북극권 문제에 조금 더 유연하게 대응할 수 있지 않을까라고 생각해 본다.

참고문헌

김수희, 「러시아의 시베리아 개발사」, 『외국문화연구』 조선대학교, 제21집, 276-282쪽.

제래드 다이아몬드, 『문명의 붕괴』, 서울, 김영사, 2005.

발레리안 알바노프, 역주: 홍한별, 『위대한 생존: 하얀 죽음의 땅 북극 탈출기 *In the land of white death*』, 갈라파고스, 2003.

크리스토프 자이들러, 『북극해 쟁탈전』, 더숲, 2009,

John HOFMeister, "How the U.S. Can Ensure Supply for the Future" (speech at Minneaolis Chamber of Commerce) 2006/11/14

USGS, Circum-Arctic Resource Appraisal: Estimates of Undiscovered Oil and Gas north of the Arctic Circle, USGS Fact Sheet, 2008-3049

포먼 미하일, "유럽의 북극권 전략-아이슬란드와 노르웨이의 EU 가입 가능성을 중심으로," 『Sophia Journal of Europian Studies』, Vol.2. 2010, pp. 105-129

UNEP 홈페이지 http://www.unep.org/regionalseas/

북극위원회(the Arctic Council) 홈페이지 http://www.arctic-council.org

미지질조사국(USGS) 홈페이지 http://energy.usgs.gov.arctic/.

국제대륙붕관리국(ISA) 홈페이지 http://www.isa.org.jm

국제해양법재판소 www.itlos.org/

이누이트 극지협회(Inuit Circumpolar Conference) http://www.inuit.org/

UN 해양법홈페이지 http://www.un.org/Depts/los/convention_agreements/convention_overview_convention.htm

한중해양과학공동연구센터 홈페이지 http://www.ckjorc.org/

위키피디아 백과사전 검색어: 이누이트, 검색일 10월 30일 http://ja.wikipedia.org/wiki/%E3%82%A4%E3%83%8C%E3%82%A4%E3%83%83%E3%83%88

저자 소개

논문 게재 순

한종만

배재대학교 러시아학과 교수
한국-시베리아센터 소장, 한국시베리아학회 회장
독일 뮌헨 국립대학교, 경제학박사 jmhan@pcu.ac.kr

김정훈

배재대학교 한국-시베리아센터 책임연구원
러시아 모스크바 국립대학교 역사학 박사 jhkrm@pcu.ac.kr

공우석

경희대학교 지리학과 교수
영국 헐대학교 지리학 박사 wskong@khu.ac.kr

손호웅

배재대학교 건설환경· 철도공학과 교수
미국 뉴크대학교 지구물리학 박사 hshon@pcu.ac.kr

서승현

한국-시베리아센터 연구교수
미국 인디아나대학교 슬라브 언어학 박사 seoseung5@hanmail.net

김태진

배재대학교 교양교육지원센터 전임강사
러시아 모스크바 국립대학교 언어학 박사 ktj89rus@pcu.ac.kr

김자영

배재대학교 한국-시베리아센터 책임연구원
러시아 모스크바 국립대학교 언어학 박사 ruslove@pcu.ac.kr

배규성

경북대학교 정치학과
러시아 모스크바 국립대학교 국제정치학 박사 baeks777@pcu.ac.kr

예병환

대구대학교 경제학과
독일 밤베르그 대학교 경제학 박사 yaebh@pcu.ac.kr

이성규

에너지경제연구원 연구위원
러시아 모스크바 국립대학교 경제학 박사 leesk@keei.re.kr

황진회

한국해양수산개발원 해운정책연구실장
서강대학교 경제학 박사 hjh@kmi.re.kr

백영준

배재대학교 한국·시베리아센터 연구원 kiseling@hanmail.net

시베리아 / 북극총서 시리즈 ③

러시아 북극권의 이해

1판 1쇄 찍음 • 2010년 12월 15일
1판 1쇄 펴냄 • 2010년 12월 24일

저　자 • 배재대학교 한국-시베리아센터
발행인 • 정 현 걸
발　행 • 신 아 사
인　쇄 • 예지인쇄

출판등록 • 1956년 1월 5일 (제9-52호)
서울특별시 은평구 녹번동 28-36번지 2F
전화 (02)382-6411 • 팩스 (02)382-6401
홈페이지 • www.shinasa.co.kr
이메일 • shinasa@chol.com
ISBN 978-89-8396-722-0 (93980)

정가 **13,000** 원